lonely planet

London

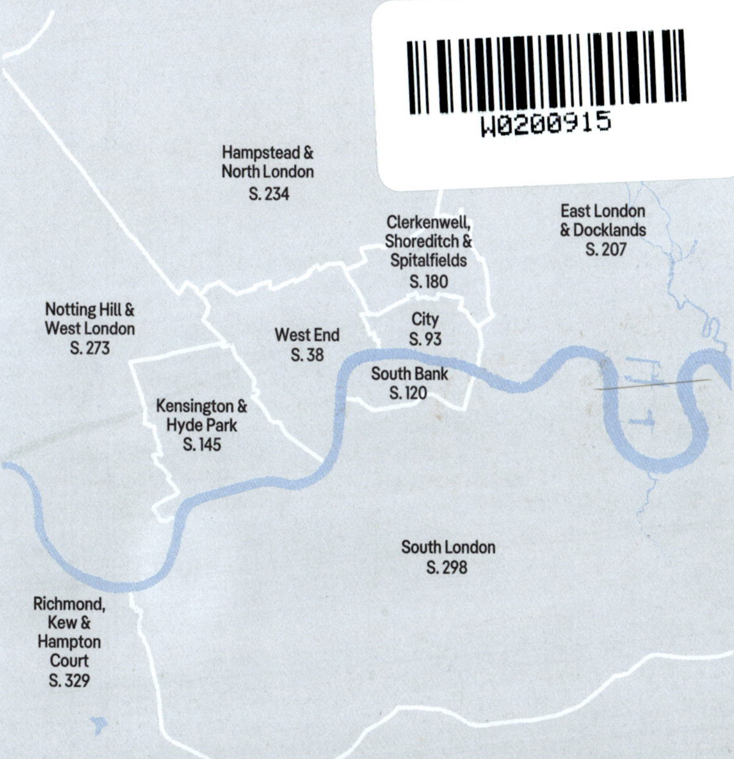

Jade Bremner, Vivienne Dovi, Steve Fallon, Tharik Hussain, James Wong, Tamsin Wressell

SVEN HANSCHE/SHUTTERSTOCK ©

Die Londoner Skyline

INHALT

Reiseplanung

Reiseziele

KURT PACAUD/SHUTTERSTOCK ©

Elizabeth Tower (S. 71)

Praktisches

Storybook

SEANCOONEYFOTO/SHUTTERSTOCK ©

Wachablösung, Buckingham Palace (S. 74)

WILLKOMMEN IN LONDON

Die gewaltige, sich stets wandelnde Metropole könntest du 100 Jahre lang erkunden und doch nur an der Oberfläche kratzen. Hinter den zahllosen Sehenswürdigkeiten verbirgt sich immer etwas Neues, ergänzt durch schöne Alltagserlebnisse: Begegnungen mit Einheimischen im Pub oder beim Picknick am Kanal. Die Londoner:innen sind sehr stolz auf die Vielfalt ihrer Stadt, auf ihre Offenheit und ihren Abenteuergeist. Hier kannst du über 250 Sprachen hören und die Küchen von über 120 Ländern probieren. London ist traditionell und lotet gleichzeitig Grenzen aus: Hier schaust du vormittags bei der Wachablösung zu, um abends mit einer Dragqueen zu tanzen. Lass dich einfach auf London ein!

Mein Lieblingserlebnis:
Eine geruhsame Tour in einem Kanalboot über die alten Wasserwege Londons mit Stopps in den Bohemevierteln der Stadt.

Jade Bremner

Twitter @jadebremner; Instagram @jadeob

Jade wurde in East London geboren und wuchs dort auf. Sie hat auf vier verschiedenen Kontinenten gelebt, doch ihre spannende Heimatstadt lockt sie immer wieder zurück.

Jade verfasste die Kapitel Reiseplanung, Kensington & Hyde Park, Hampstead & North London und Praktisches sowie die Essays Die Geschichte Londons in 15 Orten, Triff die Londoner:innen und Der Aufstieg des Frauenfußballs in London.

LIEBLINGSPLÄTZE

Hier schlägt für unsere Autor:innen und Expert:innen das Herz von London

Mein Lieblingsort ist der **Borough Market** (S. 130) mit seinen vielen Nationalitäten und Landesküchen unter einem Dach.

Vivienne Dovi

@travellingwithmelanin

Vivienne wurde in London geboren und schreibt über Reisen, Essen und Lifestyle.

Vivienne verfasste die Kapitel South Bank, Clerkenwell, Shoreditch & Spitalfields, South London und Richmond, Kew & Hampton Court.

Zugleich kultiviert, wild und witzig. Vielleicht ziehe ich nicht dorthin – jedenfalls noch nicht –, aber ich will mehr Zeit in **West London** (S. 273) verbringen.

Steve Fallon

www.steveslondon.com

Steve ist ein London Blue Badge Tourist Guide und hat an fast allen Auflagen dieses London-Reiseführers mitgearbeitet.

Steve verfasste das Kapitel Notting Hill & West London.

Unternimm einen Ausflug nach **Woking** (S. 368) mit der schönen Shah Jahan Mosque, dem stillen Peace Garden und dem ersten muslimischen Friedhof des Landes.

Tharik Hussain

Twitter @_tharikhussain
Instagram @tharik_hussain

Tharik schreibt vor allem über versteckte Historie.

Tharik verfasste die Kapitel City, East London & Docklands, Ausflüge sowie den Essay Londons andere sakrale Wunderwerke.

Ich bin gern tagsüber im **West End** (S. 38), entdecke mir neue Museen und verliebe mich in jede chaotische Straße.

James Wong

@boxojames

James wurde in Westminster geboren und wuchs in East London auf. Er arbeitet als Reiseautor.

James verfasste das Kapitel West End.

Tamsin Wressell

@tamsinwressell

Tamsin Wressell schreibt hauptsächlich über ethisches und nachhaltiges Reisen sowie über LGBTQ+-Themen.

Tamsin verfasste den Essay Ein Spaziergang durch Londons queere Geschichte.

WELTKLASSE-SAMMLUNGEN

Die erstklassigen und vielfältigen Museen Londons sind gewaltige Einrichtungen mit unermesslichen Sammlungen zu allen möglichen Themengebieten und mit Exponaten aus über 2 Mio. Jahren. Egal ob du allein oder mit deiner Familie unterwegs bist: In den spannenden Museen kannst du bei Vorträgen und Events und in interaktiven Ausstellungen auch selbst aktiv werden.

Gratis

Die besten dieser Füllhörner sind kostenlos zugänglich. Kleinere Museen verlangen vielleicht Eintritt, aber für Studierende, Kinder und Senior:innen gibt's meist eine Ermäßigung.

Schau nach oben

Die Londoner Schätze residieren oft in herrlichen Bauwerken mit detailreichen Schmuckelementen, sodass du von den Vitrinen auch mal nach oben gucken solltest.

Kinderfreundlich

In fast allen Museen der Stadt gibt's Bereiche für Familien sowie Aktivitäten für Kinder. Näheres erfährst du auf den jeweiligen Museums-Websites.

Natural History Museum (S. 170)

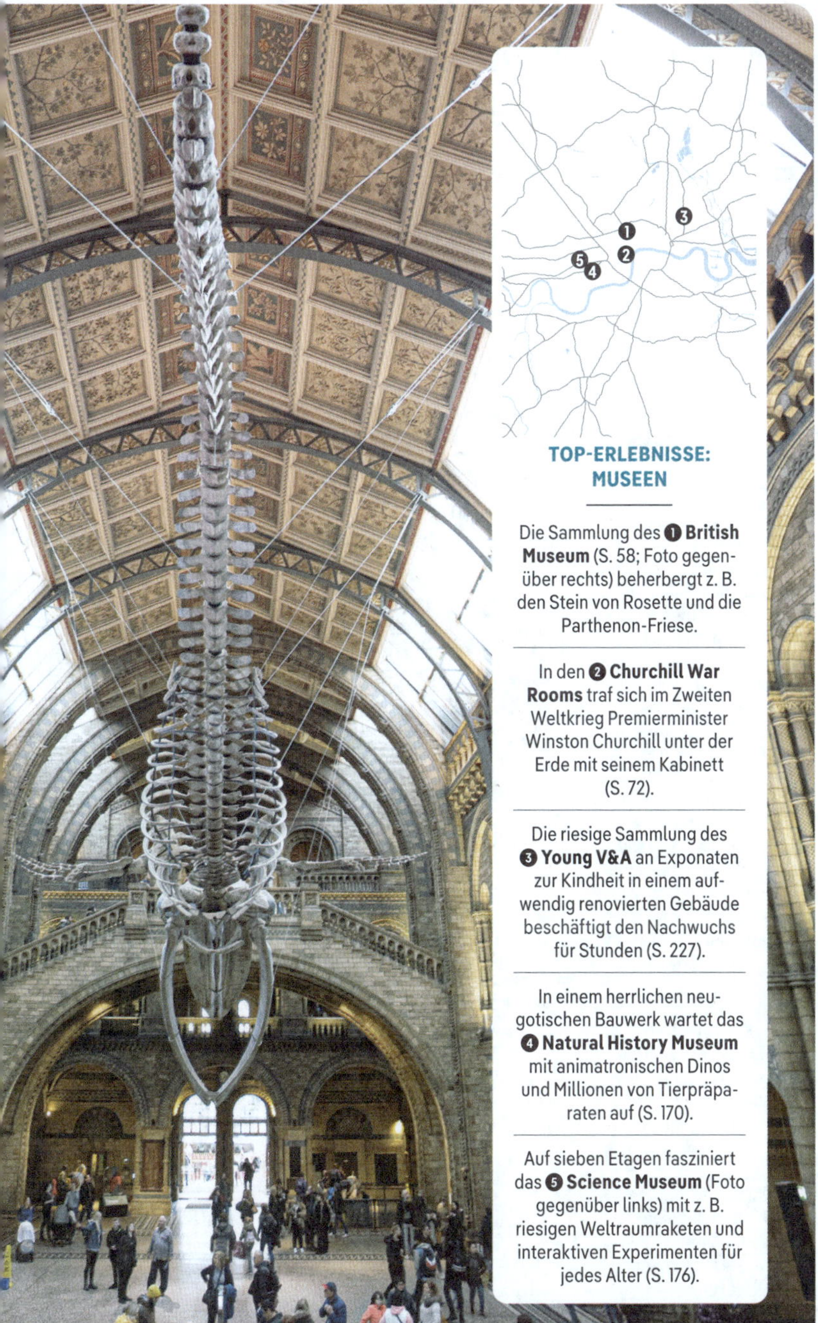

TOP-ERLEBNISSE: MUSEEN

Die Sammlung des ❶ **British Museum** (S. 58; Foto gegenüber rechts) beherbergt z. B. den Stein von Rosette und die Parthenon-Friese.

In den ❷ **Churchill War Rooms** traf sich im Zweiten Weltkrieg Premierminister Winston Churchill unter der Erde mit seinem Kabinett (S. 72).

Die riesige Sammlung des ❸ **Young V&A** an Exponaten zur Kindheit in einem aufwendig renovierten Gebäude beschäftigt den Nachwuchs für Stunden (S. 227).

In einem herrlichen neugotischen Bauwerk wartet das ❹ **Natural History Museum** mit animatronischen Dinos und Millionen von Tierpräparaten auf (S. 170).

Auf sieben Etagen fasziniert das ❺ **Science Museum** (Foto gegenüber links) mit z. B. riesigen Weltraumraketen und interaktiven Experimenten für jedes Alter (S. 176).

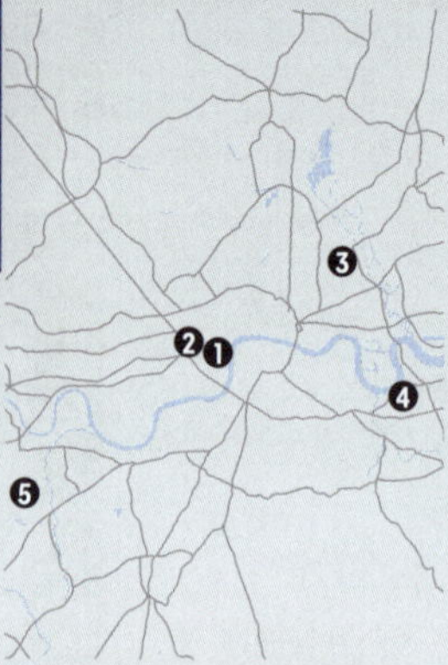

TOP-ERLEBNISSE: PARKS

Der ❶ **St James's Park** (Foto rechts), eine 23 ha große Innenstadtoase am Buckingham Palace, lockt mit bunten Blumen und Vögeln (S. 87).

Im Sommer bevölkern die Anwohner:innen mittags den kleinen grünen ❷ **Green Park** in Mayfair (S. 87).

Der ❸ **Victoria Park** wurde 1845 als „Volkspark" angelegt und ist heute ein Hipstertreff mit zwei ausgezeichneten Cafés und tollen Spielplätzen (S. 217).

Von den grünen Hügeln des ❹ **Greenwich Park** bieten sich herrliche Ausblicke auf die Stadt; außerdem sind hier das Royal Observatory und der Nullmeridian (S. 398).

Der größte Stadtpark Europas, der ❺ **Richmond Park**, wartet mit formellen Gärten, uralten Eichen und freilaufendem Wild auf (S. 334).

LEBEN IM PARK

Die Grünanlagen, in denen sich die Londoner:innen vom Verkehrschaos und der Hektik ihrer Stadt erholen können, sind unverzichtbar. Auf den 3000 Grünflächen der Stadt, darunter acht königliche Parks, kannst du picknicken, in einem Liegestuhl faulenzen, einem Konzert lauschen, Tiere beobachten und den Duft von Wildblumen schnuppern. Dazu kommen Sporteinrichtungen, Möglichkeiten zum Bootsfahrten und Baden sowie Film- und Theaterevents.

Königliche Parks

Diese Grünanlagen wurden einst von der Königsfamilie genutzt, zumeist zum Jagen. Viele der gepflegten Parks beherbergen historische Gemäuer und tolle Kunst und liegen nicht weit von Palästen entfernt.

Olympisches Erbe

Der für die Londoner Spiele von 2012 angelegte **Queen Elizabeth Olympic Park** (S. 227; s. Foto) verfügt über hypermoderne Sportstätten sowie in der Anish-Kapoor-Skulptur die längste Tunnelrutsche der Welt.

Wildbaden

Kühle Bäder locken in einigen Londoner Parks, u. a. in den natürlichen Becken der **Hampstead Heath** und in der **Serpentine** im Hyde Park.

MARKT-HOPPING

Früher gab's in fast allen Dörfern des heutigen Stadtgebiets einen Markt und auch heute noch weist London trotz Ladenketten und Kaufhäusern ein reges Marktleben auf. Viele Märkte haben sich ihr altes Cockney-Flair bewahrt, aber sich gleichzeitig auf eine buntere Bevölkerung eingestellt. Hier kannst du wunderbar das allgemeine Treiben beobachten und Schnäppchen einheimsen.

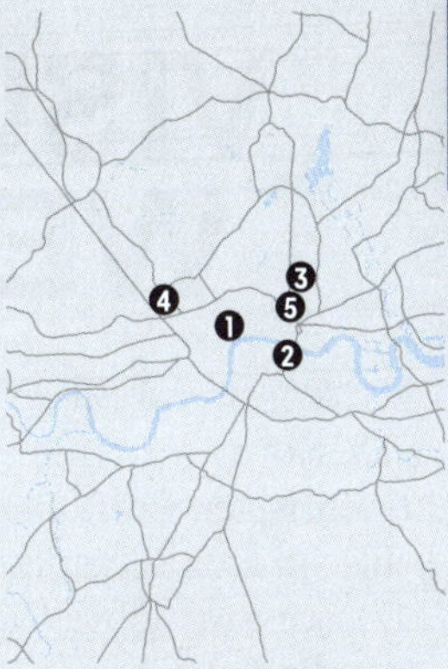

TOP-ERLEBNISSE: MÄRKTE

Die ❶ **Jubilee Market Hall** in Covent Garden mit ihrem exzentrischen Sammelsurium an Trödel und Antiquitäten würde man eher auf dem Land als mitten in London vermuten (S. 64).

Auf dem ❷ **Bermondsey Antiques Market** gibt's jede Menge Sammlerstücke sowie die Gelegenheit, seltene Erbstücke zu ergattern (S. 321).

Auf dem ❸ **Columbia Road Flower Market** werden an Dutzenden Ständen duftende Blumen, Sträucher und Kräuter verkauft. Zu Weihnachten erklingen Weihnachtslieder (S. 185).

Seltene Schätze hat ❹ **Alfies Antique Market** im Angebot: Vintage-Klamotten, Spielzeug und Möbel (S. 278).

Auf dem ❺ **Spitalfields Market** bieten Händler:innen einzigartige, oft vollständig handgefertigte Haushalts- und Modeartikel feil (S. 184).

Traditionelle Märkte

Auf dem **Chapel Market** (S. 32) in Islington und dem fast 1,5 km langen **Walthamstow Market** (s. Foto) wird alles Mögliche feilgeboten, von karibischem Essen und asiatischen Stoffen bis zu Haushaltswaren und Handgefertigtem.

Lebensmittelmärkte

Am ältesten und bekanntesten ist der **Borough Market** (S. 130; s. Foto) mit britischen Lebensmitteln und Aromen aus aller Welt. Auch **Camden** (S. 250) und der **Broadway Market** (S. 33) sind wunderbare Orte für Foodies.

Vintage-Märkte

Die besten Hipstertreffs mit gebrauchten Artikeln, Antiquitäten und einzigartigem Trödel sind **Portobello Road** (S. 280), **Brick Lane** (S. 188) und **Greenwich Market** (S. 33).

VISUELLE WELTEN

Mit Kunst und Design wurden in London lange soziale Normen auf die Probe gestellt, von den reformorientierten Präraffaeliten der viktorianischen Zeit bis zur ironischen Pop Art der Fünfziger. Für alle Designarten gibt's Galerien und Ateliers und es ist kein Problem, an einem Tag von den alten Meistern zu Glanzlichtern moderner Kunst und zeitgenössischer Bildhauerei aus aller Welt zu wechseln. Viele der besten Kunstmuseen verlangen keinen Eintritt – nur Sonderausstellungen sind meist nicht gratis.

Graffiti

Die Londoner Streetartszene ist sehr umtriebig. Die Mauern der Brick Lane, von Shoreditch und des Leake Street Tunnel sind städtische Leinwände für allerlei Graffitikunst.

Bildhauerei

Meisterwerke wie Edwin Landseers Löwen auf dem Trafalgar Square, Henry Moores *Arch* (s. Foto) in den Kensington Gardens und Antony Gormleys *Quantum Cloud* an der Themse prägen London schon seit Jahrhunderten.

Kunstworkshops

Werden in der ganzen Stadt von Community-Gruppen und Galerien angeboten. Das Angebot ist in den sozialen Medien und auf den Websites der Galerien zu finden – viele Workshops sind gratis.

Trafalgar Square (S. 78)

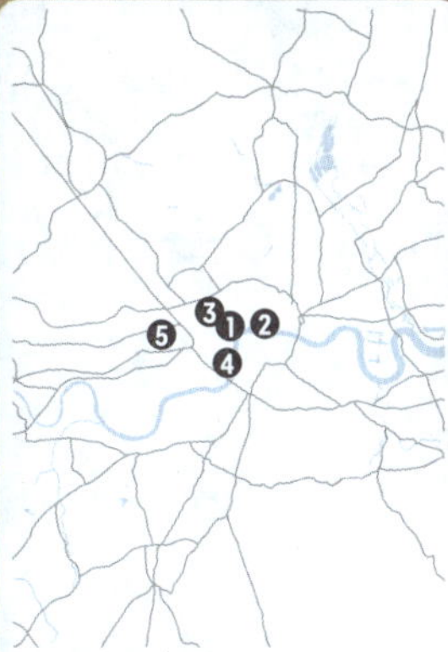

TOP-ERLEBNISSE: KUNST

Europäische Meisterwerke wie van Goghs *Sonnenblumen* zeigt die ❶ **National Gallery** am Trafalgar Square (S. 78).

In einem früheren Kraftwerk lockt die ❷ **Tate Modern** mit ihrer herausragenden Sammlung von großer Kunst Fans moderner und zeitgenössischer Kunst an (S. 124).

Mit Hunderten anrührenden und aufschlussreichen Porträts von Royals, Wissenschaftler:innen, Politiker:innen und Promis wartet die ❸ **National Portrait Gallery** auf (S. 79).

Herrliche britische Kunst aus verschiedenen Epochen hat die ❹ **Tate Britain** im Angebot, die auch jedes Jahr die Ausstellung zum renommierten Turner Prize veranstaltet (S. 72).

Ausstellungen mit Arbeiten etablierter und junger Kunstschaffender bietet die kleine und stets wegweisende ❺ **Serpentine Gallery** im Hyde Park (S. 161).

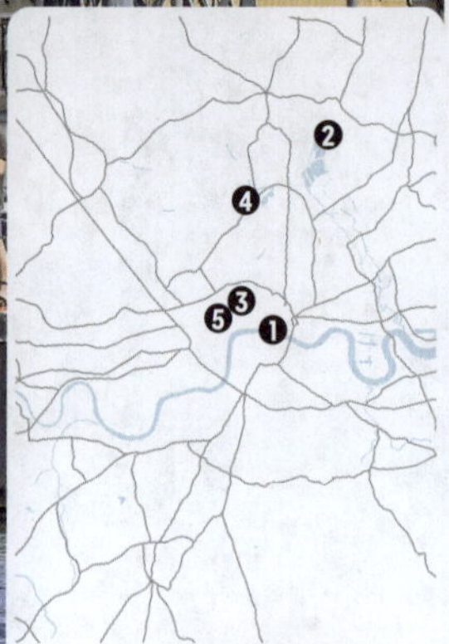

UNBEKANNTES LONDON

Neben den Top-Attraktionen gibt's überall in London auch verrückte Dinge zu entdecken. Du könntest dein ganzes Leben hier verbringen, ohne sie zu bemerken. Von Flüsterkneipen und schrägen Museen bis zu Promi-Friedhöfen: Immer wieder überrascht die Stadt alle, die auch mal die ausgetretenen Pfade verlassen.

Flüsterkneipen

Überall verstecken sich geheime Kneipen, in Soho z. B. hinter dem Fenster eines Sexshops die **Bodega Negra**. In King's Cross ist das **Nola's** durch eine Geheimtür in der Sweetwater Bar zu erreichen.

Abenteuer

London strotzt vor Abenteuern, vom Spaziergang am **Tottenham Hotspur Stadium** (S. 256) entlang bis zum Raften im Lee Valley und Wakeboarden im **Royal Victoria Dock** (S. 207; s. Foto).

TOP-ERLEBNISSE: UNBEKANNTES LONDON

In viktorianischer Zeit fanden im ❶ **Old Operating Theatre Museum** im Turm der St Thomas Church Operationen ohne Betäubung statt (S. 136).

Mit die besten Biere der Stadt schlürfst du auf einem Brauereibummel über die ❷ **Blackhorse Beer Mile** in Nordostlondon (S. 241).

Das ❸ **Sir John Soane's Museum**, das Haus eines der bedeutendsten britischen Architekten, sieht noch so aus wie 1837 und ist vollgestopft mit Schätzen (S. 57).

Die Kult-Bowlingbahn ❹ **Rowans Tenpin Bowl** ist mit altmodischen Amerikana eingerichtet. Freitags finden hier Partys statt (S. 256).

Streetfood, Bars und süße Leckereien bietet der ❺ **Seven Dials Market** in Covent Garden (S. 89)

LONDON GRATIS

Zwar gilt London als eine der teuersten Städte der Welt, doch es bietet auch jede Menge Attraktionen, die nicht einen Penny kosten. Problemlos kannst du von Museen ohne Eintritt zu Straßenkunst und Märkten mit Gratis-Kostproben pendeln. Und auf den Museums-Websites sind kostenlose Vorträge und Pop-up-Events angekündigt.

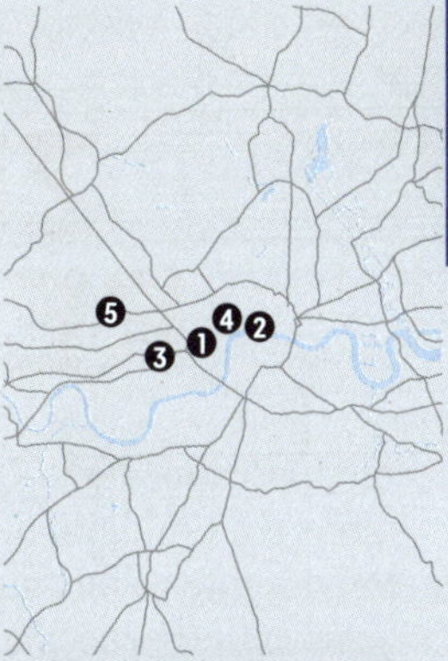

Auf Schusters Rappen

Die Londoner Straßen sind zum Zufußgehen gedacht. In den schmalen, verwinkelten Straßen der Innenstadt schnupperst du quirliges Großstadtflair.

Parkevents

Auf den Websites der Parks ist alles von Blasmusikkonzerten und Filmvorführungen bis zu kostenlosen Naturspaziergängen und Sportaktivitäten angekündigt.

Kostenlos über die Themse

Unter der Woche pendelt die **Woolwich Ferry** gratis über die Themse; oder du gehst durch den 370 m langen **Greenwich Foot Tunnel** unter der Themse hindurch.

TOP-ERLEBNISSE: GRATIS

Viermal pro Woche kannst du gratis der Wachablösung vor dem ❶ **Buckingham Palace** beiwohnen, der berühmtesten Königsresidenz der Welt (S. 74).

Tolle Gegenwartskunst bietet die umwerfende ❷ **Tate Modern** in der früheren Bankside Power Station (S. 124).

Die weltweit größte Sammlung an Kunstgewerbe präsentiert das ❸ **Victoria & Albert Museum**: schmuckvolle Eisenarbeiten, Trachten, orientalische Teppiche und asiatische Keramik (S. 164).

Hervorragende Straßenkünstler:innen unterhalten Zuschauende auf der Piazza von ❹ **Covent Garden** mit Musik, Theater und Tanz (S. 64).

Den ❺ **Portobello Road Market** säumen Stände mit Antiquitäten, Krimskrams und Vintage-Klamotten (S. 278).

ZEIT-REISEN

Zeugnisse aus der 2000 Jahre alten Geschichte Londons sind in der ganzen Stadt zu sehen, von Resten der alten Stadtmauer bis zu Kopfsteinpflastergassen und gruseligen Wasserspeiern hoch oben. Zahlreiche bedeutende Wahrzeichen erzählen von der Entstehung der Stadt und von ihrer Bedeutung für die ganze Welt. Sie können meist gegen Eintritt besichtigt werden und erlauben einen stimmungsvollen Blick in die Vergangenheit.

Gruseliges London

Besuche Promigräber auf unheimlichen Friedhöfen, wandele auf den Spuren von Jack the Ripper und erfahre von den „Geistern", die angeblich im **Kensington Palace** (S. 156; s. Foto) herumspuken.

Rundgänge

Dutzende Anbieter haben Touren in der ganzen Stadt im Programm, die alles vom jüdischen und römischen London bis zur Black History von Soho, St Paul's und Notting Hill abdecken.

Pubs

Genieße ein Pint in den alten Räumen von historischen Pubs wie **The Spaniard's Inn**, **Ye Olde Cheshire Cheese** (S. 116) und **The George Inn**.

St Paul's Cathedral (S. 108)

TOP-ERLEBNISSE: GESCHICHTE

Der ❶ **Tower of London**, die gewaltige Burg an der Themse, ist einer der Schlüsselorte der Londoner Geschichte (S. 104).

Seit 604 steht hier schon eine Kirche; heute erhebt sich hier die mächtige Kuppel von ❷ **St Paul's** mit herrlichem Ausblick (S. 108).

Schon seit Jahrhunderten bildet die gotische ❸ **Westminster Abbey** die Kulisse für königliche Krönungen und Hochzeiten (S. 76).

Die meistfotografierte Uhr der Welt ist die am Elizabeth Tower mit der als ❹ **Big Ben** bekannten Glocke (S. 71).

Die jetzt in Greenwich vor Anker liegende ❺ **Cutty Sark** war der letzte große Klipper, der im 19. Jh. zwischen China und England unterwegs war; britische Seefahrtsgeschichte bietet das National Maritime Museum (S. 322).

AUF DEM WASSER

Ohne seine Wasserwege würde London, so, wie wir es kennen, nicht existieren. Schon seit Langem dient die 350 km lange Themse der Wasserversorgung und dem Handel, früher diente sie aber auch als Kloake. Über die Docks und Kanäle wurden Waren aus nah und fern heran- und dann weiter ins ganze Land befördert. Heute sind die Gebiete am Wasser quirlige Stadtteile mit einigen der besten Flecken Londons, von legendären Pubs bis zu Szenebuchhandlungen.

Kanäle

Diese alten Wasserwege, vor den Auto- und Eisenbahnen die wichtigsten Handelsrouten, sind jetzt von ausgezeichneten Cafés, Pubs und Parks gesäumte Szenetreffs.

Die Themse

Erkunde die berühmten Wahrzeichen am Fluss wie den **Tower of London** (S. 104), den Palace of Westminster und die **St Paul's Cathedral** (S. 108) per Boot oder zu Fuß.

Die Docklands

Von der **IFS Cloud Cable Car** (S. 217) eröffnen sich Ausblicke auf den einst größten Hafen der Welt mit seiner bauchigen weißen **O2 Arena** (S. 304).

Die Themse (S. 142)

TOP-ERLEBNISSE: AUF DEM WASSER

In Camden ist am Kanal eine viktorianische Schleuse in Aktion zu erleben; dann locken in der Nähe die Essensstände des ❶ **Camden Market** (S. 250).

Im ❷ **London Canal Museum** erfährst du, wie sich für die Kanalbootnomaden der Alltag gestaltete, bevor du auf einer Tour den Islington Tunnel erkundest (S. 239).

Der schwimmende Buchladen ❸ **Word on the Water** auf einem holländischen Kahn der 1920er-Jahre auf dem Regent's Canal ist vollgestopft mit Büchern (S. 244).

Im Pub ❹ **Prospect of Whitby** von 1502 tranken einst Seeleute und Schmuggler sowie Charles Dickens und Samuel Pepys (S. 229).

Die Schnellboote der ❺ **Thames Rockets** düsen bis zur grandiosen Thames Barrier über den berühmten Londoner Fluss.

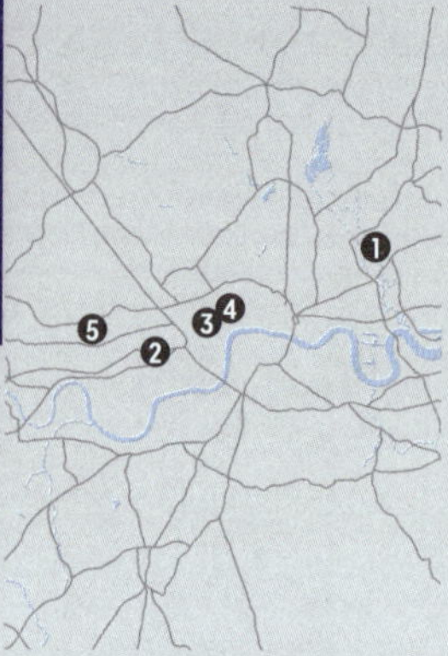

TOP-ERLEBNISSE: MIT KINDERN

Das ❶ **London Aquatics Centre**, eine frühere Olympiasportstätte, bietet einen Luftkissen-Wasserparcours (S. 213).

Mit echten Weltraumraketen und mit Experimenten im interaktiven Wonderlab wartet das ❷ **Science Museum** auf (S. 176).

Die immersive ❸ **Crystal Maze Live Experience** bietet verschiedene Themenzonen und Räume mit Challenges, die bewältigt werden müssen (S. 90).

Harry-Potter-Fans lieben die großartige West-End-Show ❹ **Harry Potter and the Cursed Child**: Sie spielt 19 Jahre nach *Harry Potter und die Heiligtümer des Todes* (S. 80).

Im ❺ **KidZania** können Kinder mit Verkleidungen und bei Rollenspielen ausloten, was sie vielleicht einmal werden wollen, ob Fernsehmoderatorin oder Feuerwehrmann (S. 289).

LONDON MIT KIDS

London ist ein fantastisches Reiseziel mit Kindern: Es gibt zahllose Möglichkeiten, sie bei Laune zu halten. In vielen Einrichtungen gibt's Ermäßigungen für Kinder und viele Museen sind komplett gratis. Und die Kleinen können billiger mit der U-Bahn fahren: bis fünf sogar kostenlos, von fünf bis zehn mit Fotoausweis ebenfalls kostenlos.

Spielplätze

In den Parks gibt's meist Spielplätze. Toll ist der Diana Memorial Playground (s. Foto) im Hyde Park mit großem Piratenschiff. Der Victoria Park wartet mit großen Rutschen und einem interaktiven Planschbereich auf.

Essen gehen

In den meisten Restaurants sind Kinder willkommen und es gibt Karten mit billigeren Kindergerichten. Tagsüber sind auch Pubs gut für Familien mit Kindern, besonders zum Sonntagsbraten.

Spaß mit Tieren

Hoftiere bietet der Stadtbauernhof Mudchute bei der Canary Wharf; im Regent's Park punktet der London Zoo mit exotischen Lebewesen.

GAUMEN-FREUDEN

Angesichts von über 120 in London vertretenen Landesküchen geht's beim Essengehen nicht einfach nur um ein köstliches Essen, sondern auch darum, die vielfältigen ethnischen Communitys der Stadt kennenzulernen. In London gibt's etwas für jeden Geschmack, von winzigen Nudelläden bis zu noblen Gourmettempeln.

Köstlichkeiten

In traditionellen grün gekachelten Lokalen kannst du die aus den Docks stammende East-End-Spezialität *pie and mash* mit *green liquor* (Petersiliensoße; s. Foto) probieren.

Streetfood

In den meisten Stadtteilen gibt's einen Lebensmittelmarkt, vom Bauernmarkt bis zur Markthalle wie dem Borough Market (s. Foto), perfekt zum Probieren von allerlei Köstlichkeiten.

Gut gewürzt

Aromatische Versionen des Londoner Lieblingsgerichts Curry gibt's in der ganzen Stadt. Am beliebtesten sind anglisierte Varianten bengalischer Gerichte wie *chicken tikka masala*.

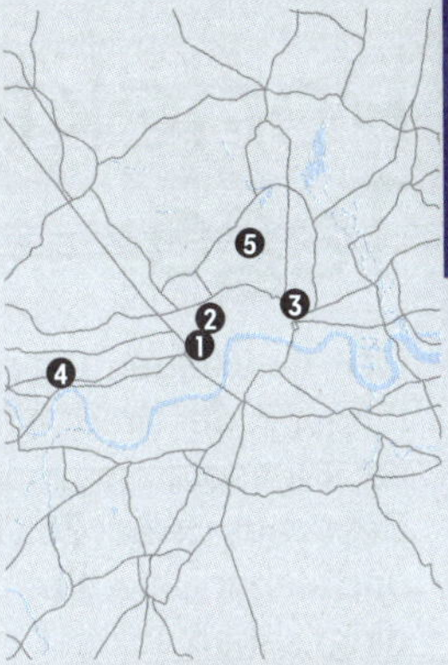

TOP-ERLEBNISSE: ESSEN

Extravagante Genüsse bietet die elegante, ganztägig geöffnete Art-déco-Brasserie ❶ **The Wolseley** in Mayfair (S. 89).

Stell dich in Soho in die Warteschlange vor dem ❷ **BAO**, um köstliche taiwanesische Dampfbrötchen zu genießen (S. 48).

Mit echtem bangladeschischem Essen wie z. B. köstlichen Currys wartet das ❸ **Graam Bangla** in der Brick Lane auf (S. 197).

Mit das authentischste Thai-Essen jenseits von Bangkok bietet die ❹ **101 Thai Kitchen** in Hammersmith (S. 289).

Eine kleine Herausforderung für die Geschmacksnerven ist das Essen im ❺ **F.K.A.B.A.M. Formerly Known as Black Axe Mangal** in Islington: Hier werden zu Heavy Metal wahre Aromabomben serviert (S. 240).

Perfekte Tage

Ob du nur einen Tag oder auch länger in der Stadt bist: Mit dieser Tagesplanung machst du das Beste aus deiner Zeit in London und siehst alles, was du unbedingt sehen solltest.

Elizabeth Tower (S. 71)

S.BORISOV/SHUTTERSTOCK ©

TAG 1

West End

Nach einem Bummel über den **Leicester Square** (S. 47) und den **Piccadilly Circus** (S. 48) geht's die elegante **Regent Street** (S. 67) mit ihren denkmalgeschützten neobarocken Fassaden über den Geschäften entlang.

Mittagessen Die **Chinatown** (S. 54), das Londoner Zentrum fernöstlicher Kultur, wartet mit Restaurants mit Peking-Enten und Dampfbrötchen auf. Im **Kowloon Restaurant** (S. 55) gibt's köstliche Pudding-Dampfbrötchen.

Covent Garden

Auf der gepflasterten **Covent Garden Piazza** (S. 64) tummeln sich Kunstgewerbe- und Antiquitätenhändler:innen und erstklassige Straßenkünstler:innen. Im **London Transport Museum** (S. 65) erfährst du etwas über das älteste U-Bahnnetz der Welt.

Abendessen Am frühen Abend in der vom renommierten britischen Koch geführten **Berners Tavern** (S. 68) in einem edwardianischen Gebäude hinter der Oxford Street, voller Gemälde in allerlei Formen und Größen und mit hervorragend präsentierten Gerichten.

West End

Genieße eine Aufführung in einem der zahlreichen alten Theater des West End. Das **Dominion Theatre** (S. 70) zeigt große Musicals, das **Royal Opera House** (S. 89) ist an sich schon herrlich. Einen Absacker gibt's dann in Soho, dem Herz der Londoner LGBTIQ-Szene.

TAG 2

Kensington

Erkunde die unzähligen Kuriositäten und die Millionen von Jahren alten Dinosaurier-Überreste im **Natural History Museum** (S. 170) mit seinen 80 Mio. Präparaten in einem spektakulären neugotischen Gebäude. Ganz in der Nähe wartet das **Victoria & Albert Museum** (S. 164) mit einer tollen Sammlung schöner Dinge aus 5000 Jahren menschlicher Kreativität auf, von jahrhundertealten Kleidungsstücken bis zu opulenten Möbeln.

Mittagessen Einen Afternoon Tea mit Sandwiches und süßen Leckereien bietet der **Kensington Palace Pavilion** (S. 161) auf dem Gelände des Palasts.

Hyde Park

Nach einem Spaziergang durch den **Hyde Park** (S. 148) geht's per Tretboot über die Serpentine. Kunst bietet kostenlos die Serpentine Gallery mit Werken von Leuten wie Andy Warhol und Anish Kapoor.

Abendessen Schmause Haute Cuisine in von Promiköch:innen geführten Sternetempeln wie dem **Restaurant Gordon Ramsay** (S. 153) und **Dinner by Heston Blumenthal** (S. 153).

Chelsea

Für den Schlummertrunk bietet sich das legendäre Pub **Grenadier** (S. 144) an, wo Geld an der Decke klebt, mit dem die Spielschulden eines vor 200 Jahren vor der Tür ermordeten Soldaten beglichen werden. Bummele auch mal über die noble **King's Road** (S. 151) und lausche Live-Jazz in **The Pheasantry** (S. 155).

TAG 3

Westminster & South Bank

In der **Westminster Abbey** (S. 76) wurden seit Wilhelm dem Eroberer sämtliche britischen Monarch:innen außer Eduard V. und Eduard VIII. gekrönt. Von der **Westminster Bridge** kannst du Fotos von **Big Ben** (S. 71) schießen. Richtung Norden geht's dann am Südufer der Themse entlang zur **Tate Modern** (S. 124), einem Aushängeschild der Gegenwartskunst.

Mittagessen Londons ältester Lebensmittelmarkt, der **Borough Market** (S. 130), serviert eine breite Palette von Speisen aus aller Welt, von Käse und Wurst bis zu frischen Austern zu einem Bruchteil der Restaurantpreise.

City

Über die **Millennium Bridge** (S. 126) geht's zur **St Paul's Cathedral** (S. 108) und dort die 1161 Stufen hinauf zur obersten Galerie mit weitem Ausblick auf die Stadt. Der imposante **Tower of London** (S. 104) beherbergt die Kronjuwelen und war einst das berüchtigtste Gefängnis des Landes. Anschließend schießt du noch ein Foto der neugotischen **Tower Bridge** (S. 102).

Abendessen Auf dem **Spitalfields Market** (S. 184) in East London bekommst du alles von vietnamesischen Nudeln bis zu nigerianischen Currys.

Spitalfields

Den Absacker gibt's in einer der berüchtigten alten Kneipen der Gegend wie dem **The Ten Bells**, wo angeblich zwei der Opfer von Jack the Ripper ihren letzten Drink genossen.

BESTE REISEZEIT

In London ist das ganze Jahr Reisezeit, auch wenn die meisten Leute im Sommer kommen: Dann erwachen die Outdoor-Attraktionen zum Leben. Der Winter lockt mit Weihnachtsflair.

Mit fast 20 Mio. Besucher:innen im Jahr ist London die meistbesuchte Stadt Europas. Im Sommer schwillt die Stadt an: Dann lockt sie mit mildem Wetter, ihren Parks sowie Sportveranstaltungen und zahlreichen Festivals, doch gleichzeitig sind Sehenswürdigkeiten und Verkehrsmittel brechend voll. Grauer Himmel und Regen im restlichen Jahr schrecken viele ab, doch die Stadt trotzt dem Wetter mit Museen von Weltrang und einer quirligen Restaurant-, Theater- und Pubszene. In der Zwischensaison im Frühjahr und Herbst sind die Preise niedriger, es locken Frühlingsblüten bzw. Herbstfarben und es ist weniger los. Zu Beginn des Winters üben die tollen Einkaufsviertel mit Weihnachtsbeleuchtung, Eisbahnen und Weihnachtsmärkten einen großen Reiz aus.

Übernachten

Am billigsten sind die Unterkünfte in den kältesten und nassesten Monaten Januar, Februar und März. Am höchsten sind die Preise im Sommer und um Weihnachten.

Trafalgar Square (S. 78)

LOCAL TIPP

WALDBADEN

Elin Morgan aus Ostlondon ist Naturliebhaberin, Autorin und Kommunikationsberaterin @NileBackwards

Wenn der Sommer in London vorbei ist, geht nichts über einen Abstecher in den knapp 2400 ha großen Epping Forest, wo sich die Bäume in ihrer ganzen goldenen Herbstpracht zeigen. Mit der Overground geht's nach Chingford, dann den Pole Hill hinauf zu Panoramablicken über die Stadt – am schönsten ist es in der Abenddämmerung. Am besten eine Thermosflasche mit heißem Tee mitnehmen und nach Regen auch Gummistiefel!

REGEN

London hat rund 145 Regentage. Die Londoner:innen haben zahlreiche Wörter für nasses Wetter: Es könnte „Katzen und Hunde regnen" oder *bucket down*, wie aus Kübeln gießen. Aber vielleicht gibt's auch nur einen Schauer. Auf jeden Fall immer Regenjacke oder Regenschirm mitnehmen!

Reisewetter

JANUAR	FEBRUAR	MÄRZ	APRIL	MAI	JUNI
ø-Temp. Max: **9 °C**	ø-Temp. Max: **9 °C**	ø-Temp. Max: **12 °C**	ø-Temp. Max: **15 °C**	ø-Temp. Max: **18 °C**	ø-Temp. Max: **22 °C**
Regentage: **11**	Regentage: **9**	Regentage: **8**	Regentage: **8**	Regentage: **8**	Regentage: **8**

SCHNEE

Es schneit nur selten – an etwa 16 Tagen im Jahr –, aber wenn es schneit, dann herrscht in London eine unheimliche Stille: Der Schnee dämpft die Geräusche, aber viele Leute lassen auch einfach ihre Autos stehen. An den Schulen gibt's vielleicht schneefrei. Im ÖPNV kann es zu Verzögerungen kommen.

Festivals

Bei Europas größter **Pride-Parade** erstrahlt die Stadt in Regenbogenfarben. Neben dem Umzug gibt's zahlreiche Konzerte, Partys, Vorträge und andere Veranstaltungen. **Juli**

Beim **Notting Hill Carnival**, Europas größter Straßenparty, feiern 2 Mio. Menschen drei Tage lang afrokaribische Kultur, Musik und Speisen. **August**

Rund 40 000 Läufer:innen nehmen am **London Marathon** teil, aber über 100 000 Zuschauende feuern sie bei einem der weltweit größten Straßenrennen von Blackheath durch die Stadt zur Mall an. **April**

In der **Guy Fawkes Night**, die an den gescheiterten Versuch von 1605 erinnert, das Parlament in die Luft zu jagen, wird die Stadt ins Licht der Feuerwerke getaucht. Die besten öffentlichen Spektakel gibt's am Primrose Hill, auf den Highbury Fields, am Alexandra Palace, auf Clapham Common und in Blackheath. **November**

Sport

Fußball Die Saison dauert vom Spätsommer bis zum Frühjahr. In letzter Zeit wurden auch die Frauenteams von Arsenal und Chelsea immer beliebter und hier sind die Karten auch leichter zu ergattern als für die Premier League, Championship League und League One der Männer. **August bis Mai**

Zwei Wochen im Jahr versammeln sich die besten Tennisspieler:innen der Welt in **Wimbledon** – ein typisches Stück englischer Kultur. **Juni/Juli**

An langen Sommertagen können Cricketfans im **Lord's** und im **Oval** internationale Begegnungen verfolgen. Für große Spiele werden die Tickets verlost; für kleinere Spiele sind sie leichter erhältlich. **Juli**

Bei der jährlichen **Six Nations Championship** finden im Twickenham Stadium Englands drei Heimspiele und die anderen Rugby-Länderspiele statt. **Januar und März**

LOCAL TIPP

WEIHNACHTEN UND FUSSBALL

Holly Farmer ist Physiotherapeutin und liebt London, draußen zu sein und Fußball @hollyrfarmer

Für die winterlichen Freuden Londons musst du dich warm anziehen. Im Hyde Park sorgt von November bis Januar das Winter Wonderland für Spaß (buchen!), während der Borough Market mit Essen, Drinks und Weihnachtsflair lockt. Zusammen mit leidenschaftlichen Fans das Frauenteam von Arsenal anzufeuern ist unschlagbar. Tipp: zum Aufwärmen ein warmes Getränk mit auf die Tribüne nehmen!

London Marathon

HITZEWELLEN

Im Sommer erwacht die Stadt zum Leben: Dann liegen im Juli und August die Durchschnittstemperaturen bei 23 °C. Manchmal wird es auch bis zu 40 °C heiß. In öffentlichen Gebäuden gibt's Klimaanlagen, in vielen alten und in der U-Bahn jedoch nicht. Immer genügend Wasser dabeihaben!

JULI	AUGUST	SEPTEMBER	OKTOBER	NOVEMBER	DEZEMBER
ø-Temp. Max: **23 °C**	ø-Temp. Max: **23 °C**	ø-Temp. Max: **22 °C**	ø-Temp. Max: **15 °C**	ø-Temp. Max: **12 °C**	ø-Temp. Max: **9 °C**
Regentage: **7**	Regentage: **8**	Regentage: **7**	Regentage: **11**	Regentage: **11**	Regentage: **11**

LINKS: ALEXANDER SPATARI/GETTY IMAGES © RECHTS: ALEXANDRA GLEN - FEATUREFLASH PHOTO AGENCY/SHUTTERSTOCK ©

Oxford Street (S. 69)

BESTENS VORBEREITET AUF LONDON

Nützliches zum Vorbereiten und Einstimmen.

Kleidung

Dresscodes

London ist eine modebewusste Stadt, und wenn die Leute gehobenere Etablissements aufsuchen, kleiden sie sich entsprechend. Es gibt aber auch zahllose zwanglose Ess- und Trinklokale und Attraktionen wie Museen und Parks. Im Zweifel vorher nachschauen, ob es vielleicht einen Dresscode gibt.

Schichten

Das Londoner Wetter ist launisch und die Temperaturen können innerhalb von Tagen um 20 °C steigen oder fallen. Kleide dich daher nach dem Zwiebelprinzip und bring eine leichte Regenjacke und einen Schirm mit, die man in die Tasche stopfen kann.

Etikette

Nicht vordrängeln, „please" und „thank you" sagen sowie „sorry", wenn du mit jemandem zusammenstößt. Die Londoner:innen haben es immer eilig, sodass man auf der U-Bahntreppe (rechts stehen!) hinter sich vielleicht ein „excuse me" hört – dann wird man nur höflich gebeten, Platz zu machen. Willst du dich im Restaurant beschweren, so tu das diskret und höflich.

Schuhe

Ziehe bequeme Schuhe an, da du in London viel zu Fuß unterwegs sein wirst. Ideal sind flache Schuhe oder Sportschuhe, doch für noblere Events und Restaurants brauchst du vielleicht etwas Feineres.

LESEN

Die Abenteuer des Sherlock Holmes (Arthur Conan Doyle, 1892) Ein großer Detektiv versucht, in London soziale Ungerechtigkeiten zu beheben.

Oliver Twist (Charles Dickens, 1839) Roman über einen Waisenjungen, der auf den schmutzigen Straßen der Stadt zum Taschendieb ausgebildet wird.

Bridget Jones – Schokolade zum Frühstück (Helen Fielding, 1996) Roman über die junge Londonerin Bridget und ihre witzigen Missgeschicke in Sachen Arbeit und Liebe.

Brick Lane (Monica Ali, 2003) Die Geschichte von Nazneen, die aus der bangladeschischen Community nach Tower Hamlets zieht, um zu heiraten.

Sprechen

Alright Keine Frage, sondern ein Gruß wie „Hallo" – erwidere einfach „alright"
Mate/honey/babe/love/poppet Als Anrede statt des Namens verwendete Kosewörter
Take away Essen zum Mitnehmen
Quid Pfund (Geld)
Do Treffen/Event/Party
Pub „Public house", in dem Getränke serviert werden, besonders Alkohol
Cheers Wird auch anstelle von „Thank you" gesagt; ansonsten „Prost"
Bloke/geezer Mann
Innit In Ost-, Nord- und Südlondon für „isn't it"
Contactless Zahlung per Handy, Smartwatch oder Karte ohne Unterschrift oder Geheimzahl
Minicab Taxi, das nicht an der Straße angehalten werden kann, sondern telefonisch oder in einem Taxibüro gebucht werden muss
Oyster Chipkarte für den Londoner ÖPNV
Tube Londons U-Bahn
Cuppa/brew Tasse Tee
Bill Rechnung
Spitting Leichter Regen
Drizzle Nieselregen
Chucking down/bucketing down Starkregen („es schüttet")
Pissed/trollied/hammered Betrunken
Skint Pleite
Bob Bargeld
Dodgy Nicht okay, verdächtig
Daft Dämlich
Leg it Wegrennen
Bevvy Getränk *(beverage)*
Chuffed/made up Erleichtert, glücklich
Loos Toiletten
Crack on Loslegen, weitermachen
Grub Essen

ANSCHAUEN

Skyfall (Sam Mendes, 2012) In London spielender Bond-Thriller mit Actionszenen rund um Sehenswürdigkeiten wie Whitehall, National Gallery und Trinity Square.

Paddington (Paul King, 2014) Tolle Hinführung zur Stadt für Kinder: Die Einwandererfabel wird mittels eines Bären erzählt, der an einem Londoner Bahnhof gefunden und von einer heimischen Familie adoptiert wird.

Tatsächlich ... Liebe (Richard Curtis, 2003) Beliebte romantische Weihnachtskomödie über ein Dutzend Londoner:innen.

REINHÖREN

London Calling (The Clash, 1979) Punkiger Schlachtruf, oft vor Fußballspielen in London gespielt, erzählt, wie die Welt auf vielfältige Weise enden könnte.

West End Girls (Pet Shop Boys, 1984) Eingängiger Synthesizer-Pop mit treibendem Bass über eine abendliche Flucht in die Stadt.

London Is the Place for Me (Lord Kitchener, 1948) Fröhlicher Calypso-Song über Migration und den Optimismus von Expats nach dem Zweiten Weltkrieg.

Streets of London (Ralph McTell, 1969) Inspiriert von den Reisen des Texters, stellt Allerweltsprobleme denen von der Gesellschaft Vergessener gegenüber.

Fish and Chips

ESSEN WIE DIE LOCALS

Essen bietet eine Möglichkeit, die vielfältigen ethnischen Communitys Londons zu feiern – hier ist fast jede Landesküche vertreten.

Alle Vorurteile über fades britisches Essen kannst du gleich mal vergessen – London ist derzeit der vielleicht wichtigste Kulinarikhotspot weltweit, dank vielfältiger Landes- und Regionalküchen und Aromen auch aus den entferntesten Ecken der Welt. Angesichts der über 20 000 Restaurants und Pubs, in denen Essen serviert wird, lohnt sich ein wenig Recherche, bevor du deine Geschmacksnerven auf Reisen schickst. Bestimmte Gebiete haben sich zu Hotspots einzelner Küchen entwickelt – die Westlondoner Edgware Road ist die Gegend für libanesisches Essen, Brixton für karibisches und Knightsbridge für gehobenes Speisen. Doch vielleicht genießt du die Mahlzeit deines Lebens auch in einem weniger bekannten Vorort. Aber es gibt auch mittelmäßige Restaurants, vor allem in sehr touristischen Gegenden. Essen zu gehen ist eine gesellige Angelegenheit – vielleicht teilt man sich eine Flasche Wein und plaudert für ein paar Stunden. Fürs Essen auf die Schnelle gibt's Imbisse und Märkte.

Küchen aus aller Welt

Ein Kulinarikziel ist London in erster Linie dank Essen aus aller Welt. Die meisten Foodies kommen nicht hierher, um britische Gerichte zu genießen, sondern in einer einzigen Stadt Speisen aus allen Ecken des Globus. Im Verlauf einer Generation hat sich London komplett gewandelt und ist heute für neue Geschmackserlebnisse offen. Mit einer multikulturellen Bevölkerung, die über 250 Sprachen spricht, ist das Essen eine Mög-

Unbedingt probieren!

Sunday Roast
Familienklassiker, den die meisten Pubs sonntags anbieten.

Fish and Chips
In den 1860er-Jahren eröffnete in London der erste *chippie*.

Pie and Mash
East-End-Spezialität – Mutige bestellen dazu Aal in Aspik.

English Breakfast
Die Londoner:innen lieben es, besonders nach einer langen Nacht.

lichkeit, sich anderen Kulturen anzunähern. Hier kannst du einzigartige Aromen probieren, von uigurischer Küche und Essen aus Xinjiang bis zu Gerichten aus Fidschi. Mit ein bisschen Recherche kannst du dich auf eine kulinarische Weltreise begeben.

Promiköch:innen

Neben Dutzenden Sternerestaurants – zuletzt waren es 74 – strotzt London auch vor Gourmettempeln, geführt von Starköch:innen wie z. B. Gordon Ramsay, Marco Pierre White, Jason Atherton, Heston Blumenthal, Hélène Darroze, Marcus Wareing, Monica Galetti, Rick Stein sowie zahlreichen weiteren Fernsehköch:innen. Ihre Restaurants ballen sich vor allem im West End und in Kensington und bieten gehobene Speiseerlebnisse. In diesen Läden wird nicht gegessen, sondern genossen.

Lebensmittelmärkte

Streetfood ist in London eine große Sache und stellt schon seit einiger Zeit eine Möglichkeit dar, die Küchen anderer Kontinente zu probieren. So kannst du auf dem East Yard in Camden südamerikanische *arepas* schlemmen, auf dem Broadway Market scharfe Gujarat-Currys und in Hackney Bridge philippinische Grillgerichte. Auf allen Märkten gibt's auch Bio- und handwerkliche Erzeugnisse.

PANDORA PICTURES/SHUTTERSTOCK ©

Afternoon Tea

BRIAN MINKOFF/SHUTTERSTOCK ©

Taste of London Festival

FOOD-FESTIVALS

Taste of London Festival, Juni Das fünftägige Fest dient Londoner Köch:innen als Plattform für die „Essensheroen der Zukunft".

London Restaurant Festival, Oktober In ausgesuchten Menüs kann man das Beste probieren, was London zu bieten hat, darunter auch Küchen von Sternerestaurants.

Taste of the Caribbean Food & Drink Festival, Juli Entertainment und Kochvorführungen zur Präsentation der einzigartigen Aromen der Region.

Hampton Court Palace Food Festival, August Der Palast Heinrichs VIII. öffnet sein Gelände für jedermann, mit kleinen Erzeuger:innen, Streetfood und Meisterkursen – hier kannst du wie die Tudors schlemmen!

Vegan Life, März Zweitägiges Event am Alexandra Palace mit 200 Ständen mit fleisch- und milchproduktfreiem Essen sowie Rezepten und Ernährungstipps.

Supper Clubs

Eine Möglichkeit, Londoner:innen zu treffen, ist bei einem guten Essen. Supper-Clubs haben die meisten Tourist:innen nicht auf dem Schirm, doch sie bieten gemeinschaftliches Essen im kleinen Rahmen, bei jemandem zu Hause oder in geschlossener Gesellschaft im Restaurant. In den Supper-Clubs gibt's alles Mögliche, z. B. feine indische Küche im Khaadraas Supper Club in Ostlondon oder erstklassige britische Küche im The Bridge Club in Südlondon.

Bourbon Biscuits
Außen knusprig schokoladig, innen Schokocreme, in den 1930er-Jahren erfunden in Bermondsey.

Scotch Egg
In Schweinefleisch gehülltes Ei, kreiert 1738 bei Fortnum & Mason am Piccadilly – nicht in Schottland.

Chelsea Buns
Im 18. Jh. zuerst im Stadtteil Chelsea gebackene Rosinenschnecken.

Afternoon Tea
Sandwiches und Kuchen, runtergespült mit Earl Grey – zuerst angeboten in einem Londoner Teesalon.

ANICZKANIA/SHUTTERSTOCK ©

CAFÉS, BARS & CLUBS

Die Londoner:innen genießen gerne einen Drink und dafür gibt's etwas für jeden Geschmack, von feinen Cocktailläden bis zu Dragbars.

Das *public house* ist die traditionellste Gastwirtschaft – es gibt 3500 Pubs in London. Diese meist mit dunklem Holz, Teppichboden und Sachen wie alten Fotos oder ausgestopften Tieren eingerichteten Kneipen dienen quasi als gemeinschaftliches Wohnzimmer, in dem sich die Menschen treffen können, wo doch das Wetter Treffen im Freien oft verhindert. In Pubs geht's immer locker zu; es gibt Bier, einfache Weine und Spirituosen. Am Wochenende treffen sich hier Familien zum Sonntagsbraten – Kinder sind tagsüber willkommen –, ansonsten treffen sich Freund:innen zu Spielen oder zum Sportgucken. Einige der Pubs der Stadt sind mehr als 500 Jahre alt – wie etwa Ye Old Cheshire Cheese und The Spaniards Inn – und sind ein fester Bestandteil städtischer Kultur. Zusätzlich zu den Pubs gibt's noch rund 1000 Bars und Clubs mit einem breiten Angebot an Drinks und längeren Öffnungszeiten; sie sind teurer und im Mittelpunkt stehen Cocktails, Musik oder ein bestimmtes Motto.

Cocktails

Im Kielwasser der Kulinarikszene der Stadt hat sich auch die Londoner Cocktailszene zu neuen Höhen aufgeschwungen – überall sind neue Bars und Flüsterkneipen mit einem innovativen Angebot zu erleben. Zuletzt waren auf der Liste mit „The World's 50 Best Bars" fünf Londoner Bars. Die Drinks werden immer einfallsreicher, von Reagenzglas-Schöpfungen und Whiskey Sours mit Insekten in The Langham's Artesian bis zum Absinth-Salon im urigen Viktor Wynd Museum of Curiosities.

Londons beste Pubs, Bars & Clubs

Spaniards Inn
Knarzendes altes Pub auf der Heath.

The Hawley Arms
In dieser klassischen Kneipe war Amy Winehouse Stammgast.

Simmonds
Lange geöffnete, muntere Cocktailbar mit Drinks in Teetassen.

Electric Ballroom
Verwandelt sich am Wochenende in einen lauten Club mit Elektro und Pop.

Clubs

Die Londoner Ausgehszene hat verschiedene Musikrichtungen genährt, von Punk und Rock bis Garage und Grime. Noch immer gibt's ein paar Megaclubs wie die riesigen Clubs Egg, Fabric oder Ministry of Sound mit treibenden Elektrobeats, aber auch kleinere Läden wie das XOYO; für queeren Pop gibt's das Heaven. Seit Neuestem verfügt Tottenham über einen der größten Clubs der Stadt: Ein 56 000 m^2 großes früheres Ikea-Gebäude beherbergt seit Ende 2023 das Drumsheds mit Platz für 15 000 Feiernde. Kleinere Clubs warten mit jeder nur erdenklichen Art von Musik auf.

Weinbars

Dies sind gehobenere, ruhigere Etablissements für Weingenießer:innen, oft mit moderner, intimer Einrichtung. Zwar werden meist europäische Weine kredenzt, doch es gibt auch Tröpfchen aus aller Welt sowie vermehrt auch Weine aus Bio-, biodynamischem und nachhaltigem Anbau. Dazu gibt's meist Käse und andere Kleinigkeiten.

Gastropubs

Eine noblere Variante des traditionellen Pubs, mit erstklassigem Essen und Bier von kleinen Brauereien (und manchmal auch erstklassigen Weinen) in rustikalem Ambiente. Das Ganze ist eher wie ein Restaurant im Pub, doch auch Leute, die nur etwas trinken möchten, aber etwas Anderes als ein einfaches Lager, sind willkommen.

Cafés

Dank über 3500 Cafés in der Stadt ist es kein Problem, seine Koffeinsucht zu stillen. Die Kettencafés locken vor allem durstige Pendelnde und Reisende an, die das WLAN nutzen und ihre Gerätschaften aufladen wollen, doch am einladendsten sind die unabhängigen Cafés mit belebendem sortenreinem Kaffee. Abends werden in vielen dieser individuell gestalteten Läden Craftbier, Wein und Cocktails serviert.

CHRISTO MITKOV CHRISTOV/SHUTTERSTOCK ©

Soho (S. 82)

GUT ZU WISSEN

Öffnungszeiten

Pubs sind ab 11 oder 12 Uhr und meist bis 23 Uhr geöffnet, sonntags bis 22.30 Uhr, aber immer mehr haben am Wochenende länger auf.

Clubs öffnen meist am Wochenende um 22 Uhr und schließen zwischen 3 und 7 Uhr.

Wein- und Cocktailbars öffnen meist gegen 16 Uhr und schließen gegen 0 oder 1 Uhr, manche auch erst später.

Trinkgeld

Nicht für jeden Drink muss man Trinkgeld geben. Teils wird ein Bedienungsgeld in Höhe von 12,5 % auf die Rechnung aufgeschlagen.

Einlass

Vor spät am Abend geöffneten Läden gibt's meist Türsteher:innen, die Ausweise checken. Alkohol darf man ab 18 trinken, doch in einige Clubs kommt man erst ab 21.

Was läuft?

Eine tolle Quelle für Infos zum Nachtleben, von Pop-up-Bars bis zu Kneipentouren, ist Time Out (timeout.com/london); Infos zu Konzerten bietet der NME (nme.com/gig-guide).

KOKO
Livemusik und Clubnächte. Hier waren schon Charlie Chaplin und die Sex Pistols zu Gast.

The King's Head
Altbewährtes, seit der Zeit vor Shakespeare existierendes Theaterpub in Islington.

The Gothic Bar
Nobler Laden im St Pancras Hotel mit Champagner- und Absinthcocktails.

Big Chill
Lebhafte Bar und Dachterrasse mit weitem Ausblick sowie Loungemusik und DJs.

West End (S. 38)

SHOWTIME

London weiß, wie man ein Spektakel veranstaltet, ob in einer riesigen Sportarena, in einem kleinen alten Theater oder auf einer munteren Konzertbühne. Hier gibt's künstlerische Darbietungen der Extraklasse, hier werden Megastars geboren und hier treibt Kunst sozialen Wandel an. Schau dir eine Show an – dann weißt du, wie London tickt.

Theater

London hat rund 250 Theater und einige im „Theatreland" zählen zu den ältesten überhaupt, mit opulenter, pompöser Einrichtung für tolle Theaterabende. Einige der berühmtesten Theater sind fast 400 Jahre alt, wie das Georgian Theatre Royal Drury Lane, das seit 1663 in wechselnder Form an derselben Stelle existiert. Im Theatreland zeigen rund 50 Schauspielhäuser erstklassige Musical-, Opern-, Comedy- und Theateraufführungen. Im „Off West End", also außerhalb des West End, werden oft Grenzen ausgelotet: Die Inszenierungen hier fordern das Weltverständnis der Zuschauenden heraus – nicht umsonst war das Theaterspiel in der Vergangenheit auch immer wieder verboten.

Musik

In London gastieren die Gött:innen des Rockhimmels, DJs aus aller Welt und obskure Folkbands und es spielen natürlich auch Londoner Eigengewächse. Ein Großteil der Londoner Livemusikszene tummelt sich rund um den Camden Market, doch große Konzertbühnen gibt's in der ganzen Stadt. Auch in Pubs und kleineren Spielstätten gibt's Konzerte. Im Sommer finden in den Parks der Stadt Konzerte und Festivals statt. Über anstehende Konzerte informieren die Veranstaltungsportale; willst du Karten für Konzerte berühmter Leute ergattern, musst du allerdings schnell sein!

Sport

Sportliche Rivalitäten sind in London sehr ausgeprägt, besonders zwischen den Fußballvereinen; die Saison dauert von August bis Juni. 17 Profivereine haben ihre Stadien in der Stadt. Leichter zu ergattern sind Karten für Spiele unterer Spielklassen und für Frauenspiele; wer leer ausgeht, kann sich in einem Pub den Fans beim Spielegucken anschließen. Im Sommer sind vor allem Cricket und Tennis beliebt, im berühmten, 200 Jahre alten Lord's-Cricketstadion und in Wimbledon, wo das älteste und prestigeträchtigste Rasenplatzturnier ausgetragen wird. Für beide Stätten sind die Tickets sehr begehrt und du solltest sie dir im Voraus sichern, aber es sind auch immer noch ein paar an der Tageskasse erhältlich.

DIE TOP-MUSIKBÜHNEN LONDONS

The Royal Opera House

Seit 1858 majestätisch an der Covent Garden Piazza gelegen.

Sadler's Wells

Eine der besten Bühnen Europas für Tanz.

Royal Albert Hall

Heimat der Proms: riesige Rotunde aus rotem Backstein mit Buntglaskuppel.

Union Chapel

Kirche in Islington, in der dank unglaublicher Akustik auch Konzerte stattfinden.

Roundhouse

Zum Veranstaltungsort mutierter ehemaliger Lokschuppen in Camden.

The Electric Ballroom

Mittelgroße Konzerthalle mit bekannten Acts.

Royal Albert Hall (S. 149)

Dingwalls

Kleiner Livemusikladen am Kanal in Camden mit schweißtreibendem Moshpit.

Cadogan Hall

Spielstätte des Royal Philharmonic Orchestra in Gebäude mit hoher Kuppel und Buntglas.

UNTERHALTUNG NACH STADTVIERTELN

Camden	Londons Livemusikzentrale mit Spielstätten aller Art und Größe, von Pubs mit obskuren Black-Metal-Bands bis zu großen Häusern für weltberühmte Bands und Musiker:innen. Dazu gibt's Jazzclubs und Läden mit weltbekannten DJs.
West End	Stimmungsvolle, teils jahrhundertealte Londoner Theater mit faszinierenden Musicals und Theaterstücken sowie Comedy.
Soho	Im quirligen queeren Viertel der Stadt werden fast allabendlich Dragshows und Pop-DJs geboten. Dazu kommen Indie- und Jazzclubs.
Hackney	Alternatives Theater und schräge Bands sowie Rap, Garage, Grime und Hip-Hop in den vielen Bars, Pubs, Brauereien und sonstigen Läden. Auch Spontankonzerte.
King's Cross	Mit einigen der Londoner Megaclubs und Nachtbars, mit einer breiten Palette an DJs für elektronische Musik.
Knightsbridge	Mit ein paar Jazzclubs und Bars mit DJs sowie schicken Cocktails in gehobenem Ambiente.
Islington	In den vielen Nordlondoner Spielstätten wie Hinterzimmern von Pubs sammeln Comedians Erfahrung. Außerdem einige sehr gute Bühnen mittlerer Größe und ein tolles Tanztheater.
Brixton	Reggae, Akrobatinnen, Soca und Läden mit karibischem Flair sowie die legendäre Brixton Academy.

MASSIMO PARISI/SHUTTERSTOCK ©

Portobello Road Market (S. 278)

SCHATZSUCHE

Im 18. und 19. Jh. stieg London mit seiner schier unendlichen Fülle an Waren zum größten Handelszentrum der Welt auf. Schnell entwickelte die Stadt eine Vorliebe für feine und exotische Dinge und ist so schon lange ein echtes Shoppingparadies. Dabei hat jedes Viertel sein eigenes Einkaufsflair: Glamouröse Designer:innen gibt's an der King's Road, unterschiedlichste Markthändler:innen in Camden, die Vintage-Klamotten und Hippiesachen verkaufen, aber auch staubige kleine Buchhandlungen und prachtvolle große Kaufhäuser.

In dieser Stadt finden Konsumfreudige fast alles Erdenkliche und viele kommen auch nur zum Shoppen hierher, besonders in der Weihnachtszeit, wenn die großen Einkaufsstraßen wie die Regent's und Oxford St teils herrlich bunt beleuchtet sind. Auch wenn du gar nichts kaufen willst, lohnen die quirligen alten Märkte Londons einen Besuch. Hier ist immer viel los und an vielen Ständen werden kostenlose Kostproben angeboten; es ist für Unterhaltung gesorgt und von den Lokalen an den Märkten kann man sich wunderbar das allgemeine Treiben anschauen.

Märkte

Viele der Londoner Märkte gibt's schon seit Jahrhunderten und hier treffen auch die unterschiedlichen Kulturen zusammen. Zu den besten Märkten zählen die Kunstgewerbe- und Vintage-Paradiese von Spitalfields und der Brick Lane bei der Liverpool Street Station sowie der Straßenmarkt an der Portobello Rd in Nordwestlondon mit seinen unzähligen Ständen, die etwa Antiquitäten aller Art feilbieten. Die alten Obst- und Gemüsemärkte Broadway, Walthamstow und Chapel Market verströmen auch heute noch ein Arbeiterflair. Bauernmärkte finden in Vierteln in der ganzen Stadt statt, gewöhnlich am Wochenende: Dann werden hier Unmengen an Erzeugnissen wie z. B. Londoner Honig angeboten. Am berühmtesten ist der Borough Market, auf dem an über 100 Ständen frische Bioerzeugnisse zu haben sind.

Kaufhäuser

Dekadente und Designerwaren gibt's in den großen Kaufhäusern Londons, in denen auf mehreren Etagen diverseste Artikel gehobener Qualität angeboten werden. Am berühmtesten ist Harrods in Knightsbridge. Das größte Kaufhaus Großbritanniens kommt nicht gerade dezent daher: Abends wird es von 12 000 Glühbirnen an-

Old Spitalfields Market (S. 184)

geleuchtet und ist teils mit Protz im ägyptischen Stil dekoriert. Im Erdgeschoss wartet die Lebensmittelabteilung mit bester Feinkost auf. Weniger pompös ist Liberty of London nicht weit von der Oxford St, mit Pseudo-Tudorfassade und Designersachen auf sechs Etagen, ebenso wie in der Nähe Selfridges in der Bond St mit imposanter klassizistischer Architektur und prächtigen Säulen. Zu Weihnachten lassen sich die Kaufhäuser in Sachen Deko nicht lumpen.

Unabhängige Geschäfte

London ist voller merkwürdiger, aber interessanter Läden, von Get Stuffed mit einem größeren Sortiment ausgestopfter Tiere bis zu einem Geschäft für handgefertigte Regenschirme und einem für Geräte im Steampunk-Stil. Zweifellos gibt's hier Läden für jeden Bedarf. Die Fachgeschäfte verteilen sich auf die ganze Stadt. Öffnungszeiten und Anfahrtsentfernungen beachten!

TOP TIPPS: UNABHÄNGIGE LÄDEN

Housmans Bookshop Bücher zu Aktivismus und Anarchismus, zu Subkulturen und allen möglichen exzentrischen Themen.

Boutique by Shelter Vintage-Sachen in King's Cross mit Herz für Obdachlose.

Vivienne Westwood Seit den Sechzigern Heimat der punkigen New-Wave-Designerin.

Church's Shoes Handgefertigte Qualitätsschuhe an der King's Road seit 1873.

Sounds of the Universe Riesige Auswahl an Soul- und Jazzplatten in Soho.

Sherry's Eine der alten Carnaby-St-Boutiquen der Sechziger für Mods-Klamotten.

Word on the Water Einzigartige Buchhandlung auf einem holländischen Kahn der 1920er-Jahre auf dem Regent's Canal.

Peter Harrington Alle möglichen Erstausgaben, von *Harry-Potter*-Büchern bis zu Andy-Warhol-Drucken.

SHOPPEN NACH STADTVIERTELN

Greenwich	Kleine Geschäfte, Plattenläden und Kunstgewerbestände rund um den Greenwich Market.
Oxford und Regent's Street	Filialen von Kaufhausketten, zu Weihnachten mit entsprechend geschmückten Schaufenstern.
King's Road, Chelsea	Teure Immobilien und einige der besten Designer:innen Londons.
Camden Market	Hunderte von Ständen mit Szeneklamotten und Kunstgewerbe am Kanal.
Covent Garden	Kunstgewerbemärkte, Modeboutiquen und Vintage-Stände auf und um die Piazza von 1630.
Broadway Market	Samstagsmarkt als Hipstertreff mit Schallplatten, Vintage-Kleidung und Fahrradhändler:innen.
London Bridge	Mit dem berühmten Borough Market, einem Foodie-Paradies mit leckeren Bio- und nachhaltigen Erzeugnissen.
Portobello Road	Original-Antiquitäten, Trödel und Vintage-Klamotten auf dem 1,5 km langen Portobello Market.

LONDON

REISE-ZIELE

Entdecke einzigartige Erlebnisse, Tipps unserer Autor:innen und Expert:innen, Hintergründe und Empfehlungen.

Tower Bridge (S. 304), London
SVEN HANSCHE/SHUTTERSTOCK ©

DIE STADTVIERTEL IM ÜBERBLICK

Entdecke dein Sehnsuchtsziel.

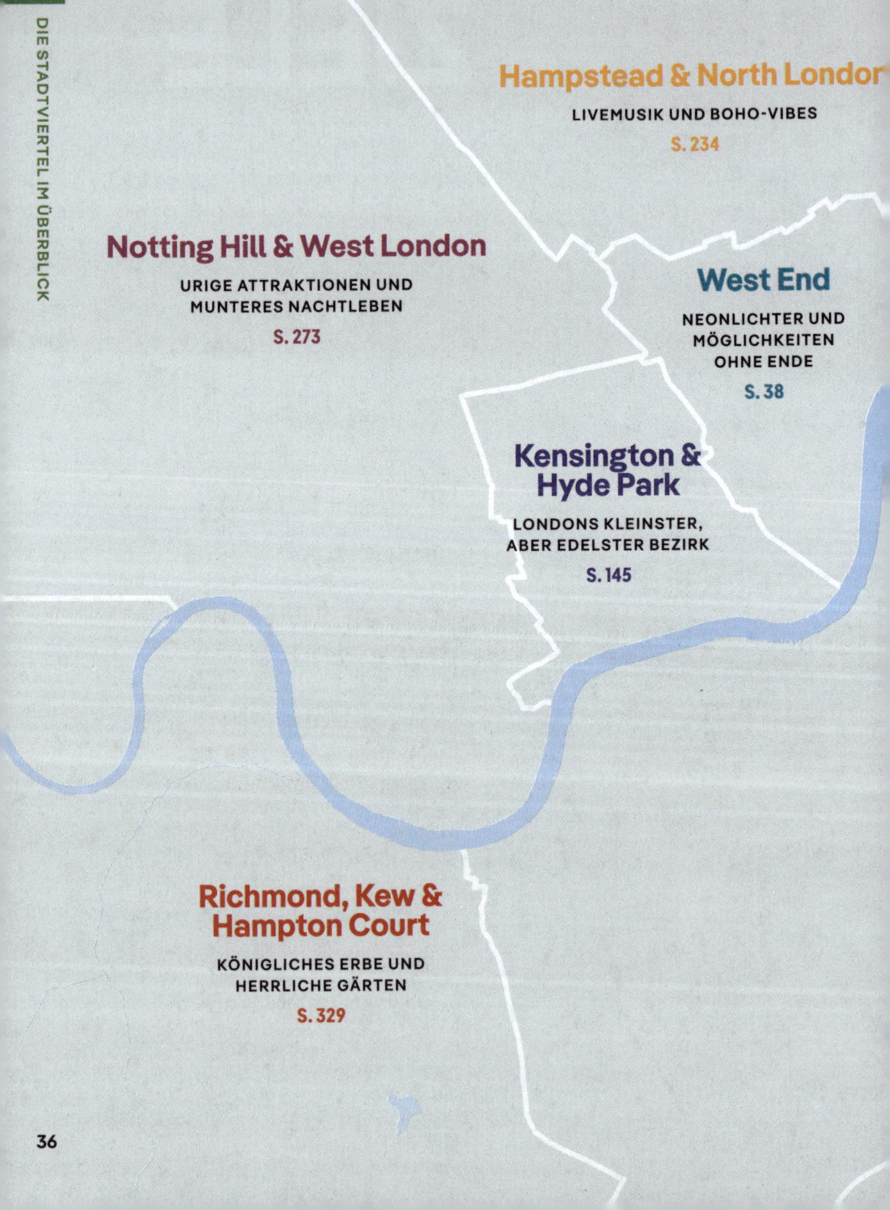

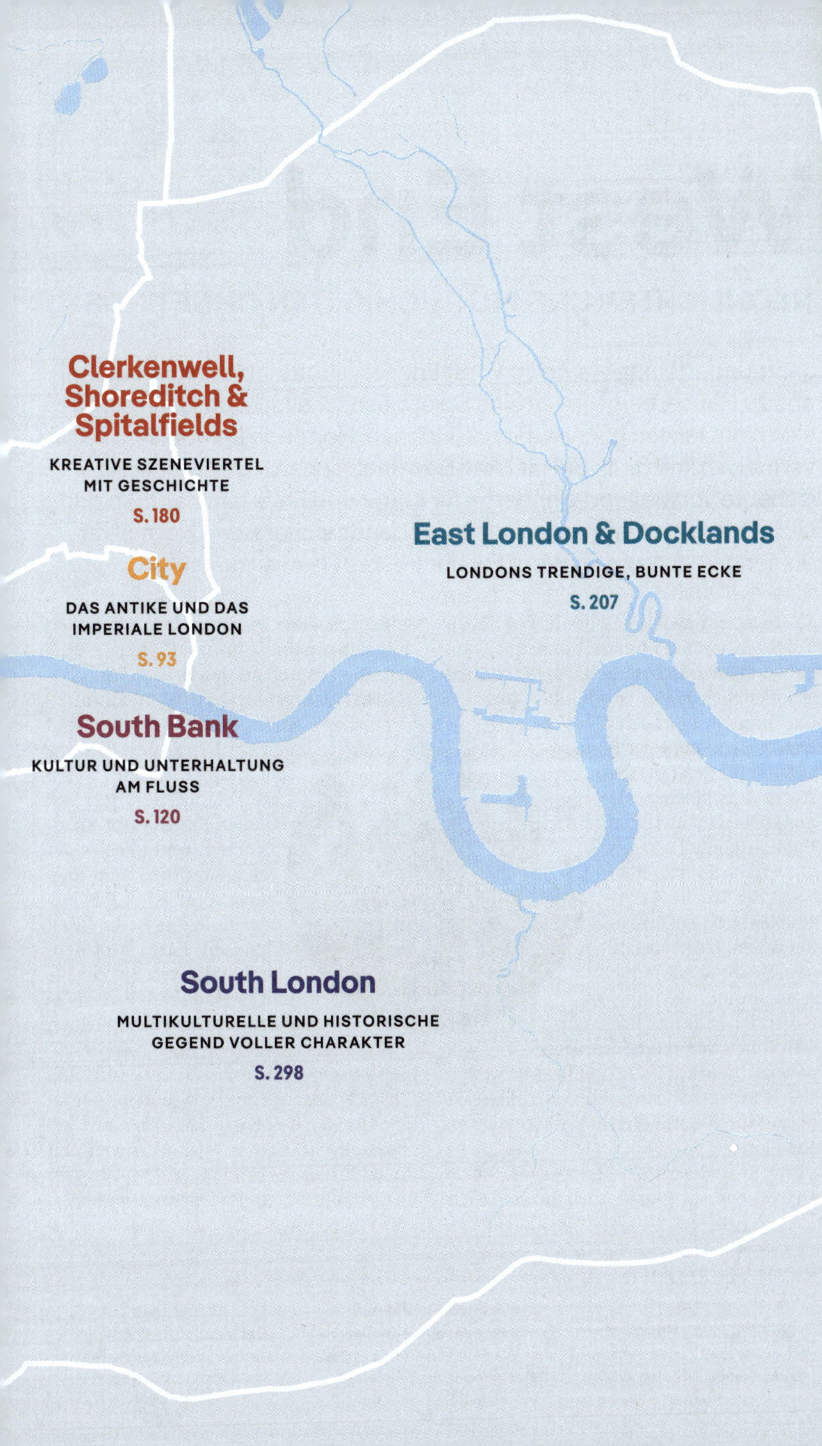
Clerkenwell, Shoreditch & Spitalfields
KREATIVE SZENEVIERTEL MIT GESCHICHTE
S. 180
City
DAS ANTIKE UND DAS IMPERIALE LONDON
S. 93
South Bank
KULTUR UND UNTERHALTUNG AM FLUSS
S. 120
East London & Docklands
LONDONS TRENDIGE, BUNTE ECKE
S. 207
South London
MULTIKULTURELLE UND HISTORISCHE GEGEND VOLLER CHARAKTER
S. 298

West End

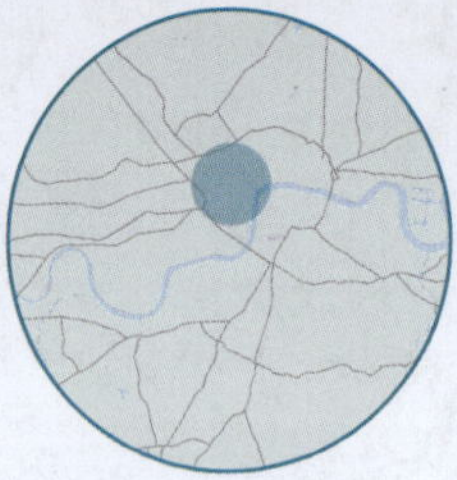

NEONLICHTER UND MÖGLICHKEITEN OHNE ENDE

Jahrhundertelang waren im West End Royals, Staatsbeamte und Reiche zu Hause; heute ist es eine Spielwiese für alle, auch wenn sie es sich nicht leisten können, hier zu wohnen. Horrende Immobilienpreise vertrieben im 20. Jh. die meisten Bewohner:innen – das West End ist heute vorwiegend ein Viertel für Kultur und Entertainment. An der U-Bahnstation Marylebone steigen abends sicher keine Normalverdienenden aus, um im West End ihr trautes Heim anzusteuern.

Stattdessen pendelt das bunte West-End-Völkchen täglich hierher, um seine Träume zu verwirklichen: Schauspieler:innen erhoffen sich Rollen an den berühmten Bühnen, migrantische Verkäufer stehen mit der Sonne auf, um für den Lunch-Ansturm Gerichte ihrer Heimatküche zuzubereiten, Public-Relations-Profis networken in den Hotspots der Woche. Dazu gesellen sich Ladeninhaber:innen, Barkeeper:innen, Dragqueens, Models, Autor:innen, Reinigungskräfte, Baristas und Rechtsanwält:innen, vereint in ihrer Metropolenattitüde – alle sind in Eile. Alle wollen eine Erfolgsgeschichte schreiben, ruhen sich nie auf ihren Lorbeeren aus und prägen so das Flair der Straßen.

Für Besucher:innen ist dieser Spirit ansteckend, und was auch immer dich selbst antreibt: Die Tourist:innen lassen den Fußgängerstrom noch dichter werden. Die Theater aus den 1940er- und ähnlichen Jahren bieten Spektakel, in denen Stars entdeckt werden und leuchten. Die Fitness-Tracker der Shopper:innen fangen angesichts der Straßen voller Kaufhäuser an zu glühen, und auch wenn der Kreditrahmen ausgeschöpft ist, gibt's keine Ruhe. Die kostenlosen Museen, Parks und Baudenkmäler, von Big Ben bis zum Buckingham Palace, laden ihrerseits zu vollgepackten Tagen ein. Aber nicht vergessen, dich zwischendurch zu stärken – die vielfältige Foodszene des West End hat für jeden Hunger das Passende. Alles hier erzeugt eine starke Sucht, und so viel Zeit du auch hier verbringen magst – es gibt immer einen Grund wiederzukommen.

PHOTO.ECCLES/SHUTTERSTOCK ©

NICHT VERSÄUMEN

BIG BEN
Der Uhrturm der Houses of Parliament zählt zu den berühmtesten Wahrzeichen der Welt.
S. 71

BUCKINGHAM PALACE
Der Balkon der offiziellen Londoner Residenz von König Charles hat schon unzählige historische Augenblicke erlebt.
S. 74

AFTERNOON TEA
Der traditionellste Afternoon Tea wird in berühmten Hotels wie dem Ritz, Dorchester und Claridge's serviert.
S. 85

TOP TIPP

Das West End ist bestens ans umfassende U-Bahn- und Busnetz angeschlossen. Doch angesichts so vieler spannender Ecken und so vieler interessanter Leute auf so kleinem Raum bist du besser zu Fuß unterwegs, statt dich ins Verkehrschaos und in die brechend volle U-Bahn zu stürzen.

WESTEND61/GETTY IMAGES ©

Links: Westminster Abbey (S. 76); oben: Elizabeth Tower und Houses of Parliament (S. 71)

LOCAL TIPP

Adam Klein (@adamklein123), DJ und Musikmanager, erzählt uns von seinen Lieblings-Partyadressen im West End.

Piano Works West End

Das Piano Works bietet ein unglaubliches allabendliches Bandprogramm. Und das Beste: Man kann auch Wünsche äußern und mitträllern!

Friendly Society

Dieser Laden in einer versteckten Gasse in Soho ist wirklich der freundlichste weit und breit. Bei Discomusik und Wahnsinns-Cocktails entstehen schnell neue Freundschaften.

Amazonico

Ein tolles kulinarisches und visuelles Erlebnis, im Regenwaldambiente gibt's südamerikanische Küche mit japanischen Anklängen.

WEST END
REGENT'S PARK
Regent's Park
Albany St
Hampstead Rd
Longford St
Euston Rd
Upper Woburn Pl
Gordon St
Bedford Way
Outer Circle
Marylebone Rd
Grafton Way
Tottenham Court Rd
Gower St
Malet St
BLOOMSBURY
Devonshire St
Cleveland St
Howland St
Baker St
Paddington St
Weymouth St
Portland Pl
Great Portland St
Great Titchfield St
FITZROVIA
Bedford Sq
MARYLEBONE
New Cavendish St
Goodge St
Thayer St
Wimpole St
Harley St
Welbeck St
Mortimer St
Cavendish Pl
Gloucester Pl
Wallace Collection
Wigmore St
Cavendish Sq
Regent St
Margaret St
Oxford St
Oxford Circus
Seymour St
Orchard St
James St
Selfridges
Great Marlborough St
SOHO
Dean St
Charing Cross Rd
Duke St
Brook St
New Bond St
Wardour St
Shaftesbury Ave
Park St
Grosvenor Sq
Grosvenor St
Conduit St
Beak St
Park La
Upper Brook St
Davies St
CHINATOWN
Upper Grosvenor St
Bruton St
LEICESTER SQUARE
MAYFAIR
South Audley St
s. Karte Soho
Royal Academy of Arts
Piccadilly
Piccadilly Circus
Haymarket
Hill St
Berkeley St
s. Karte Piccadilly Circus & Leicester Square
Charles St
Curzon St
St James's St
St James's Sq
Pall Mall
ST JAMES'S
Horse Guards Parade
Hyde Park
The Mall
Piccadilly
S Carriage Dr
Knightsbridge
Constitution Hill
Buckingham Palace Gardens
St James's Park Lake
Churchill War Rooms
Grosvenor Cres
Buckingham Palace
Birdcage Walk
Grosvenor Pl
Buckingham Gate
Belgrave Sq
BELGRAVIA
Victoria St

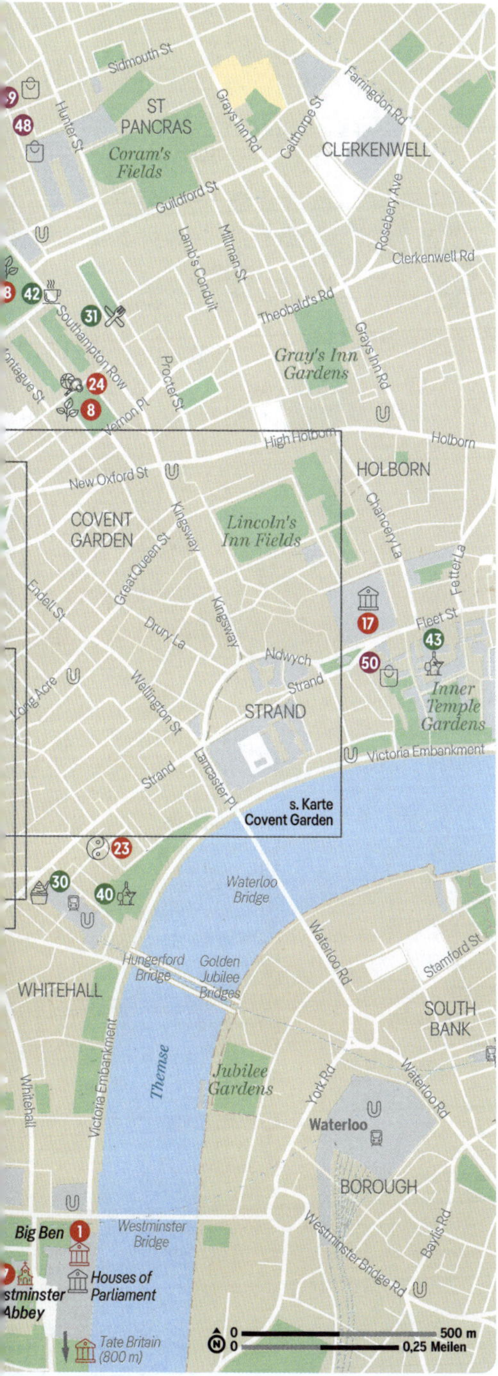

HIGHLIGHTS
1 Big Ben
2 Buckingham Palace
3 Churchill War Rooms
4 Royal Academy of Arts
5 Selfridges
6 Wallace Collection
7 Westminster Abbey

SEHENSWERTES
8 Bloomsbury Square
9 Bond Street
10 Burlington Arcade
11 Cartoon Museum
12 Grant Museum of Zoology
13 Green Park
14 Guards Museum
15 Madame Tussauds
16 Petrie Museum of Egyptian Archaeology
17 Royal Courts of Justice
18 Russell Square
19 St James's Park
20 Tavistock Square Gardens
21 Twist Museum
22 UCL Art Museum

SPORT & AKTIVITÄTEN
23 AIRE
24 All Star Lanes Holborn

SCHLAFEN
25 45 Park Lane

ESSEN
26 34 Mayfair
27 Amazonico
28 Avocado Show
29 Berners Tavern
30 Hotel Chocolat
31 Kapara
32 Sketch
33 St Christopher's Place
34 Sushi Kanesaka
35 The Wolseley
36 Yalla Yalla

AUSGEHEN & FEIERN
37 10 Degrees Sky Bar
38 Claridge's
39 Dorchester
40 Gordon's Wine Bar
41 Ritz
42 Walkmisù
43 Ye Olde Cock Tavern

UNTERHALTUNG
44 100 Club
45 Dominion Theatre
46 Monopoly Lifesized

SHOPPEN
47 Daunt Books
48 Gay's the Word
49 Judd Books
50 Twinings

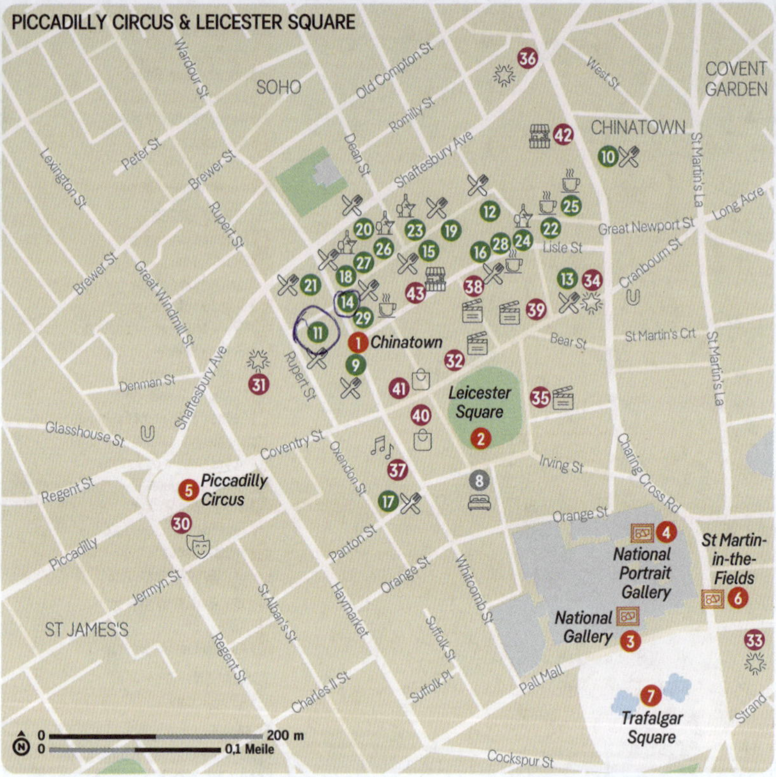

HIGHLIGHTS
1 Chinatown
2 Leicester Square
3 National Gallery
4 National Portrait Gallery
5 Piccadilly Circus
6 St Martin-in-the-Fields
7 Trafalgar Square

SEHENSWERTES
siehe 2 Scenes in the Square

SCHLAFEN
8 Londoner

ESSEN
9 Bake
10 Bunsik
11 C&R Cafe
12 Chinatown Bakery
13 Chop Chop by Four Seasons
14 Gerrard's Corner
15 Golden Phoenix
16 Imperial China
17 Japan Centre
18 Kowloon Restaurant
19 Lido
20 Pho & Bun
21 Wong Kei

AUSGEHEN & FEIERN
22 Cuppacha
23 Experimental Cocktail Club
24 Ku Bar
25 Min Tea
26 Opium
27 Plum Valley
28 Super Bubble
29 Woo Tea

UNTERHALTUNG
30 Criterion Theatre
31 Crystal Maze Live Experience
32 Empire
33 Halfway to Heaven
34 Hippodrome
35 Odeon
36 Palace Theatre
37 Piano Works West End
38 Prince Charles Cinema
39 Vue

SHOPPEN
40 LEGO Store
41 M&M's London
42 Oseyo
43 SeeWoo

Piccadilly Circus

KARTE S. 42

Alle Augen richten sich auf die Manege

Zwar haben jüngere Metropolen weitaus größere LED-Kreuzungen, doch der **Piccadilly Circus** wird immer legendär bleiben. Seine Lichter funkeln schon seit 1908 und wurden nur zu einer Handvoll Gelegenheiten ausgeschaltet, wie etwa bei den Begräbnissen von Winston Churchill und Lady Di sowie im Rahmen der Verdunkelung im Zweiten Weltkrieg. Bei der Sanierung 2017 wurde aus den separaten Leuchtreklamen ein riesiger hochauflösender Bildschirm mit vielfältiger Reklame oder der Werbung von nur einem Unternehmen, das bereit ist, für seine Reklame ein kleines Vermögen hinzublättern. Denn hier, an der berühmten Kreuzung von Regent St, St James' St, Shaftesbury Ave, Piccadilly und Coventry St, kommen im Jahr etwa 100 Mio. Fußgänger:innen vorbei. Wer Zeit hat, sollte in der Mitte des Platzes neben der Eros-Statue kurz Luft holen. Die 1893 errichtete **Shaftesbury Memorial Fountain** erinnert an den Philantropen Lord Shaftesbury. An dem Wahrzeichen treffen sich heute Freund:innen, rundherum stehen rote Busse und schwarze Taxis im Stau und von hier kannst du toll die ganze bunte Werbung bestaunen. Sich hier hinzusetzen ist eine herrliche Einführung in die berauschende Energie des West End, das nie zur Ruhe kommt.

CRITERION THEATRE

Am Circus hat nur ein Theater Platz und das eigentlich auch nur, weil es fast ganz unter der Erde liegt. Das Criterion Theatre ist das einzige unterirdische Theater des West End, 1873 für komische Opern ins Erdreich gebuddelt. Selbst die Plätze im Oberrang liegen unter dem Straßenniveau! Im Zweiten Weltkrieg sendete die BBC aus diesem bombensicheren Untergrund ihr Unterhaltungsprogramm. Heute wartet das Haus mit einem perfekt erhaltenen viktorianischen Theatersaal mit Originalfliesen und einem leuchtenden Art-déco-Schriftzug auf blauem Buntglas auf.

PAJOR PAWEL/SHUTTERSTOCK ©

Piccadilly Circus

Leicester Square

Prince Charles Cinema

KARTE S. 42

Fröhliche Retro-Kultabende

Am Leicester Pl gleich beim Leicester Sq befindet sich das einzige unabhängige Kino des West End. In den 1970er-Jahren war das **Charles** eine Top-Adresse für erotisches Kino, aber mit der Zeit entwickelte es sich zur Kultfilmadresse mit erheblich billigeren Tickets als die Nachbarn. Ein besonderer Spaß sind immer die Mitsingvorführungen von *The Sound of Music* und der *Rocky Horror Picture Show*; interessant sind auch saisonale Vorführungen von etwa *Spiceworld* und *The Greatest Showman.*

Das Hippodrome Casino

KARTE S. 42

Glücksspiel im legendären Hippodrome

Das Hippodrome, Londons größtes Kasino, schreibt schon seit 1898 Geschichte. In seiner Zeit als Theater hatte hier Julie Andrews ihr professionelles Bühnendebüt und hier gab's auch das erste Jazzkonzert Großbritanniens. In jüngerer Zeit stellte Channing Tatums *Magic Mike Live* West-End-Besucherrekorde auf. 2012 wurde das Haus schließlich nach einer 40 Mio. £ teuren Renovierung zum Kasino. Spielmöglichkeiten auf fünf Etagen, mehrere Restaurants wie etwa ein Heliot-Steakhouse und das chinesische Restaurant Chop Chop sowie eine fabelhafte Terrasse mit West-End-Blick sorgen für reichlich Budenzauber. Man muss nicht Mitglied werden und der Eintritt ist frei. Ab 18.

Shaftesbury Memorial Fountain

Leicester Square

KARTE S. 42

Ganz großes Kino

Der von Kinos gesäumte **Leicester Square** ist vor allem für seine glamourösen Filmpremieren bekannt. Hier sind vor der Pressewand schon alle möglichen Filmikonen von Audrey Hepburn bis Daniel Craig abgelichtet worden. Tickets für die Filmpremieren gibt's für Normalsterbliche nicht, doch wer mag, kann sich den Rummel aus der Nähe anschauen – früh da sein und sich zu den Paparazzi gesellen! Sonst sind die Kinos am Platz natürlich alle zugänglich, doch die Preise sind hier höher als abseits des Platzes. Blockbuster zeigen z. B. das **Odeon** von 1937 und das neuere **Odeon Luxe**. **The Vue** zeigte als erstes Kino Europas einen 3D-Film und das 1962 eröffnete **The Empire** war einst das größte Filmtheater am Platz.

Japan Centre

KARTE S. 42

Nudeln satt

Zwar ist der Leicester Sq nicht unbedingt eine Top-Gourmetadresse, sondern eher eine für Fastfood, doch der Umzug des Japan Centre hierher wird drüben in Chinatown heiß diskutiert. Im Untergeschoss gibt's in einer Gastrohalle authentische handgezogene Udon-Nudeln, japanische Currys und *gyozas*. Die Sitzplätze sind nicht den Kund:innen der Essenstheken vorbehalten, sodass du hier auch Mitgebrachtes verspeisen kannst. Wer sich gern bedienen lässt: Nebenan serviert das **Panton Yokocho**, ein Esslokal im Tokioter Retrostil, köstliches Ramen.

Der Bär Paddington, Leicester Square

M&Ms & LEGO Store

KARTE S. 42

Bunte Fotomotive

Zwar sind sie nicht britisch, doch die bei Kids beliebten M&Ms- und LEGO-Filialen erfreuen trotzdem das Herz vieler Tourist:innen. Das ist natürlich cleveres Marketing, aber wo sonst kann man über einen mit dem Union Jack bemalten Mini klettern? **M&M's London**, der weltweit größte Süßwarenladen, bieten etagenweise Deko mit Großbritannien-Motto, inklusive der Fab Four (Beatles) auf einer Regenbogenkreuzung. Gegenüber ist der **LEGO Store**, das größte LEGO-Geschäft der Welt, mit riesigem Doppeldeckerbus, Big Ben und James Bonds Aston Martin, komplett erbaut aus Legosteinen.

Skulptur, LEGO Store

Scenes in the Square

KARTE S. 42

Skulpturengarten für Filmfans

Die 2020 eröffnete Attraktion Scenes in the Square verwandelt die Leicester Square Gardens in eine (recht leichte) Schatzsuche für Filmfans. Im und rund um den Garten herum stehen Bronzestatuen der beliebtesten Filmfiguren des Landes und bekannter Filmszenen aus den letzten 100 Jahren. Beim Rundgang kann man sich von einer kostenlosen Spotify-Audiotour begleiten lassen – nach „Scenes in the Square" suchen. Diese führt mit einem Mix aus Trivia und Interviews zu allen neun Skulpturen. Du kannst neben Mr Bean und dem Bären Paddington auf einer Bank sitzen; abends sind ein paar Skulpturen beleuchtet.

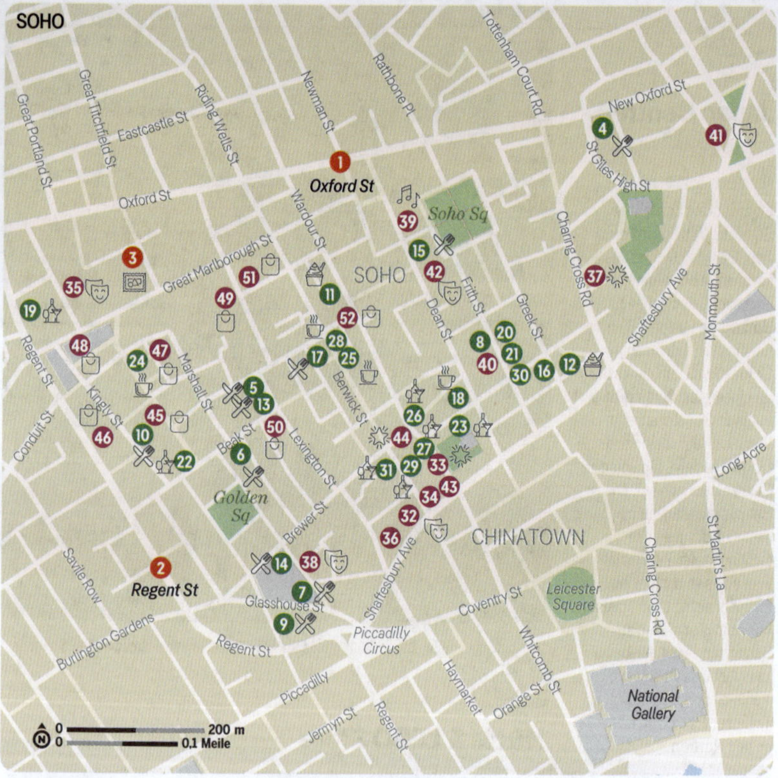

HIGHLIGHTS
1 Oxford Street
2 Regent Street

SEHENSWERTES
3 Photographers' Gallery

ESSEN
4 Arcade Food Hall
5 BAO
6 Bob Bob Ricard
7 Brasserie Zédel
8 Hoppers
9 Hotel Café Royal
10 Kingly Court
11 L'ETO
12 Maison Bertaux
13 Mildreds
14 Park Row
15 Pizza Pilgrims
16 Soho House
17 Yauatcha

AUSGEHEN & FEIERN
18 Algerian Coffee Stores
19 Aqua Kyoto
20 Bar Italia
21 Black Book
22 Cahoots
23 Compton's of Soho
24 Department of Coffee and Social Affairs
25 Flat White
26 Freedom
27 Friendly Society
28 My Place
29 Rupert Street Bar
30 She Soho
31 Yard

UNTERHALTUNG
32 Apollo Theatre
33 Duke of Wellington
34 Gielgud Theatre
35 London Palladium
36 Lyric Theatre
37 Phoenix Arts Club
38 Piccadilly Theatre
39 PizzaExpress Jazz Club
40 Ronnie Scott's
41 Shaftesbury Theatre
42 Soho Theatre
43 Sondheim Theatre
44 Village Soho

SHOPPEN
45 Carnaby Street
46 Hamleys
47 Hayley Menzies
48 Liberty
49 Phonica Records
50 Rough Trade Soho
51 Sherry's
52 Sounds of the Universe

Shaftesbury Avenue

KARTE S. 46

Das Herz des Theatreland

Wenn die Londoner:innen sagen, sie hätten Tickets fürs West End, heißt das, dass sie Karten für eine Theatervorstellung ergattert haben. Weltweit gilt das West End als Theaterhochburg und die einzelnen Häuser sind auch unter ihrem eigenen Namen weithin bekannt. Die Ansammlung berühmter Theater hier wird am treffendsten als Theatreland bezeichnet. Durchs Herz des Theatreland zwischen Piccadilly Circus und Bloomsbury erstreckt sich die Shaftesbury Ave mit den angesagtesten Bühnen der Stadt. Theaterfans fühlen sich z. B. angezogen vom **Sondheim Theatre**, wo *Les Misérables* läuft, das 1985 sein Debüt im West End feierte, vom **Shaftesbury Theatre**, dem größten unabhängigen Theater des West End, wo derzeit *Mrs Doubtfire* gezeigt wird, und vom **Lyric Theatre**, **Apollo Theatre** und **Gielgud Theatre**, allesamt mit preisgekrönten Stücken und Musicals. Dahinter liegt an der Denman St das **Piccadilly Theatre**, wo das freche *Moulin Rouge! The Musical* läuft. Das Musical basiert auf dem Film von 2001 von Baz Luhrmann statt auf dem Pariser Varietétheater.

NOCH MEHR THEATER!

Die Topadresse für Theaterfans ist die Shaftesbury Ave, doch auch der **Covent Garden** (S. 88) und der **Strand** (S. 62) können sich sehen lassen. Kleinere Bühnen mit jungen Talenten abseits des West End sind etwa das Hackney Empire in Ostlondon und das **Lyric Hammersmith** (S. 295) in Westlondon.

PAOLO PARADISO/SHUTTERSTOCK ©

Shaftesbury Avenue

TICKETS FÜRS THEATRELAND

Wer sich mehr als eine Vorstellung anschaut, muss schon tief in die Tasche greifen. Also mach's wie die Londoner:innen und buche Tickets weit im Voraus. Gibt's eine Matinee unter der Woche, schlägst du schon mal die normalen Arbeitnehmer:innen aus dem Feld. Für Last-Minute-Käufe bietet die App TodayTix Kartenverlosungen, oder du steuerst den TKTS-Schalter am Leicester Sq an: Hier locken Rabatte von bis zu 50 %.

Sohos Trendlokale

KARTE S. 46

Wo alles losgeht

Ein Restaurant, das es in Soho schafft, kommt überall an! Das hiesige Publikum ist sehr anspruchsvoll: Hier läuft man keinen Trends hinterher, sondern man macht welche! Einige Restaurants haben die Zeiten überdauert und sind auch nach Jahren noch Hotspots. So z. B. das **BAO**: Es machte die Londoner:innen mit taiwanesischem Essen vertraut. Vor dem ursprünglichen Lokal in Soho bildeten sich irre lange Warteschlangen, und auch nachdem man Ableger in der Stadtmitte und in Ostlondon eröffnet hat, ist die Filiale hier in Soho nach wie vor brechend voll. Auch das **Hoppers** verdiente sich mit seiner einfallsreichen Sri-Lanka-Küche und südindischer Straßenkost seine ersten Lorbeeren in der Frith St, bevor es drei weitere Filialen in London eröffnete. Von der fortwährenden Qualität beider erschwinglicher Läden zeugen Michelin-Bib-Gourmand-Auszeichnungen. 1988, als vegane Küche in London noch ein Nischendasein führte, brachte das **Mildreds** bunte Köstlichkeiten auf Pflanzenbasis in die Greek St. Danach boomte der Laden, doch obwohl es inzwischen in ganz London Mildreds-Ableger gibt, machte es sich in Soho einen Namen. Besonders voll ist es hier mittags.

Bob Bob Ricard

KARTE S. 46

Schampus auf Knopfdruck

Das **Bob Bob Ricard** steht auf jeder Schampusschuppenliste ganz oben. Das britisch-französische Restaurant ist berühmt für seine „Push for Champagne"-Knöpfe an jedem Tisch. Man drückt einfach den Knopf und schon erscheint ein hübsch gewandetes Mitglied des Personals mit dem gewünschten Blubberwasser. Die opulente Einrichtung im Art-déco-Stil umfasst viel Güldenes, das gut zum Champagner passt; das Essen tröstet die Seele, z. B. die vielen Pasteten – aber erst gibt's Jersey-Felsenaustern oder Kaviar vom Stör. Billig ist das Ganze natürlich nicht, aber so wahnsinnig teuer auch wieder nicht. Bei edlen Flaschen Wein reduziert das BBR seine Gewinnmargen, damit's bezahlbar bleibt.

ROBERT EVANS/ALAMY STOCK PHOTO ©

Mildreds

Die Plattenläden

KARTE S. 46

Mehr Musik in Soho

Dank seiner alten Jazz- und Bluesszene und einer queeren Community, die gern tolle Beats genießt, wartet Soho mit einer Reihe uriger Plattenläden auf. **Sounds of the Universe** war einst nur ein Stand auf dem Camden Market; heute bietet der Laden eine riesige Palette an Soul und Jazz. **Phonica Records** in der Poland St ist auf elektronische und Dance-Musik spezialisiert, das neuere **Rough Trade Soho** hat alle möglichen klassischen und modernen Sounds vorrätig. Teils finden in den Läden Signierstunden und Gigs statt.

Sounds of the Universe

PizzaExpress Jazz Club

KARTE S. 46

Musik zur Pizza

Einer der renommierten Jazzschuppen in Soho ist der **PizzaExpress Jazz Club** in der Dean St. Seit 1976 hält man hier Ausschau nach jungen Talenten: Hier hatten z. B. Gregory Porter, Diana Krall und Norah Jones ihre ersten Auftritte in Großbritannien – sie gesellten sich damit zu Leuten wie Amy Winehouse, Sting und Charlie Watts. Das noble Kellerambiente ist Welten entfernt von den vollen Restaurants, die PizzaExpress sonst betreibt, doch auch hier kannst du die große, saftige Pizza der Kette genießen. Da die Kombi aus Pizza und Livemusik so gut ankam, gibt's jetzt ähnliche Bühnen auch im PizzaExpress in Holborn und Chelsea.

Ronnie Scott's Jazz Club

Ronnie Scott's Jazz Club

KARTE S. 46

Renommierter Club für sanfte Klänge

Das 1959 von Musiker:innen eröffnete **Ronnie Scott's** zählt zu den ältesten und bekanntesten Jazzclubs der Welt. In der mit Stars besetzten Hausband spielten schon etwa Ernest Ranglin und Stan Tracey und im Verlauf der Zeit sind hier schon Acts wie Ella Fitzgerald, Nina Simone und Jamie Cullum aufgetreten. 1970 bestritt Jimi Hendrix hier seinen letzten öffentlichen Auftritt, nur 48 Stunden vor seinem Tod. Gewöhnlich erklingen hier sanfte Töne des Modern Jazz und Jazzfusion, sodass die Zeit im stimmungsvollen Main Club bei Cocktails nur so dahinschmilzt. Tickets im Voraus buchen – und Fotografieren ist nicht erlaubt! Upstairs at Ronnie's ist eine Flüsterkneipe im 50er-Jahre-Stil, wo abends kleine Gigs stattfinden.

CLAUDIO DIVIZIA/SHUTTERSTOCK ©

Carnaby Street

MEHR GELD ZU VERBRATEN?

Einkaufsmöglichkeiten gibt's hier ohne Ende – schließlich bist du nicht weit weg von Oxford, Bond und Regent St. Außerhalb des West End locken noch der **Portobello Road Market** (S. 278), der **Camden Market** (S. 250) und der **Old Spitalfields Market** (S. 184).

LIBERTY LONDON

Das Carnaby-Viertel ist von kleineren Läden gesäumt, aber zwischen Carnaby, Great Marlborough und Kingly St macht sich **Liberty** breit. Das 1852 eröffnete Kaufhaus war damals und ist auch heute noch beliebt für seine wilden Blumen- und gemusterten Stoffe. Auf sechs Etagen gibt's hier Mode, Haushaltswaren und Kosmetik, mit einem Schwerpunkt auf britischen Marken. Im Erdgeschäft gibt's einen Blumenladen und draußen ziert eine schöne Uhr von 1925 mit einem Ziffernblatt in Tiefblau und Gold den Bogen des Pseudo-Tudor-Gebäudes.

Carnaby

KARTE S. 46

Avantgardistische Mode

Die Carnaby St, einst ein Paradies für Radaubrüder, verlieh den Sechzigern ihren Swing. Hier dröhnte aus den Gassen brandneue Musik und es wurden Trends etabliert. Stilikonen wie Elizabeth Taylor und Brigitte Bardot durchstöberten hier die großen Boutiquen, ebenso wie die Beatles, die Rolling Stones und die Kinks. In den Achtzigern kamen dann Designer:innen wie Vivienne Westwood und zementierten den Ruf von Carnaby als ultrahippe Modedestination. Zwar sind hier inzwischen auch viele Ladenketten vertreten, doch ihr avantgardistisches Flair verlor die Gegend nie. Hier gibt's Läden von über 100 ausländischen und britischen Marken, unabhängige Boutiquen, einzigartige Conceptstores und Schönheitssalons – es ist Platz für alle! Hier wurde **Sherry's** geboren, der alteingesessenste unabhängige Laden und Spezialist unter all den hiesigen Mod-Revival-Läden – heute residiert er in der benachbarten Poland St. Außerdem ist hier **Hayley Menzies** ansässig, eine britische Modeschöpferin, die Luxus für Rebell:innen kreiert. Beim Herumbummeln auch hoch zu den bekannten Bögen und bunten Installationen an der Carnaby St schauen; für ein Päuschen bietet sich einer der 22 Tische im **Sweaty Betty** an.

Neal's Yard (S. 89)

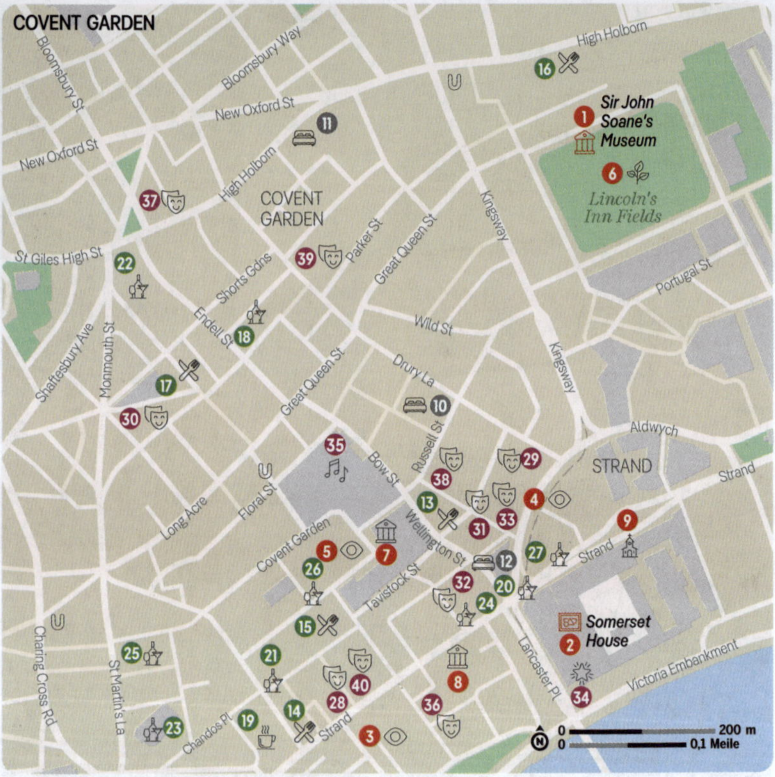

HIGHLIGHTS
1 Sir John Soane's Museum
2 Somerset House

SEHENSWERTES
3 10 Adam St
4 Aldwych Station
5 Covent Garden Piazza
6 Lincoln's Inn Fields
7 London Transport Museum
8 Savoy Hotel
9 St Mary le Strand

SCHLAFEN
10 Hotel AMANO
11 Hoxton Holborn
12 One Aldwych

ESSEN
13 Boulevard Brasserie
14 Chequers
15 Din Tai Fung
16 Holborn Dining Room
17 Seven Dials Market

AUSGEHEN & FEIERN
18 10 Cases
19 Brigit's Bakery
20 CellarDoor
21 Frenchie
22 Freud
23 Lemon Tree Pub
24 Lyceum Tavern
25 Mr Fogg's
26 Punch & Judy Pub
27 Radio Rooftop

UNTERHALTUNG
28 Adelphi Theatre
29 Aldwych Theatre
30 Cambridge Theatre
31 Duchess Theatre
32 Lyceum Theatre
33 Novello Theatre
34 Proud Embankment
35 Royal Opera House
36 Savoy Theatre
37 Shaftesbury Theatre
38 Theatre Royal Drury Lane
39 Top Secret Comedy Club
40 Vaudeville Theatre

Leckereien mit Ausblick

KARTE S. 52

Bustouren mit Biss

Zwei kleine Anbieter verwandeln die gewöhnliche Londoner Stadtrundfahrt in ein unvergessliches Erlebnis. Brigit's Bakery, ein Café für frische Backwaren aus Covent Garden, rief 2014 die Brigit's Bakery Bus Tour ins Leben und dank dem Erfolg gibt's jetzt auch z. B. Gin- und Kindertouren. Auf der klassischen Rundfahrt geht's nach der Abfahrt am Trafalgar Sq los mit Fingersandwiches. Beim Buckingham Palace werden dann Cupcakes und Scones gereicht; weiter geht's vorbei am Big Ben und den Houses of Parliament, bevor vor dem Somerset House Tee und Kaffee nachgeschenkt werden. In 90 Minuten klappern die alten roten Routemaster-Busse sämtliche berühmten Sehenswürdigkeiten ab.

Oder wie wär's mit gehobener Kost in einem schicken Doppeldecker mit gläsernem Oberdeck? Bustronome bietet neben Rundumblicken auf die Sehenswürdigkeiten mittags vier Gänge bzw. abends sechs Gänge, zubereitet von einem Koch an Bord unten in der Küche. Los geht's am Victoria Embankment; die Vorspeise gibt's beim Trafalgar Sq und Charing Cross. Vorbei an Westminster Abbey und Hyde Park Corner geht's weiter zur Royal Albert Hall – dann sollte auch das köstliche Hauptgericht fertig sein, zu verspeisen mit Blick auf Piccadilly Circus und Shaftesbury Ave; der Nachtisch folgt dann bei den Royal Courts of Justice. Die Rundfahrt (mittags 1¾ Std., abends 2¾ Std.) geht sogar bis zur Tower Bridge und The Shard. Eine Weinbegleitung ist erhältlich; den Kommentar zur Rundfahrt in neun Sprachen liefert ein Audio Pen.

Brigit's Bakery Bus Tour

DIE AVOCADO SHOW

Der absolute Publikumshit des West End ist The Avocado Show, ein Restaurant in der Princes St, das sich komplett der beliebten Frucht verschrieben hat. Hier gibt's Avocado-Fritten, Avocado-Burger und Eiscreme auf Avocado-Basis. Die Avocados stammen alle aus nachhaltigem Anbau samt Tröpfchenbewässerung, smarter Kompostierung und Wiederaufforstung und im Einklang mit dem natürlichen Klima. All das bewirkt, dass sie nicht nur ausgezeichneten schmecken, sondern auch toll aussehen. Die Avocados sind so grün, feist und wunderbar präsentiert, dass man gleich ein Foto schießen möchte. Kein Problem – alle anderen wollen das auch!

Die neun Straßen von Chinatown

KARTE S. 42

Ein Fest für die Sinne

Dass du in **Chinatown** bist, merkst du sofort – auch ohne GPS. Zwar umfasst Chinatown nur ein recht kleines Gebiet mit neun Straßen, doch in denen wird einiges geboten. Zuerst ließen sich die chinesischen Migrant:innen in Limehouse im East End nieder, doch dann zogen sie um und in den 1950er-Jahren hatte sich der Süden von Soho in ein Zentrum fernöstlicher Kultur verwandelt. Lass dir Zeit bei einem Bummel durch die neun Straßen, um alles zu genießen. Zweisprachige Straßenschilder, steinerne Wächterlöwen und Torbögen sind allesamt schöne Sehenswürdigkeiten. Es gibt vier Tore, drei davon im klassischen Stil, doch am markantesten ist das vierte in der Wardour St. Das 2016 fertiggestellte Tor ist das größte chinesische Tor in Großbritannien, mit komplexen Mustern in Grün und Blau als Hommage an die Qing-Dynastie. Um die Ecke ist die Gerrard St, die quirligste Straße in Chinatown, mit Restaurants für Pekingente oder frische Dampfbrötchen. Dein Geruchssinn macht hier Überstunden! In den letzten Jahren sind Fusion- sowie koreanische und vietnamesische Restaurants dazugekommen, doch am meisten hört man immer noch Chinesisch. Klar liegen diese Straßen in London, doch schließt du die Augen, könntest du auch in Hongkong sein, mit britischem Akzent. Mehr erfährst du von einem Guide: China Exchange (chinaexchange.uk) bietet Rundgänge samt Mittagessen.

CHINESISCHES NEUJAHR

Zwar hängen in Chinatown das ganze Jahr über rote Laternen, doch beim chinesischen Neujahr verwandeln Bänder in Scharlachrot und Gold jegliches Wintergrau in ein Fest der Farben. Je nach Mondkalender wird im Januar oder Februar in Chinatown mit Umzügen, Löwentänzern, Livemusik und zahllosen Essensständen gefeiert. Bargeld mitnehmen und dann Klöße, Rollen und *longevity noodles* probieren! Das restliche Bargeld steckst du in einen roten Glücksumschlag, um ein Kind glücklich zu machen.

TADEUSZ IBROM/SHUTTERSTOCK ©

Chinesisches Neujahr, London

Kneipen in der Gerrard Street

KARTE S. 42

Wie wär's mit einem Litschi-Martini?

Zwar ist Chinatown keine offensichtliche Adresse für einen Drink, doch eine kleine, aber spannende Auswahl an Cocktailbars lockt hier die Leute an. In der Gerrard St verstecken sich zwischen beliebten chinesischen Restaurants hinter unmarkierten Türen zwei Bars im Flüsterkneipenstil. Der **Experimental Cocktail Club** (ECC) ist in Haus 13a, das **Opium** in Haus 15–16, beide vollgepackt mit Kreativität. Das **Plum Valley** wiederum punktet mit privaten Karaoke-Kabinen, in denen du lauthals trällern kannst, nachdem du etwas von der asiatisch inspirierten Cocktailkarte probiert hast.

Wardour Street Gate, Chinatown

Dim Sum

KARTE S. 42

Gedämpfte Päckchen und knusprige Röllchen

Eine traditionelle Mahlzeit mit Tee dazu ist Musik in den Ohren vieler Londoner:innen, sodass beim Dim-Sum-Essen immer viel los ist, besonders am Wochenende, wenn verkaterte Soho-Gänger aufgewacht sind. Die köstlichsten Dim Sum gibt's bei den Klassikern – alteingesessenen Lokalen, die schon seit Jahrzehnten füllen und dämpfen. Wer etwas Authentisches sucht, steuert **Gerrard's Corner** oder **Golden Phoenix** an, wenngleich die beiden fürs trendbewusste Brunchpublikum nicht zu den schicksten Adressen zählen. Dieses bevorzugt Social-Media-freundlichere Läden wie das **Yauatcha** (Soho) oder das **Din Tai Fung** (Covent Garden) jenseits der Tore – dort ist die Beleuchtung genau richtig.

Dim Sum

Asiatische Bäckereien

KARTE S. 42

Leicht und luftig

Britisch beeinflusste asiatische Backkunst ist deutlich leichter als die europäische. Es wird weniger Zucker und Butter verwendet, sodass die Brötchen weicher, die Biskuitkuchen luftiger und die Törtchen süß, aber nicht unangenehm klebrig sind. Das Süßspeisenfenster des **Kowloon Restaurant** in der Gerrard St verführt Passant:innen schon seit Langem z. B. mit Eier-Pudding-Dampfbrötchen für den Schnappschuss vor den Toren. Der Kuchen der **Chinatown Bakery** ist einfach unwiderstehlich. Das **Bake** wiederum hat sich wie viele andere Läden im Viertel angepasst und bietet auch japanische Spezialitäten.

Wong Kei

KARTE S. 42

Publikumsbeschimpfung

Das Wong Kei, das einst als unfreundlichstes Restaurant Londons galt, genießt Kultstatus. Der schlechte Service erhöhte nur die Beliebtheit des Ladens: Die Leute kamen her, um sich anschreien zu lassen oder einem Streit um Ernährungsanforderungen zwischen Personal und Gästen beizuwohnen. Wer reinkam, wurde gleich nach oben befehligt; seinen Tisch teilte man mit Fremden. Wer mit Kreditkarte zahlen wollte, fand sich – angeblich – beim Geschirrspülen wieder. Doch heute geht's hier ruhiger zu. Das neue Management hat sich vorgenommen, den alten Ruf loszuwerden, und in der Tat wird inzwischen weniger gebrüllt, aber ein hyperfreundliches Esserlebnis ist das hier keineswegs. Doch das ist der Reiz des Wong Kei: Den Smalltalk kannst du dir für die Leute an deinem Tisch aufheben. Und das Essen? Die Wonton-Eiernudeln, das süße *char siu* und die pfannengerührten Gemüsegerichte sind groß und strotzen vor Aroma – und sie sind billig. Den Tee gibt's immer umsonst und natürlich gibt's hier kein Bedienungsentgelt und kein Trinkgeld!

CHRISDORNEY/SHUTTERSTOCK ©

Lincoln's Inn Fields

Aromen jenseits von China

KARTE S. 42

Asiatown statt Chinatown?

Die Foodszene von Chinatown wandelt sich je nach vorherrschenden Essenstrends ständig und die asiatischen Genüsse erstrecken sich weiter als bis zum *kung pao chicken*. Am Rand des Viertels finden sich viele neuere Lokale. An der Charing Cross Road haben einige koreanische Restaurants aufgemacht wie das **Bunsik** mit Streetfood wie *corn dogs* und *Korean fried chicken*. Das **Pho & Bun** in der Shaftesbury Ave ist eine Top-Adresse für vietnamesisches Essen; das Nusa Dua wartet mit indonesischen Klassikern auf. Der **Tokyo Diner** serviert schon seit vielen Jahren Japanisches, lange bevor diese Küche in den Mainstream aufgenommen wurde – eröffnet wurde er 1992.

Lincoln's Inn Fields

KARTE S. 52

Früher Hinrichtungsstätte, heute stiller Park

Vor Soanes Museum erstreckt sich der größte öffentliche Platz Londons. Früher fanden hier Hinrichtungen statt: Hier wurde Anthony Babington gehängt, der die Ermordung von Elisabeth I. geplant haben soll. Lord Russell wiederum büßte für den Rye House Plot, eine Verschwörung zur Ermordung von König Karl II. und seinem Erben – auch er wurde beim heutigen Musikpavillon hingerichtet. Heutzutage ist der Park mit seinen Rasenflächen, Bäumen und einem öffentlichen Tennisplatz weitaus weniger gruselig. Rund um das Grün gibt's Sachen wie reich verzierte Trinkbrunnen und eine große Skulptur der Frau des ersten Labour-Premierministers.

Sir John Soane's Museum

Sir John Soane's Museum

KARTE S. 52

Die riesige Sammlung eines Architekten

Das außergewöhnliche Haus des britischen Architekten Sir John Soane (1753–1837), der das Gebäude der Bank of England schuf, ist heute ein **Museum** voller exzentrischer Schätze. Soane war ein unersättlicher Sammler: In nah und fern trug er über 40 000 Objekte zusammen, u. a. auf seinen Reisen nach Rom, Paestum und Pompeji. Das Museum wurde 1833 durch einen Parlamentsbeschluss etabliert: Nach Soanes Tod sollten das Haus und die Sammlung so bewahrt werden, wie er sie hinterließ. Um das sicherzustellen, ließ er seine Studenten – er lehrte Architektur an der Royal Academy – alles zeichnen. Das Innere des Hauses zählt zu den am besten dokumentierten weltweit. Auf eher kleinem Raum sind hier jede Menge Dinge zu sehen wie Antiquitäten, Möbel, Skulpturen, Architekturmodelle und Gemälde, darunter Arbeiten von Turner, Canaletto und Piranesi, zwei Bilderzyklen von William Hogarth und der ägyptische Sarkophag von Pharao Seti. Es darf immer nur eine bestimmte Zahl von Besucher:innen ins Haus, also am besten früh da sein!

British Museum

Ein halber Tag im Museum

Das British Museum ist mit fast 8 Mio. Exponaten so groß und umfassend, dass es erstmalige Besucher überwältigen kann. Um einen frustrierenden Besuch zu vermeiden und sich nicht auf dem Weg zu den ägyptischen Mumien zu verlaufen, sei diese Halbtagestour empfohlen, die einige der wichtigsten Highlights einschließt. Wer mehr sehen will, kann sich einer Führung anschließen, einen Audioguide (7 £) ausleihen oder die kostenlose App herunterladen.

Startpunkt ist der **1 Stein von Rosette**, der Schlüssel, der die altägyptische Schrift entziffern half. Nach den Schätzen aus Assyrien, einer antiken Zivilisation in Mesopotamien zwischen Euphrat und Tigris, darunter die **2 Geflügelten Stiere von Khorsabad**, folgen die **3 Parthenon-Skulpturen**, Glanzstücke klassischer griechischer Kunst, die uns noch heute beeinflusst. Auch das monumentale Fries, das die Geburt Athenes feiert, ist beein-

Geflügelte Stiere von Khorsabad

Die beiden großartigen geflügelten Alabasterstiere mit Menschenköpfen bewachten einst das Tor zum Palast des assyrischen Königs Sargon II. im mesopotamischen Khorsabad, der Wiege der Zivilisation im heutigen Irak.

Parthenon-Skulpturen

Der Parthenon, ein weißer Marmortempel der Athene, war Teil der Akropolis, der antiken Stadtfestung Athens. Das Museum zeigt Dutzende Skulpturen und Friese sowie Modelle und interaktive Darstellungen, die den Zusammenhang erläutern.

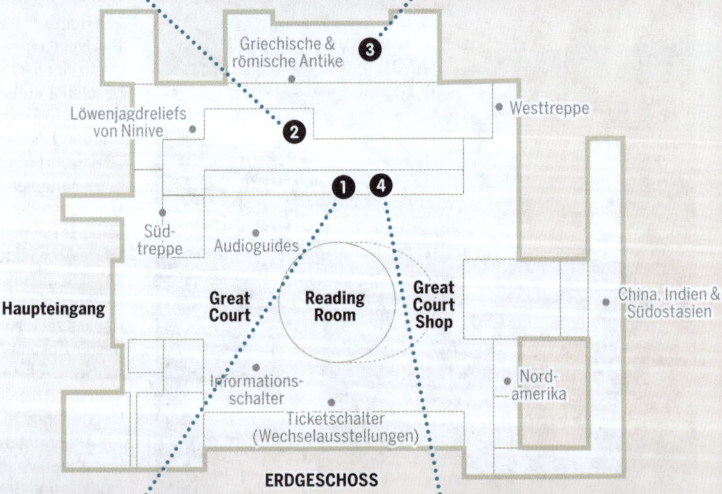

Büste von Ramses dem Großen

Die 725 kg schwere Büste, die eindrucksvollste Skulptur der ägyptischen Sammlung, stellt Ramses II., die Geißel der Israeliten im 2. Buch Mose, als großen Wohltäter dar.

PHOTOS.COM / GETTY IMAGES ©

Stein von Rosette

Der 762 kg schwere Stein mit demotischen (kursiven altägyptischen Hieroglyphen für den Alltagsgebrauch) und griechischen Inschriften enthält einen Steuererlass für Priester zum ersten Jahrestag der Krönung des jungen Ptolemäus V.

NATALYA OKOROKOVA / SHUTTERSTOCK ©

druckend. Auf dem Weg zur Westtreppe steht eine riesige **4 Büste von Ramses dem Großen**, ein Hinweis auf die umfängliche Sammlung **5 ägyptischer Mumien** oben. (Die älteste, wegen des rötlichen Haares liebevoll Ginger – Rotschopf – genannte Mumie, blieb nur durch heißen Sand erhalten). Von den Römern geht es über den **6 Schatz von Mildenhall** in die frühenglischen Galerien. Es folgen das angelsächsische **7 Schiffsgrab von Sutton Hoo** und die mittelalterlichen **8 Lewis-Schachfiguren**.

ESSEN IM MUSEUM

Court Cafe An der Nordseite des Great Court; Imbisstheken mit Salaten und Sandwiches; gemeinschaftliche Tische.

Gallery Pizzeria Etwas abseits nahe Saal 12; ruhiger; Kinderkarte verfügbar.

Great Court Restaurant Oben mit Blick auf den einstigen Reading Room; Bedienung am Tisch.

Lewis-Schachfiguren

Die 78 allseits beliebten Schachfiguren porträtieren gesichtslose Bauern, besorgt blickende Damen, Läufer mit seitlich aufgesetzter Bischofsmütze und Türme als „Wächter", die an ihren Schildern knabbern.

Schiffsgrab von Sutton Hoo

In dem einzigartigen Grab eines bedeutenden (aber unbekannten) angelsächsischen Fürsten wurden Trinkhörner, Goldschnallen und ein Helm mit Gesichtsmaske entdeckt.

MAVRITSINA IRINA/SHUTTERSTOCK ©

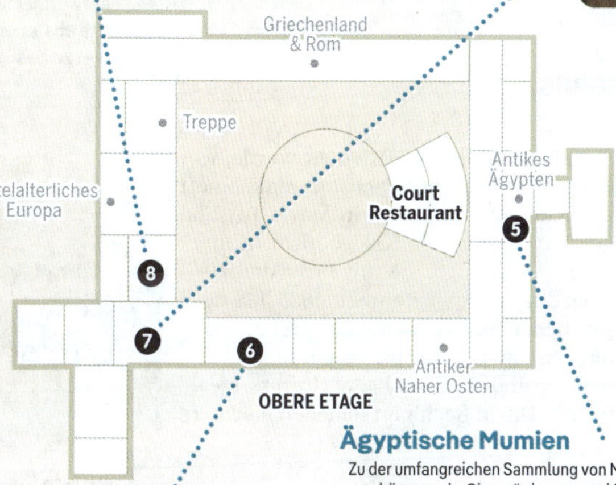

Ägyptische Mumien

Zu der umfangreichen Sammlung von Mumien und Grabbeigaben gehören auch „Ginger", der vor rund 5500 Jahren in Gebelein in Oberägypten begraben wurde, und Katebet, eine rituelle Sängerin im Tempel des Amun in Karnak.

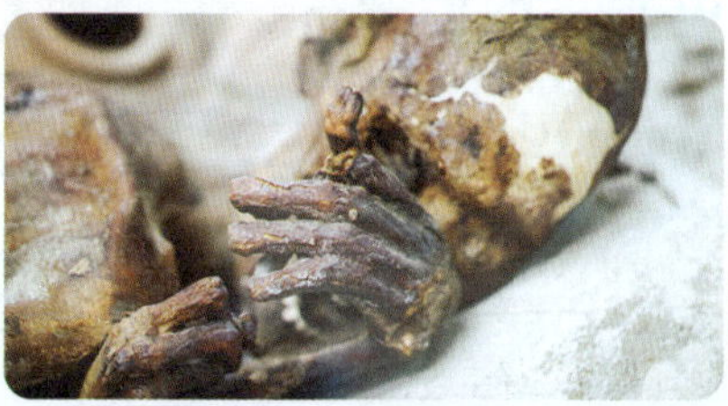

ILEANA_BT / SHUTTERSTOCK ©

Schatz von Mildenhall

Auf den silbernen Schalen, Tellern und Löffeln des Schatzes sind römische Götter wie Neptun und Bacchus und frühchristliche Symbole wie *chi-rho* (kurz für „Christus") dargestellt.

Wachsfiguren von König Charles III. und Königin Camilla, Madame Tussauds

Madame Tussauds

KARTE S. 40

Selfies mit Promis

Bevor es zur internationalen Sehenswürdigkeit wurde, war **Madame Tussauds** einfach nur ein Wachsfigurenkabinett im West End. Die französische Bildhauerin Marie Tussaud konnte während der Napoleonischen Kriege nicht in ihre Heimat zurückkehren. Also tourte sie mit ihrer damals einmaligen Sammlung durch Großbritannien. 1835 ließ sie sich an der Baker St nieder. Das Gebäude hat drei Stockwerke mit Promifiguren sowie interaktive Bereiche, ein Marvel-Universe-4D-Kino und ein Chamber of Horrors. Ideal für alle, die ein Selfie mit David Beckham schießen möchten.

Daunt Books

KARTE S. 40

Die Romantik von Buchhandlungen

Mit seinen langen Eichengalerien und seinem Oberlicht sowie Drucken des britischen Künstlers William Morris ist die edwardianische Buchhandlung **Daunt Books** wirklich etwas ganz Besonderes. Der Schwerpunkt liegt auf Reiseliteratur, doch es gibt auch andere Bücher sowie Geschenke. Wo einst die wertvollsten Bücher des Ladens aufbewahrt wurden, ist noch immer ein großer begehbarer Safe zu sehen. Die Romantik solcher Buchläden ist der Grund dafür, dass echte Bücherwürmer lieber Geschäfte ansteuern, als im Internet zu bestellen.

Wallace Collection

Wallace Collection

KARTE S. 40

Villa und Kunstmuseum

Die **Wallace Collection** in einer alten Villa ist ein echtes Meisterwerk. Im Hertford House residierte einst die Familie Seymour Conway, Marquis von Hertford. Zusammen mit Sir Richard Wallace, Sohn des vierten Marquis, trug die Familie eine gewaltige Sammlung von Kunstwerken, Möbeln, Porzellan und Waffen zusammen. 1897 vermachte die Witwe von Sir Richard, Lady Wallace, die Sammlung dem Staat, damit sie nicht auseinandergerissen wurde. Die Sammlung ist auf zwei Etagen verteilt; Ausstellungen finden auch in den alten Kellerräumen statt. Ein schönes Fleckchen für eine Pause ist die Brasserie im Hof.

Aldwych Station

KARTE S. 52

Ein Geisterbahnhof

Dutzende von Londoner U-Bahnhöfen wurden im Verlauf der Zeit aufgegeben oder verlegt. Der berühmteste davon ist die Aldwych Station am Strand Aldwych. Er wurde 1907 eröffnet, aber nie so viel genutzt wie geplant und schließlich 1994 geschlossen. Manchmal tauchte er in Fernseh- und Kinofilmen auf, u. a. in *Sherlock* mit Benedict Cumberbatch und *Atonement (Abbitte)* mit Kiera Knightley, und es gab angebliche Geistersichtungen. Doch bis das London Transport Museum damit begann, hin und wieder Führungen anzubieten, hatte die Öffentlichkeit nur selten Zugang zu dem verlassenen Tunnel. Tickets gibt's auf ltmuseum.co.uk unter „What's On".

Aldwych Station

Strand Aldwych

KARTE S. 52

Eine andere Seite des Strand

Mit seinem starken Verkehr war der Strand lange nur der Weg zum Ziel statt selbst ein Ziel. Man fuhr mit dem Taxi direkt zu den Theatern im West End, statt aus Richtung Osten zu Fuß herüberzuschlendern. Doch jetzt ist das anders. Im Dezember 2022 enthüllte die Stadt Pläne für eine Umgestaltung des Gebiets beim Somerset House. Die einst verkehrsreichen Straßen sind heute stille öffentliche Plätze mit Minigärten, Bäumen, Picknicktischen und jeder Menge Platz für Straßenkünstler:innen. Das Ergebnis ist, dass die Einheimischen nun Seiten am Strand entdecken, die ihnen früher verborgen gewesen waren. Einen Mittelpunkt bildet heute die Kirche **St Mary le Strand**, von Londoner Taxifahrer:innen „St Mary's, die im Weg steht" genannt. Den Barockbau kannst du von einer Gartenbank aus auf dich wirken lassen oder du kaufst dir eine Karte für ein Konzert bei Kerzenschein und bestaunst das Innere.

Theater am Strand

KARTE S. 52

Elegante Theatermeile

Das Südende des Theatreland an der Straße Strand beherbergt einige der prestigeträchtigsten Theater des West End. Jahrhundertelang befanden sich hier am Ufer der Themse die begehrtesten Wohnadressen der Stadt – Premierminister Disraeli erklärte den Strand sogar zur schönsten Straße ganz Europas. Zu den Top-Bühnen zählen: das **Adelphi**, ein Art-déco-Juwel, in dem *Chicago* lief, das am längsten aufgeführte amerikanische Musical des West End, sowie zuletzt *Back to the Future: The Musical*; das für seine Varietéshows bekannte **Vaudeville Theatre** in einem Gebäude von 1870; das **Aldwych Theatre**, wo *Tina Turner: The Musical* Premiere hatte; und das **Novello Theatre**: Hier läuft *Mamma Mia!*, eins der am längsten aufgeführten Musicals des West End und einer der erfolgreichsten Exporte in alle Welt. Wenn du hier unterwegs bist, schau dir auch das **Lyceum Theatre** an: In dem schönen klassizistischen Bau von 1765 lief viel mehr als nur *The Lion King*. Hier fand auch die erste Londoner Wachsfigurenausstellung von Madame Tussaud statt; außerdem gab's hier Oper, Zirkus und Boxen.

Das Savoy

KARTE S. 52

Ein legendäres Glamourgirl

Das 1889 eröffnete **Savoy Hotel** am Strand war das erste Luxushotel Großbritanniens. Und zusammen mit dem benachbarten Theater war es das erste Gebäude mit elektrischem Licht und elektrischen Aufzügen. Zu den Tausenden von Promigästen zählten u. a. Claude Monet, der die Aussicht von seiner Balkonsuite malte, und Marilyn Monroe, die 1956 bei einer Pressekonferenz ihren Bauch entblößte und einen Skandal auslöste. Am Ende von *Notting Hill* erklären sich Julia Roberts und Hugh Grant hier ihre Liebe. Und in Gordon Ramsays Savoy Grill wurden und werden weiterhin noch viel mehr Geschichten geschrieben.

CHAZ BHARJ/SHUTTERSTOCK ©

Royal Courts of Justice

Royal Courts of Justice

KARTE S. 40

Ein Gericht wie eine Kathedrale

Mit ihren hohen Bögen und schönen Buntglasfenstern wirken die **Royal Courts of Justice** eher wie eine Kathedrale als ein Gericht – schön, dass du reingehen kannst, um den Bau zu bewundern! Wer möchte, kann sich Verhandlungen anschauen, auch wenn die meisten wahrscheinlich sterbenslangweilig sind. Ansonsten schaut man sich die Great Hall und die Ausstellung mit Skulpturen und Kleidungsstücken an oder nimmt an einer Führung teil. Fotografieren ist übrigens verboten!

Somerset House

Twinings 216 Strand

Somerset House

KARTE S. 52

Ein Haus für kreative Inspiration

Im rund um einen Hof des 18. Jhs. gelegenen **Somerset House** finden das ganze Jahr über Veranstaltungen und Ausstellungen statt. Im Sommer treten auf einer Bühne renommierte Musiker:innen auf, im Winter wird auf dem Hof Schlittschuh gelaufen. Zu Designfestivals und zur Fashion Week strömen zahlreiche Vertreter:innen der jeweiligen Branchen, doch die eindrucksvolle Kunstsammlung der **Courtauld Gallery** (Eintritt) kannst du dir immer anschauen – oder du besuchst eins der sechs Restaurants und Cafés wie das **Spring**, in dem saisonale britische Zutaten in romantischem Ambiente zum Zuge kommen, oder das **Pennethorne's** mit Cocktails und Blick auf die quirlige Straße.

Twinings 216 Strand

KARTE S. 40

Ein Tempel für Teeliebhaber:innen

Der über 300 Jahre alte Flagshipstore samt Museum von **Twinings** ist ein Traum für Teefans. Er ist das älteste Teegeschäft der Stadt, eröffnet 1706 von Thomas Twining; der schmale Laden hat allerlei Interessantes zu bieten. Am Eingang wird man von einem goldenen Löwen und chinesischen Figuren begrüßt – das erinnert an den Handel mit China. Das Twinings-Logo ist übrigens das am längsten durchgehend genutzte Logo der Welt. Im Laden selbst wird vielerlei Tee verkauft; vielleicht nimmt du dir Earl Grey mit, der hier erfunden wurde. Dazu kommen Twinings-Souvenirs, ein Verkostungsbereich und ein schickes Untergeschoss für Kurse.

Covent Garden Piazza

KARTE S. 52

Marktschätze

Im Gegensatz zu anderen Londoner Shoppingadressen verströmt die Covent Garden Piazza einen altenglischen Charme. Der 1630 errichtete Markt füllte sich im Lauf der Zeit mit Obst- und Gemüseständen, Kunstgewerbemärkten und Straßenkünstler:innen. Inzwischen haben viele moderne Labels Läden übernommen, doch verborgen hinter ursprünglichem und neuem griechisch-römischem Design. Hier gibt's keine Kaufhäuser nach Schema F und selbst der riesige Apple Store residiert in einer Reihe modernisierter denkmalgeschützter Gebäude von 1877. Doch das ist nicht der saftigste Apfel hier – im Zentrum der Piazza dreht sich alles um den **Apple Market**. Von Dienstag bis Sonntag verkaufen leidenschaftliche Händler:innen hier handgefertigtes Kunstgewerbe und andere Dinge, die sonst nirgendwo zu bekommen sind, wie z. B. besondere Schmuckstücke, Antiquitäten, Gemälde, Seifen und Strickutensilien. Direkt gegenüber liegt die **Jubilee Market Hall**, wo montags Antiquitäten- und Sammlertag ist: Dann bieten professionelle Händler:innen alles von georgianischen Sachen bis zu schöner Kunst. Den Rest der Woche gibt's anderen Krimskrams, u. a. erschwingliche Andenken aller Art.

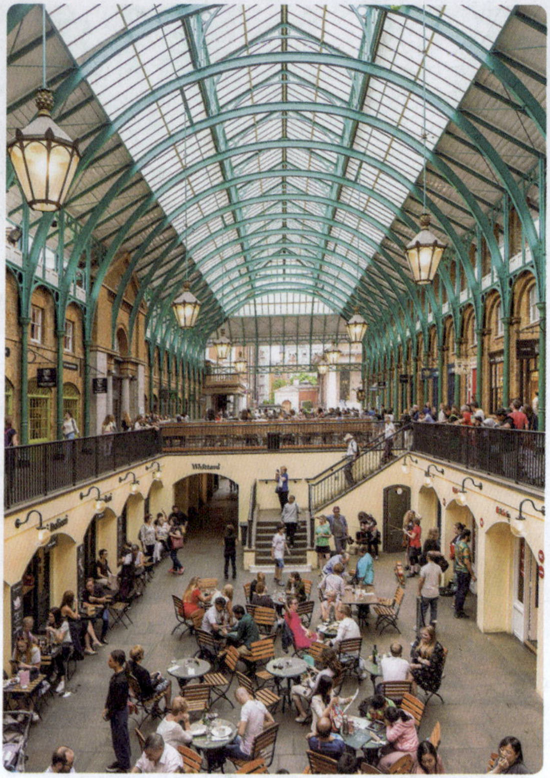

BLAZG/SHUTTERSTOCK ©

Covent Garden

Geschäfte der Covent Garden Piazza KARTE S. 52

Weitere Gelegenheiten zum Shoppen

Die Ladenreihen der Covent Garden Piazza können Souvenirjäger:innen nur schwer links liegen lassen. **Sass & Belle** bietet Haushaltswaren wie Vasen und Küchenutensilien in ansprechendem Design, **Happy Socks** hat flotte Union-Jack-Socken, die britische Parfümerie **Miller Harris** wartet mit himmlischen Kerzen auf und **Benjamin Pollock's Toyshop** erfindet schon seit den 1880er-Jahren wertvolles Spielzeug – wie wär's mit einem leicht zu transportierenden Pop-up-Puppentheater für die Kids? Außerdem verstecken sich hinter den Pfeilern Luxusmarken wie Dior, Ladurée und Tom Ford.

CellarDoor

KARTE S. 52

Eine ehemalige Toilette

Das CellarDoor im Zero Aldwych beim Lyceum Theatre ist eine einzigartige Bar in einem früheren öffentlichen Männerklo mit schlüpfrigem Ruf. Heutzutage gibt's hier keine Urinale mehr – außer in den Toiletten der Bar: Heute ist dies eine intime Cocktailbar, die sich als Mix aus 1930er-Berlin und Manhattaner Kellerkneipe beschreibt. Für Stimmung sorgen Livemusik, Dragshows und Varieté; Eintritt wird nicht erhoben, du kannst das Gebotene also einfach bei einem Drink genießen. Am Wochenende ist es voll, also besser reservieren!

London Transport Museum

Punch & Judy Pub

KARTE S. 52

Im Pub verewigtes Puppentheater

Als hier im Herzen von Covent Garden das erste Mal ein „Punch and Judy"-Puppentheater aufgeführt wurde, hielt Tagebuchschreiber Samuel Pepys das am 9. Mai 1662 fest. Später entstand hier ein nach den Puppenfiguren benanntes Pub; heute schaut man von dort auf den Marktplatz der West Piazza, wo das Puppentheater einst erfunden wurde. Zwar locken Punch and Judy heute keine Massen mehr an, doch das Pub besticht mit traditioneller britischer Kneipenkost und fabelhaften Ausblicken vom Dach – von hier aus kannst du den Straßenkünstler:innen unter dir zuschauen.

Punch & Judy Pub

London Transport Museum

KARTE S. 52

Hinter den Kulissen des Verkehrssystems

Da U-Bahn, Taxis und Busse in London eine große Rolle spielen, bietet sich im **London Transport Museum** die schöne Gelegenheit, die Entwicklung des ÖPNV näher zu betrachten. Toll hier ist, dass alle Exponate interaktiv sind, sodass hier alle ihren Spaß haben, ob alt oder jung, ob an Fahrzeugen interessiert oder nicht. Am besten startest du am Anfang, als pferdegezogene Omnibusse die Londoner:innen von A nach B beförderten; danach erfährst du, wie die U-Bahntunnel gebuddelt wurden, und schließlich gibt's tolle Fotomotive in einem alten Bus. Dazu kommen schöne Abteilungen mit Kunst mit Transportbezug, ein toller Andenkenladen und eine Cafeteria mit U-Bahn-Motto.

Burlington Arcade

KARTE S. 40

Ein altes Einkaufszentrum

Die 1819 erbaute **Burlington Arcade** ist die älteste Einkaufspassage der Welt und ein Vorläufer heutiger Einkaufszentren. In der Passage befinden sich exklusive Geschäfte, viele mit ihren alten Ladenschildern. Natürlich zielt das Ganze auf ein nobles Publikum ab, doch wer seine Luxusgüter maßgeschneidert liebt, ist hier genau richtig. **Sermoneta** ist auf feine Handschuhe aus Italien spezialisiert, **Thomas Goode** auf edles Porzellan und **Globe Trotter** fertigt wunderbare Koffer. Oder man gönnt sich einfach bei **Ladurée** ein Macaron und ruft sich *101 Dalmatiner* in Erinnerung: Der Kinohit wurde 1996 hier gedreht.

WILLIAM BARTON/SHUTTERSTOCK ©

Royal Academy of Arts

Royal Academy of Arts

KARTE S. 40

Mit großer Sommerausstellung

Die erstklassige Sammlung der von König Georg III. gegründeten und von den Mitgliedern der königlichen Akademie, von Künstler:innen und Architekt:innen unabhängig betriebenen **Royal Academy of Arts** ist kostenlos zu genießen. Sie umfasst britische Kunst aus 250 Jahren, u. a. Werke von John Constable und David Hockney sowie die einzige Marmorskulptur von Michelangelo in Großbritannien, den *Taddei Tondo*. Das Hauptevent ist jedoch die große Ausstellung im Sommer, zu der jeder Arbeiten einreichen kann – die größte Ausstellung ihrer Art weltweit. Diese Sommerausstellung findet schon seit 1768 statt.

Bond Street

KARTE S. 40

Designerlabels en masse

Die Bond St steht für teures Shoppen. Wer nicht mit einem Schaufensterbummel vorliebnehmen muss, kann sich hier mit Mode von Marken wie **Burberry**, **Alexander McQueen** und **Chanel** eindecken. Der Flagshipstore von **Asprey**, dem ältesten Luxusladen hier, liegt an der Bruton St. Bei **Garrad** in der Albemarle St suchte sich Prinzessin Diana den berühmtesten Verlobungsring der Geschichte aus; die erste Boutique des ehemaligen Spice Girls **Victoria Beckham** ist in der Dover St. Weitere Highlights sind das Kaufhaus **Fenwick**, das Auktionshaus **Sotherby's** und die Modeboutiquen von **Stella McCartney** und **Vivienne Westwood**. Und immer sind hier tolle Schaufensterdekorationen zu bestaunen.

Park Row

KARTE S. 46

Von DC Comics inspiriertes Restaurant

Abseits der Regent St befindet sich in Soho das erste von DC Comics inspirierte Restaurant Londons: Hier können Fans von Batman, Superman, Wonder Woman und The Flash in eine alternative Welt eintauchen. Und dies ist kein Kinder-, sondern ein Feinschmeckerladen. In einem denkmalgeschützten Gebäude mit Art-déco-Touch steigen die Gäste durch eine Geheimtür hinab und genießen dank Essen, Deckenprojektionen und Livemusik multisensorisches Geschichtenerzählen. Wer gerne mal in Gotham speisen würde, ist hier richtig!

Weihnachtsbeleuchtung, Regent Street

Hamleys

Hamleys

KARTE S. 46

Erster Spielzeugladen der Welt

Hamleys, der älteste und größte Spielwarenladen der Welt, ist ein spannendes Ziel für kleine und große Kinder. Gegründet wurde er 1760 von William Hamley, dann immer weitervererbt, als das Geschäft immer berühmter und zweimal als königlicher Hoflieferant beurkundet wurde. Noch nicht einmal der Krieg konnte Hamleys etwas anhaben: Im Zweiten Weltkrieg wurde es fünfmal bombardiert, doch der Betrieb ging weiter – mit Helmen geschütztes Personal brachte Spielzeug an die Tür. Heute kommen pro Jahr 5 Mio. Kund:innen in die sieben Etagen voller Spielwaren, darunter lebensgroße afrikanische Stofftiere und London-Souvenirs.

Regent Street

KARTE S. 46

Elegantes Shoppen für die Mittelschicht

Die denkmalgeschützten, neobarocken Fassaden der 1819 erbauten und nach dem Prinzregenten benannten Regent St zählen zur herausragendsten Baukunst Londons. Die Geschäfte hier sind vom Niveau her zwischen den Nobelläden der benachbarten Bond St und den Ladenketten der Oxford St angesiedelt. Hier sind Modelabels wie **All Saints**, **Barbour**, **Ted Baker** und **Mulberry** vertreten; Mitbringsel gibt's etwa bei **Moleskin** und **Aesop**. Dazu gesellt sich auch das eine oder andere Modekaufhaus. Im November wird die Weihnachtsbeleuchtung angeknipst, die es mit der berühmteren der Oxford St durchaus aufnehmen kann.

Hotel Café Royal

KARTE S. 46

Denkmalgeschützter alter Treff

Früher trafen sich im Café Royal die Reichen und Berühmten. Virginia Woolf, Winston Churchill, Prinzessin Diana und Arthur Conan Doyle frequentierten das Restaurant und Oscar Wilde war so ein treuer Stammkunde, dass es für eine Zeit die Oscar Wilde Lounge hieß. Heute heißt es wieder **The Grill Room** und ist ein glamouröses Schmuckkästchen mit Goldschmuck und Parkettboden, wo man z. B. einen Afternoon Tea mit Champagner schlürfen kann. Auch Popikone David Bowie war hier Stammgast und seinen Ziggy Stardust bettete er 1973 mit einer denkwürdigen Soiree im Café Royal zur Ruhe. **Ziggy's Bar** auf Ebene eins huldigt Bowies letzten Jahren als Ziggy mit einer Fotosammlung. Im französischen Sternerestaurant **Alex Dilling at Hotel Café Royal** schlemmen die Promis heutiger Tage; ein lockeres Café unten an der Straße ist **Cake & Bubbles**. Hier präsentiert Albert Adrià, angepriesen als „bester Konditor der Welt", seinen hochgelobten Cheesecake mit Baron-Bigod-Käse und einer Haut aus Haselnuss und weißer Schokolade.

Berners Tavern

KARTE S. 40

Speisen wie in einer Kunstgalerie

Im West End gibt's ein Füllhorn an wundervollen Restaurants mit einem Ambiente, das so herrlich wie das angebotene Essen ist, und in Berners Tavern klappt Neulingen regelmäßig die Kinnlade herunter. Das Restaurant in einem edwardianischen Gebäude hinter der Oxford St befindet sich in einer Kunstgalerie. Unterschiedlich große Gemälde in vielfältigen Formen bedecken jeden Zentimeter der Wände und werden von Kronleuchtern in güldenes Licht getaucht. In all dem Drama setzt eine Theke mit beleuchtetem Flaschenregal einen zentralen Akzent, davor fläzen sich die Gäste in eleganten Ledersesseln. Auf der klassischen Karte stehen Steaks und britische Makkaroni mit Käse.

The Photographers' Gallery

The Photographers' Gallery

KARTE S. 46

Objektivkunst

Abseits der Oxford St verbirgt sich die größte öffentliche Londoner Galerie für Fotokunst, mit Ausstellungen auf fünf Etagen. Außerdem trifft sich hier eine engagierte Fotocommunity zu Vorträgen, Workshops und anderen Veranstaltungen. Im Verlauf der Jahre hat **The Photographers' Gallery** (TPG) schon Leute wie Andreas Gursky und Juergen Teller bekannt gemacht. Die TPG organisiert und veranstaltet zudem jedes Jahr den Deutsche Börse Photography Foundation Prize, den prestigeträchtigsten Preis für Fotografie weltweit. Die Galerie umfasst auch einen Buchladen, ein Café und ein Geschäfte für Fotodrucke.

GONZALO AZUMENDI/GETTY IMAGES ©

Weihnachtsbeleuchtung, Oxford Street

Oxford Street

KARTE S. 40

Die wichtigste Einkaufsmeile Londons

Auch Einkaufszentren und das Internet können der Oxford St nichts anhaben. Auf einer Länge von 2,4 km bietet die längste Einkaufsstraße der Welt Konsummöglichkeiten ohne Ende. Hier wechseln sich Flagshipstores mit großen Kaufhäusern ab; das Einschalten der Weihnachtsbeleuchtung mitzuerleben ist eine Familientradition. Der Grund für den Erfolg der Oxford St ist ihr breites Angebot: Hier gibt's für alle etwas, egal was man sucht und ausgeben kann. Neben Kettenläden stehen Designershops und es gibt auch alles dazwischen – echte Shopaholics geraten hier in einen wahren Konsumrausch.

Selfridges

KARTE S. 40

Mehr als ein Konsumtempel

Zwar ist **Selfridges** nicht so groß wie Harrods, doch dafür ist es trendbewusster – jünger, avantgardistischer, aber trotzdem luxuriös, mit einer breiten Palette an Designerkollektionen, Spielwaren, Geschenken, Elektroartikeln und kunstvoll dargebotenen Lebensmitteln. Foodies zieht es in Gastroläden wie das britische Art-déco-Restaurant **Brasserie of Light**, das taiwanesische Klößchenhaus **Din Tai Fung** und das Gourmetlokal **HIVE** mit Honigfokus; dazu kommen weitere Esslokale, Cafés und Dessertbars, die den Kauflustigen die nötige Kraft geben, um 50 000 Regalmeter abzugrasen. Im Untergeschoss befindet sich ein Kino mit roten Sitzen und Cocktails zum Film und das ganze Jahr über finden im Haus allerlei Events statt.

Dominion Theatre

Dominion Theatre

KARTE S. 40

Saisonale Musicals

Das 1929 eröffnete Dominion liegt etwas abseits vom Theaterviertel an der Tottenham Court Rd. In den letzten 100 Jahren hat es erfolgreich zwischen Kino und Theater gependelt. Hier fand z. B. in Anwesenheit des Meisters selbst die Premiere von Charlie Chaplins *City Lights (Lichter der Großstadt)* statt und hier hatte *The Judy Garland Show* ihre Heimat. Von 2002 bis 2014 wurde *We Will Rock You* aufgeführt, heute laufen hier für kürzere Zeiten Attraktionen wie die Musicalklassiker *Grease* und *Sister Act* sowie Weihnachtsinszenierungen.

100 Club

KARTE S. 40

Unterirdischer Club für alternative Beats

Diesen bösen Buben ließen sich von den Konsumtempeln der Oxford St nicht verdrängen. Im **100 Club** im Untergeschoss des Hauses 100 Oxford St erklingt schon seit 1942 Livemusik – in einer Zeit der Luftangriffe konnten hier gut geschützt Jazzkonzerte stattfinden. 1976 fand hier dann das erste internationale Punkfestival statt, u. a. mit den Sex Pistols, The Clash und The Jam, und in den 1980er-Jahren spielten hier wiederholt die Rolling Stones. Neben Rock 'n' Roll von etablierten und aufstrebenden Bands gibt's hier auch hin und wieder Stand-up-Comedy.

The London Palladium

KARTE S. 46

Auf dem roten Teppich

Das London Palladium ist eine Legende und das berühmteste Mehrzwecktheater der Stadt. Ab 1955 wurde hier zwölf Jahre lang die ITV-Fernsehshow *Sunday Night at the London Palladium* aufgezeichnet – angeblich wurden die Beatles erst richtig berühmt, nachdem sie hier in der Sendung aufgetreten waren. 2021 stellte die Sängerin Adele hier ihr Album *30* vor. Das Palladium hält auch den Rekord für die meisten Royal Variety Shows und jedes Jahr gibt's zu Weihnachten ein traditionelles Weihnachtsmärchen mit Starbesetzung. Derzeit bietet das Theater, das Andrew Lloyd Webber gehört, Hits wie *The Wizard of Oz*, *The Sound of Music* und *Sister Act*. Die Abende hier sind immer etwas Besonderes.

Big Ben & die Houses of Parliament KARTE S. 40

Von hier aus wird das Land regiert

Der Elizabeth Tower zählt zu den berühmtesten Wahrzeichen der Welt, aber wahrscheinlich kennst du ihn einfach als **Big Ben** – das ist der Name seiner Glocke. 1859 erklang die Glocke über den Houses of Parliament zum allerersten Mal. Trotz der Verheerungen drumherum läutete die Glocke auch im Zweiten Weltkrieg weiter. Am längsten verstummte Big Ben tatsächlich in jüngerer Zeit, nämlich von 2017 bis 2023, als der Turm für 80 Mio. £ renoviert wurde. Inzwischen kann man das Uhrengebilde wieder im ursprünglichen Gold und Preußisch-Blau bewundern. Auf Schilden sind die vier Nationen des Vereinigten Königreichs auszumachen – die Rose steht für England, die Distel für Schottland, das Kleeblatt für Nordirland und der Lauch für Wales. Öffentliche Führungen hoch auf den Turm sind extrem begehrt und zudem britischen Bürger:innen vorbehalten. Die Houses of Parliament (der Palace of Westminster) sind Sitz des House of Commons, wo die Abgeordneten (die Members of Parliament oder MPs) über neue Gesetze debattieren, und des House of Lords, das neuen Gesetzen ebenfalls zustimmen muss. Die prächtige Westminster Hall wird für Feierlichkeiten und Ausstellungen genutzt. Besucher:innen können an Führungen teilnehmen und Debatten beiwohnen. Zugang zum Big Ben hat man auf diesen Führungen jedoch nicht.

Ziffernblatt, Elizabeth Tower

Houses of Parliament und Elizabeth Tower

DER PERFEKTE BIG-BEN-SCHNAPPSCHUSS

Am U-Bahnhof Westminster steigen Millionen Tourist:innen für das perfekte London-Selfie aus. Am besten sind diese Spots:

- Unter der Westminster-Bridge-Passage beim St Thomas' Hospital für durch den Bogen gerahmte Ausblicke.
- Auf dem Queen's Walk vor dem Sea Life Centre –am besten, wenn die Uhr nach Sonnenuntergang beleuchtet ist.
- Die rote Telefonzelle am Rand des Parliament Sq. Wegen der langen Warteschlangen nicht zu den Stoßzeiten herkommen!

10 Adam Street

Fast wie 10 Downing Street

KARTE S. 52

Eingangsdoppelgänger

Das Haus 10 Downing St ist seit 1735 der Amts- und Wohnsitz der britischen Premierminister:innen. Vor der berühmten schwarzen Tür haben schon Robert Walpole, Winston Churchill, Margaret Thatcher und Boris Johnson Ansprachen ans Volk gehalten. Das Haus ist nicht öffentlich zugänglich, da die Straße mit einem Stahltor versperrt ist, sodass man noch nicht einmal einen guten Blick aufs Haus werfen kann. Die Lösung? Ein Doppelgänger: **10 Adam St**, eine Viertelstunde zu Fuß entfernt, hat sich zu einem Foto-Hotspot entwickelt – die Tür sieht fast genauso aus wie die richtige.

Churchill War Rooms

KARTE S. 40

Churchills unterirdischer Bunker

Während der Luftangriffe des Zweiten Weltkriegs dienten die **Churchill War Rooms** Premierminister Winston Churchill und seiner Regierung als unterirdisches Hauptquartier. Hier aß und schlief das Kabinett und plante die deutsche Niederlage. Man wähnte sich in Sicherheit vor den Bomben der Luftwaffe, doch jede Bombe über 220 kg hätte die 3 m dicken Betonplatten durchschlagen und das Gebäude zerstört. Die War Rooms sind noch fast im Zustand von 1945 erhalten. In den Cabinet War Rooms wurden wichtige Entscheidungen gefällt, der Map Room diente als Kommandozentrale und auch Churchills Schlafzimmer ist zu sehen. Ein Churchills Leben und Wirken gewidmetes Museum komplettiert den Besuch.

Tate Britain

KARTE S. 40

Das ursprüngliche Tate-Museum

Zwar steht die Tate Modern (S. 124) im Rampenlicht, doch die ursprüngliche **Tate** ist ein Juwel für britische Kunst von 1500 bis heute. Das eindrucksvolle Gemäuer aus Portland-Stein an der Millbank beherbergt chronologisch arrangierte Meisterwerke u. a. von David Hockney, Thomas Gainsborough, John Constable und Lucian Freud. Die Clore Gallery ist William Turner gewidmet: Dies ist die weltweit größte kostenlos zugängliche Sammlung von Gemälden des legendären Malers. Der nach ihm benannte Turner Prize ist der renommierteste Preis für Gegenwartskunst Großbritanniens.

Eingang, Churchill War Rooms

UWE ARANAS/SHUTTERSTOCK ©

Churchill War Rooms

QQ7/SHUTTERSTOCK ©

PRAKTISCH & KONKRET

Der QR-Code führt zu Infos über Führungen und Preise.

HIGHLIGHT

Buckingham Palace

Buckingham Palace, der vielleicht berühmteste Palast der Welt, ist ein durch und durch britisches Symbol. Seit 1837 ist der Palast der Londoner Sitz der königlichen Familie und so residiert heute auch König Charles hier. Der Palast wartet mit zahllosen Schätzen auf; im Sommer können Besucher:innen die State Rooms besichtigen.

NICHT VERSÄUMEN

- Wachablösung
- State Rooms
- Royal Mews
- Queen's Gallery
- Victoria Memorial
- The Mall
- Clarence House

Außenanlagen & The Mall

Der Landsitz von 1703 wurde für die Thronbesteigung von Königin Viktoria umgebaut: John Nash und Edward Blore ließen an einem zentralen Hof drei neue Flügel errichten. Die Fassade aus Portland-Stein bildet einen schönen Hintergrund für das **Victoria Memorial**, das nach dem Tod der Königin 1901 vor den Palasttoren errichtet wurde. Dies ist das größte und prächtigste je für einen britischen Monarchen errichtete Denkmal. Es besteht aus weißem Carrara-Marmor, wird von einer goldenen Siegesgöttin gekrönt und ist von vier Bronzelöwen umgeben. Zusammen mit dem **Admiralty Arch** flankiert es die kurze, aber bedeutende Straße **The Mall**, die als Zeremonialstraße angelegt wurde, in rötlichem Ton, quasi als roter Teppich hin zum Palast. Bei Thronjubiläen, Hochzeiten und Begräbnissen säumen Millionen von Menschen die Straße, um an historischen Momenten teilzuhaben, und echte Fans versuchen, so nahe wie möglich an den Balkon heranzukommen, um das Winken der Royals zu sehen.

Wachablösung

Die Wachablösung vor dem Palast ist schon seit 1660 eine zeremonielle Routine. Heute versammeln sich vor dem Buckingham Palace Hunderte von Tourist:innen, um die Soldaten mit ihren Bärenfellmützen und roten Uniformen zu bestaunen – für noch mehr historisches Flair sorgt eine Militärkapelle. Die Changing of the Guard wird als kostenloses Schauspiel montags, mittwochs, freitags und sonntags jeweils vormittags geboten.

Im Sommer in den State Rooms

Der Buckingham Palace ist sowohl Amts- als auch Wohnsitz des Monarchen bzw. der Monarchin. Hunderte Bedienstete sind hier jeden Tag unterwegs und im ganzen Palast finden Veranstaltungen und Empfänge statt, u. a. in den 19 State Rooms. Jeden Sommer darf die Öffentlichkeit von Mitte Juli bis September einen Blick in diese Säle werfen, wenn der König bzw. die Königin in den Ferien ist. In den State Rooms empfängt die königliche Familie zu staatlichen, zeremoniellen und offiziellen Anlässen wichtige Gäste. Die Räume sind stattlich ausgestattet und sind mit Stücken aus der Royal Collection geschmückt wie z. B. Gemälden von van Dyck und Canaletto, Skulpturen von Canova, Sèvres-Porzellan und schönen englischen und französischen Möbeln. Auf den Führungen geht's auch in den Thronsaal, in dem die Hochzeitsfotos von William und Kate geschossen wurden, und in den monumentalen Weißen Salon. Früh buchen, da die Führungen sehr begehrt sind!

Museen auf dem Palastgelände

In den **Royal Mews** sind nicht nur historische königliche Kutschen versammelt, sondern sie dienen noch immer auch als Stallungen. Die prächtigsten Fahrzeuge kann man sich aus der Nähe anschauen, darunter die goldene Prunkkutsche, die seit 1831 bei allen Krönungen genutzt wurde, so auch bei der von Königin Elisabeth II. (1953) und König Charles III. (2023). Die **Queen's Gallery** am Rand des Palasts zeigt Stücke aus der Royal Collection wie Gemälde alter Meister, seltenes Mobiliar, Kunstgewerbe und Bilder aus der Fotosammlung. Im Sommer ist auch oft das **Clarence House**, in dem von 1953 bis 2002 die Königinmutter residierte, im Rahmen von Führungen öffentlich zugänglich.

GUARDS MUSEUM

Abseits des Palasts steht am Birdcage Walk das **Guards Museum**. Ursprünglich lernten neue Wachen hier etwas über die Geschichte ihrer Regimenter. Heute können Besucher:innen im Museum anhand von Uniformen, Gemälden, Waffen, Modellen und Artefakten die fünf Regimenter kennenlernen.

TOP TIPPS

- Die Wachablösung kann kurzfristig abgesagt oder verschoben werden, besonders an Tagen mit Regen oder Wind. Aktuelle Infos bietet die Website der Household Division. Am besten kommst du an einem schönen Tag hierher.
- Wer nach dem Besuch noch mal in den Palast zurückkehren möchte, sollte sein Ticket beim Royal Collection Trust erwerben und dann beim Verlassen des Palasts unterschreiben lassen, um ein Jahr kostenlosen Wiedereintritt zu genießen.
- Nicht in allen Teilen des Buckingham Palace darf man fotografieren – das Stativ also am besten zu Hause lassen!

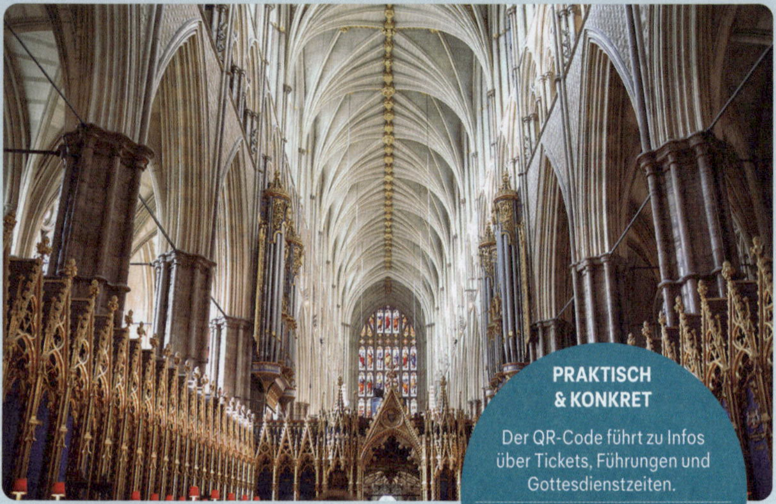

IR STONE/SHUTTERSTOCK ©

PRAKTISCH & KONKRET

Der QR-Code führt zu Infos über Tickets, Führungen und Gottesdienstzeiten.

HIGHLIGHT

Westminster Abbey

Westminster Abbey ist eine der bedeutendsten Gedenkstätten der Geschichte. Außer Eduard V. und Eduard VIII. wurden seit Wilhelm dem Eroberer, der 1066 den Thron bestieg, alle englischen Monarch:innen hier gekrönt. In der Kirche, heute Unesco-Weltkulturerbe, fanden zudem Hochzeiten und Begräbnisse statt.

NICHT VERSÄUMEN

- Krönungsstuhl
- Grabmal des unbekannten Soldaten
- Schrein Eduards des Bekenners
- Grabmal Marias I. und Elisabeth I.
- Grabmal Maria Stuarts
- Lady Chapel
- Poets' Corner
- Chapter House
- Pyx Chamber

Außen: Die Portale

Die im Laufe der Zeit von mehreren Architekten bearbeitete Westminster Abbey stellt drinnen wie draußen einen märchenhaften Mix aus Romanik und Gotik dar. Besonders eindrucksvolle Merkmale weisen die beiden Hauptportale auf. Das **Westportal** ziert auf beiden Seiten die Inschrift *Sancta Maria*; oben befinden sich zehn Statuen von Märtyrern des 20. Jhs. und darüber majestätische Türme aus Portland-Stein. Dies ist der Haupteingang und auch der Ausgang bei königlichen Zeremonien. Das **Nordportal** um die Ecke zeigt umgeben von Engeln Christus als Weltenlenker, der die Kirche und den ganzen Erdkreis segnet. Darunter befinden sich Sitzfiguren von Aposteln sowie schreitende Figuren, die die Musik, Malerei, Bildhauerei, Juristerei, Geschichte und die Ingenieurskunst symbolisieren; darüber erhebt sich eine Fensterrose. Außerdem gibt's Kragsteine mit Tieren und Wasserspeier.

Westseite: Das Mittelschiff bis zum Chor

Durch das Westportal gelangst du ins **Kirchenschiff** mit den Grabmalen von Koryphäen wie Isaac Newton, Charles Darwin und Stephen Hawking. Auf dem Boden erinnert das **Grabmal des unbekannten Soldaten** an diejenigen gefallenen britischen Soldaten des Ersten Weltkriegs, derer sonst nirgendwo gedacht wird. Das Grabmal besteht aus belgischem Marmor und beinhaltet Erde aus Frankreich. Rechts steht der 700 Jahre alte **Krönungsstuhl**, der seit 1308 bei allen Krönungen Verwendung fand – an Krönungstagen steht er am Sakrarium vorm Altar. Der **Chor** ist, passend zur Architektur der Kirche, von Chorgestühl im viktorianisch-neugotischen Stil des 19. Jhs. flankiert.

Hinter dem Altar

Die Krönungen finden am **Hochaltar** statt. Interessant ist auch das feine Cosmatenmosaik aus Marmor, Stein, Glas und Metall. Hinter dem Altar verbergen sich einige wichtige Grabmale. Das Herz bildet der **Schrein des hl. Eduards des Bekenners**, der die Abtei gründete. Beim Eingang zur **Lady Chapel**, einem Meisterwerk mittelalterlicher Baukunst, befinden sich das **Grabmal von Maria I. und Elisabeth I.** (mit beiden Königinnen und der Inschrift „Vereint auf dem Thron und im Grab, hier ruhen wir Schwestern, in der Hoffnung auf die Auferstehung") und das marmorne **Grabmal von Maria Stuart**. In der Kapelle ist außerdem das **Grabmal Heinrichs VII.** und seiner Gemahlin.

Südseite & Kreuzgang

Auf der Südseite der Kirche befindet sich die **Poets' Corner**: Hier sind bedeutende Schriftsteller:innen bestattet oder werden hier gewürdigt. Es gibt hier über 100 Denkmäler, u. a. für Charles Dickens, Jane Austen und William Shakespeare. Ans südliche Querschiff schließt sich der **Kreuzgang** mit dem grasbewachsenen Klostergarten an. Jeder der einzelnen Kreuzgänge ist 30 m lang. Hier hingen die Benediktinermönche ihren Gedanken nach und sie nutzten die Gänge als Verbindungen zwischen den Gebäuden. Im **Chapter House** beteten die Mönche; man erreicht den Kapitelsaal über den östlichen Kreuzgang (East Cloister), vorbei an der ältesten Tür Großbritanniens: Sie stammt von etwa 1050. Die angrenzende **Pyx Chamber** zählt zu den wenigen Überbleibseln der ursprünglichen Abtei: Sie beherbergt Schätze, liturgische Objekte und Fliesen aus dem 11. Jh.

QUEEN'S DIAMOND JUBILEE GALLERIES

700 Jahre lang blieben die Queen's Diamond Jubilee Galleries der Öffentlichkeit verborgen – erst 2018 wurden sie zugänglich. Fast 16 m über dem Abteiboden umfassen sie 300 Artefakte aus 1000 Jahren. Zu den Highlights zählen das Korsett von Königin Elisabeth I. und der Krönungsstuhl Marias II. – sie nutzte nicht den normalen Krönungsstuhl, da sie zusammen mit Wilhelm III. gekrönt wurde.

TOP TIPPS

- Die Warteschlangen vor Westminster Abbey können extrem lang sein. Am meisten ist vormittags los, also besser nachmittags herkommen!
- Im Eintrittspreis inbegriffen ist ein Multimediaguide. Du kannst ihn dir aufs Handy oder Tablet herunterladen oder du nutzt ihn auf einem zur Verfügung gestellten Gerät.
- Wer einen Gottesdienst besuchen möchte, zahlt keinen Eintritt. Dazu geht's durchs Westportal hinein, aber du hast keinen Zugang zu den Grab- und Denkmalen.

EDDY GALEOTTI/SHUTTERSTOCK ©

PRAKTISCH & KONKRET

Der QR-Code führt zu den Öffnungszeiten der National Gallery. Der Eintritt ist frei.

HIGHLIGHT

Trafalgar Square

Der **Trafalgar Square** ist der bekannteste öffentliche Platz der Stadt und ihr wahres Zentrum: Von hier werden alle Entfernungen ab London gemessen. Hier finden große Events statt und das ganze Jahr über tummeln sich hier Besucher:innen auf der Suche nach kleinen und großen Sehenswürdigkeiten wie historischen Monumenten, einer Kirche und renommierten Kunstmuseen.

NICHT VERSÄUMEN

- National Gallery
- National Portrait Gallery
- Nelson's Column
- Brunnen am Trafalgar Sq
- Löwen
- Polizeizelle
- St Martin-in-the-Fields

National Gallery

Die **National Gallery**, eins der bedeutendsten Kunstmuseen der Welt, drängelt sich auf jedes Bild des Trafalgar Sq und darf auf keiner Londonreise fehlen. Ins Leben gerufen wurde sie 1824 durchs Parlament; sie beherbergt über 2300 Werke europäischer Kunst vom 13. bis zum frühen 20. Jh., darunter wegweisende Arbeiten von Größen wie Leonardo da Vinci, Michelangelo, Tizian und Renoir sowie z. B. van Goghs *Sonnenblumen*, vor denen zu Stoßzeiten viel los ist. Auf der Westseite des Museums beherbergt der Sainsbury Wing, der 2025 wiedereröffnet wird, eine herausragende Sammlung von Malerei der Frührenaissance, zwei Selbstporträts von Rembrandt (im Alter von 34 und 63 Jahren) und Werke der Hochrenaissance (1500–1600). Wer nicht viel Zeit hat, kann sich einer einstündigen Highlightstour anschließen – Details gibt's am Infoschalter.

National Portrait Gallery

2023 wurde die **National Portrait Gallery** nach drei Jahren Sanierung schließlich wiedereröffnet. Sie ist ein Who's Who britischer Geschichte und Kultur. 1856 war dies (angeblich) die erste öffentliche Galerie für Porträtkunst; heute beherbergt sie rund 250 000 Arbeiten und ist damit die größte Sammlung weltweit. Die Porträts reichen vom 16. Jh. bis zur Gegenwart und umfassen Gemälde, Fotos, Zeichnungen, Skulpturen und sogar Karikaturen. Zu den Highlights gehören das berühmte „Chandos-Porträt", das William Shakespeare zeigen soll, sowie eine große Menge von Darstellungen Angehöriger des Königshauses und von heutigen Promis wie Ed Sheeran und Anna Wintour.

Die Monumente auf dem Platz

Die reiche Geschichte des Trafalgar Sq zeigt sich auf dem Hauptplatz an mehreren Stellen. Die 52 m hohe **Nelson's Column** ist Admiral Horatio Nelson gewidmet, der 1805 in der Schlacht von Trafalgar starb. Als die Säule geplant wurde, beschloss man, dass als Symbol für Nelsons Heldenmut vier große Löwen den Sockel säumen sollten. Der Bildhauer Edwin Landseer nahm sich für seine **Löwen** ein Tier zum Vorbild, das vorher im London Zoo verstorben war. Für seine Zeichnungen brauchte er so lange, dass sich der Leichnam des Tiers zersetzte und er Teile der Löwen improvisieren musste. So dienten für die Löwentatzen etwa die Tatzen von Katzen als Vorbild. Nicht zu übersehen sind auf dem Platz außerdem zwei recht spektakuläre **Brunnen**, 1841 angelegt, um die Auswirkung reflektierter Wärme auszugleichen und den Raum für große öffentliche Versammlungen zu beschränken. Bei Problemen stand jedoch die **Polizeizelle** in der Südostecke des Platzes bereit: Die kleinste Polizeistation Großbritanniens bot nur einem einzigen Polizeibeamten Platz, mit Direktverbindung zu Scotland Yard. Dank Überwachungskameras wird die Polizeizelle heute nicht mehr genutzt und dient dem Reinigungspersonal als Besenkammer.

St Martin-in-the-Fields

Die Wurzeln der Kirche **St Martin-in-the-Fields**, eines Architekturjuwels, reichen zurück bis ins Mittelalter, als es hier nur Äcker gab. Im 19. Jh. fand hier der erste jemals im Rundfunk übertragene Gottesdienst statt. Der elegante Innenraum wartet mit Emporen, Messinglüstern und Stuckdecken auf, die von klassischen Säulen getragen werden.

CAFÉ IN DER KRYPTA

In der Krypta treffen sich schon seit Jahrzehnten die Einheimischen. Zwar gibt's heutzutage draußen ein Schild, doch noch immer ist das Café ein eher friedvolles Refugium. In den alten Backsteingewölben wird über alten Grabplatten heute heißer Tee ausgeschenkt; ab und zu finden hier kirchliche Wohltätigkeitskonzerte statt. Aus der Kantine gibt's günstiges, einfaches Essen.

TOP TIPPS

- Auf dem Trafalgar Sq finden das ganze Jahr über kostenlose Veranstaltungen statt, etwa zum chinesischen Neujahr, zur Pride und zum St Patrick's Day. Seit 1947 liefert Norwegen jedes Jahr einen Weihnachtsbaum.
- Respektiere die historische Bedeutung der Bronzelöwen – also nicht draufklettern! Seit Jahrzehnten werden sie von Tourist:innen bestiegen, die irreparable Schäden anrichten.
- Früher gab's auf dem Platz ein Meer von Tauben. Um sie und ihre Exkremente loszuwerden, wurde ihre Fütterung verboten. Also den Snack nicht mit den Vögeln teilen!

POTTEREIEN

Haben die Muggels im West End Durst auf Butterbier, dann schieße am **Kings Cross Station** (S. 254) ein Foto auf dem Original-Bahnsteig 9¾ oder steure vor den Toren der Stadt sogar die Warner Bros Studio Tour London – The Making of Harry Potter an.

OLESEA VETRILA/SHUTTERSTOCK ©

Admiral Duncan

BLACK-CAB-TOUREN FÜR MUGGELS

Wer die Harry-Potter-Attraktionen stilvoll erleben möchte, bucht eine Tour mit einem schwarzen Taxi. Jeweils bis zu fünf Muggels können in einem der berühmten *black cabs* durch London zu Dreh- und Inspirationsorten düsen wie Great Scotland Yard, Leadenhall Market und Bahnsteig 9¾. Touren gibt's bei einigen Anbietern, etwa bei Black Taxi Tour London, Black Cab Tours of London und GetYourGuide. Diese Privattouren sind natürlich entsprechend teuer (175–400 £).

MEHR IM WEST END

Das West End für Zauberer

KARTE S. 42

Magische Ecken für Fantasyfans

Auch 25 Jahre nach dem Erscheinen des ersten Harry-Potter-Bandes ist Harry Potter nach wie vor ein absolutes Phänomen. Die Welt der Zauberei ist heute eine ganz eigene Subkultur und über alle Generationen hinweg beliebt. Die Hauptattraktion ist natürlich **Harry Potter and the Cursed Child**, ein zweiteiliges Stück im **Palace Theatre**, das auf einer von J. K. Rowling mitverfassten Geschichte basiert; diese spielt 19 Jahre nach dem Ende der Romane. Das Stück hat schon zahlreiche Preise abgeräumt und wurde für seine Zauber-, Illusions- und Bühnenkunst allseits gelobt – sodass sich nicht nur eingefleischte Potter-Fans in die langen Warteschlangen stellen. Früher waren zwei Plätze im Theater immer für die Hausgeister reserviert, doch auch sie werden jetzt dank der gewaltigen Nachfrage vergeben. Zwischen den beiden Vorstellungen kannst du das **House of MinaLima** ansteuern, einen Laden von Miraphora Mina und Eduardo Lima. Die beiden zeichneten für die Grafikkunst des Potter-Imperiums und die Reihe Fantastic Beasts verantwortlich. Im reizenden Laden verkaufen sie exklusive Drucke, illustrierte Bücher und sogar

KINDER BESPASSEN IM WEST END

Twist Museum
Das Twist in der Oxford St fordert als Welt der Illusionen die Sinne heraus.

All Star Lanes Holborn
Einen Nachmittag Bowling mit der Familie, mit einer Stunde in der Karaoke-Kabine als Bonus. Es gibt Pizza und Milchshakes.

Cartoon Museum
Karikaturen und Comics entdecken, dann bei Modellbau- und Zeichenworkshops kreativ werden.

Filmrequisiten. Zu den Stoßzeiten bilden sich hier Warteschlangen, sodass du am besten vormittags unter der Woche herkommst; oder du steuerst das **House of Spells** an, einen weniger berühmten Fantasy-Laden in der Charing Cross Rd. Um dich zu stärken, buche dich im **Wands and Wizard Exploratorium** in der Greek St ein, zu immersivem Nachmittagstee und Cocktails - und du führst Regie am Zauberstab.

Sohos bunte queere Community

KARTE S. 46

Ein Regenbogen nach dem Sturm

Schon seit Jahrhunderten ist Soho das Zentrum der queeren Kultur Londons. Vom 17. bis zum 19. Jh. erwarb sich die Gegend einen Ruf als Ort, wo Männer nach Sex mit Männern suchen. Der berühmteste Promi, der hier wegen „grob unsittlichen Verhaltens“ verhaften wurde, war Oscar Wilde - einvernehmlicher gleichgeschlechtlicher Sex war damals verboten. (2017 wurde Wilde posthum begnadigt.) Mit der Zeit entwickelte sich Soho zu einem quirligen Gebiet mit sichtbaren LGBTIQ+-Communitys und boomte als Ziel für den queeren Tourismus. Es ging immer wieder auf und ab, doch inzwischen ist das Viertel so inklusiv, dass es alle möglichen Leute herzieht. Die meisten LGBTIQ+-Läden findet man in der Old Compton St, doch nirgends in Soho rümpft jemand über irgendetwas Queeres die Nase. Die Widerstandskraft der Community verkörpert das **Admiral Duncan**. Nach einem Bombenanschlag 1999 war das Pub schnell wieder zurück, mit stolz wehenden Regenbogenflaggen. Die älteste Schwulenkneipe von Soho verströmt auch heute noch ein lockeres nachbarschaftliches Flair. Das G-A-Y begann in den 1970er-Jahren als Kellerclub in Soho, erwarb sich international aber dann solch einen Ruf, dass es heute eine eigene Marke ist. Jahrzehntelang lockte es die größten Namen des Pop ins inzwischen abgerissene London Astoria, doch die beliebte **G-A-Y Bar** gibt's auch heute noch und spielt Hits, die für Stimmung sorgen. Frauen auf der Suche nach Frauen? Die einzige echte Lesbenbar ist das **She Soho** mit regelmäßigen Dragking-Shows und Varietés.

Die Queens von Soho

KARTE S. 46

Playbackträllern Londoner Mädels

Die Londoner Dragszene entwickelte sich über Jahrzehnte. Einst gedieh sie eher im Verborgenen, doch heute gehört sie zum Mainstream. Im ExCel gibt's sogar jedes Jahr eine DragCon. Neue Talente der Dragszene zeigen sich eher in Ost- und Südlondon, während im West End altbewährtes Personal bei

DIE BESTEN ESSLOKALE FÜR EIN DATE IN SOHO

Jessica Riso (@iamjessicariso) ist Marketing-Managerin und arbeitet und amüsiert sich seit 2013 im West End. Hier ihre Restauranttipps:

Kapara
Dieses versteckte Lokal im James' Court ist toll, um jemanden bei einem Essen unter freiem Himmel mit israelischen Speisen besser kennenzulernen.

Soho House
Ins erste Soho House in der Greek St kam ich früher zu Geschäftstreffen, aber auch für ein Abendessen ist dies eine tolle Adresse. Oder man gönnt sich einfach nur ein paar Drinks in der Courtyard Bar mit schöner Terrasse.

Brasserie Zédel
Für pariserische Romantik empfehle ich dieses französische Restaurant beim Piccadilly mit einem glamourösen altmodischen Brasserieflair.

QUEERE BARS ZUM VORGLÜHEN IN SOHO

The Yard
Auf dem mit Lichterketten beleuchteten Hof der queeren Bar mit gemischtem Publikum kann man vor der Sause reden.

Compton's of Soho
Beliebte alte Gay-Bar zum Vorglühen vor dem großen Abtanzen, besonders in der Lounge oben.

Rupert Street Bar
Happy-Hour-Deals und große Fenster zum Leuteabchecken sorgen für Zeitvertreib, während man sich Mut antrinkt.

DRAGSHOWS IM WEST END

Glitzy von Jagger alias Darren James (@glitzyvonjagger) ist eine Londoner Dragqueen. Hier ihre Tipps für die besten Dragspots im West End:

Proud Embankment
Den Dragvarieté-Brunch auf dem Fluss veranstaltet meine Schwester Miss Demeanour. Die Shows sind spektakulär und nachher kannst du von der Waterloo Bridge die Londoner Skyline bestaunen.

Halfway to Heaven
Montagabends sind hier wunderbar Dragshows zu erleben. Der gemütliche, glitzernde Laden versteckt sich in einem Keller direkt beim Trafalgar Sq.

Phoenix Arts Club
Ich liebe die Dragshows hier. Das Top-Girl ist Michael Twaits. Toll ist ihr „Herzfinsternis"-Programm – so kitschig wie Weihnachten. In der Londoner Dragszene hast du die Qual der Wahl.

den Karaoke-Sessions im **Village Soho**, bei den Bingo- und Quizspielen im **Duke of Wellington** und beim allabendlichen Entertainment im **CellarDoor** zum Zuge kommt. Wer im Sommer während der Pride in London ist, kann der Queer-Szene kaum aus dem Weg gehen. Überall im West End wehen dann Regenbogenflaggen und auf jedem Hoteldach wird ein Brunch samt Playbackgesang serviert. Vielleicht möchtest du schon mal üben? Eine weiterer Ort für Dragevents ist das **Soho Theatre**, wo es bei Varieté und Comedy etwas formeller zugeht. **Sink The Pink** ist ein Londoner Dragkollektiv, das immer ein großes Spektakel veranstaltet – wer dem Kollektiv auf den sozialen Medien folgt, kann es vielleicht bei einem Pop-up-Event erleben. Besonders aktiv ist es auf den Sommerfestivals und bei der Pride.

Soho im Koffeinrausch

KARTE S. 46

Wie Soho wach bleibt

Im West End wird in Soho am härtesten gearbeitet und gefeiert. Daher gibt's hier auch so viele Coffeeshops, in denen sich müde Geister wiederbeleben lassen und man Energie tanken kann. In Soho werkeln meist Kreative und diesen coolen Socken ist natürlich ein handwerklicher Kaffee lieber als jede Starbucks-Plörre. Für einen geschichtsträchtigen Schuss Koffein gibt's mehrere Möglichkeiten. 1949 eröffnete die Familie Polledri, die sie auch heute noch führt, die **Bar Italia**. Die Bar ist ein Zentrum der italienischen Community und eine Institution in Soho – Kaffee gibt's hier bis 4 Uhr. Die **Algerian Coffee Stores** in der Old Compton St wurden 1887 von einem algerischen Immigranten gegründet. Heute zeigen sie sich noch immer mit der Original-Holzeinrichtung und werden in dritter Generation von derselben Familie betrieben. Moderner geht's im **Grind** zu, einem lässigen, neonbeleuchteten Coffeeshop; abends ist unten eine Cocktailbar geöffnet, falls einem der Sinn nach einem Espresso-Martini steht. Das fast 20 Jahre alte **Flat White** in der Berwick St ist ein immer noch beliebtes australisches Café – kein Wunder angesichts seines guten Kaffees. Weitere tolle Läden in Soho sind das **Department of Coffee and Social Affairs** und **My Place**.

Cocktails als kleine Flucht

KARTE S. 46

Raus aus dem Alltag!

Von Zeit zu Zeit brauchen die Londoner:innen eine kleine, schnell erreichbare Flucht. Dafür gibt's die Flüsterkneipen und Mottobars der Stadt, und Pop-up-Bars kommen und gehen schneller, als die Kunde von ihnen die Runde machen kann.

QUEERE BARS ZUM TANZEN IN SOHO

Ku Bar
Die Ku Bar in Chinatown hat einen funkigen, schummrigen Kellerclub zum Abtanzen.

Freedom
Die schicke Bar hat unten einen Club mit zwei Stangen für Leute, die angeben wollen.

Village Soho
Dank sexy Tänzern und Dancebeats verwandelt sich das legere Nachmittagsflair der Bar in eine wilde Party.

Grind

Einige jedoch halten durch und können sich in der Szene etablieren – sie drängen sich für Fluchten aus dem Alltag geradezu auf. Das verdankt sich kreativen Mixgetränken, durchdachten Konzepten und dem gelegentlichen Auftauchen von Schauspieler:innen. Im Restaurantkomplex Kingly Court ist das **Cahoots**, ein Bahnhof im Stil der 1940er-Jahre mit U-Bahn-Waggon, Tickethalle und Signalstelle. Hier schlürfen Gäste tolle Drinks aus fotogenen Gefäßen; dazu gibt's altmodische Live-Unterhaltung. Ein Stück die Straße rauf ist dann in der Dean St **Mr Fogg's**. Der Cocktailschuppen befördert seine Gäste in eine viktorianische Sammlung von Schätzen aus aller Welt, wobei die Drinks deren Geschichte verkörpern. Schau dir die Räume an, u. a. einen voller alter Teppiche. Im West End gibt's noch weitere Mr-Fogg's-Filialen, u. a. in Mayfair und Covent Garden. Viel Spaß bereitet auch der **Flight Club Bloomsbury**, eine Art Jahrmarkt, auf dem sich Gruppen zum Dartspielen bei Pizza und alten Melodien treffen. Die eigenen Würfe können digital auf Bildschirmen nachverfolgt werden.

SOHO SQUARE

Es ist schwer vorstellbar, dass es in einem Stadtteil wie Soho auch stille Ecken gibt – zwar ist der Soho Sq nicht unbedingt eine abgeschiedene Enklave, doch bietet er willkommene Erholung von dem Trubel drumherum. Der schattige Platz ist teils gepflastert, teils Rasenfläche. Im Sommer genießen hier Angestellte ihre Mittagspause und bei der Pride ist er ein beliebter Treffpunkt. Ansonsten hol dir in einem der Cafés von Soho einen Kaffee, setz dich auf eine Bank und bestaune das Gartenhäuschen im Tudorstil aus dem 17. Jh. mitten auf dem Platz. Auch steht hier eine Statue von Karl II., nach dem der Platz einst benannt war.

MEHR QUEERE SPOTS

Über die reiche queere Geschichte Londons erfährst du mehr im **Gay's the Word** (S. 91), dem ältesten LGBTIQ+-Buchladen des Landes. Und verbringe Zeit mit allerlei queerem Volk im **Dalston Superstore** (S. 231) in Ostlondon.

ÜBERNACHTEN IM WEST END

Hotel AMANO
Boutiquehotel in Covent Garden mit schwarz-goldenem Clubflair. **££**

Claridge's
Lieblingspromitreff in Mayfair mit dem angesagtesten Weihnachtsbaum des Jahres. **£££**

Hoxton Holborn
Ultraschick, aber erschwinglich, mit Hipsterzimmern und immer vollen Gemeinschaftsbereichen. **££**

DIE BESTEN PARKS IN BLOOMSBURY

Amie Kabia (@amiekabia) hat mit Freund:innen an der SOAS in Bloomsbury studiert. Hier ihre Lieblingsparks fürs gemeinsame Abhängen oder zum Sonnetanken:

Tavistock Square Gardens
An den meisten Tagen still und friedlich. Mit hübschem Gedenkgarten und Statuen von Mahatma Gandhi und Virginia Woolf.

Lincoln's Inn Fields
Gepflegt und mit vielen Bänken. Hierher komme ich nach einem Besuch in Sir John Soane's Museum.

Bloomsbury Square
Bloomsbury ist mit toller Architektur gesegnet. In der Nähe ist der London Review Bookshop mit einem wunderbaren Buchsortiment.

Russell Square
Hier ist viel Platz; ich empfehle Sandwiches vom Cabmen's Shelter.

JEFFREY ISAAC GREENBERG 4+/ALAMY STOCK PHOTO ©

Dorchester Hotel

Verstecktes Spa

KARTE S. 40

Märchenhaft baden

Nach anstrengenden Erkundungen ist Relaxen angesagt: Das AIRE ist eins von zahlreichen Londoner Spas, die sich unter der Erde verstecken. Zwar sieht das Spa alt aus, es stammt aber von 2021 und bietet unterschiedlich warme Bäder sowie Anwendungen und Massagen. Schön ist das Blubberbad mit 1000 Düsen oder auch das Floatarium, ein einzigartiges Bad mit sehr hohem Salzgehalt, sodass man tatsächlich auf dem Wasser treibt. Beide Bäder sind im Eintritt inbegriffen. Weinfans können prassen, indem sie ein Weinerlebnis dazubuchen (450 £ pro Pers.): Dabei taucht man in spanische Tempranillo-Trauben ein, gefolgt von Massagen mit reichhaltigem Traubenkernöl. Im **AIRE** werden die Gäste angehalten, ihre Handys wegzuschließen, um sich voll und ganz dem Badeerlebnis zu widmen. Die romanisch wirkenden Mauern bestehen aus altem Backstein und sind von Deckenrosen gekrönt, alles romantisch mit Kerzenlicht beleuchtet. Und was ist die Geschichte hinter diesen alten Gewölben? Ein Märchen! Früher stand hier das 18.-Jh.-Stadthaus von J. M. Barrie, dem Autor von *Peter Pan*. Nach dem Bad kannst du dir oben in der Rezeption in einer Vitrine eine seltene Erstausgabe des Buches sowie alte Fotos von Barries Haus anschauen.

ÜBERNACHTEN IM WEST END

One Aldwych
Unabhängiges Hotel in historischem Gebäude, kürzlich renoviert und mit fabelhaftem Theaterblick. **£££**

The Londoner
Spannender Neuling am Leicester Sq mit diversen hippen Esslokalen und Wellnessrefugium. **£££**

45 Park Lane
Kleines Boutiquehotel in opulentem früherem Wohnhaus. Von den 45 Zimmern blickst du auf den Hyde Park. **£££**

Chinatown: Bubbles für die junge Generation

KARTE S. 42

Gebräu mit Biss

Chinatown ist eine der wenigen Gegenden im West End mit kaum einer Cafészene. Stattdessen gibt's hier eine Bubble-Tea-Szene. Bubble Tea, eine taiwanesische Erfindung, die sich in den 1980er-Jahren in Asien verbreitete, schaffte es so richtig erst in den 2010er-Jahren nach London, doch jetzt blubbert's in Chinatown an jeder Ecke. Dieser mit Milch oder Obst gemischte Tee mit Tapioka-Kügelchen ist besonders bei jüngeren Menschen angesagt, doch auch wer nicht in diese Kategorie fällt, kann süchtig nach diesem Tee werden. In Chinatown ist die Konkurrenz hart, sodass die Händler so viele Aromen oder Varianten wie möglich anbieten. Die größte Auswahl gibt's am Newport Court, z. B. bei **Lucky Tea**, **Min Tea** und **Cuppacha**, mit einzigartigen Kreationen mit z. B. Litschi und Yakult oder *cream cheese* und Grüntee. Anderswo in Chinatown sorgen Läden wie **Woo Tea** und **Super Bubble** dafür, dass man nicht verdurstet.

Ein fürstlicher Nachmittagstee

KARTE S. 40

In Mayfairs teuersten Hotels schlemmen

Im Jahr 1840 sagte die Herzogin von Bedford, eine enge Freundin von Königin Viktoria, dass sie in der langen Pause zwischen Mittag- und Abendessen eine kleine Mahlzeit brauche. Was sie nicht ahnen konnte: Der Nachmittagstee entwickelte sich mit der Zeit zum britischen Ritual. Und in Mayfair ist der Afternoon Tea besonders dekadent, denn hier stehen einige der opulentesten Hotels des Landes. Das 1906 eröffnete **Ritz** galt einst als bestes Hotel der Welt, frequentiert von Hollywoodstars und Royals. Der Palm Court hier ist die Mutter aller Teesalons; dafür brauchst du allerdings ein passendes Outfit, also schau dir erst mal den Dresscode an! Zu den Leckereien hast du die Wahl aus 18 Loseblatttees wie dem Ritz Royal Blend, und vielleicht möchtest du auch ein Gläschen Ritz-Reserve-Schampus dazu. Das **Claridge's** bietet eine saisonale Auswahl an süßen und herzhaften Köstlichkeiten und ebenfalls eine eigene feine Teemischung. Serviert wird der Tee im prächtigen Art-déco-artigen Foyer und Reading Room. In der Park Lane wiederum wartet das berühmte **Dorchester**, mehr oder weniger das Londoner Zuhause von Elizabeth Taylor, die das Bad ihrer Lieblingssuite mit rosa Marmor ausstatten ließ – ein Foto von ihr in der Suite ist in der National Portrait Gallery zu sehen. Tee und Kuchen gibt's hier im kunstgesäumten The Promenade; die Leckereien stammen vom preisgekrönten Konditor des Hauses.

FAMILY-STYLE-DINING IN CHINATOWN

Rosie Wong kommt schon seit 40 Jahren nach Chinatown. Hier geht sie mit ihrer Familie authentisch essen:

Golden Phoenix
Mein Lieblingslokal für Dim Sum und authentische Gerichte. Wenn wir chinesische Verwandte zu Besuch haben, gehen wir hierher. Alle Pfannengerichte sind klasse, besonders das Huhn mit Cashewkernen.

Lido
Eins der ersten chinesischen Restaurants in London. Das Dim-Sum-Essen hier ist relaxt, so wie daheim in Hongkong.

Chop Chop by Four Seasons
Die gebratene Ente hier ist die beste Londons: Die Haut ist so golden und knusprig. Im Hippodrome.

Imperial China
In den 1990er-Jahren in einer Seitengasse der Lisle St eröffnet. Größer und gut für Familienanlässe. Tipp: das Rindfleisch mit Black-Bean-Soße.

HISTORISCHE BARS UND PUBS AM STRAND

Lyceum Tavern
Hier war einst das Lyceum Theatre, heute ist hier ein traditionelles Pub mit Eichenholzvertäfelung. ££

Ye Olde Cock Tavern
Londons schmalstes Pub war einst ein Favorit von Charles Dickens und Alfred Tennyson. ££

Gordon's Wine Bar
Die älteste Weinbar der Stadt in einem wunderschönen kerzenbeschienenen Keller; mit quirliger Terrasse. £££

WARUM ICH COVENT GARDEN LIEBE

James Wong, Autor

Meine Eltern wanderten in den 1980er-Jahren aus Asien ein und eröffneten in Covent Garden einen winzigen chinesischen Imbiss – es kamen Händler:innen, Straßenkünstler:innen und Büroangestellte sowie viele, die in den Theatern am Strand arbeiteten. Zwischen ihren beiden Jobs lieferte meine Mutter Essen aus und ging ehrfürchtig zum Savoy. Es freut mich, dass viele der kleinen Läden auch heute noch hier sind und dass meine Mutter keine Lieferantin mehr ist – heute ist sie Gast. In Covent Garden wird so hart gearbeitet – dies ist mehr als eine Touristenattraktion.

© WEI HUANG/SHUTTERSTOCK

Buckingham Palace (S. 74) und St James's Park

Historische Restaurants

KARTE S. 40

Mit Toiletten so schön wie Speisesäle

Die Trendrestaurants in Mayfair kommen und gehen, doch das **Sketch** in einem schönen denkmalgeschützten Gebäude von 1779 in der Conduit St lockt immer weiter Gäste an. Früher war es einmal der Hauptsitz des Royal Institute of British Architects und der Suffragetten, zu anderer Zeit war es das Londoner Atelier von Christian Dior. Nach einer Renovierung wurde es 2013 schließlich zum angesagtesten Treff im West End. Hier ließen sich Promis gerne auf lange Wartelisten setzen. Als es dann ruhiger wurde, kamen die sozialen Medien und die Toiletten des Sketch wurden zum Internethit. Auch zehn Jahre später kommen Internetjunkies hierher, um die futuristischen Toiletten-„Eier" des französischen Architekten Noé Duchaufour-Lawrance aufzusuchen. Auch Leute ohne Interesse an Instafotos begeistern sich fürs Sketch. Dafür sorgen fünf verschiedene Ess- und Trinkoptionen. Vorne befindet sich der **Parlour**, ein neonbeleuchtetes Esslokal mit 90er-Flair. Dahinter ist die **Gallery**, eine rosa „Wolke" mit sonnengelben Möbeln und zum Verkauf stehender Gegenwartskunst; hier wird der Nachmittagstee mit Klassikbegleitung

ASIA-SUPERMÄRKTE FÜR SNACKS IN CHINATOWN

Oseyo
Der größte koreanische Supermarkt Großbritanniens hat alles von Kimchi bis Soju.

SeeWoo
SeeWoo beliefert seit 1975 Restaurants der Gegend; unter den Snacks hier sind viele Importe aus China.

Japan Centre
Zwei Gehminuten außerhalb von Chinatown ist das ultimative japanische Lebensmittel- und Lifestyle-Kaufhaus.

serviert. Das **Glade**, ein Mix aus Samt und üppigen Waldtexturen, bietet einen alternativen Treff im Erdgeschoss; das Highlight ist das **Lecture Room and Library** oben. 2005, 2012 und 2019 wurde das Restaurant mit Michelinsternen ausgezeichnet – als eins von nur wenigen in London mit dem begehrten Triple. Und unterhalb der Toilette breitet sich wie ein Raumschiff die **East Bar** aus.

TEEIKONEN

Zwar ist Mayfair die Gegend, in der du dich zum Teetrinken aufbrezelst, doch das kannst du auch für die prächtigen Räume im **Savoy** (S. 62) tun. Nachmittagstee mit Ausblick quasi aus den Wolken bietet das **Shangri-La The Shard** (S. 126) in London Bridge.

Parkleben

KARTE S. 40

Königliche Parks im West End

Die Südwestecke des West End kann unglaublich teuer sein, doch das heißt nicht, dass Normalsterbliche ihre tollen Sehenswürdigkeiten nicht erkunden können. Hier gibt's zwei gepflegte königliche Parks, die man umsonst genießen kann. Der 23 ha große **St James's Park** erfreut sich einer erstklassigen Lage am Buckingham Palace und bietet sich mit seinen Brunnen und Denkmälern toll für einen Spaziergang an. Außerdem dient der Park verschiedenen Vögeln als Lebensraum, so z. B. Pelikanen (ein Geschenk des russischen Botschafters von 1664), Enten und Gänsen, die oft auf der Duck Island im Teich nisten. Auch Rotkehlchen, Amseln und Spechte gedeihen und brüten im Park. Besonders schön ist der Frühling: Dann sind hier Küken und herrliche Blumenbeete zu sehen und für eventuelle Aprilgüsse gibt's als Zuflucht das St James's Café. Im **Green Park** dagegen gibt's keine Blumenbeete. Angeblich ließ sie Königin Katharina von Braganza, Gemahlin von König Karl II., im 17. Jh. entfernen, nachdem sie ihren Mann dabei beobachtet hatte, wie er Blumen für eine andere Frau pflückte. Doch gelbe Narzissen wachsen hier trotzdem. Im Sommer kannst du Liegen mieten, über die Radwege strampeln oder dir einfach bei Marks & Spencer am Bahnhof Green Park ein Sandwich holen.

FORTNUM & MASON

Auch in den gehobenen Geschäften von Mayfair gibt's Afternoon Tea. Die Verbindung von Fortnum & Mason zur Königsfamilie reicht bis zur Eröffnung 1707, als ein Diener von Königin Anne damit begann, abgebrannte Kerzenstummel aus dem Palast zu verkaufen. Später wurde das Geschäft Hoflieferant besonders für Tee. Der Nachmittagstee wird hier im spektakulären Diamond Jubilee Tea Salon serviert; auch das *Scotch egg* probieren, das hier angeblich 1738 erfunden wurde!

Essenspause an der Oxford Street

KARTE S. 40

Beliebte Gassen und Gastrohallen

An den hektischen Einkaufsstraßen des West End prägen Fastfoodketten und Sandwichshops das Bild, doch die Locals lassen sich natürlich nicht bei McDonald's nieder. An der 2,4 km langen Oxford St gibt's jede Menge gute Esslokale, die sich jedoch vor den Massen verstecken. Auf der Westseite liegt am Ende einer dunklen, schmalen Gasse der schöne und helle **St Christopher's Place**. Der versteckte Platz war-

BARS MIT AUSSICHT IM WEST END

Aqua Kyoto
Auf der Sonnenterrasse des Aqua Kyoto schlürfst du Drinks mit Blick auf die Regent St.
£££

Radio Rooftop
Der elegant-legere Treff im 10. Stock des Hotels ME genießt Ausblick auf den Strand.
£££

10 Degrees Sky Bar
Die Cocktaillounge im 28. Stock des Hilton verwöhnt Gäste mit Blicken auf den Hyde Park und Mayfair. **££**

SÜSSES IM WEST END

Christopher Haul (@c_haul) ist Songwriter und Naschkatze. Hier seine Vorschläge für ein Zuckerhoch:

Maison Bertaux
Die älteste Patisserie in London, gleich bei der Old Compton St, falls du nachher was trinken möchtest. Der Cheesecake und die Obsttörtchen sind phänomenal und drinnen fühlst du dich wie in Paris.

Hotel Chocolat
Ich liebe die Schokolade hier, denn sie hat mehr Kakao und weniger Zucker als anderswo. Das Café in Covent Garden hat eine köstliche dunkle heiße Schokolade. Bei Sonne bietet sich auch ein Softeis oder ein Milchshake mit Schokosoße an.

L'ETO
Der ursprüngliche Laden war in Soho, und als ich am Fenster mit dem Kuchen vorbeiging, hatten sie mich am Haken. Mein Liebling ist das Tiramisu; das Kuchenangebot ist saisonal.

JONO PHOTOGRAPHY/SHUTTERSTOCK ©

Seven Dials Market

tet mit Caféterrassen und dem einen oder anderen Geschäft auf. Ramen bietet Bone Daddies; dazu kommen die Bäckerei Euphorium und eine Workshop-Coffee-Filiale. In der Mitte der Oxford St verbirgt sich hinter der Carnaby St der **Kingly Court**, eine weitere kulinarische Freiluftdestination auf drei Etagen, mit der karibisch angehauchten Rum Kitchen, dem indischen Restaurant Darjeeling Express und dem koreanischen Dinner Party, beliebten Zielen nach der Arbeit. Wenn es *cats and dogs* regnet, bietet sich die **Arcade Food Hall** Richtung Tottenham Court Rd an. In neun offenen Küchen wird hier Thailändisches bis Nahöstliches gebrutzelt; abends gibt's teils DJs und Musikvideos.

Covent-Garden-Theater

KARTE S. 52

Musicals, Oper und Comedy ohne Ende

Die Theater von Covent Garden zwischen Strand und Shaftesbury Ave machen die Gegend zur Theaterhochburg. Das **Theatre Royal Drury Lane** befindet sich an der ältesten noch genutzten Theaterstätte – seit 1663 gab's hier vier Theater. Hier lief *My Fair Lady* mit Julie Andrews sowie zehn Jahre lang *Miss Saigon*. Wie in vielen alten Theatern soll es hier

NOBEL SPEISEN IN MAYFAIR

The Wolseley
Elegante moderne europäische Küche und Afternoon Tea, serviert in Art-déco-Glamour. £££

L'Atelier Robuchon
Diese Hommage an den höchstdekorierten Sternekoch bietet Haute Cuisine und einen tollen Champagnerwagen. £££

Sushi Kanesaka
Exklusives japanisches *omakase* mit 13 Plätzen und Sushi im Edomae-Stil, der traditionellsten Form. £££

angeblich spuken; so sollen hier u. a. die Geister von zwei Schauspielern unterwegs sein, die an einem Mord wegen einer Perücke beteiligt waren. Weitere bekannte Theater der Gegend sind das gemütliche **Duchess Theatre** – hier läuft *The Play That Goes Wrong* – und das **Cambridge Theatre**, wo seit 2011 *Matilda: The Musical* aufgeführt wird. Aber es geht auch gesetzter: Schon seit 1858 steht das **Royal Opera House** majestätisch am Platz; es beherbergt die Royal Opera, das Royal Ballet und das Orchestra of the Royal Opera House. Der Hauptsaal zählt zu den größten Londons und fasst über 2000 Zuschauende – darunter ist auch oft die königliche Familie, allerdings in einer Privatloge statt auf den Rängen. Mehr zu lachen gibt's im erstklassigen **Top Secret Comedy Club** in der Drury Lane.

Seven Dials Market

KARTE S. 52

Zentrum der modernen Foodietreffs des West End

Covent Garden ist bekannt für seine historischen Märkte wie die Apple und Jubilee Hall, doch im selben Viertel richtet sich der Markt **Seven Dials** eher an ein jüngeres, hipperes Publikum, das nicht auf der Suche nach Souvenirs und königlichem Schnickschnack ist. 2019 eröffnete der Markt in einem früheren Bananenlagerhaus. Entstehen sollte ein Streetfoodmarkt ähnlich den Time Out Markets in aller Welt, mit Penang-Currys, Trüffel-Käse-Burgern und großen Pizzen der Bad Boy Pizza Society im Haupt-Lagerhaus; getrennt davon wartet die Cucumber Alley mit reihenweise Imbiss- und Dessertständen mit z. B. Klößen, Softeis und Matcha-Pfannkuchen auf. Dazu gibt's zwei Bars, mehrere Pop-ups und einen Market Bookshop für Kochbücher, Food-Biografien und Büchern zu Nachhaltigkeit – hier kannst du gleichzeitig stöbern und essen. Als Verbeugung vor den bananigen Ursprüngen des Markts findest du hier auch eine große Bananenplastik, die du anfassen und auf die du dich setzen kannst wie auch alle anderen, die ihre Social-Media-Kanäle füttern. Die hippen Spots hier beschränken sich nicht auf den Markt. In der umliegenden Monmouth St, Mercer St und Neal St locken jede Menge Boutiquen, Läden für Vintage-Treter und Coffeeshops; ein lohnendes Ziel ist auch **Neal's Yard**, eine bunte kleine Enklave mit weiteren süßen coolen Läden.

PROMIGUCKEN IM WEST END

Kiran Ranmal arbeitet im West End im Marketing. Im Lauf der Jahre hat sie zahllose Promis erspäht.

„Durch die Arbeit habe ich Zugang zu Events mit Stars, aber selbst wenn das nicht so wäre: Promis kann man hier öfter sehen. So etwa am **Leicester Sq**, wo Filmpremieren stattfinden. Hier habe ich auf dem roten Teppich schon die Crew von *Star Wars* und Rachel McAdams gesehen. Nach Mayfair kommen die Reichen und Berühmten zum Tafeln, z. B. ins **Annabel's**, in die **Vesper Bar**, die **Connaught Bar** und **The Wolseley**. Wer auf Nummer sicher gehen will, besorgt sich Tickets für West-End-Theater, in denen schon Leute wie Ian McKellen, Judi Dench und Daniel Radcliffe aufgetreten sind. Auch die **Bond St** ist gut. Wenn ein Laden tagsüber geschlossen ist, heißt das, dass hier ein bekannter Promi einkaufen will."

Amazonico
Trendiges Regenwaldflair und chilenischer Barsch katapultieren die Gäste nach Südamerika, mit ein wenig Japan. **£££**

34 Mayfair
Stylishe Brasserie mit englischem Wild und Fleisch aus aller Welt sowie ausgezeichneter Bar. **£££**

Benares
Eins der vielen Sternelokale in Mayfair: indische Küche gepaart mit britischen Kochmethoden. **£££**

RELAXEN NAHE THE STRAND

Beatriz Welter (@riverrestaurantby gordonramsay), Chef-Sommelière im River Restaurant by Gordon Ramsay, gibt uns Tipps zum Relaxen.

The Black Book
Toll hier ist, dass die Weinkarte ständig wechselt. Aber es gibt so viele unglaubliche Weinbars im West End. Erstklassige Weine kredenzen z. B. Noble Rot, The 10 Cases und Gordon's Wine Bar.

St James's Park
Für einen Bummel vielleicht mit Sonnenuntergangspicknick am besten eine Decke mitnehmen! An dem kleinen See im Park versammeln sich gern alle möglichen Vögel und hier wachsen jede Menge Pflanzen.

Savoy Theatre
Ich habe Glück: Ich arbeite direkt bei diesem schönen kleinen Theater. Am Strand und in der Umgebung der Straße gibt's so viele Theater, in denen ich immer schön entschleunige.

Grant Museum of Zoology

The Crystal Maze Live Experience

KARTE S. 42

Und andere tolle immersive Spiele

Da die gestressten Londoner:innen sich immer über eine guten Anlass freuen, sich albern aufzuführen, um ihre Sorgen zu vergessen, hat immersives Spielen den guten alten Escape Room in einen Hit verwandelt. The Crystal Maze ist eine britische Gameshow aus den 1990er-Jahren, bei der die Teilnehmenden verschiedene Challenges meistern, um Glaskristalle zu gewinnen. Je mehr Kristalle sie sammeln, desto mehr Zeit haben sie, um in einem Crystal Dome Folientokens zu ergattern. Schau dir auf YouTube ein Video an, dann weißt du, wie's funktioniert. Seit der Eröffnung 2015 ist die **Crystal Maze Live Experience** ein voller Erfolg; in London gibt's einen Ableger in der Shaftesbury Ave. Beim Rennen mit Schauspieler:innen und Mitspielenden durch ein fiktionales Labyrinth kommt schnell Spielfreude auf. 2022 eröffnete dieselbe Firma in Camden die **Tomb Raider Live Experience**, bei der die Gäste auf der Suche nach der Videospielfigur Lara Croft in provisorischen Dschungeln Seilrutschen hinabsausen. Beim **Monopoly Lifesized** gelangen die Spielenden direkt aufs Spielbrett, mit Problemlösungen und körperlichen Aufgaben in jedem Raum. Infos zu saisonalen immersiven Spielen und Pop-ups bieten *Time Out* und *Fever* – lass dich darauf ein, was gerade der letzte Schrei ist!

GÜNSTIG ESSEN IM WEST END

C&R Cafe
Lockeres Lokal in Chinatown mit großen Portionen malaysischer Pfannengerichte, Laksa und Satay zu tollen Preisen. **£**

Pizza Pilgrims
In der London-stämmigen Pizzeria bekommst du eine gute Pizza und ein Getränk für unter 15 £. **£**

Yalla Yalla
Das Streetfood im Beirut-Stil gibt's mittags zu besonders günstigen Preisen. **£**

Eine stille Überraschung

KARTE S. 40

Ein georgianischer Bummel

Mit seinen weltberühmten Attraktionen kann das West End ein bisschen überwältigend wirken, doch die Gegend Bloomsbury-Holborn bietet Gelegenheit, das Tempo rauszunehmen. Kleine Läden, gepflegte Gärten und Straßenzüge mit georgianischen Stadthäusern bilden eine reizvolle Kulisse für einen Rundgang. Die hohe Konzentration an bekannten Hochschulen und Rechtsanwaltskanzleien verleihen dem Gebiet intellektuelles Flair – ein krasser Gegensatz zum nahen Covent Garden, wo die U-Bahn wegen Überfüllung oft gesperrt ist. Gewappnet mit einem Cappuccino von **Walkmisù**, einem Kaffeekiosk in roten Telefonzellen an der Ecke des Russell Sq, lässt du dich bei den Blumenbeeten auf einer Bank nieder, um dich vom Plätschern der Brunnen besänftigen zu lassen. Vielleicht blätterst du in einer Zeitschrift aus den Buchläden in der Marchmont St wie **Judd Books** und **Gay's The Word**, der ältesten LGBTIQ+-Buchhandlung Großbritanniens. Im British Museum stapeln sich stets die Tourist:innen, also steuerst du besser ein weniger bekanntes Museum an. Das **Grant Museum of Zoology**, das **UCL Art Museum** und das **Petrie Museum of Egyptian Archaeology** des University College warten mit umfassenden Sammlungen auf und sind gratis. Und am Ende relaxt du und wärmst dich mit einer frischen handgemachten Pastete im **Holborn Dining Room** auf, versteckt unter den Bögen des Rosewood London.

THEATRALISCHE IMMERSION

Magst du es gern immersiv? Das **Cahoots** (S. 82) ist eine unterirdische Cocktaillounge im Stil einer U-Bahn der 1940er-Jahre. Bei **Mamma Mia! The Party at The O2** wirst du auf eine griechische Insel gebeamt, mitsamt mediterranem Fest.

DINNER & DRINKS VOR DEM THEATER RUND UM COVENT GARDEN

David Massey (@MrDavidMassey) ist Ensemblemanager beim *Back to the Future: The Musical* des Adelphi Theatre. Hier seine Lieblingsadressen für Drinks und Dinner vor dem Theater:

Für einen Imbiss: Chequers
Kleiner, familiengeführter Sandwichshop. Von 12 bis 14 Uhr gibt's draußen meist eine lange Schlange, teils mit über 50 Wartenden.

Für einen Drink: Lemon Tree Pub
Die *Back to the Future*-Crew geht regelmäßig ins freundliche, relaxte Lemon Tree an der Bedfordbury. Für Cocktails mag ich auch den Ivy Club in der West St.

Für eine Mahlzeit: Boulevard Brasserie
Das kleine Restaurant mit deftiger Karte hat mir der Regieassistent des Musicals gezeigt. Das *bœuf bourguignon* ist fantastisch.

LÄSSIGE BARS IN COVENT GARDEN

The 10 Cases
Die Weinbar in der Endell St ordert immer nur zehn Kisten Wein gleichzeitig, sodass es stets etwas Neues gibt.

Freud
Seit 1986 werden in diesem Keller Cocktails zu relaxten Sounds kredenzt. Eine echte Lieblingsadresse!

Frenchie
In dieser hellen Tagesbar trifft Pariser Stil auf Londoner Avantgarde. Im Sommer sitzt man draußen.

TOP TIPP

Das vom französischen Architekten Jean Nouvel entworfene Einkaufszentrum One New Change beherbergt zahlreiche Kettenläden und einige recht gute Restaurants, aber am besten sind die Blicke von der Aussichtsplattform im 6. Stock auf die Kuppel der St Paul's Cathedral und die Stadt.

Oben: Royal Exchange (S. 98); rechts: Kuppel, St Paul's Cathedral (S. 108)

LOCAL TIPP

Imran Qureshi (@imranq1234) arbeitet als Banking Risk Manager in der City und empfiehlt uns versteckte Grünflächen.

St Dunstan in the East
Der herrliche gotische Garten, in dem die Ruinen der Kirche von der Natur vereinnahmt wurden, ist ein echtes Juwel.

St Paul's Cathedral Gardens
Ein bisschen Stille auf dem Gelände des bedeutenden historischen Wahrzeichens.

Garden at 120
In diesem schönen Garten hoch oben samt Wasserlauf bist du den berühmten Londoner Wolkenkratzern ganz nah, mit herrlichem Blick auf die Themse bis nach Crystal Palace.

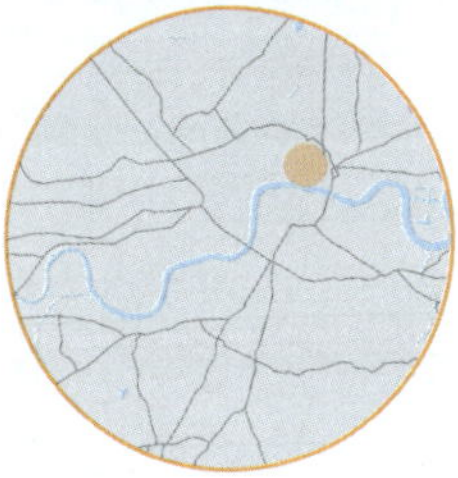

City

DAS ANTIKE UND DAS IMPERIALE LONDON

Die City of London birgt den historischen Kern der Stadt – unter modernen Wolkenkratzern verbergen sich an Straßen, an denen immer eine Kirche von Christopher Wren zu stehen scheint, römische Ruinen.

Das Meisterwerk von Christopher Wren, die St Paul's Cathedral, bildet noch immer den Mittelpunkt der City und lockt ebenso wie der andere große historische Renner, der Tower of London am Südostrand der City, die Massen an. Neben Geschichten über Mord und Verrat, die durch die alten Korridore wabern, birgt der Tower auch den größten Schatz Englands, die Kronjuwelen. Mit diesen historischen Stätten konkurrieren inzwischen immer mehr Wolkenkratzer wie der „Cheesegrater" und der „Walkie Talkie", die jeweils ein ganz eigenes Londonerlebnis darstellen. In der City wohnen nur wenige Menschen; die Londoner:innen kommen zum Arbeiten hierher und haben sich mit den Touristenmassen, die in jede Ecke spähen, arrangiert. Das heißt, dass es hier am Wochenende gespenstisch still sein kann, zumindest abseits von St Paul's und Tower.

FAZLYEVA KAMILLA/SHUTTERSTOCK ©

Sich in der City zurechtzufinden ist kein Problem, da man sich an der Themse, dem Südrand des Viertels, orientieren kann. Ein Bummel am Fluss entlang ist eine erfrischende Abwechslung zu den Wolkenkratzern, die über einem aufragen. Hier hat jeder Zentimeter Bürgersteig eine Geschichte zu erzählen, von der Stätte, an der Verräter gehängt und die Köpfe von Verbrechern auf Spießen ausgestellt wurden, bis zu den Orten, wo einst der römischen Gottheit Mithras geweihte Tempel standen. Außerdem beherbergt die City eine Reihe guter Museen und Galerien. Diese erzählen anhand von Objekten und Gemälden von der reichen Geschichte Londons sowie jener der wichtigsten Bank des Landes und des größten Wörterbuchschöpfers. Die City ist leicht zu Fuß erkunden. Halte auch Ausschau nach den kleinen Grünanlagen, die in der ansonsten chaotischen Quadratmeile für ruhige Momente sorgen.

NICHT VERSÄUMEN

SKY GARDEN
Vom urbanen Dschungel auf dem „Walkie Talkie" die Londoner Architektur bestaunen.
S. 99

TOWER OF LONDON
Eine Schatzkammer der Geschichte, mit Beefeaters, Kronjuwelen und wahrsagenden Raben.
S. 104

ST PAUL'S CATHEDRAL
Ehrfürchtig Wrens Meisterwerk bestaunen, ein Symbol Londoner Widerstandskraft.
S. 108

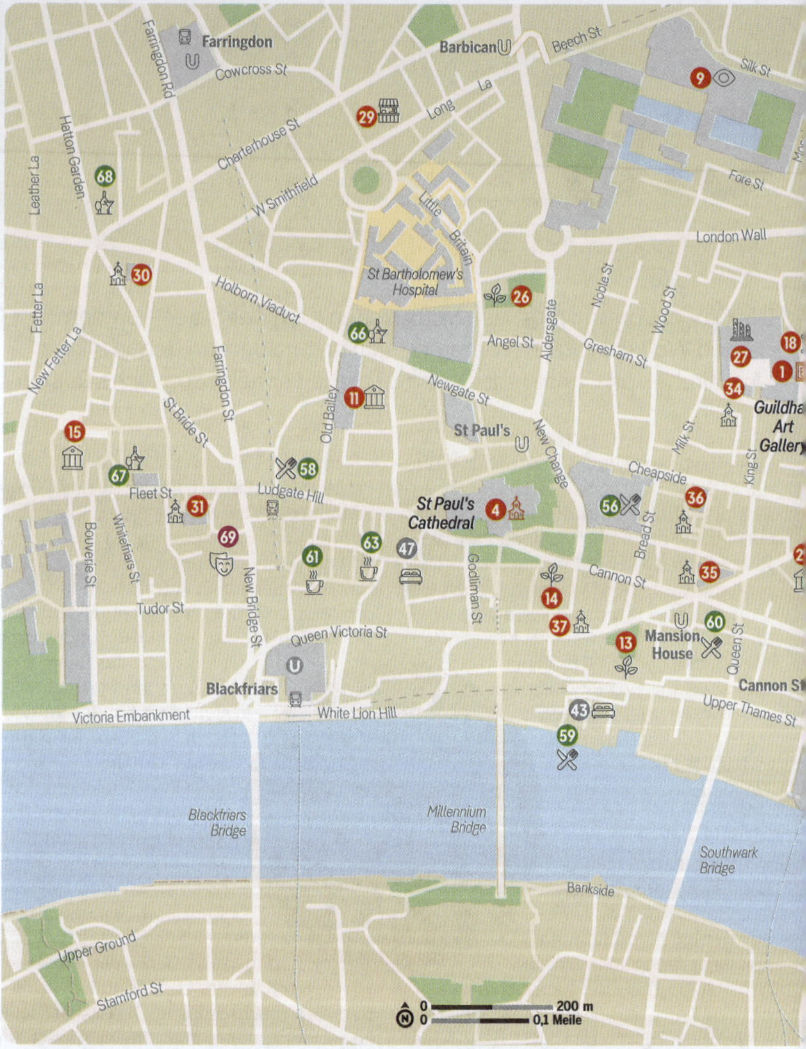

HIGHLIGHTS
1 Guildhall Art Gallery
2 Monument
3 Sky Garden
4 St Paul's Cathedral
5 Tower Bridge
6 Tower of London

SEHENSWERTES
7 22 Bishopsgate
8 Bank of England Museum
9 Barbican
10 Bevis Marks Synagogue
11 Central Criminal Court
12 City Wall at Vine Street
13 Cleary Gardens
14 Distaff Lane Garden
15 Dr Johnson's House
16 Garden at 120
17 Gherkin
18 Guildhall
19 Leadenhall Building
20 Leadenhall Market
21 Lloyd's Building
22 London Bridge
23 London Mithraeum
24 London Wall
25 Mansion House
26 Postman's Park
27 Röm. Amphitheater
28 Royal Exchange
29 Smithfield Market
30 St Andrew's Church
31 St Bride's
32 St Dunstan in the East
33 St Ethelburga's
34 St Lawrence Jewry
35 St Mary Aldermary
36 St Mary-le-Bow
37 St Nicholas Cole Abbey
38 St Stephen Walbrook
39 Victorian Bathhouse
siehe 3 Walkie Talkie

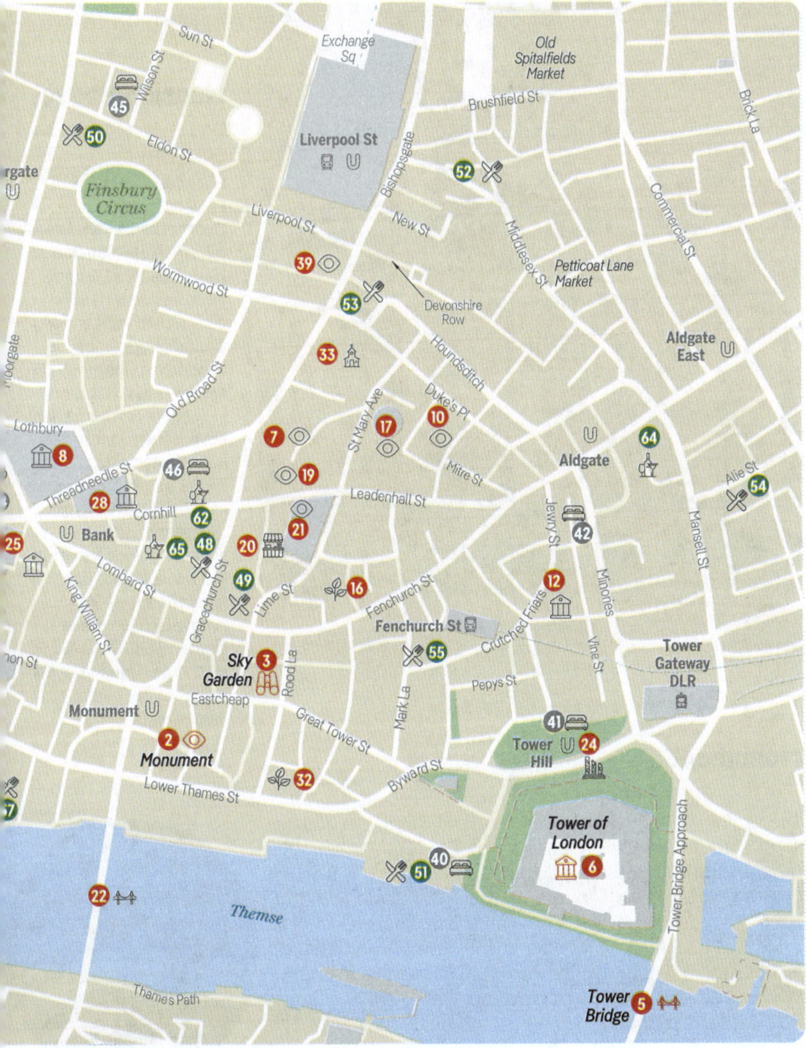

SCHLAFEN
40 Cheval Three Quays
41 CitizenM Tower of London
42 Hotel Indigo London – Tower Hill
43 Locke at Broken Wharf
44 Ned London
45 South Place Hotel
46 Threadneedles, Autograph Collection
47 YHA London St Paul's

ESSEN
48 Bangalore Express
49 Bibimbap To Go
50 Bread Street Kitchen & Bar The City
51 Coppa Club
siehe 3 Darwin Brasserie
52 Dilchad Indian
53 Duck and Waffle
siehe 28 Fortnum & Mason Bar at The Royal Exchange
54 Halal Restaurant
55 Karamay Uyghur Kitchen
56 Madison
57 Oyster Shed
58 Paternoster Chop House
59 Solstice
60 Thai Square Mansion House

AUSGEHEN & FEIERN
61 Alchemy Café
siehe 41 cloudM
62 Counting House
63 Grace
64 Hoop and Grapes
siehe 35 Host Café
65 Jamaica Wine House
66 Viaduct Tavern
67 Ye Olde Cheshire Cheese
68 Ye Olde Mitre

UNTERHALTUNG
69 Bridewell Theatre

OBEN: CHRISPICTURES/SHUTTERSTOCK ©, UNTEN: CHRISDORNEY/SHUTTERSTOCK ©

Mansion House

Mansion House

Das Haus des Lord Mayor

Gegenüber der Bank of England steht das von George Dance dem Älteren errichtete **Mansion House**, seit 1752 die offizielle Residenz des Bürgermeisters von London. Das prächtige Gebäude beherbergt eine eindrucksvolle Kunstsammlung sowie den herrlichen ägyptischen Saal, in dem hohe Säulen eine schmale Decke tragen. Der Saal ist natürlich überhaupt nicht „ägyptisch", sondern verdankt seinen Namen der Tatsache, das ihm römische Architektur in Ägypten als Vorbild diente. Jeden Dienstag starten am Eingang an der Walbrook St Führungen durchs Haus.

Monument

Wrens feuriges Denkmal

Die große dorische **Säule** aus Portland-Stein, ein Meisterwerk von Christopher Wren, ist, wie der Name verrät, eine monumentale Erinnerung an das Große Feuer von 1666, bei dem 80 % der Stadt zerstört wurden. Die Säule ist 62 m hoch – das ist die exakte Entfernung zur Bäckerei in der Pudding Lane, in der das Feuer angeblich ausbrach. Heute ist das Monument natürlich ein Zwerg im Vergleich zu den Wolkenkratzern, aber als es entstand, war es ein über London thronender Gigant. Wer die 311 Stufen der Wendeltreppe erklimmt, wird mit tollen Rundblicken belohnt.

Old Bailey

Central Criminal Court

Vor Gericht im Old Bailey

Im **Old Bailey** einer Verhandlung beizuwohnen, ist sogar dann spannend, wenn der Fall selbst eher alltäglich ist.

Was verhandelt wird, ist draußen am Haupttor angeschlagen; der Eingang zur Publikumsgalerie ist in der Warwick Passage ein paar Schritte südlich. Du hast die Wahl aus 18 Gerichtssälen, von denen in den ältesten – Saal 1 bis 4 – meist die interessantesten Fälle verhandelt werden. Wer sich für einen prominenten Fall interessiert, sollte früh da sein. Achtung: Kameras, Videogeräte, Handys, große Taschen, Proviant und Getränke sind drinnen tabu und es gibt weder Garderoben noch Schließfächer.

Victorian Bathhouse

Verstecktes Juwel im islamischen Stil

Das von islamischer Baukunst inspirierte Baudenkmal mitsamt Zwiebeltürmchen, Halbmond und Stern entstand 1895 als türkisches Bad, als diese im viktorianischen England in Mode waren.

Das Bad überlebte den Krieg und hockt jetzt schüchtern zwischen Büroblocks unweit der Liverpool St Station; heute befindet sich hier eine hyperexklusive Bar. Trotz der offensichtlichen Anlehnungen an islamisches Design nahm sich Architekt G. Harold Elphick angeblich die Jerusalemer Grabeskirche zum Vorbild.

Victorian Bathhouse

Guildhall

St Ethelburga's

Glaube, Kultur und Musik

St Ethelburga's aus dem 13. Jh. überlebte das Große Feuer und den Zweiten Weltkrieg, nur um dann 1993 einer Bombe der IRA zum Opfer zu fallen. Teilweise restauriert, wurde die Kirche dann ein Zentrum der Versöhnung und des Friedens, mit fast wöchentlichen Konzerten und Kulturabenden; dabei treten Leute wie die südasiatische Sängerin Gouri Choudhury und der armenische Dudukspieler Tigran Aleksanyan auf.

Im Schatten der Wolkenkratzer gibt's auch einen kleinen stillen Garten, wo nach 9/11 eine Jurte für interkulturelle Treffen entstand. Prominente Vertreter:innen verschiedener Glaubensrichtungen kommen hier regelmäßig zusammen, um über anstehende Problemkomplexe zu diskutieren.

Guildhall

Prächtiges gotisches Rathaus

Die denkmalgeschützte **Guildhall** war über 800 Jahre lang Regierungssitz der City. Das Herzstück, die Great Hall, stammt aus dem frühen 15. Jh. und erinnert mit seiner gotischen Pracht mit Spitzbogenfenstern und 27 m hohen Decken eindeutig an Hogwarts. Die 1872 von Sir Horace Jones erbaute Old Library beherbergt 126 000 Bücher sowie Buntglasfenster, die von der Einführung des Buchdrucks in England erzählen.

Die Guildhall ist das einzige noch existierende nichtkirchliche Gebäude, welches das Große Feuer von 1666 überstanden hat. Doch damals und auch während der Luftangriffe 1940 wurde es schwer beschädigt.

OBEN: BASPHOTO/SHUTTERSTOCK ©; UNTEN: DANIEL VINE PHOTOGRAPHY/SHUTTERSTOCK ©

Royal Exchange

Royal Exchange

Börsenschluss

Die von dem Kaufmann Thomas Gresham im 16. Jh. gegründete Einrichtung wurde als Handelszentrum errichtet. Das klassizistische **Gebäude** mit seinen Säulengängen, das heute hier steht, entstand 1844 und ist der dritte Bau an dieser Stelle. Das Giebeldreieck über den korinthischen Säulen beherbergt faszinierende Skulpturen: Die allegorische Figur in der Mitte verkörpert den Handel; rechts von ihr verweisen Figuren mit Turbanen auf die alten Handelsverbindungen Großbritanniens mit muslimischen Ländern. Heute residieren hier Nobelgeschäfte und ein opulentes Restaurant von Fortnum & Mason.

Smithfield Market

Nächtlicher Fleischmarkt

Der **Smithfield** ist der einzige noch verbleibende Fleischmarkt im Zentrum von London. Zwar ist er ein Großhandelsmarkt, doch eigentlich können hier alle einkaufen. Der Nachtmarkt geht von 0 bis 7 Uhr; teils wird auch bis zum Mittag verkauft. Wer den Markt in voller Aktion erleben möchte, muss vor 7 Uhr da sein: Dann kann man shoppen und mit den freundlichen Händler:innen plaudern; die Preise sind nicht immer ausgewiesen. Den Markt gibt's schon seit dem 12. Jh.; das bunte Gebäude, in dem er heute residiert, stammt von Horace Jones, der 1868 auch die Tower Bridge entwarf.

Leadenhall Market

Leadenhall Market

Der Filmmarkt

Hier hatten schon die Römer ihr Forum, doch der **Markt** stammt aus dem 14. Jh. Das spektakuläre überdachte Einkaufszentrum, in dem er sich heute befindet, stammt aus viktorianischer Zeit, mit Läden, Restaurants und Pubs an Pflastersteingängen und unter einer Dachkonstruktion aus Eisen. Durch die schöne Architektur wurde der Markt recht bekannt und hatte einen Auftritt in mehreren großen Filmen, z. B. als Vorbild für die Winkelgasse in *Harry Potter und der Stein der Weisen*; der Optikerladen mit blauer Tür diente als Eingang zum Hexenpub Zum Tropfenden Kessel in *Harry Potter und der Feuerkelch*. Selbst in einem Bollywoodfilm tauchte er auf, außerdem in der beliebten Videospielreihe Mario Kart.

Sky Garden

Grüne Wolkenkratzeroase

Die Farne, Feigen und Schmucklilien, die in den obersten drei Stockwerken des Wolkenkratzers „Walkie Talkie" emporranken, sind in diesem Dachgarten in 155 m Höhe nur Mauerblümchen – was den riesigen Raum so beliebt macht, ist das herrliche Londoner Rundumpanorama. Vom **Sky Garden** genießt du einen unverstellten Blick auf The Shard und Richtung Osten und Westen kann das Auge meilenweit schweifen. Da die Tickets immer schnell vergriffen sind, musst du mindestens drei Wochen im Voraus buchen. Ein paar Restkarten werden auch früh am Montagmorgen abgegeben.

Wenn das alles nicht klappt, reserviere einen Tisch in der Darwin Brasserie oder im Fenchurch oder Larch oder auch in den Bars Sky Pod oder City Garden. So hast du Zugang zum Garten, aber natürlich musst du etwas bestellen – doch angesichts der romantischen Aussicht von hier oben, besonders bei Sonnenuntergang, sollte das kein Problem sein.

Das Gebäude, auf dem der Sky Garden thront, hatte es nach seiner Eröffnung 2014 nicht leicht: So brachten seine stark reflektierenden Fenster z. B. die Plastikteile der Karosserie einiger geparkter Autos zum Schmelzen. 2015 wurde es als schlechtestes neues Gebäude in Großbritannien mit dem Carbuncle Cup ausgezeichnet. Doch heute ist der Bau als wichtiger Teil der Skyline der City akzeptiert.

ESSEN AM FLUSS

Coppa Club
Mit beneidenswertem Tower-Bridge-Blick und italienischer Karte ist das ganztägig geöffnete Restaurant sehr begehrt, besonders die Tische draußen in den Glas-Iglus. ££

Oyster Shed
Bodentiefe Fenster und eine gute britische Karte (Tipp: Seafood), doch unter der Woche, wenn die City-Leute aus ihren Büros strömen, kann's laut werden. ££

Solstice
Eine helle, moderne Einrichtung, eine solide mediterrane Karte und eine umfangreiche Weinkarte, alles mit Blick auf die Millenium Bridge. £

RON ELLIS/SHUTTERSTOCK ©

Sky Garden

GRÜNE MEILE

Die City ist ganz schön grün, doch leider lassen die Tourist:innen die meisten der **kleinen Grünanlagen** (S. 111) links liegen.

Guildhall Art Gallery

Städtische Galerie

Über die Jahrhunderte hinweg trug die City of London eine eindrucksvolle Kunstsammlung zusammen, die seit 1885 ausgestellt ist. Die ursprüngliche **Galerie** wurde im Zweiten Weltkrieg zusammen mit 164 Kunstwerken durch Luftangriffe zerstört. 1985 wurden die Überreste eines römischen Amphitheaters von etwa 70 n. Chr. entdeckt, die im Untergeschoss des Gebäudes zu sehen sind.

Die 4500 Werke umfassende Sammlung enthält insbesondere Werke zum Thema London und aus viktorianischer Zeit, u. a. wichtige präraffaelitische Bilder von John Everett Millais und Dante Gabriel Rossetti. In der Eingangshalle werden Besucher:innen von *The Defeat of the Floating Batteries at Gibraltar* (1791) des US-Künstlers John Singleton Copley begrüßt, das einen britischen Sieg von 1782 darstellt und nur knapp den deutschen Luftangriffen entging: Das wuchtige Ölgemälde wurde nur drei Wochen, bevor die Galerie getroffen wurde, in Sicherheit gebracht.

Außerdem beherbergt die Galerie Arbeiten des großen venezianischen Malers Canaletto wie etwa *The Monument from Gracechurch Street* sowie Ansichten von Smithfield und Leadenhall Market von Jacqueline Stanley aus den 1960er-Jahren.

Dr Johnson's House

Der englische Doktor

Das **georgianische Haus** aus dem 17. Jh. ist eins von nur wenigen seiner Art, die in der City überlebt haben, und eins der noch existierenden Häuser, in denen der gefeierte Dichter, Dramatiker und Essayist Samuel Johnson lebte. Er war es, der sagte: „Wenn ein Mensch London satthat, hat er das Leben satt." Am bekanntesten ist er als Verfasser des ersten richtigen Wörterbuchs der englischen Sprache. Das Haus beherbergt antike Möbel und Objekte aus Dr Johnsons Leben wie z. B. eine Erstausgabe des Wörterbuchs von 1755 und die Tür aus dem 18. Jh. mit einer mit Stacheln besetzten Eisenstange zum Schutz vor diebischen Kindern.

COWARDLION/SHUTTERSTOCK ©

Guildhall Art Gallery

Bank of England Museum

Bridewell Theatre

Mittagstheater

Das einzigartige kleine **Theater** in einem ehemaligen viktorianischen Bad gibt es seit 1994 und wird von der St Bride Foundation geführt. Diese Organisation wurde 1891 gegründet, um die seinerzeit blühende Druckkunst der nahe gelegenen Fleet St zu fördern. Das Theater umfasst eine faszinierende Bibliothek und dient als Spielstätte für Aufführungen von Laien- und Profigruppen sowie von Schulen und Colleges. Seit 2005 gibt's an Wochentagen außerdem zur Mittagszeit unter dem Namen „Lunchbox Theatre“ 45-minütige Kurzstücke, zu denen Büroangestellte samt Verpflegung und Getränken aufkreuzen – das ist die interessanteste Mittagspause der City.

Bank of England Museum

Museum zu Geld und Sklaverei

In einem kleinen Gebäude bei den Haupträumlichkeiten der Bank erkundet das überraschend interessante **Museum** die Entstehung des Geldes und die Geschichte der 1694 gegründeten Bank of England.

Die fünf Abteilungen geleiten die Besucher:innen von den Anfangsjahren der Bank, gegründet, um während eines Kriegs mit Frankreich Geld zu beschaffen, durchs 19. Jh. bis in die Gegenwart, in der die Bank als britische Zentralbank fungiert. Zu den Highlights zählt ein 13 kg schwerer, über 570 000 £ teurer Goldbarren, den man sogar in die Hand nehmen darf.

Am eindrucksvollsten ist die neue Ausstellung zur Rolle, welche die Bank im Sklavenhandel spielte. Eins der schaurigsten Stücke hier ist das „Inventar“ von einer der beiden Zuckerplantagen, die der Bank im späten 18. Jh. gehörten: Es führt den Geldwert aller versklavten Männer, Frauen und Kinder auf. Ein anderes Exponat beschreibt die Verwicklung berühmterer Kunden der Bank in den Menschenhandel, wie etwa von George Washington, der selbst Sklaven hielt.

AMERIKANISCHER BRÜCKENPATZER

Dachte der Amerikaner, der die langweilige alte London Bridge kaufte, er würde die Tower Bridge kaufen? Die Antwort auf dieses lang anhaltende Gerücht auf Kosten der Amerikaner ist ein kategorisches „Nein". Der aus Missouri stammende Millionär Robert McCulloch wusste genau, welche Brücke er kaufte, als er im April 1968 2,5 Mio. $ auf den Tisch legte, um die London Bridge im Verlauf von drei Jahren Stein für Stein nach Arizona verfrachten zu lassen, wo er sie über dem Lake Havasu wieder aufbauen ließ – der ganze Spaß kostete ihn am Ende 7 Mio. $.

OLAVS/SHUTTERSTOCK ©

Tower Bridge

Tower Bridge

Londoner Baudenkmal über der Themse

Mit ihren neugotischen Türmen und himmelblauen Tragkabeln ist die **Tower Bridge** eine der bekanntesten Sehenswürdigkeiten Londons. 1894 war London ein florierender Hafen und so wurde die Brücke als dringend benötigte Flussüberquerung im Osten gebaut. Sie wurde mit einem damals revolutionären dampfgetriebenen Mechanismus versehen, der die in der Mitte geteilte Fahrbahn in nur drei Minuten hochklappt und so den Weg für ankommende Schiffe freimacht.

Die Geschichte des Bauwerks wird in der **Tower Bridge Exhibition** erzählt, einer nerdigen Ausstellung, die versucht, mit Details zum Bau und Zugang zu viktorianischen Maschinenräumen die klaffende Lücke zwischen der äußeren Pracht und dem öden Inneren der Brücke zu füllen. Am Beginn der Ausstellung ist auf Archivmaterial zu sehen, wie sich die Brücke zum ersten Mal öffnet; die Träger im Südturm zeigen den ursprünglichen öden Anstrich der Brücke in Schokoladenbraun. Am spannendsten – und daher nichts für Hasenfüße – ist es, 42 m über der Themse über die Glasböden zu gehen.

Ob Regen oder Sonne – auf der Brücke tummeln sich stets jede Menge Tourist:innen. Nach wie vor ist sie funktionstüchtig, wird jedoch heute mit Strom betrieben und öffnet sich hauptsächlich für Vergnügungsschiffe. Sie tut das rund 1000-mal pro Jahr, im Sommer manchmal sogar zehn Mal am Tag; die Zeiten sind auf der Website der Brücke zu erfahren.

Barbican

Brutalistische Schönheit der City

Das Barbican wurde auf einer großen Trümmerbrache aus dem Zweiten Weltkrieg errichtet und ist nach einem römischen Kastell („Barbecana“) benannt, das hier das antike Londinium bewachte. Ein paar Überreste der Verteidigungsanlagen sind auch heute noch im Südwestteil der Anlage zu sehen.

Die Londoner:innen sind noch immer geteilter Meinung über die Architektur dieses riesigen Wohnkomplexes, aber das Barbican steht heute unter Denkmalschutz; der Wohnraum hier ist begehrt und der Komplex ist zudem das herausragende Kulturzentrum der City: Es umfasst ein tropisches Gewächshaus, zwei Theater, drei Kinos, einen Konzertsaal und zwei Kunstgalerien, die Barbican Art Gallery und die Curve.

Sich im Barbican zurechtzufinden, kann schwierig sein: Das erhöhte Wegenetz ist nicht wirklich schlüssig. Wer mag, nimmt an einer 90-minütigen Architekturführung teil oder unternimmt allein einen Bummel – das Highlight ist sicher der Bereich um den See in der Mitte mitsamt Brunnen.

SEBASTIAN GORA PHOTO/SHUTTERSTOCK ©

Barbican

Bevis Marks Synagogue

Eine kirchenartige Synagoge

Die 1701 errichtete sephardische Synagoge war die erste, die in England gebaut wurde, nachdem Oliver Cromwell 1657 den Juden erlaubt hatte, nach England zurückzukehren, und es ist die einzige Synagoge in Europa, in der seit über 300 Jahren ununterbrochen regelmäßig Gottesdienste stattfinden.

Ihre Ähnlichkeit mit einer protestantischen Kirche ist kein Zufall. Architekt Joseph Avis war Quaker und ließ sich von Wrens Kirchen in der City beeinflussen – angeblich verzichtete er auch auf die volle Bezahlung, da er es für falsch erachtete, vom Bau eines Gotteshauses zu profitieren. Die Hauptattraktion der Synagoge ist der Thoraschrein im Renaissancestil.

ALEXANDER CHAIKIN/SHUTTERSTOCK ©

PRAKTISCH & KONKRET

Dieser QR-Code führt zu Preisen und Öffnungszeiten.

HIGHLIGHT

Tower of London

Mit seiner ebenso blutigen wie faszinierenden Geschichte ist der **Tower** die spannendste Sehenswürdigkeit Londons. Mit der Errichtung der Burg mit 22 Türmen wurde im 11. Jh. unter Wilhelm dem Eroberer begonnen. Der Tower diente u. a. als Palast, Sternwarte, Zeughaus und Münze, als Zoo, Gefängnis und Hinrichtungsstätte. Zudem beherbergt er den größten Schatz Englands, die Kronjuwelen.

NICHT VERSÄUMEN

- Yeoman-Warder-Führung
- Kronjuwelen
- Rüstung Heinrichs VIII.
- Foltergeräte
- Chapel of St John the Evangelist
- Schlüsselzeremonie
- Die Raben

Tower Green

In den Gebäuden westlich und südlich der Grünanlage sind Tower-Bedienstete untergebracht. Der derzeitige oberste Wächter hat eine Wohnung im Queen's House von 1540. Was wie ein friedliches, dörfliches Areal im Burghof aussieht, ist tatsächlich ein besonders blutiger Ort. Da wäre erstmal die **Scaffold Site**; zu denen, die hier ihr Ende fanden, gehörten u. a. die Frauen Heinrichs VIII. Anne Boleyn und Catherine Howard sowie Robert Devereux, Earl of Essex, einst Günstling von Elisabeth I. Westlich vom Schafottplatz steht der **Beauchamp Tower** aus dem 13. Jh. Hier sind Ritzereien von prominenten Gefangenen zu sehen. Insgesamt wurden 22 Menschen auf dem Towergelände hingerichtet, darunter elf deutsche Spione der beiden Weltkriege. Am Nordrand des Tower Green steht die **Chapel Royal of St Peter ad Vincula** (St. Peter in Ketten) aus dem 16. Jh., ein seltenes Beispiel für erhaltene sakrale Tudor-Architektur. Bestattet wurden hier u. a. die drei Königinnen Anne Boleyn, Catherine Howard und Jane Grey sowie die beiden Heiligen Thomas Morus und John Fisher.

JOSEPH M. ARSENEAU/SHUTTERSTOCK ©

Links: Tower of London; oben: Kronjuwelen

Kronjuwelen

Nördlich vom White Tower werden in den Waterloo Barracks die unbezahlbaren Kronjuwelen aufbewahrt. Vor der Schatzkammer sind zunächst Filme über die Juwelen und ihre Rolle in der Geschichte zu sehen. Im Raum selbst warten verschwenderisch mit Juwelen besetzte Zepter, Reichsäpfel und Kronen. Zwei Laufbänder transportieren die Besucher:innen an allen anderen Krönungsinsignien vorbei, darunter die Platinkrone der verstorbenen Queen Mother mit dem 106-karätigen Diamanten Kohi-Nûr („Berg des Lichts") und das Zepter mit dem Kreuz und dem 530-karätigen Diamanten First Star of Africa (oder Cullinan I). Fotografieren ist hier verboten. Ein Stück weiter warten die Hauptattraktionen: die Krone des hl. Eduard (1661) und die Imperial State Crown (1937): Erstere ist nach Eduard dem Bekenner benannt und ihr Goldrahmen wiegt 2,23 kg, Letztere bezaubert mit 2868 Diamanten (darunter der 317-karätige Second Star of Africa oder Cullinan II), Saphiren, Smaragden, Rubinen und Perlen. Beide Kronen trug Charles III. bei seiner Krönung.

In der Kammer enthält die erste Vitrine rechts die Überreste der ursprünglichen Kronjuwelen: einen goldenen Salbungslöffel, der bei der Krönung König Johanns 1199 zum Einsatz kam, eine adlerförmige Ampulle aus dem 14. Jh. und drei Zeremonialschwerter von etwa 1626. Nach der Enthauptung Karls I. 1649 ordnete Oliver Cromwell die Zerstörung der Kronjuwelen an. Also stammt hier sonst alles aus der Zeit nach der Restauration der Monarchie 1661. Als sich die Kronjuwelen 1669 im Martin Tower befanden, betrieb der Keeper of the Jewels, Talbot Edwards, ein kleines Nebengeschäft: Gegen Bezahlung erlaubte er Besucher:innen, die Kronjuwelen zu berühren. Dieser Schuss ging 1671 nach hinten los, als er von Thomas Blood und drei Kumpels überwältigt wurde,

CEREMONY OF THE KEYS

Die Schließung der Haupttore, die angeblich älteste militärische Zeremonie der Welt, wird seit über 700 Jahren ohne Ausnahme jeden Tag durchgeführt. Die Zeremonie beginnt genau um 21.53 Uhr und um 22.05 Uhr ist bereits alles vorbei. Der Eintritt zur Zeremonie ist frei, aber man muss vorher online reservieren.

TOP TIPPS

- Nicht zu spät herkommen, denn wahrscheinlich brauchst du drei bis vier Stunden, um alles zu sehen.
- Zusätzlich zum gepfefferten Eintritt kannst du eine Gift-Aid-Gebühr zahlen, musst es aber nicht. Die Eintrittskarte für ein halbstündiges Ankunftsfenster online besorgen!
- Toll zur Orientierung in der riesigen Anlage sind die kostenlosen Yeoman-Warder-Führungen; diese Jungs erzählen auch die besten Geschichten.
- Wenn du im Tower fertig bist, steuere in der Nähe im Hotel CitizenM die Bar CloudM an, mit tollem Tower-Blick von der Terrasse.

HIGHLIGHT

Tower of London

die sich mit so viel wie möglich von der Sammlung aus dem Staub machten. Sie wurden jedoch gefasst und merkwürdigerweise wurde Blood von Karl II. begnadigt.

White Tower

Das älteste Gebäude ganz Londons, der White Tower, wurde in den 1070er-Jahren unter Wilhelm dem Eroberer erbaut: Dies war der ursprüngliche Tower of London. Seinen Namen verdankt er Heinrich III., der ihn im 13. Jh. weiß tünchen ließ. Mit seinen nur 27 m Höhe war er im Mittelalter eine Art Wolkenkratzer, der über den Holzhütten rund um die Burg thronte. Steinmetze aus der Normandie brauchten 20 Jahre, um den Turm zu bauen. Größtenteils befindet sich heute drinnen die Sammlung der **Royal Armouries** mit Kanonen, Waffen und Rüstungen. Zu den interessantesten Stücken gehören zwei Rüstungen Heinrichs VIII. – die eine wurde für ihn gefertigt, als er 24, die andere, als er 50 war, mit einem Bauchumfang von 129 cm. Im Obergeschoss ist die Axt ausgestellt, mit der 1747 Simon Fraser hingerichtet wurde – das war die letzte Enthauptung im Tower. Außerdem steht hier der Stuhl, auf dem der deutsche Spion Josef Jakobs bei der letzten Hinrichtung im Tower erschossen wurde. Im nächsten Raum kannst du dich im Bogenschießen und Schwertkampf versuchen.

DIE BEEFEATERS

Die berühmten Yeoman Warders („Beefeaters") in ihrem dunkelblauen Waffenrock bewachen den Tower of London schon seit dem 15. Jh. Ihre Aufgaben sind heute zumeist eher zeremonieller Natur, doch noch immer müssen sie mindestens 22 Jahre in der britischen Armee gedient haben.

Chapel of St John the Evangelist

GAID KORNSILAPA/SHUTTERSTOCK ©

Chapel of St John the Evangelist

Die schmucklose Kapelle aus dem 11. Jh. ist der älteste Teil des White Tower; mit ihrer Gewölbedecke, den Rundbögen und 14 Steinpfeilern ist sie ein schönes Beispiel normannischer Architektur. Sie wurde einst als Archiv genutzt; Elisabeth von York, Gemahlin Heinrichs VII., wurde hier zwölf Tage lang aufgebahrt, nachdem sie 1503 im Kindbett verschieden war.

Bloody Tower

Direkt gegenüber dem Traitors' Gate ist das riesige Fallgitter des Bloody Tower von 1225 zu sehen. Dessen Name geht darauf zurück, dass hier Eduard V. und sein jüngerer Bruder Richard gefangen gehalten und später wahrscheinlich ermordet wurden, um ihre Ansprüche auf den Thron zunichte zu machen. Die Schuld dafür wurde (vor allem von Shakespeare) ihrem Onkel Richard III. zugeschrieben. Drinnen gibt's eine Ausstellung zu Sir Walter Raleigh, der hier wiederholt eingesperrt war, und zur Folterpraxis im Tower, mit grausamen nachgebauten Instrumenten wie der Streckbank und dem Storch.

Medieval Palace

Der mittelalterliche Palast besteht aus drei Türmen. Der Zugang erfolgt über den **St Thomas's Tower** (erbaut 1275–1279), in dem man einen Saal und eine Schlafkammer aus der Zeit Eduards I. nachgebaut hat. Den angrenzenden **Wakefield Tower** ließ Eduards Vater Heinrich III. zwischen 1220 und 1240 erbauen. Er ist mit einer Thronreplik und anderen Gegenständen eingerichtet. Während der Rosenkriege im 15. Jh. wurde Heinrich VI. wahrscheinlich in diesem Turm ermordet; eine Tafel auf dem Boden der Kapelle erinnert an ihn. Über einen separaten Eingang gelangt man ins Untergeschoss mit Folterwerkzeugen. Die Hauptbesichtigungsroute führt jedoch weiter durch den **Lanthorn Tower** (erbaut 1220–1238), in dem die Königinnen residierten.

Wall Walk

Die gewaltige innere Mauer des Tower wurde ab 1220 unter Heinrich III. errichtet. Auf dem Wall Walk können Besucher:innen die Ost- und Nordseite der Mauern und die Türme erklimmen. Der Rundgang beginnt am **Salt Tower**, in dem Salpeter für Schießpulver gelagert wurde und Gefangene wie Henry Walpole untergebracht waren. Es geht weiter durch den **Broad Arrow Tower** und den **Constable Tower** mit Schautafeln zu Waffen und dem Bauernaufstand. Der **Martin Tower**, in dem einst die Kronjuwelen verwahrt wurden, enthält eine Ausstellung zu den ursprünglichen Krönungsinsignien und es sind einige der älteren Kronen zu sehen. Im **Brick Tower** an der Nordmauer gibt's eine Ausstellung zur königlichen Menagerie mit dem Eisbären, der seinerzeit in der Themse schwamm. Der **Bowyer Tower** zeigt Exponate zum Duke of Wellington und der **Flint Tower** ist der Rolle des Palasts im Ersten Weltkrieg gewidmet.

DIE LEGENDÄREN RABEN

Der Legende zufolge geht das Königreich unter, wenn die sechs Raben den Tower verlassen. Hört sich albern an, doch das Gerücht, das seit der Herrschaft Karls II. im 17. Jh. kursieren soll, der die Pest und das Große Feuer überlebte, bewirkt, dass die Wächter des Tower kein Risiko eingehen: Die Raben residieren in einer Voliere und werden gut versorgt.

Kuppel, St Paul's Cathedral

PRAKTISCH & KONKRET

Dieser QR-Code führt zu Preisen und Öffnungszeiten.

HIGHLIGHT

St Paul's Cathedral

Das Meisterwerk von Christopher Wren mit seiner grauen Kuppel ist das prächtigste Gebäude Londons. Es wurde zwischen 1675 und 1710 erbaut, nachdem das Große Feuer die alte Kirche zerstört hatte. **St Paul's** hatte die erste Dreifachkuppel weltweit. Die riesige, erklimmbare Kuppel thront noch immer triumphal über dem Ludgate Hill und bietet herrliche London-Panoramen. In der Krypta liegen einige der bedeutendsten Persönlichkeiten des Landes bestattet.

NICHT VERSÄUMEN

- Kuppelbesteigung
- Deckenmosaiken im Chorraum
- Golden Gallery
- Duke of Wellington Memorial
- American Memorial Chapel
- Statue von John Donne
- Whispering Gallery

Das Innere

Im nördlichen Seitenschiff liegt das **Duke of Wellington Memorial**, das 54 Jahre bis zur Vollendung benötigte. Nach der Enthüllung musste das Pferd umgedreht werden, da das Hinterteil zum Altar gerichtet war. Unterhalb der Kuppel befindet sich ein Epitaph, dessen Text Wrens Sohn im Gedenken an seinen Vater verfasste: „Leser, wenn du ein Denkmal suchst, blicke um dich." In der Kapelle des nördlichen Querschiffes befindet sich William Holman Hunts Gemälde **The Light of the World** aus dem 19. Jh., das Christus vor einer Tür zeigt, die nur von innen geöffnet werden kann. Das Zentrum der Kathedrale markieren der Hochaltar und der spektakuläre **Chor** mit herrlichen Decken, Bögen und bunten Mosaiken sowie dem reich geschmückten Chorgestühl. In der Nähe des Altars mit seinem gewaltigen vergoldeten Eichenbaldachin befindet sich die **American Memorial Chapel**, eine Gedenkstätte für die 28 000 US-Bürger:innen in Großbritannien, die im Zweiten Weltkrieg ums Leben kamen. Im nördlichen Chorumgang steht Henry Moores abstrakte Plastik **Mother and Child: Hood** neben Bill Violas Videoinstallation **Mary**, ein Gegenstück zu seiner Installation **Martyrs (Earth, Air, Fire, Water)** im südlichen Chorumgang mit vier von Naturkräften überwältigten Figuren. Ein Stück weiter Richtung Kuppel befindet sich eine **Statue** von John Donne, dem metaphysischen Dichter des 17. Jhs. und einstigen Dekan; sie blieb vom Großen Feuer verschont.

Die Kuppel

Inspiriert vom Petersdom im Vatikan wollte Wren eine Kuppel errichten, die von außen imposant, aber im Inneren nicht übergroß wirkte. Die Lösung bestand darin, sie in drei Teilen zu bauen: eine verputzte innere Kuppel aus Backstein, eine nichttragende äußere aus Blei und ein Ziegelkegel dazwischen, der beide zusammenhält. Ursprünglich wollte Wren Mosaiken als Schmuck für das Innere der Kuppel, aber die in nüchternen Grisaille-Tönen gehaltenen Szenen aus dem Leben des hl. Paulus von James Thornhill wurden für eine protestantische Kirche als angemessener befunden. In viktorianischer Zeit kamen zwischen Bögen und Kuppel Mosaike hinzu, die die vier Evangelisten Matthäus, Markus, Lukas und Johannes zeigen sowie die vier großen Propheten Jesaja, Ezechiel, Daniel und Josua. Der Aufstieg zur Kuppel führt über 528 Stufen in drei Etappen zu den Rundgängen der Kathedrale: zur **Whispering Gallery** (Flüstergalerie) in 30 m Höhe, zur **Stone Gallery**, einer versteckten Aussichtsgalerie im Freien in 53 m Höhe, und zur **Golden Gallery** mit fantastischem Rundblick über die Stadt.

Die Krypta

Unter der Kathedrale befinden sich die OBE Chapel (Kapelle des Order of the British Empire) und die **Krypta** mit Denkmälern für etwa 300 Persönlichkeiten des Landes, u. a. Florence Nightingale und Winston Churchill. Zu den tatsächlich hier Bestatteten gehören der Duke of Wellington, Christopher Wren sowie der Maler William Turner. In der Krypta befinden sich außerdem das Café, der Andenkenladen und die Toiletten der Kathedrale.

Kirchhof & Umgebung

Die Stufen der Kathedrale ziert eine eindrucksvolle Statue der Monarchin der Zeit, als St Paul's erbaut wurde, Königin Anne. Vor dem inzwischen behindertengerechten Eingang zum nördlichen Querhaus befindet sich das **People of London Memorial** für im Zweiten Weltkrieg Getötete und Verletzte.

ST PAUL'S ÜBERLEBT

Nachdem in der *Daily Mail* im Dezember 1940 das Bild „St Paul's Survives" erschienen war, auf dem sich die Kuppel trotzig über dem zerbombten London erhebt, wurde die St Paul's Cathedral zum Symbol britischer Widerstandskraft. Premierminister Churchill erkannte, wie stark dieses Symbol wirkte und welche Folgen für die Moral es hätte, sollte die Kathedrale fallen, und kommandierte alle Feuerwehrleute der City zu ihrem Schutz ab.

TOP TIPPS

- Für Gottesdienste wird kein Eintritt verlangt, aber manche Bereiche der Kirche sind dann gesperrt.
- Den berühmten Chor der Kathedrale kannst du sonntags (15 Uhr) und beim Evensong (Mo–Sa 17 Uhr) hören.
- Multimedia-Guides sind im Eintritt inbegriffen.
- Mehrmals täglich gibt's Gratis-Führungen – am Infoschalter buchen!
- Bei den Summer Lates erlebst du bei reduziertem Eintritt die Kathedrale am Abend.

DIE KÖNIGIN, DIE LONDON NIEDERBRANNTE

Kurz nach der Gründung von Londinium starb der König des keltischen Stamms der Icener und hinterließ sein Reich seinen beiden Töchtern und dem römischen Kaiser. Jedoch wollten die Römer das ganze Reich für sich selbst: Sie peitschten seine Frau aus und vergewaltigten seine Töchter. Die Königsgemahlin Boudicca wurde so wütend, dass sie ihren Stamm und mehrere andere in einer Revolte gegen die Römer anführte und die Provinzhauptstadt Camulodunum (Colchester), Londinium und Veralumium (St Albans) niederbrannte – 80 000 Römer und Britannier kamen dabei ums Leben. Angesichts Boudiccas kurzen Ruhms überlegte Nero, sich aus Britannien zurückzuziehen, doch bald besiegten die Römer die Icener und Boudicca starb kurz darauf um 61 n. Chr., entweder durch Krankheit oder Suizid.

TONY FRENCH/ALAMY STOCK PHOTO ©

London Mithraeum

MEHR IN DER CITY

Die Mauern des römischen London

Die Überreste von Londinium erkunden

Zwar gibt's vereinzelt Zeugnisse früherer Siedlungen in dem Gebiet, doch erst die Römer gründeten 47 n. Chr. den ersten größeren Ort an der Themse, nur vier Jahre, nachdem sie ins Land gekommen waren. Dieser Siedlung, Londinium, verdankt die heutige Hauptstadt des Landes ihren Namen. Zu ihrer Blütezeit im 2. Jh. hatte das römische London 60 000 Einwohner:innen. Mit dem Zusammenbruch ihrer Herrschaft in Britannien gaben die Römer Londinium im 5. Jh. auf, doch Spuren der Gründer dieser großen Stadt sind noch immer in der ganzen City zu finden.

Die deutlichsten Spuren sind die verschiedenen Teile der alten römischen Stadtmauer, die die antike Stadt wie ein Hufeisen an der Themse umfasste. Die eindrucksvollsten Stücke sind die **London Wall** beim Bahnhof Tower Hill, die **Roman Wall of Londinium** im Tower und ein großer Mauerabschnitt, der zusammen mit den Fundamenten einer Bastion 1979 gefunden wurde: Im neu eröffneten **The City Wall**

ÜBERNACHTEN IN DER CITY

YHA London St Paul's
In einem hübschen früheren Internat, mit gemütlicher Lounge und Café, aber ohne Küche und Aufzug. £

South Place Hotel
Hippes 5-Sterne-Designhotel mit allen möglichen Luxuseinrichtungen wie einem Seafood-Sternerestaurant. £££

The Ned London
Rund 250 Zimmer auf neun Etagen, mit sieben Restaurants in der prächtigen Schalterhalle des Hotels. ££

at Vine Street ist die Mauer geschmackvoll mit Artefakten, die unter Bürogebäuden in der Nähe gefunden wurden, ausgestellt. Ein weiterer Teil der Mauer, der jedoch größtenteils aus Tudor-Backsteinen besteht, befindet sich zusammen mit einem mittelalterlichen Turm am Nordrand des **Barbican**.

Viele der heidnischen Römer waren Anhänger des Mithras-Kults. Spuren eines Mithras-Tempels wurden 1954 zusammen mit dem Kopf einer Mithras-Skulptur und einem weißen Marmorrelief, das ihn in typischer Pose beim Töten eines Stiers zeigt, in Walbrook nicht weit von der Themse gefunden. Damals entschloss man sich, den Tempel an ungünstiger Stelle im Temple Court neu zu errichten. Doch inzwischen wurden die Überreste an den ursprünglichen Fundort zurückgebracht, heute unter dem Bloomberg-Gebäude: Hier kannst du sie wieder zusammengesetzt im **London Mithraeum** bestaunen. Mit ein bisschen Bühnenzauber wie schummriger Beleuchtung und lateinischen Gesängen werden sie zum Leben erweckt – in den einfühlsam rekonstruierten Tempelruinen wird eine Art Zeremonie aufgeführt.

Auch die **London Bridge** war ursprünglich römisch, doch die römische Version war eine Holzbrücke – die Steinbrücken kamen viel später. Was jedoch noch erhalten ist und praktisch zu jeder größeren römischen Siedlung gehörte, sind Ruinen des Londoner **römischen Amphitheaters**, heute unter der Guildhall Art Gallery. Sie wurden in den 1980er-Jahren entdeckt, als die Galerie wiederaufgebaut wurde, nachdem sie im Zweiten Weltkrieg zerbombt worden war. Die fehlenden Plätze des 6000 Zuschauer:innen fassenden Stadions sind durch Umrisse in Schwarz und fluoreszierendem Grün ergänzt worden und per Computer wurden Zuschauer:innen und Gladiatoren erzeugt. Schwarze Markierungen auf dem Platz vor der Guildhall weisen auf die Ausdehnung des ursprünglichen Amphitheaters hin. Eine weitere Entdeckung wurde unter den malerischen **Cleary Gardens** gemacht: In den 1960er-Jahren belegten Ausgrabungen, dass sich hier einst römische Bäder befanden; sie lagen auf tief ins Ufer eingeschnittenen Terrassen, um Ausblick auf die Themse zu gewähren.

Die kleinen Grünflächen der City

Ruhe inmitten des Chaos

Der **Postman's Park** ist eine reizende stille Grünanlage mit dem urigen Memorial to Heroic Self-Sacrifice, einer Loggia mit Keramiktafeln, die an Menschen erinnern, die bei der Rettung anderer starben. Enthüllt wurde das Denkmal 1900 vom Künstler George Frederic Watts, der vier Jahre später verstarb.

DER RÖMISCHE MITHRAS-KULT

Der von der persischen Verehrung der zoroastrischen Gottheit Mithra inspirierte römische Kult war eine Mysterienreligion: Nur Eingeweihte durften in den unterirdischen Tempeln an Zeremonien teilnehmen. Dazu hatte der Kult seine eigene Bildsprache: Mithras wurde als aus einem Fels geboren dargestellt oder wie er einen Stier tötet und mit dem Sonnengott Sol speist. Zwar war der Kult im weströmischen Reich sehr beliebt – angeblich gab es allein in Rom fast 700 Mithras-Tempel –, doch es sind keine theologischen und schriftlichen Zeugnisse überliefert, sodass über die Praktiken fast nichts bekannt ist und die Gelehrten weiter über die Bedeutung ausgegrabener Utensilien streiten. Schließlich fiel der Kult im römischen Reich der Ausbreitung des Christentums zum Opfer.

Threadneedles, Autograph Collection
Boutiquehotel mit prächtiger Lobby mit handbemalter Glaskuppel. **£££**

Hotel Indigo London – Tower Hill
Boutiquehotel der InterContinental-Kette mit 49 unterschiedlich gestalteten Zimmern, alle mit Himmelbetten. **££**

Cheval Three Quays
Direkt neben dem Tower, mit 97 geräumigen, modernen Apartments mit allen Annehmlichkeiten. **£££**

BRITISCHE KÜCHE

Bread Street Kitchen & Bar The City
Das hippe Ostlondon in der City: Gordon Ramsays lagerhausartiges Lokal bietet warmes Frühstück und britische Klassiker wie gebratenen Kabeljau. £££

Fortnum & Mason Bar at The Royal Exchange
Im Restaurant des noblen Londoner Warenhauses serviert befracktes Personal Kalbsleber mit Schinken, deftige Pasteten und den Fang des Tages. ££

Paternoster Chop House
Klassisches britisches Steakhaus mit erstklassigen Fleischgerichten in modernem Ambiente einen Katzensprung von St Paul's. ££

OLYAHONTAS/SHUTTERSTOCK ©

St Dunstan in the East

Seit 1931 ist nur eine einzige Tafel hinzugekommen, die für Leigh Pitt: Er starb, als er 2007 einen neunjährigen Jungen vor dem Ertrinken in einem Kanal in Südostlondon rettete. Der Garten der denkmalgeschützten Kirche **St Dunstan in the East** ist der bei Weitem fotogenste der Stadt: Efeu und blühende Kletterpflanzen erobern sich die Ruinen der Kirche, die noch immer über ihren Kirchturm von Christopher Wren verfügt. Die stimmungsvolle Ruine der im Krieg zerstörten Kirche aus dem 12. Jh. mit malerischen gotischen Fenstern und schönen Bögen steht heute inmitten von Laubbäumen, blühenden Büschen und sogar der gelegentlichen Palme – so entsteht ein einzigartiger Ort, der in den sozialen Medien als „verstecktes Juwel" gefeiert wird. Der winzige, gepflasterte **Distaff Lane Garden** ist eine grüne Oase im Schatten gläserner Bürotürme. Auf vielen kleinen Bänken kann man hier verharren, lesen und essen; schön ist auch die eindrucksvolle Ikarus-Skulptur inmitten junger Weißbirken. Die **Cleary Gardens** erstrecken sich samt Bänken und überwucherten Pavillons auf mehreren Ebenen an einer Stelle, an der man einst von römischen Bädern aus auf die Themse blickte. Heute kommen die Leute hierher, um sich eine Auszeit zu gönnen oder um unter Reben aus dem Loiretal nach der japanischen Baum-Pfingstrose zu suchen.

INDISCH ESSEN NAHE BISHOPSGATE

Halal Restaurant
Angeblich das älteste noch existierende indische Restaurant der City, mit exzellenten Currys. £

Bangalore Express
Authentische Bangalore-Gerichte wie z. B. ausgezeichnete *thalis*, serviert in kleinem, modernem Lokal. ££

Dilchad Indian
Elegantes Restaurant mit traditionellem *tikka masala* und authentischeren *korai*- und *machar-jhol*-Gerichten. £££

Tafeln mit Ausblick

Hoch in den Wolken trinken und speisen

Das **Duck and Waffle** ist eine tolle Adresse für ein spätes oder frühes Mahl. Von einem der höchsten Restaurants (im 40. Stock) Londons aus kannst du in der Dämmerung über die Stadt blicken. Noch schöner ist es, vor Sonnenaufgang herzukommen, um zu erleben, wie die Stadt erwacht, und dabei das Spezialgericht des Lokals zu verspeisen: eine luftige Waffel mit knusprigem Entenschenkel-Confit und Entenspiegelei, dazu Senfkorn-Ahornsirup. Am Wochenende ist das Restaurant rund um die Uhr geöffnet. Londons höchste Dachbrasserie, die **Darwin Brasserie**, serviert eine erstklassige Auswahl an von der britischen Küche inspirierten Ganztagsgerichten wie zarte Steaks, leichte Gnocchi oder Gourmetburger. Im Anschluss erkundest du den **Sky Garden** (S. 99), zu dem du mit deiner Reservierung Zutritt hast. Um ins Gebäude zu kommen, durchläuft man einen Sicherheitscheck wie am Flughafen, wofür du Zeit einplanen musst. Die beste Aussicht auf Christopher Wrens Meisterwerk St Paul's genießt du vom **Madison**, einer eleganten Cocktailbar samt Restaurant im Manhattan-Stil oben auf dem One New Change. Am Wochenende gibt's hier auf der Dachterrasse einen New-York-Brunch mit Speisen wie Brathühnchen auf Pfannkuchen. Inmitten von deckenhohen Bücherregalen und Pop-Art-Porträts von Königin Elisabeth II. lümmelt man sich im **cloudM** in schicke, bequeme Sessel und Sofas und stößt dabei mit Margaritas auf den Ausblick auf den Tower mit der Tower Bridge im Hintergrund an. Das CloudM gehört zum Hotel CitizenM – Reservierung empfohlen!

OLYMPISCHES GRÜN

Londons größte Grünanlage ist der **Queen Elizabeth Olympic Park** (S. 227), ein wundervolles Erbe der Olympischen Spiele im Osten der Stadt.

EUROPAS GRÜNSTE STADT

2022 wurde durch eine Studie bestätigt, dass London mit seinen 3000 Parks und anderen Grünflächen die grünste Stadt Europas ist. Der größte Konkurrent, Berlin, hat 500 Grünanlagen weniger, sodass London seine Spitzenposition wohl nicht so schnell einbüßen wird. Lässt man Berlin und Wien außer Betracht, hat London mehr Grünflächen als alle anderen Städte in der Top-10-Liste zusammen. Zwar verdankt sich das viele Grün auch dem berüchtigten Londoner Wetter, doch man muss auch den Hut ziehen vor den Stadtplanern der viktorianischen Zeit, die viele der berühmten Grünflächen wie Regent's Park, Hampstead Heath und Victoria Park sowie viele kleinere Parks anlegen ließen. Dies sind Grünflächen, von den die meisten anderen Hauptstädte der Welt nur träumen können.

ASIATISCH ESSEN IN DER CITY

Karamay Uyghur Kitchen
Turkchinesisches Restaurant mit köstlichem Essen wie fein gewürzten Kebabs sowie Reis- und Nudelgerichten. **££**

Bibimbap To Go
Chili-Hühnchen und Tofu-*bibimbap* sowie andere koreanische Speisen wie Kimchi-Suppe und Rindfleisch-*booi-go-gi*. **£**

Thai Square Mansion House
Köstliche authentische Thai-Gerichte wie *massaman curry* und *pad thai* in elegantem Ambiente. **£££**

WARUM SIR CHRISTOPHER WREN?

Christopher Wren begann erst Architektur zu studieren, als er über 30 war. In Oxford studierte er Latein, Naturwissenschaften und Mathematik, doch er wurde damit beauftragt, mehrere Gebäude der Universität zu entwerfen, sodass er die bauplanerische Praxis kennenlernte.

Erst auf einer Reise nach Paris 1665 studierte er Architektur als Fach und zeichnete von Leuten wie dem italienischen Bildhauer und Architekten Bernini beeinflusste Pläne zur Neuerbauung der schlimm aussehenden St Paul's Cathedral. Ein Jahr später zerstörte das Große Feuer zwei Drittel der Stadt, und als Wren 1669 zum königlichen Baumeister ernannt wurde, überwachte er mehr oder weniger den gesamten Neu- und Umbau Londons mit z. B. dem Hampton Court Palace, dem Royal Hospital in Chelsea und dem Old Royal Naval College.

St Bride's

Wrens sakrale Stätten

City-Kirchen von Englands größtem Architekten

Christopher Wren hatte nach dem Großen Feuer von 1666 die Oberaufsicht über den Wiederaufbau von 52 Kirchen, von denen viele auch heute noch in der City stehen. 20 Jahre nach dem Großbrand baute Wren die **St Andrew's Church** in Holborn neu auf, seine größte Gemeindekirche. Die einst im 10. Jh. errichtete Kirche umfasst hohe, klare Bogenfenster, eine Gewölbedecke mit Goldstuck und ein Zwischengeschoss. Obwohl die Kirche im Zweiten Weltkrieg zerbombt wurde, stammt ein Großteil dessen, was du heute hier siehst, aus dem 17. Jh.: Die Teile wurden aus anderen Kirchen hergebracht.

In der 1682 von Wren errichteten Kirche **St Mary Aldermary** lädt die Decke des Langschiffs mit ihrem strahlend weißen Fächergewölbe zum Staunen ein. Die Holzbänke und blutroten Bodenfliesen im mittelalterlichen Stil bilden dazu einen schönen Kontrast. St Mary Aldermary ist die einzige überlebende Kirche ihrer Art in der City und ungewöhnlich für den Architekten, da sie im Stil der Nachgotik gestaltet ist. Sie bildet eine herrliche Kulisse für einen Kaffee im Host Café, wo du dich auf bequemen Sofas entspannen und die grandiose Decke bestaunen kannst.

KAFFEE TRINKEN NAHE ST PAUL'S

The Wren Coffee
Kaffee mit köstlichem Kuchen sowie Frühstück und Mittagessen in einer markanten Kirche.

Café Below
In der normannischen Krypta von St Mary-le-Bow; toller Kaffee sowie Frühstück und Mittagessen.

Carter Lane Coffee House
Hübsches kleines Café mit Postkarten hinter der Theke – findest du deinen Lieblingsort?

Hätte Wren nicht bis 1673 die Kirche **St Mary-le-Bow** wiederaufgebaut, hätten sich die Cockneys nach einem anderen Maßstab umschauen müssen, der ihre „Eastendness" definiert. Aber so gilt auch heute noch, dass nur diejenigen echte Cockneys sind, die bei ihrer Geburt das Läuten der Kirche vernehmen können. Im Zweiten Weltkrieg wurde die Kirche schwer beschädigt und erst 1964 neu geweiht, als die schönen Buntglasfenster eingesetzt wurden. In der Krypta kannst du dir im ungewöhnlichen Café Below einen Kaffee genehmigen.

Auch heute noch gilt **St Bride's** als Kirche der Journalist:innen; ein bewegendes Denkmal im nördlichen Seitenschiff erinnert an Medienschaffende, die im Einsatz ihr Leben ließen. Die 1672 von Christopher Wren entworfene Kirche besitzt seinen größten Kirchturm: Er ist 71 m hoch. Seine markanten Stufen dienten angeblich als Vorbild für die mehrstöckige Hochzeitstorte. In der Krypta aus dem 11. Jh. befindet sich römisches Pflaster von 180 n. Chr. **St Lawrence Jewry**, die offizielle Kirche der Corporation of London, erbaute Wren 1677, doch im Zweiten Weltkrieg wurde sie fast vollständig zerstört. Ihre makellosen Alabasterwände und Goldverzierungen zeugen von der Handwerkskunst der Restaurator:innen. Der erste Teil des Namens der Kirche verweist auf einen christlichen Märtyrer des 3. Jhs., der zweite darauf, dass sich hier einst das jüdische Viertel der Stadt befand.

St Nicholas Cole Abbey war die erste Kirche, die Wren nach dem Großen Feuer wiederaufbaute; im Zweiten Weltkrieg wurde sie jedoch bis auf die Außenmauern zerstört. Das Innere ist relativ schmucklos, mit Messinglüstern, halbhoher Holzvertäfelung und ein paar Buntglasfenstern. Doch das tolle Wren Coffee, das sich in der Kirche breitgemacht hat, lohnt durchaus eine Kaffeepause. **St Stephen Walbrook** war Wrens erstes Experiment mit einer Kuppel und gilt als seine schönste Gemeindekirche und als Vorläuferin von St Paul's. Die Kassettendecke wird von 16 korinthischen Säulen getragen; der moderne Altar aus Travertin stammt vom Bildhauer Henry Moore.

DER GROSSE WIEDERAUFBAU

Dem Großen Feuer verdankt sich die Tatsache, dass vom mittelalterlichen London so gut wie nichts mehr übrig ist und dass so viel vom Ende des 17. Jhs. stammt. Doch das Verschwinden des alten Londons wird kaum betrauert. Zwar war London damals die drittgrößte Stadt der westlichen Welt, sie war aber keineswegs für ihre Schönheit, Baukunst oder Gestaltung berühmt. Der Schriftsteller John Evelyn meinte, dass London im Vergleich zur barocken Pracht von Paris blass wirke, und bezeichnete die Stadt als planloses hölzernes Chaos. Letzterem ist auch zu verdanken, dass sich das Feuer so schnell und verheerend ausbreitete – die meisten Gebäude bestanden aus Holz und waren mit Reet gedeckt. Was an ihrer Stelle errichtet wurde, wird heute als prächtig bewundert.

Host Café
Bei Kaffee, Suppe oder Kuchen die Decke eines Wren-Meisterwerks bewundern.

Alchemy Café
Kleiner handwerklicher Coffeeshop mit köstlichen Backwaren an der Ecke Blackfriars und Carter Lane.

Grace
Neben ausgezeichnetem Kaffee bietet das Grace die besten *sausage rolls* in der City.

DIE BESTEN STERNELOKALE IN DER CITY

City Social
Vom Art déco inspirierte, schummrige Inneneinrichtung, herrlicher Blick vom 24. Stock und feine moderne britische Küche. £££

Angler
Küchenchef Gary Foulkes bietet eine stets wechselnde Karte mit saisonalem und nachhaltigem Seafood aus britischen Gewässern. £££

Bob Bob Ricard City
Im 3. Stock des Cheesegrater, mit protziger Brasserie-Luxuseinrichtung und dem berühmten Champagnerknopf. £££

Brigadiers
Laut und lebendig; Streetfood und sternegekrönte Grillkarte in einem von Armeeclubs in Indien inspirierten Ambiente. £££

Alte Londoner Pubs

Geschichtsbewusst Bier kippen

Wie der Name schon andeutet, ist das **Ye Olde Cheshire Cheese** ziemlich alt. Das 1667 nach dem Großen Feuer wiederaufgebaute Pub zählt zu den berühmtesten – und vollsten – Londons und weist starke literarische Verbindungen auf: Hier waren Mark Twain, Arthur Conan Doyle und Charles Dickens Stammgäste. Angesichts der schummrig beleuchteten viktorianischen Einrichtung fragt man sich, ob einige immer noch hier sind. Eines der Londoner Pubs, in denen es am meisten spuken soll, ist die 1869 eröffnete **Viaduct Tavern**, einer der wenigen noch verbleibenden Ginpaläste Londons. Ätzglasscheiben und der alte Kassenschalter zeugen vom historischen Erbe und noch immer ist die Kneipe auf Gin spezialisiert, darunter auch hausgemachter. Angeblich befanden sich im Keller einst die Zellen eines Schuldgefängnisses.

Mit seiner stattlichen Treppe und den bemalten Decken mit goldenen Deckenleisten ist das **Counting House** nach wie vor so vornehm und elegant wie an dem Tag 1893, als das Gebäude als Prescott's Bank eröffnet wurde. An der elegant gebogenen Theke unter der Lichtkuppel tummeln sich vor allem Büroangestellte, um traditionelle Ales vom Fass und schöne Pasteten zu genießen. Das denkmalgeschützte **Jamaica Wine House**, der „Jampot", ist zugleich altes holzvertäfeltes Pub wie auch Weinbar (im Keller). Hier befand sich einst Londons erstes Kaffeehaus, in dem 1660 Samuel Pepys einkehrte. Das Lokal im Herzen des Londoner Finanzviertels ist durch eine schmale Gasse zu erreichen, die von der Straße Cornhill abzweigt. Das Jugendstilgebäude aus rotem Sandstein von 1869 weist immer noch einige alte Merkmale auf wie das Straßenlampen-Nasenschild und eine Kaffeeröstmaschine aus dem 19. Jh.

Fünfzig Meter – das war alles, was das Pub **The Hoop and Grapes** vor den verheerenden Flammen des Großen Feuers rettete. Die kleine Kneipe geht angeblich auf das 13. Jh. zurück und ist nun von den Glastürmen der Aldgate High St umzingelt und daher leicht zu übersehen, was vielleicht für den Mangel an Flair verantwortlich ist. Der derzeitige Bau stammt wahrscheinlich aus dem 17. Jh. und hat sich seitdem um mindestens einen halben Meter zur Seite geneigt.

WEIN TRINKEN IN DER CITY

El Vino Fleet Street
In dieser altehrwürdigen Institution lassen die Jurist:innen die Sau raus.

Humble Grape Fleet Street
Bar mit nackten Backsteinwänden voller importiertem Wein; das nette Personal hilft bei der Erkundung.

Willy's Wine Bar
Schummrig beleuchtete Weinbar mit fassartiger Holzdecke, englischem Essen und abends Gerichten zum Teilen.

Counting House

Außerdem wird behauptet, dass sich im Bauch des Pubs ein Tunnel verbirgt, der einst zum Tower führte. Das von Christopher Wren 1668 als Bleibe für seine Bauarbeiter wiederaufgebaute **Ye Olde Watling** liegt an der alten römischen Straße, doch am berühmtesten ist die Kneipe, weil Wren die Pläne für die St Paul's Cathedral zeichnete, während er im heutigen Speisesaal saß. Das zieht natürlich viele Tourist:innen an, die dem Pub ein buntes Flair verleihen.

Im nur schwer zu findenden **Ye Olde Mitre** – nach dem Schild über einer schmalen Gasse Ausschau halten! – soll Königin Elisabeth I. mit ihrem angeblichen Liebhaber Sir Christopher Hatton um einen Kirschbaum herumgetanzt sein, dessen Stumpf noch immer in einer kleinen Ecke zu sehen ist. Die Gasse, in der das 1546 für die Diener des in Cambridge residierenden Bischofs von Ely erbaute Haus liegt, wird von Lichterketten beleuchtet; Essen und Bier sind ausgezeichnet.

DIE BESTEN FRÜHSTÜCKSCAFÉS

Polo Bar
Rund um die Uhr geöffnetes lockeres britisches Café mit Frühstück, Brunch, Mittag- und Abendessen sowie Desserts. £

Byward Kitchen and Bar
Direkt beim Tower, mit abenteuerlicher Karte mit z. B. Chorizohack und Menemen im indischen Stil sowie typischen englischen Gerichten. ££

Café Rouge St Paul's
Verschiedene englische Frühstücksvarianten, auch vegan, in pariserischem Retro-Ambiente. ££

The Ivy City Garden
Gönne dir in erwartbar exquisitem Setting das göttliche Frühstück Ivy Full English oder einen saisonalen Brunch. £££

Wine Library
Vornehmer Weinkeller mit Selbstbedienungsbuffet, das es mit den vielen alten Weinen aufnehmen kann.

Artigiano Espresso and Wine Bar
Als Ausgleich zum Wein gibt's in der Bar mit Backsteinwänden auch Espresso.

Bottles Wine Bar
Beliebte, muntere Weinbar mit Live-DJs an einigen Wochenenden und tollem Essen.

VON DER TOWER BRIDGE ZUR MILLENNIUM BRIDGE

Dieser Spaziergang folgt dem Thames Path vorbei an versteckten Schätzen von einer berühmten Brücke zur anderen. Los geht's unter der **1 Tower Bridge** (S. 102) mit ungewöhnlichem Blick auf die berühmteste Brücke Londons. Dann gehst du über den gepflasterten Weg am Tower entlang und stoppst am **2 Traitor's Gate**: Hier betraten Verräter den Tower, um ihren Kopf einzubüßen. Hinter dem Tower-Hill-Komplex öffnet sich der Pfad zur hölzernen **3 Sugar Quay Jetty** mit bestem Blick auf die South Bank und The Shard. Der nächste Stopp ist leicht zu übersehen: Gleich hinter dem Old Watermen's Walk weist an gewundenen Betontreppen ein Schild den Weg zum **4 St Magnus Roof Garden**, einer eher unbekannten kleinen Dachterrasse mit Blick auf die Themse. Gehe zurück zum Themseweg und vor der London Bridge halb die **5 London-Bridge-Treppe** hinauf: Hier ist auf einer interessanten Tafel die Brücke in der Antike zu sehen, als auf der Brücke auf Spießen die Köpfe von Verbrechern und Verrätern zur Schau gestellt wurden. Hinter dem Oyster Shed kommst du zur **6 Walbrook Wharf**, wo eine Tafel darüber informiert, dass hier die Überreste eines Mithras-Tempels und der Kopf einer Skulptur der heidnischen Gottheit gefunden wurden. In der urigen **7 Fruiterers Passage** im viktorianischen Stil zeigt ein Bild an der Wand St Paul's vor Wrens Neubau. Ein Stückchen weiter ist auf dem **8 Queenhithe Mosaic** die Geschichte der City bis 2014 dargestellt. Der vorletzte Stopp sind die **9 Trig Lane Stairs**, wo bei Ebbe ein kleiner Kieselstrand erscheint. Vor hier sind es nur ein paar Meter bis zum Ziel, der **10 Millennium Bridge**.

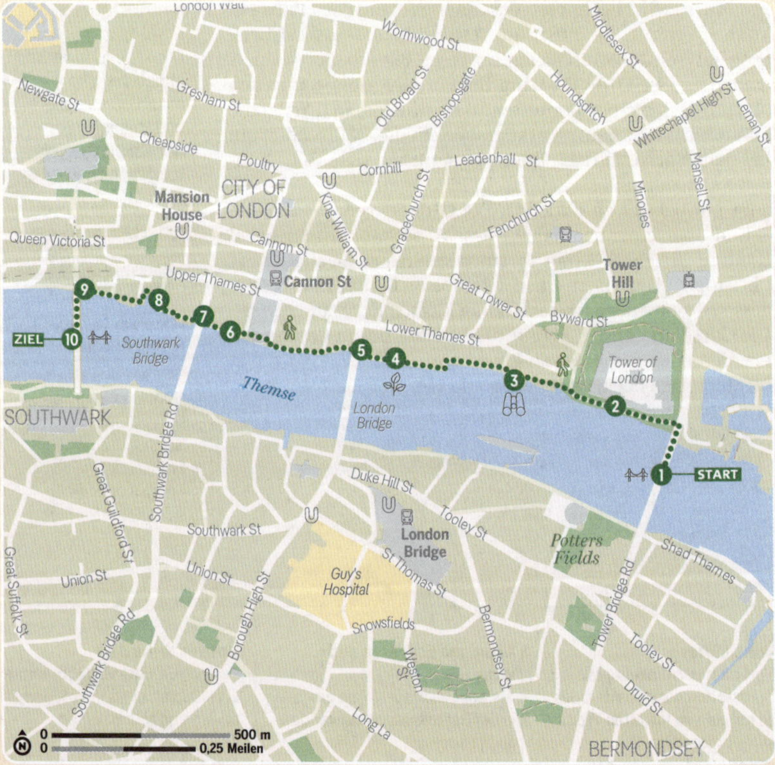

Gebäude aus Glas & Stahl

Die Wolkenkratzerjuwele der City

Das jüngste je unter Denkmalschutz gestellte Gebäude war das **Lloyd's Building**, das in der City die Ära der Wolkenkratzer einläutete. Das Bauwerk aus Stahl mit dem nach außen gekehrten Innenleben ist auch 40 Jahre nach seiner Errichtung noch toll. Die 2003 fertiggestellte **Gherkin** (Gurke), offiziell 30 St Mary Axe, wurde anfangs wegen ihrer phallischen Form verspottet, doch der Turm des gefeierten Architekten Sir Norman Foster gewann den Stirling Prize, u. a. wegen seiner innovativen Energiesparmaßnahmen, dank denen das Gebäude nur halb so viel Energie verbraucht wie ähnlich große Bauten. 2014 stieß das Gebäude 20 Fenchurch St, besser bekannt als **Walkie Talkie** infolge seiner kopflastigen Form, die an ein Funksprechgerät erinnert, zur Londoner Skyline. Das von Rafael Vinoly, der auch das Tokyo International Forum entwarf, designte Bauwerk kostete 200 Mio. £ und wurde als schlechtestes neues Gebäude bald mit dem Carbuncle Cup ausgezeichnet. Das lag auch daran, dass es die Sonne so spiegelte, dass sie Teile von unten geparkten Autos zum Schmelzen brachte, was dem Haus auch den Spitznamen „Fryscraper" einbrachte.

Seiner markanten Keilform verdankt das **Leadenhall Building** seinen Spitznamen Cheesegrater (Käsereibe). Der 50-stöckige Wolkenkratzer wurde ebenfalls 2014 eingeweiht; er hatte um zehn Grad gedreht werden müssen, um die Aussicht auf das historischste Baudenkmal der City, die St Paul's Cathedral, zu schützen. Das von Richard Rogers, der auch am Millennium Dome beteiligt war, entworfene Gebäude steht neben dem Lloyd's Building und lässt dieses nun wie ein Zwerg aussehen. Das vom Design her am wenigsten spannende, dafür aber höchste Gebäude der City ist **22 Bishopsgate**. Es wurde 2020 fertiggestellt, ist imposante 278 m hoch und damit das zweithöchste Gebäude Londons.

ZUGANG ZUM HIMMEL

Am besten bewunderst du die Wolkenkratzer der City vom Garden at 120 in der Fenchurch St, umgeben von mehreren der Riesen und kostenlos zugänglich. Für jedes Gebäude in der City, das sich in Privatbesitz befindet, gilt, dass man nicht leicht hineinkommt. Das Lloyd's Building und 22 Bishopsgate sind überhaupt nicht öffentlich zugänglich; im Gherkin und im Cheesegrater gibt's immerhin Restaurants, in denen man einen Tisch buchen kann, ebenso wie im Walkie Talkie: Dank seines herrlichen **Sky Garden** (S. 99) in Stockwerk 34 bis 37 ist es das zugänglichste von allen. Eine andere Möglichkeit ist das jährlich stattfindende Open House Festival, wenn mehrere Wolkenkratzer ihre Türen fürs allgemeine Publikum öffnen.

ÜBERNACHTEN MIT AUSBLICK

citizenM Tower of London
Wer kein Zimmer mit Blick auf die Tower Bridge bekommt, kann auf die Dachterrasse ausweichen. **££**

Cheval Three Quays
Intelligent designte Studios, offene Apartments und Penthouses mit direktem Themseblick. **£££**

Locke at Broken Wharf
Stylishe, erschwingliche Apartments neben der Millennium Bridge mit Blick auf die South Bank. **£**

South Bank

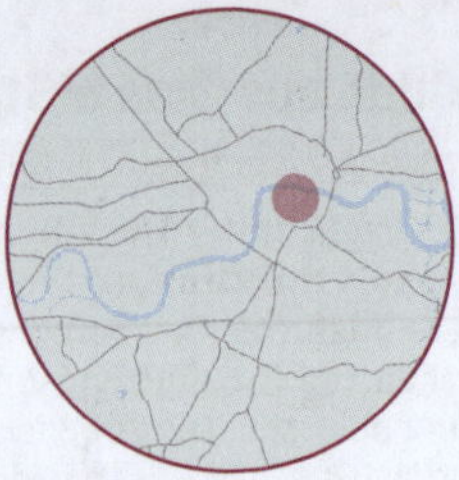

KULTUR UND UNTERHALTUNG AM FLUSS

Für London-Tourist:innen ist der Stadtteil South Bank am Südufer der Themse zwischen Lambeth Bridge und London Bridge ein absolutes Muss. Schon seit dem Mittelalter wird hier Unterhaltung geboten, und nachdem es mit dem Festival of Britain 1951 die Massen begeisterte, hat sich das Viertel stetig als Kunst- und Kulturziel mitsamt Restaurants und familienfreundlichen Attraktionen weiterentwickelt.

Bei einem Bummel über die Uferpromenade kannst du wunderbar das Flair hier genießen. Vielleicht schaust du unterwegs Akrobat:innen zu, lauschst der Musik von Straßenmusikant:innen oder beobachtest, wie Skateboarder:innen inmitten von Streetart Sprünge vollführen.

Vom berühmten London Eye mit herrlichem Blick auf Westminster folgst du dem autofreien Queen's Walk Richtung Osten. Unterwegs kommst du an mehreren hochkarätigen Kultureinrichtungen vorbei: In der Royal Festival Hall ist das London Philharmonic Orchestra zuhause, die Tate Modern strotzt vor zeitgenössischer Kunst bekannter Künstler:innen und das Globe, ein Theaternachbau im Tudorstil, huldigt Shakespeare. Über dir sticht das dreieckige The Shard in den Himmel, eins der höchsten Gebäude Europas, unten liegt nicht weit entfernt der historische Borough Market.

COWARDLION/SHUTTERSTOCK ©

An jeder Ecke gibt's hier Kunst, Theater und Musik, dazu kommt die ätherische Energie der Massen. Nimm dir Zeit fürs Theater: Das Southbank Centre ist die größte Kultureinrichtung Großbritanniens, doch es ist nur eins von zahlreichen Kulturhäusern und Bühnen der Gegend.

Am Wochenende und abends unter der Woche kann's hier voll werden; dann empfiehlt es sich auch, für gehobene Bars und Restaurants einen Tisch zu reservieren, besonders in Läden mit schönem Blick auf den Fluss oder die Skyline. Wer gerne in lockererem Ambiente isst, sollte sich von den herrlichen Düften leiten lassen, die hier in der Luft liegen, und die verschiedenen Streetfoodmärkte ansteuern, wo Leckereien aus aller Welt serviert werden.

NICHT VERSÄUMEN

LONDON EYE
Das Riesenrad bietet tolle Blicke auf den Palace of Westminster und Big Ben am anderen Ufer.
S. 125

SHAKESPEARE'S GLOBE
Tudorstil-Nachbau von Shakespeares Freilichtbühne des 16. Jhs.
S. 126

SOUTHBANK CENTRE
Komplex mit drei Spielstätten für Konzerte, Ausstellungen, Vorträge und Festivals.
S. 127

TOP TIPP

Dank der linearen Form der South Bank ist die Gegend leicht zu Fuß zu erkunden. Nimm dir mindestens einen halben Tag Zeit für einen gemütlichen Bummel. Wer auch noch die Tate Modern besuchen, mit dem London Eye fahren oder Shakespeare's Globe besichtigen möchte, braucht erheblich länger.

Links: Borough Market (S. 130); oben: London Eye (S. 125)

LOCAL TIPP

Sham Mahabir, Koch und Betreiber von Limin South Bank (@southbank.limin) nennt uns seine Lieblingsorte an der South Bank.

Sea Containers Restaurant
Perfekt zum Leutegucken und der Zackenbarsch ist unglaublich. Von hier kannst du auch St Paul's Cathedral bestaunen.

Ernie's Beach
Auf dem Sand vor Gabriel's Wharf kannst du dem Plätschern der Wellen lauschen.

Roupell Street Conservation Area
Das historische Straßenknäuel vermittelt einen Eindruck vom Londoner Alltag des 19. Jhs. Vielleicht hast du die Ecke schon in TV-Serien wie *Dr Who* und *Call the Midwife* gesehen.

HIGHLIGHTS
1 Borough Market
2 London Eye
3 Shakespeare's Globe
4 Southbank Centre
5 Tate Modern

SEHENSWERTES
6 Bankside Gallery
7 gallery@oxo
8 Golden Jubilee Bridges
9 Hayward Gallery
10 Leake Street Arches
11 London Bridge Experience
12 London Dungeon
13 Millennium Bridge
14 Sea Life London Aquarium
15 Shard
16 Southbank Skatepark
17 Southwark Cathedral
18 Windrush Monument

SCHLAFEN
19 Park Plaza
20 Sea Containers

ESSEN
21 Anchor & Hope
22 Chocofruit
23 Duke of Sussex
24 Ethiopiques
25 Founder's Arms
26 Humble Crumble
27 Library at County Hall
28 Limin South Bank

29 Okan
30 Oxo Tower
31 Ping Pong
32 Santa Nata
siehe 48 Skylon
33 Snog Frozen Yoghurt
siehe 3 Swan at the Globe
34 Wahaca

AUSGEHEN & FEIERN
35 Anchor Bankside
36 Beany Green
37 Lyaness
38 Monmouth Coffee Company
39 Riverside Terrace Café
40 Seabird
41 Understudy
42 Vaulty Towers

UNTERHALTUNG
43 Between the Bridges
44 BFI Southbank
45 National Theatre
46 Old Vic
47 Queen Elizabeth Hall
48 Royal Festival Hall
49 Vaults

SHOPPEN
50 Gabriel's Wharf
51 Lower Marsh Market
52 South Bank Food Market
53 Southbank Centre Book Market

Tate Modern

Früher Kraftwerk, heute Kunstmuseum

Aussichtsplattform Tate Modern, Ebene 10

Die Tate ist ein Kraftpaket der Kunst mit vier Museen in Großbritannien. Zwei davon sind in London: Am Südufer der Themse huldigt die **Tate Modern** moderner und zeitgenössischer Kunst im internationalen Maßstab. Sie residiert in der umgewidmeten Bankside Power Station und beherbergt über 800 fantasievolle Arbeiten von etablierten wie auch von aufstrebenden Künstler:innen aus über 50 Ländern.

Inmitten dieser Goldgrube der Kunst kann man bedeutende Werke berühmter Leute wie Pablo Picasso und Andy Warhol bestaunen. Regelmäßig sorgt die Tate für einen neuen Besucherandrang durch temporäre Ausstellungen, die in der Kunstwelt Aufsehen erregen – auf der Website steht, was während deines London-Besuchs gerade gezeigt wird.

Rein kommst du durch die gewaltige Turbinenhalle, die sich ihren industriellen Look bewahrt hat; hier sind große Skulpturen, experimentelle Kunst und Installationen zu sehen. Was früher ein Kesselhaus war, ist heute ein Ausstellungsraum. Bestaune die Arbeiten im Natalie Bell Building und gehe dann weiter zum neueren, eigens erbauten Blavatnik Building mit visueller Kunst in Form von Videos oder Performances.

Zum Abschluss kannst noch den tollen Blick auf die Londoner Skyline genießen, der sich von der Dachterrasse bietet.

AUSSICHTS-PLATTFORM AUF EBENE 10

Von der Aussichtsplattform auf Ebene 10 der Tate Modern bieten sich zwar tolle South-Bank-Panoramen, doch sie ist durchaus umstritten. Manche Anwohner:innen beklagten, dass man von der Plattform direkt in die benachbarten Wohnungen schauen könne.

Nach einem Gerichtsbeschluss wurde die Plattform wiedereröffnet, mit „Fotografieren verboten"-Schildern und beschränktem Zugang auf der Seite in Richtung der Wohnhäuser. Die Plattform ist täglich von 10 bis 17 Uhr geöffnet; die beste Aussicht bietet sich Richtung St Paul's im Norden.

Tate Modern

London Eye

Leake Street Arches

Tunnel mit Streetart und Graffiti

Als Verbeugung vor dem Cans Festival für Guerrilla Art des Streetartist-Künstlers in derselben Gegend im Jahr 2008 werden die **Leake Street Arches** auch Banksy Tunnel genannt. Direkt unterhalb der Gleise des Bahnhofs Waterloo erstreckt sich auf 300 m die längste legale Streetart-Galerie Londons. Die Bögen sind eine Art lebender Galerie: Etablierte und aufstrebende Künstler:innen aus aller Welt kommen hierher, um sich gegenseitig ihre Wandbilder zu übermalen. Das heißt, dass man nie dasselbe sieht, wenn man wieder herkommt.

An dem Fußgängerweg befinden sich auch Restaurants, Bars und Entertainmentläden, die den coolen Treff noch interessanter machen.

London Eye

Gigantisches Riesenrad mit Panoramablick

Das berühmte Riesenrad **London Eye** ist nicht zu übersehen – mit seinen 32 durchsichtigen Gondeln, die quasi die 32 Londoner *boroughs* verkörpern, bildet es im westlichen Teil der South Bank einen integralen Teil der Londoner Skyline.

Seit der Inbetriebnahme im Jahr 2000 genießen die Fahrgäste einen unschlagbaren Rundumblick mitsamt Wahrzeichen wie dem Buckingham Palace, The Shard und Big Ben. Außerdem ist Europas zweitgrößtes Riesenrad Schauplatz zahlreicher Feierlichkeiten in London wie etwa zu Silvester: Dann wird hier das Feuerwerk der Stadt abgefeuert, das den Nachthimmel in ein Farbenmeer taucht.

Am schönsten ist eine Runde mit dem Rad zum Sonnenuntergang, doch egal zu welcher Tageszeit: Lässt das Wetter es zu, reicht der unvergleichliche Blick über 40 km weit. Bei jeder halbstündigen Umdrehung können pro Gondel bis zu 25 Fahrgäste mitfahren, und es kann voll werden, sodass man sich den Platz für die besten Fotos mit anderen teilen muss. Die günstigsten Preise bieten sich bei Vorausbuchung.

The Shard

The Shard

Wolkenkratzer mit umwerfendem Ausblick

The Shard dominiert die Londoner Skyline: Als höchstes Gebäude Großbritanniens erhebt es sich 72 Stockwerke hoch über der London Bridge. Mit dem Expressaufzug geht's in den 68. Stock; im 69. gibt's eine Aussichtsplattform, im 72. eine offene Terrasse. Von hier blickt man jeweils bis zu 65 km weit in die Ferne. Wer vorausbucht, umgeht die Warteschlange, und oben gibt's keine Zeitbeschränkung. Vielleicht möchtest du auch noch nobel speisen oder gar im Shangri La Hotel (ab Stockwerk 34) nächtigen.

Millennium Bridge

Verbindet Wahrzeichen beiderseits der Themse

Als die **Millennium Bridge** 2000 eröffnet wurde, bekam sie schnell den Spitznamen „Wobbly Bridge" verpasst: Wer drüberging, nahm ein Wackeln wahr. Nur zwei Tage später wurde die Fußgängerbrücke gesperrt und nach einigen Nachbesserungen erneut eröffnet. Heute dient sie als schöne Verbindung zwischen zwei Wahrzeichen: der Tate Modern am Südufer und St Paul's Cathedral in der City. Hinüberzugehen dauert nur ein paar Minuten, doch natürlich willst du auch den Flussblick genießen. Abends ist der Steg blau angeleuchtet – eine schöne visuelle Brücke hinüber zu St Paul's.

Millennium Bridge und St Paul's Cathedral

Shakespeare's Globe

Nachgebautes elisabethanisches Theater

Das **Globe** huldigt dem Erbe William Shakespeares. Es hat kein Dach, doch die Vorstellungen finden bei jedem Wetter statt, also kleide dich entsprechend! Im Winter werden einige Stücke im Sam Wanamaker Playhouse aufgeführt, das mit über 100 Bienenwachskerzen beleuchtet wird.

Die beste Sicht hast du von der Mitte des unteren und mittleren Rangs. Wer sparen möchte, bucht einen Stehplatz unten direkt vor der Bühne. Oder du nimmst einfach nur an einer der 40-minütigen Führungen teil.

Southbank Centre

Kulturkomplex mit verschiedenen Einrichtungen

Dieser Unterhaltungskomplex bildet seit 1951 das Herz des Kulturlebens der Stadt. Heutzutage finden im **Southbank Centre** jedes Jahr über 5000 Events mit Kulturschaffenden aus aller Welt statt. Von Konzerten über Kunst bis zu Theater, Literaturdebatten und Workshops: Das unendliche Angebot spricht Menschen aller Altersgruppen an, auch Kinder.

Zu den bekannten Einrichtungen im Southbank Centre zählen die Royal Festival Hall, die Hayward Gallery, die Queen Elizabeth Hall und der Purcell Room.

Shakespeare's Globe

Royal Festival Hall

Royal Festival Hall

Kulturbühne im Southbank Centre

Die **Royal Festival Hall** ist die größte Spielstätte des Southbank Centre. Im großen Auditorium in Rot und Gold mitsamt prächtiger Orgel mit 7866 Pfeifen finden über 2700 Besucher:innen Platz. Seit der Eröffnung 1951 beim Festival of Britain bildet das imposante brutalistische Gebäude das Herz des Londoner Kulturlebens. Hier gibt's alles von Sinfonie- und Jazzkonzerten bis zu Theater und Tanz. Außerdem finden hier kostenlose Veranstaltungen statt wie die monatliche Reggae-Party oder Geschichtenerzählen für kleine Kinder. Wenn du vom Bahnhof Waterloo kommst und die Treppen hochsteigst, halte auch Ausschau nach den Skulpturen und den Großinstallationen in der Gegend.

Queen Elizabeth Hall

Bedeutendes Konzerthaus

Der zweitgrößte Saal im Komplex des Southbank Centre liegt nur fünf Fußminuten vom Bahnhof Waterloo entfernt und lockt schon seit über 40 Jahren Freund:innen von Klassik, Jazz und Neuer Musik an. Renommierte Musiker:innen wie Jonny Greenwood von Radiohead haben hier schon auf der Bühne gestanden und im kleinen Purcell Room wurden schon hochintellektuelle Vorträge gehalten.

Das dank seiner gelben Außentreppe nicht zu übersehende Konzerthaus strotzt bei Festivals wie dem London Literature Festival geradezu vor Leben. Die **Queen Elizabeth Hall** ist nur geöffnet, wenn hier etwas stattfindet – siehe Programm. Von Mai bis September kannst du auf dem Dachgarten einen Drink mit Ausblick genießen.

Scotch eggs, London

South Bank Food Market

Globale Streetfoodküche

Auf der Piazza der Royal Festival Hall an der Belvedere Rd stehen etwa 15 bis 20 Streetfoodstände für hungrige Foodies. Seit 2016 kann man sich hier nur fünf Fußminuten nördlich vom Bahnhof Waterloo alles von venezolanischen *arepas* bis zu äthiopischem *injera* und polnischen Würsten einverleiben. Dazu kommen kleine Leckereien wie indische Samosas und für den süßen Abschluss zuckrige Backwaren, Crêpes und Doughnuts.

Im Vergleich zu den Restaurants der Gegend ist das Essen hier erschwinglich und die Auswahl groß, gleich ob fleischhaltig, vegetarisch oder vegan, sodass sich hier auch gern Freundesgruppen treffen. Das Angebot wechselt regelmäßig, es gibt also immer etwas Neues zu entdecken.

In munterer Atmosphäre kannst du hier schön eine Pause von deinen South-Bank-Erkundungen einlegen. Der **South Bank Food Market** ist freitags, samstags und sonntags von 12 bis 21 Uhr geöffnet (So nur bis 18 Uhr).

TIPPS FÜR DEN SOUTH BANK FOOD MARKET

Bevor du dich für ein Gericht entscheidest, kannst du umherschlendern und schauen, ob es etwas zu probieren gibt – vielleicht änderst du dann deine Meinung. Auf dem Markt ist wahrscheinlich viel los, etwas stiller ist es aber freitags außerhalb der Mittagszeit. Es gibt nur wenige Sitzplätze – nur mit viel Glück ergatterst du einen Tisch. Im Januar ist der Markt geschlossen, dann gibt's hier also nichts zu essen.

Gabriel's Wharf

COWARDLION/SHUTTERSTOCK ©

Southwark Cathedral

Gabriel's Wharf

Essen und Designshoppen

Nicht weit vom Oxo Tower entfernt befindet sich eine Enklave mit einem Mix aus Läden für handgefertigten Schmuck, Mode und Kunsthandwerk in umgewidmeten Garagen. Die Läden hier entwerfen und fertigen ihre Sachen selbst, sodass **Gabriel's Wharf** eine tolle Adresse für Souvenirs zu erschwinglichen Preisen ist. Kleine Cafés, Bars und Restaurants gibt's hier ebenfalls – eine friedvolle Alternative zu der sonst trubeligen South Bank, wo du mit Blick auf die Themse entspannt einkehren kannst. Im Sommer ist an der Gabriel's Wharf dank Livemusik und Entertainment am Fluss viel los.

Southwark Cathedral

Historische anglikanische Kathedrale

Die Ursprünge der 1905 zur Bischofskirche erklärten **Southwark Cathedral** reichen über ein Jahrtausend zurück: Somit ist sie eines der ältesten Wahrzeichen der Stadt. Hier haben sich zahlreiche bedeutende Ereignisse zugetragen, von königlichen Hochzeiten bis zu Staatsereignissen, vor allem deshalb, da die Southwark Cathedral die der London Bridge nächstgelegene sakrale Stätte darstellt.

Mit romanischer und gotischer Architektur geht's durch die Jahrhunderte, mit hohem gewölbtem Langschiff, feinen Steinmetzarbeiten und Buntglasfenstern. Die Kirche wurde von zahlreichen Dichtern und Künstlern frequentiert, vielleicht auch von William Shakespeare, der im nahen Southwark lebte. Heute fällt Sonnenlicht durch ein nach Shakespeare benanntes Fenster auf ein Denkmal für den Dramatiker im südlichen Seitenschiff. Außerdem interessant sind die Grabmale von John Gower, Hofdichter von Richard II. und Heinrich IV., und Bischof Andrews, der an der King-James-Bibel mitarbeitete, außerdem eine Nonsuch Chest aus dem 16. Jh. und die Chorschranke.

SCHLEMMEN AUF DEM BOROUGH MARKET

Ob auf der Suche nach Snacks oder Lebensmitteln – nimm dir ein, zwei Stunden Zeit und genieße den Markt in aller Ruhe. Viele Stände bieten Kostproben an, also drehe am besten erst mal eine Runde.

Um dem größten Ansturm aus dem Weg zu gehen, komme an einem Wochentag vor oder nach der Mittagszeit hierher. Montags ist der Markt geschlossen und dienstags haben nur ein paar Stände geöffnet. Von Mittwoch bis Sonntag ist dann alles offen.

Borough Market

Borough Market

Herrlicher Lebensmittelmarkt

Ursprünglich handelte es sich beim **Borough Market** um einen Großmarkt für Lebensmittelhändler, doch inzwischen hat er sich zum renommiertesten Foodmarkt Londons gemausert. Heute locken die über 100 erstklassigen Lebensmittel- und Getränkestände echte Menschenmassen an. Aber die Tradition lebt fort: Auch Einheimische shoppen hier noch und kaufen bei Metzgern, Fischhändlern und Käsern die frischesten Erzeugnisse. Es gibt zwei Hauptabteilungen: den Three Crown Square für größere Händler und den Green Market für kleinere. Auf dem dritten Teil des Markts, der Borough Market Kitchen, wird an Streetfoodständen alles von asiatischen *bao* bis zu spanischer Paella angeboten. Die kulinarischen Genüsse setzen sich auch außerhalb der Stände fort, und zwar mit normalen Bars und Esslokalen ganz in der Nähe.

Entenconfit-Sandwich, Borough Market

Der Borough Market, einer der größten Lebensmittelmärkte Londons und eine historische Stätte, ist zu jeder Tageszeit bei Tourist:innen, Einheimischen und Foodies beliebt. Besonders mittags ist Schlangestehen angesagt, doch das gehört zum Erlebnis dazu. Der Markt erstreckt sich unter Eisenbahnbrücken bei der Southwark Cathedral und dem Bahnhof London Bridge.

Golden Jubilee Bridges

Über die Themse

Die Hungerford-Eisenbahnbrücke zwischen Waterloo und Westminster Bridge ist auf beiden Seiten von Fußgängerbrücken flankiert, den Golden Jubilee Bridges. Im Norden führen sie zu Charing Cross, im Süden zur South Bank. Von den Brücken bieten sich schöne Ausblicke auf Wahrzeichen wie (im Westen) das London Eye. Die Fußgängerstege beiderseits der nach dem alten Hungerford Market benannten Brücke wurden später ergänzt und zu Ehren des goldenen Thronjubiläums von Königin Elisabeth II. benannt.

The Vaults Theatre

Golden Jubilee Bridges

The Vaults Theatre

Unterirdisches immersives Theater

Im Graffititunnel der Leake Street liegt das 2014 eröffnete **The Vaults**. Der Eingang zu dieser großen Theaterspielstätte versteckt sich etwas unter all den Graffiti des Tunnels.

Schnell wird klar, dass das Vaults viel Wert auf Inklusivität legt, von der Rollstuhltauglichkeit bis zu familien- und queerfreundlichen Vorstellungen. Doch Achtung: Das Theater ist nur schummrig beleuchtet, um eine bestimmte Stimmung zu erzeugen. Die frischen und kreativen Inszenierungen befeuern die Fantasie; mit einzigartigen Kulissen befördert dich jede in unergründetes Territorium. Einige der exzentrischeren Requisiten aus früheren Inszenierungen sind in der Nähe in der Bar **Vaulty Towers** in der Lower Marsh zu sehen: Dank mit Streetart bedeckter Fassade ist die Bar nicht zu verfehlen.

BFI Southbank

Filminstitut mit vier Kinos

Das **BFI Southbank**, ein zentraler Bestandteil der Unterhaltungs- und Kulturszene, befindet sich direkt unter der Waterloo Bridge. Filmfans schauen sich hier Neuerscheinungen, Klassiker und familienfreundliche Streifen an, doch die Bedeutung des British Film Institute reicht weiter: Es betreibt Bildung und Filmkonservierung, hat ein Filmarchiv und bietet Vorträge und Workshops zur Geschichte des Films an.

Bei Filmreihen und -vorführungen finden oft Nachgespräche mit Regisseur:innen und Schauspieler:innen statt. Für Leute unter 25 gibt's sehr erschwingliche Tickets für 3 £. Und die Bars des BFI bietet Cocktails für vor und nach dem Filmgenuss.

National Theatre

Britisches Top-Theater

Als der Schauspieler Laurence Olivier 1962 zum Direktor ernannt wurde, hatten die Diskussionen über die Gründung eines **Nationaltheaters** schon 100 Jahre angedauert. Seitdem hat sich das Theater zu einem Aushängeschild für Inszenierungen aus allen Epochen und Kulturen gemausert.

In drei Theatersälen, dem prächtigen Olivier, dem vielseitig verwendbaren Lyttelton und dem kleinen Dorfman, bietet das Theater über 20 Inszenierungen pro Jahr, alles von zeitgenössischem Drama bis zu Meisterwerken von Shakespeare, Komödien, Musicals und Stücken für die ganze Familie.

Selbst wer nicht zu einer Vorstellung hier ist, kann die Foyers mit Buchhandlung, Restaurants, Bars und Ausstellungsräumen erkunden. Auf einer 75-minütigen Führung wird hinter die Kulissen geschaut und Einblick in Theatergeheimnisse und Werkstätten sowie die Geschichte des Hauses gewährt. Die Führungen finden unter der Woche um 17 Uhr sowie samstags um 12 Uhr statt und können vorausgebucht werden. Für Leute, die tiefer in die Geschichte des Theaters eintauchen wollen, gibt's auch Führungen durchs Archiv mit Requisiten, Fotos und Textbüchern.

Anchor Bankside

Historisches Pub am Fluss

Das **Anchor Bankside** ist ein charmantes historisches Pub, das stolz ist auf seine Geschichte als einzige verbleibende Taverne am Fluss aus Shakespeares Zeit. Das Gebäude aus dem 17. Jh. wurde nach den Verheerungen des Großen Feuers 1676 wiederaufgebaut.

Dank der markanten feuerwehrroten Fenster ist das Pub bei einem Bummel am südlichen Themse-Ufer entlang nicht zu übersehen; an einem sonnigen Nachmittag ist die Terrasse am Fluss schon sehr verführerisch. Ist es kühler, lockt drinnen eine gemütliche Einrichtung mit dunklen Holzböden, Wänden in Königsblau und goldenen Akzenten. Geboten wird eine breite Auswahl an Ales vom Fass, Craftbieren und Spirituosen.

ALENA VEASEY/SHUTTERSTOCK ©

Anchor Bankside

JANE RIX/SHUTTERSTOCK ©

Windrush Monument

Windrush Monument

Zu Ehren der Windrush-Generation

Beim South-Bank-Ausgang des Bahnhofs Waterloo erinnert ein 2022 enthülltes Denkmal an das Erbe der Windrush-Generation und an die wichtige Rolle, die sie in der britischen Gesellschaft spielte. Das Werk des jamaikanischen Bildhauers Basil Watson zeigt drei Bronzefiguren, einen Mann, eine Frau und ein Kind: Sie symbolisieren Einheit und die immerwährende Verbindung der Windrush-Generation mit ihren Nachkommen. Die Windrush-Generation geht auf die Ankunft der HMT *Empire Windrush* im Jahr 1948 mit Einwanderern aus Jamaika und anderen Ländern der Karibik zurück. Vielen dient das Denkmal als Ort des Innehaltens.

The Old Vic

Altehrwürdiges Schauspielhaus

Prinzessin Viktoria war nur einmal zu Besuch, 1833, doch diese Visite führte dazu, dass sich das Royal Coburg Theatre künftig **The Old Vic** nannte. Das abseits vom Flussufer bei der Waterloo Station gelegene Theater ist eine der ältesten und ehrwürdigsten Kulturstätten Londons. Außerdem war im Old Vic das National Theatre beheimatet, bis es 1976 an die South Bank umzog.

Im Verlauf seiner Geschichte haben in dem 1000 Zuschauer:innen fassenden Theater schon die besten und einflussreichsten Regisseur:innen und Schauspieler:innen der britischen Theatergeschichte gearbeitet. Gemäß der künstlerischen Vision von Laurence Olivier, der das Theater in den 1940er-Jahren leitete, stieß das Old Vic in unvergleichliche Höhen vor und erarbeitete sich einen Ruf für brillante Inszenierungen, der bis heute anhält.

In dem dreistufigen Theater in königlichem Rot und Gold sind schon Legenden wie Judi Dench und Peggy Ashcroft aufgetreten, deren Aura das Publikum verzauberte. Die beste Sicht auf die Bühne bietet sich vorne auf den Rängen.

ANDY_WONSUK SEO/SHUTTERSTOCK ©

Quallen, Sea Life London Aquarium

KAFFEE AN DER SOUTH BANK

Riverside Terrace Café
Deftige Gerichte, eine lockere Atmosphäre und ein wunderschöner Blick auf die Themse. £

Monmouth Coffee Company
Herrliche Croissants und sogar noch besserer Kaffee, da man hier sortenreine Bohnen importiert. £

Beany Green
Schiffscontainer gleich unter der Hungerford Bridge mit handwerklichem Kaffee und Gebäck zum Mitnehmen. £

MEHR AN DER SOUTH BANK

London Bridge Experience

Geschichte und Horror

Wem der Gedanke an eine Figur mit Schweinsmaske, die eine Kettensäge schwingt und einem auf den Fersen ist, einen Schauer über den Rücken jagt, für den ist die **London Bridge Experience** vielleicht genau das Richtige. Unter der London Bridge erfährt man in den tiefen Gewölben der Stadt etwas über die dunkle Seite der Londoner Geschichte.

Wenn du nach dem Gang durch die unheimlichen Räumlichkeiten, die unerhörte Geschichten bergen, noch nicht genug hast, dann steuere die London Tombs an: ein immersives Labyrinth der Angst. In scheinbar blutgetränkten Räumen schlägt das Herz wie wild, wenn man Clowns, Ärzt:innen, Zombies und Metzger:innen begegnet, alles natürlich entsprechend verkleidetes Personal – so bereichert man seine London-Erkundungen um eine informative und unterhaltsame Note.

ÜBERNACHTEN

Sea Containers
Luxushotel mit bestem Blick auf die Skyline sowie Spa, Kino und preisgekrönter Cocktailbar. £££

Park Plaza
4-Sterne-Hotel in zentraler Lage mit umwerfendem Ausblick – vom Fenster siehst du das London Eye. £££

Bankside Hotel
Autograph-Collection-Boutiquehotel mit zeitgenössischer Kunst und Galerie. £££

Für die London Bridge Experience brauchst du etwa 50 Minuten – oder doppelt so lange, falls du dich auch ins Labyrinth der London Tombs hineintraust. Am vollsten ist es hier zwischen 12 und 15 Uhr. Wer mit Kindern unterwegs ist, sollte an der „Guardian Angel"-Tour teilnehmen, damit sie nicht allzu sehr verängstigt werden.

Weitere Londoner Schurken im London Dungeon

Angst und Schrecken

Das interaktive Abenteuer stürzt dich in die düstere Schattenseite von Londons grausamer Geschichte. Der **London Dungeon** führt dich in liebevoll gestaltete Kulissen, in denen Schauspieler:innen entsetzliche Geschichten mit Leben füllen. Mit einem Aufzug, der ans Mittelalter erinnert, fährst du hinunter in den „Kerker".

Erlebe den Rachedurst von König Heinrich VIII., wenn du wegen Hochverrats mit der Todesstrafe belegt wirst. Nach der turbulenten „Bootsfahrt in die Hölle" begegnest du berüchtigten Figuren wie Jack the Ripper und Sweeney Todd. Bevor du hier rauskommst, musst du noch einen freien Fall überstehen, der deinen Herzschlag auf Trab bringt und dir einen Adrenalinrausch verschafft.

Die intensive Dunkelheit aktiviert deine Sinne: Du siehst, hörst, fühlst und riechst schließlich sogar das Wesen (oder den Gestank) der dunkelsten Stunden des alten Londons. Während des 90-minütigen Rundgangs wirst du angesichts unerwarteter Begegnungen vielleicht des Öfteren zusammenzucken.

Möchtest du noch weitere Attraktionen in der Nähe wie das London Eye oder Sea Life London Aquarium besuchen, dann kauf dir ein Kombiticket – das ist billiger.

Unter Wasser im Sea Life London Aquarium

Wasserabenteuer für die ganze Familie

Neben dem London Eye befindet sich ein **Aquarium von Weltrang** mit mehr als 500 verschiedenen Arten von Meerestieren. Ob Unterwasserfan oder nur auf der Suche nach etwas für die ganze Familie: In den verschiedenen Aquariumszonen wie dem Coral Kingdom und Rainforest Adventure bestaunst du Meeresschildkröten, Oktopusse, Tigerhaie, Krabben und Aale. Nicht auslassen solltest du das faszinierende Quallenbecken und die munteren Pinguinfütterungen. Besonders beliebt bei Kids sind die in der Zone Rockpool Explorer von Expert:innen angeleiteten interaktiven Erlebnisse. Im Shark

DIE GRÖSSTE LEINWAND DES LANDES

Mitten im Herzen dieses kultur- und filmaffinen Viertels befindet sich in der Mitte eines großen Kreisverkehrs zwischen Southbank Centre und Waterloo Station das berühmte IMAX-Kino des British Film Institute (BFI). Dieses Kino besitzt die größte Leinwand Großbritanniens: Sie misst 26 x 20 m; vor ihr haben 500 Zuschauende Platz. Im Verlauf des Jahres bietet das BFI IMAX ein umfangreiches Filmprogramm für ein unvergessliches Kinoerlebnis.

DIE BESTEN PUBS

The Understudy
Freundlicher Treff für Theaterliebhaber:innen und andere mit Sitzplätzen am Fluss. £

The Hole in The Wall
Lässiges Pubflair und 25 verschiedene Biere zu erschwinglichen Londoner Preisen. £

Beer Hawk
Rund 120 Biere im ersten Craftbierpub der South Bank. £

Walk folgst du einer durchsichtigen gläsernen Plattform, während unter dir nur Zentimeter entfernt Haie entlanggleiten. Mutige können auch eine 15-minütige Schnorchel-Haibegegnung in einem durchsichtigen Käfig buchen. Für das Aquarium solltest du etwa zwei Stunden einplanen. Bei der Ankunft das Programm checken, da den ganzen Tag über Fütterungen und Vorträge angeboten werden.

TIPPS FÜR SPARFÜCHSE

Garden Museum
Kunst, Gärtnern, Design und anderes in der Nähe der Lambeth Bridge, donnerstags kostenlos.

BFI Mediatheque
Vielfältige Sammlung von Filmen und Fernsehsendungen: ein einzigartiges Kinoerlebnis.

Florence Nightingale Museum
Museum zur wegweisenden Arbeit der britischen Krankenschwester. Um die Ecke vom St Thomas' Hospital.

Old Operating Theatre Museum
Das Dachgeschoss der Kirche des alten St Thomas' Hospital aus dem frühen 18. Jh. beherbergt den ältesten erhaltenen Operationssaal Europas.

Skater:innen in der Undercroft

Historischer Skateboarding-Spot

Egal ob Skateboarder:in oder nicht: Auf dem Weg am Fluss entlang erregt der Southbank Skatepark am Queen's Walk sicher deine Aufmerksamkeit. Du vernimmst das rhythmische Klappern der Skateboardräder, und wenn sich deine Augen an die Dunkelheit der Fläche unter dem Southbank Centre gewöhnt haben, siehst du die Skateboarder:innen inmitten von Graffitikunst an den Wänden und Pfeilern des brutalistischen Gebäudes über Betonblöcke, Treppen und Geländer turnen.

Schon seit 50 Jahren verkörpert dieser Spot die Skater- und Streetart-Community. BMX-Rider:innen und Skater:innen führen hier bestaunt von den Zuschauenden auf Rampen, Bänken und einer Quarterpipe ihre Kunststücke vor. Besonders spannend ist die Szenerie für Fotograf:innen mit Hang zur Straßenfotografie.

Dieser Spot ist nicht unbedingt etwas für absolute Anfänger:innen, doch alle anderen, egal, woher sie kommen, können hier ihre Künste testen und verfeinern. Oft schauen Einheimische und Tourist:innen vom Rand aus zu. Der Skatepark ist das ganze Jahr über geöffnet und vor den Launen des Wetters geschützt, sodass Skater:innen hier jederzeit aktiv werden können.

Stöbern auf dem Southbank Centre Book Market

Bücher, Comics und Karten aus zweiter Hand

Büchernärr:innen sollten sich auf den Weg zum Themse-Ufer unter der Waterloo Bridge gleich vor der Bar des BFI Southbank machen. Seit 40 Jahren sind auf dem **Southbank Centre Book Market** mehr als zehn engagierte Buchhändler:innen vertreten, die von 10 bis 19 Uhr jedem außer dem miesesten Wetter trotzen, um Tausende von antiquarischen Büchern feilzubieten. Nicht alle Stände sind aber täglich geöffnet.

Man kann durch das auf den Tischen ausgebreitete Angebot stöbern und sogar ein paar Seiten lesen, bevor man sich zum

DIE BESTEN BARS

Lyaness
Preisgekrönte Bar im Sea Containers Hotel mit kreativen Cocktails und innovativen Zutaten. ££

Call Me Mr Lucky
Im Breakfast Club. Das Passwort für den Zugang zur geheimen unterirdischen Bar lautet „I'm here to get lucky". ££

Swift Borough
Monatliche Spezialcocktails nur ein paar Schritte vom Borough Market entfernt. ££

Southbank Skatepark

Kauf entscheidet. Die Bücher zu unterschiedlichsten Themen kosten meist die Hälfte des Originalpreises und sind daher ein schönes Schnäppchen. Von klassischen Meisterwerken bis zu aktuellen Taschenbüchern und sogar seltenen Comics und Karten gibt's hier alles für jeden Geschmack. Hier einmal kurz durchzustöbern ist eine schöne Unterbrechung des Spaziergangs am Flussufer entlang. Während großer Events im BFI, bei sehr schlechtem Wetter oder bei ÖPNV-Stillstand ist der Markt manchmal geschlossen.

Streetfood auf dem Lower Marsh Market

Unabhängige Essens- und Kunstgewerbestände

Die großen Streetfoodmärkte heimsen das ganze Lob ein, aber sie sind auch oft überfüllt und man muss lange Schlange stehen. Da kommt der **Lower Marsh Market**, eine kulinarische Oase seit dem 19. Jh., gerade richtig Nur drei Minuten

DIE BESTEN ESSLOKALE IN SCHWARZEM BESITZ

Limin South Bank
Essen aus Trinidad ist nicht leicht zu finden, doch das Limin serviert es in dieser Strandbar samt Restaurant an der Gabriel's Wharf. ££

Chocofruit
Obst plus Schokolade gleich Himmel. Wochentags unter der Hungerford Bridge, am Wochenende auf dem Southbank Centre Food Market. £

Ethiopiques
Veganer äthiopischer Essensstand auf dem Southbank Food Market. Selbst Fleischliebhaber:innen verlieben sich in diese Aromen. £

FAMILIENFREUNDLICHE ESSLOKALE

Nando's
Londoner Lieblingsrestaurant mit Huhn im portugiesischen Stil. Kids unter 10 können für unter 6 £ essen. £

Giraffe
Das Restaurant am Fluss bietet eine breit gefächerte internationale Karte mit vielen kindgerechten Optionen. £

Mamuśka
Polnische Bar mit Restaurant, auch britische Gerichte. Im Sommer essen Kinder kostenlos. £

RUNDGANG ZU SCHWARZER GESCHICHTE

Auf einem zweistündigen Rundgang von Black History Walks (blackhistorywalks.co.uk), der von Februar bis November monatlich stattfindet, tauchst du in die afrikanische und karibische Geschichte Londons ein. Dabei erfährst du etwas über den bemerkenswerten Beitrag, den schwarze Helden im Zweiten Weltkrieg geleistet haben, über das Afrika vor der Kolonialzeit und über das Schicksal der Windrush-Generation.

Diese Rundgänge werden seit über 16 Jahren angeboten, sodass sich dein Guide bestens auskennt. Außerdem empfiehlt man dir gerne einige der zwölf anderen verschiedenen Thementouren anderswo in London.

WESTEND61/GETTY IMAGES ©

Oxo Tower

vom Bahnhof Waterloo entfernt kannst du hier deinen Hunger stillen und im Gegensatz zu den großen Märkten hast du hier schnell etwas Köstliches in der Hand. Eine Visite zu Mittag lässt sich bestens mit einer Matinee im Old Vic gleich gegenüber kombinieren.

An fast 30 Essens- und Kunstgewerbeständen werden auf diesem autofreien Straßenmarkt erschwingliche Kreationen angeboten. Hier kannst du eine kulinarische Weltreise unternehmen, von Kuba über Nigeria bis nach Indien. Bevor du dich an einem der Tische niederlässt, um dein Essen zu genießen, schau dir auch den handgefertigten Schmuck und die Vintage-Schätze des Markts an.

Im Sommer erwacht der Markt am letzten Donnerstag des Monats zum Leben: Dann steigen die Marsh Lates, ein Event, bei dem bei kostenlosen Filmvorführungen Kultklassiker gefeiert werden. Wenn du lieber selbst aktiv werden möchtest, kannst du einmal im Monat nachmittags am Edible Marsh mit Aktivitäten rund ums Blumenbinden und Gärtnern teilnehmen.

DAS BESTE STREETFOOD

Pabellon
Schwarzbohnen, Kochbananen und traditionelle venezolanische *arepas* auf dem South Bank Food Market. ££

Joli
Essen aus Singapur und Malaysia aus dem traditionellen Tontopf auf dem Borough Market. ££

The Polish Deli
Polnische Grillwürste mit Pickles und Bier auf dem South Bank Food Market. ££

Eine weitere gute Zeit für einen Abstecher in die Gegend sind Freitag- und Samstagabend: Dann verwandelt sich das renommierte Restaurant Cubana scheinbar nahtlos in einen Salsaclub mit kubanischer Liveband. Bis 23 Uhr ist der Eintritt frei, danach kostet er moderate 7 £, die sich für eine unvergessliche Nacht mit Musik und Tanz definitiv lohnen.

Speisen mit Blick auf den Oxo Tower

Panoramen und europäische Gerichte

Auf dem Weg über den Queen's Walk Richtung Bahnhof Blackfriars fällt dir immer wieder das rote OXO-Emblem ins Auge. Acht Stockwerke geht's hinauf zur Spitze des **Oxo Tower** mit einem mit einem grünen Michelinstern ausgezeichneten zeitgenössischen europäischen Restaurant, einer Brasserie, einer Bar, einer Galerie und einem Designatelier. Das architektonische Wahrzeichen, früher ein Kraftwerk, das der Royal Mail Strom lieferte, fand eine neue Bestimmung, als die für ihre OXO-Brühwürfel bekannte Firma Liebig das Gebäude für die Herstellung der Würfel kaufte – so erhielt der Turm seinen Namen. Oben entfaltet sich durch bodentiefe Glasfenster ein weites Panorama der Architekturschätze der Stadt. Eindrucksvoller sind die Ausblicke von der Terrasse, sodass du bei der Buchung am besten dort um einen Tisch bittest.

Eine entspannte Atmosphäre bietet mittags und abends die Brasserie, wo abends vielleicht Live-Jazz erklingt. Wer's lieber nobler mag, ist im Restaurant besser aufgehoben.

Der Oxo Tower ist auch für Leute zugänglich, die nicht hier essen möchten. Man kann einfach mit dem Aufzug nach oben fahren und sich umschauen.

DIE BESTEN GALERIEN

Hayward Gallery
Das ganze Jahr über gibt's hier Ausstellungen mit Gegenwartskunst; im Southbank Centre.

gallery@oxo
Galerie mit Foto- und Designausstellungen unter dem Uferweg unten am Oxo Tower.

Bankside Gallery
Aquarelle, Drucke und Stiche, viele davon verkäuflich, gleich bei der Tate Modern.

Das BFI London Film Festival

Aushängeschild für Geschichten aus aller Welt

Seit fast 70 Jahren veranstaltet das British Film Institute große Events für Filmfreund:innen, Kreative und Leute aus der Filmindustrie. Jedes Jahr im Oktober lädt das BFI London Film Festival dazu ein, die Welt durch das Objektiv einer Kamera zu erkunden, mit den besten neuen Filmen und Fernsehserien. Über 300 Vorstellungen mit allem von internationalen Spielfilmen bis zu avantgardistischen unabhängigen Kleinoden werden in dieser Zeit gezeigt, meistens im BFI Southbank und in der Royal Festival Hall, aber auch andernorts in London und Umgebung.

Seine Wunschfilme kann man sich auch anhand der Themenkategorien im Programm aussuchen, die hier *strands* (Stränge) genannt werden.

NOBEL DINIEREN

Hutong
Nordchinesische Gerichte und Dim Sum in schummrigem Ambiente im 33. Stock von The Shard. **£££**

Hannah Restaurant
Saisonale *omakase*-Probiermenüs in luxuriösem japanischem Restaurant am Fluss. **£££**

Skylon
Modernes europäisches Restaurant im dritten Stock der Royal Festival Hall. **£££**

Neben Filmvorführungen bietet das Festival auch Diskussionen und Vorträge sowie „Screen Talks" mit Beschäftigten aus der Filmindustrie. So bietet sich dir eine einmalige Gelegenheit, tiefer in die Welt des Kinos einzutauchen, da du etwas von Leuten erfährst, die Geschichten auf die Leinwand bringen. In dieser Zeit finden oft auch Filmpremieren stat und vielleicht erspähst du den einen oder anderen Star.

Im Vorfeld des Festivals gehen die Karten weg wie warme Semmeln, denn einige der hier gezeigten Filme und Fernsehserien sind vielleicht nur ein einziges Mal in Großbritannien zu sehen. Tickets kosten ab 10 £ und sind ab September erhältlich.

VOM FESTIVAL ZUM SOUTHBANK CENTRE

Die Ursprünge der größten Kultureinrichtung Europas reichen zurück zum Festival of Britain, das von Mai bis September 1951 stattfand. Das Festival geht zurück auf eine Idee des Labour-Ministers Herbert Morrison: Um die Erholung von den Folgen des Zweiten Weltkriegs zu feiern, sollte das Beste aus Wissenschaft, Industriedesign, Architektur und Kunst vorgestellt werden. Unter all den Feierlichkeiten im ganzen Land kristallisierte sich die South Bank als pulsierender Mittelpunkt heraus, der die Wirkung des Festivals noch verstärkte. Wo damals das Festival stattfand, steht heute das Southbank Centre.

Mitsingen beim Dragbrunch im Between the Bridges

Fabelhafte Drinks, tolle Unterhaltung

Für 35,60 £ tauchst du ein in die Welt des Drag und genießt zwischen London Eye und Hungerford Bridge im coolen Between the Bridges einen Brunch. Die Darsteller:innen wechseln, aber meist sind Stars der britischen und US-Dragszene zu sehen. Sie schaffen ein intimes Flair, sodass alle in bester Stimmung sind – und die Prosecco-Sause vorher hilft sicher auch.

Sehr gesellig wird's, wenn ein DJ alte beliebte Songs auflegt; du kannst auch bei Spielen wie der Schlacht im Synchronsingen mitmachen und dabei tolle Preise gewinnen. Im Eintrittspreis ist das Essen nicht inbegriffen, doch kein Problem: Das Between The Bridges hat einen schönen Streetfoodbereich, wo du etwa Burger, Mexikanisches und Pizza bekommst.

Der Dragbrunch an The End of the Pier ist nur eine von vielen Veranstaltungen in dieser vielseitigen Stätte. Auf der Website ist das laufende Programm zu finden.

Straßenkünstler:innen am South Bank Busking Pitch

Talentierter Nachwuchs

Der South Bank Busking Pitch bietet dem Nachwuchs schon seit über 30 Jahren eine Bühne und ist eine der beliebtesten Spots für Straßenkünstler:innen der Stadt. An vielen Orten in Großbritannien ist Straßenmusik verboten, doch das Southbank Centre hat am Queen's Walk ein paar Stellen geschaffen, wo Künstler:innen ihre Talente darbieten können. Und sie müssen sogar beim Southbank Centre vorspielen, um eine Lizenz für zwölf Monate zu ergattern, sodass man jeweils etwa eine Stunde lang eine gute Show erwarten darf.

AFTERNOON TEA

Lyaness
Neu interpretierte Aromen aus Sri Lanka und preisgekrönte Cocktails. **££**

The Library at County Hall
Urenglischer *high tea* in der Bibliothek des Marriot mit Big-Ben-Blick. **£££**

Swan at the Globe
Bring Theatralik in deinen Tag mit einem von Shakespeares Stücken inspirierten Afternoon Tea. **££**

RIGHTCLICKSTUDIOS/SHUTTERSTOCK ©

Straßenmusiker, Queen's Walk

Wer Lust hat, kann sich hier über den Tag hinweg mehrere Leute anschauen, die vielleicht singen, Comedy bieten oder zaubern. Auch Tanz und Akrobatik sind manchmal zu erleben. Die Spots für Straßenkunst befinden sich beim London Eye und der Hungerford Bridge.

Happy Hour im Seabird

Mediterrane Genüsse

Bei der Happy Hour im **Seabird** im Hoxton Hotel, 14 Stockwerke über den Straßen von Southwark, bieten sich nicht nur spektakuläre Ausblicke: Sobald man eintritt, fühlt man sich wie im Mittelmeerurlaub. Die Einrichtung in neutralen Farben und mit Palmblättern erinnert an südeuropäische Strandclubs, mit dem Unterschied, dass hier The Shard als Kulisse dient.

Hier gibt's das größte Angebot an Austern in London, mit über zehn Varianten aus britischen und französischen Gewässern. In der Happy Hour (Mo–Fr 15–18 Uhr) gibt's sie für nur 2 £ das Stück. Dazu locken Martinis für 7 £.

Doch es dreht sich nicht alles um Austern hier. Das Restaurant punktet mit Fischgenüssen im portugiesischen und spanischen Stil. Vom klassischen Wolfsbarsch bis zu gegrillten Riesengarnelen: Jedes Gericht auf der Karte erzählt eine

DIE BESTEN VEGANEN LOKALE

Wahaca
Britische Kette im mexikanischen Stil mit veganer Karte mit Tacos, großen Portionen und mächtigen Desserts. ££

Okan
Schnörkelloses Restaurant im Cafeteriastil mit traditionellem japanischem Essen und kleinen Häppchen. ££

Ping Pong
Handgemachte chinesische Dum Sum, angekreuzt auf einem Zettel und dann an den Tisch gebracht. Es gibt auch ein veganes Menü. ££

DER BESTE SUNDAY ROAST

The Anchor & Hope
Gemütliches britisches Gastropub beim Bahnhof Southwark mit großen Portionen, auch zum Teilen. ££

The Duke of Sussex
Schweine-, Rinder- und Hühnchenbraten sowie Veganes in Waterloo. ££

The Founder's Arms
Schöne Ausblicke sowie Entenfettkartoffeln und Rumpsteaks. ££

WARUM ICH DIE SOUTH BANK LIEBE

Vivienne Dovi, Autorin

Einige der tollsten Attraktionen Londons wie das London Eye, The Shard und der Borough Market prägen die South Bank. Ich habe schöne Kindheitserinnerungen, wie etwa mit meiner Mutter im London Eye Muttertag zu feiern oder mit meinem Papa über die Themse zu schippern und etwas über London zu lernen.

Ob ich über den Queen's Walk laufe, um Freund:innen zu treffen, auf dem Southbank Food Market Essen aus aller Welt probiere oder mir im Southbank Centre einen spannenden Vortrag anhöre – es gibt immer etwas, was mich hierherlockt. Als jemand, der gern neue Erfahrungen macht, zieht es mich zur stets innovativen Kulturszene an der South Bank.

FELIX MIZIOZNIKOV/SHUTTERSTOCK ©

Tower Bridge

Geschichte von den Aromen der Küste. Das ultimative Speiseerlebnis bieten die Tische draußen auf dem Dach, besonders bei Sonnenuntergang.

Themse-Rundfahrt

Eine Tour über den berühmten Fluss

Kein Abstecher zur South Bank ist wirklich komplett, ohne all die Sehenswürdigkeiten von der Themse aus zu erleben. Verschiedene Reedereien haben Touren und Pendlerverbindungen im Angebot. So kannst du etwa sanft auf einer Sightseeingtour mit informativem Kommentar zu Londons Gegenwart und Vergangenheit an der Tate Modern vorbeigleiten oder in einer Thames Rocket unter der Tower Bridge hindurchsausen.

Die Pendlerboote von Thames Clippers (oder Uber Boat) fahren alle 20 Minuten. Die Hauptanlegestellen an der South Bank sind London Eye, Bankside und London Bridge. Auf der Uber-App kannst du den Fahrplan einsehen, ein Ticket buchen und gleich bezahlen, oder du zahlst kontaktlos beim Besteigen des Boots. Auch am Anleger kannst du Tickets kaufen, doch das ist teurer. City Cruises bietet verschiedene Themen-touren wie Dinner mit Live-Jazz und eine Elvis-Hommage. Mit dem 24-Stunden-Pass kannst du die regulären Verbindungen unbeschränkt nutzen.

KÖSTLICHE DESSERTS

Humble Crumble
Mit Apfel oder saisonalen Füllungen, dazu Shortbread-Crumble und Vanillesoße. £

Snog Frozen Yoghurt
Tolle Leckerei für unterwegs aus einem bunten Doppeldeckerbus bei der Hungerford Bridge. £

Santa Nata
Handgefertigte portugiesische Köstlichkeiten von tollen Konditor:innen nicht weit vom Borough Market. £

Themseboot vor dem London Eye (S. 125)

ALEXEY FEDORENKO/SHUTTERSTOCK ©

TOP TIPP

Lass dir Zeit! Die Gegend Kensington und Hyde Park beherbergt einige der größten Museen der Welt. In diesen riesigen Attraktionen kannst du jeweils Stunden verbringen, um ihre spannenden Schätze zu erkunden.

Oben: Kensington; rechts: Queen-Victoria-Statue, Hyde Park (S. 148)

LOCAL TIPP

David Tucker, Tourguide bei London Walks (@london walksofficial; walks.com), nennt uns seine Lieblingspubs in Kensington und am Hyde Park.

The Scarsdale
Versteckte Nobelkneipe in Kensington. Erbaut als Quartier für Napoleons Offiziere bei der Eroberung Englands – dachte er jedenfalls.

Grenadier
Das Pub Londons, in dem es angeblich am meisten spukt. An der Decke klebt Geld für die Begleichung der Wettschulden eines Soldaten, der 1818 draußen zu Tode geprügelt wurde.

The Star
Wo der große Postzugraub geplant wurde, bevor er 1963 in die Tat umgesetzt wurde.

Kensington & Hyde Park

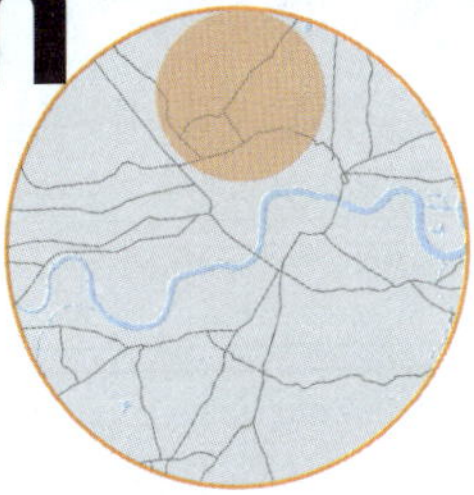

LONDONS KLEINSTER, ABER EDELSTER BEZIRK

Willst du das gentrifizierte London einmal in voller Pracht erleben? Hier kannst du es! Der Bezirk wurde 1901 zum „Royal Borough" erklärt und beherbergt die teuerste Straße Großbritanniens, die Kensington Palace Gardens: Hier erwerben Royals, Industriemogule, Oligarchen und Botschafter Immobilien für bis zu 400 Mio. £.

In den Seitenstraßen stehen lauter hübsche, mit Säulen geschmückte edwardianische und viktorianische Reihenhäuser mit gepflegten Gärten. Beliebt wurde die Gegend, als König Wilhelm III. in den 1680er-Jahren Kensington Palace (früher Nottingham House) erwarb, um der schlechten Luft rund um den Whitehall Palace zu entfliehen. Damals war die Gegend hier kaum mehr als ein Dorf rund 5 km westlich von London mit einem Jagdrevier, dem heutigen Hyde Park, in der Nähe. Mit der Ankunft des Königshauses wuchs das Prestige und die Gegend zog nun wohlhabende Familien an. Im Laufe der Zeit siedelten sich hier noble Restaurants und teure Läden wie Harvey Nichols und Harrods an – sie nährten sich vom Reichtum der hiesigen Bevölkerung und deren Hang zum Luxus.

Im Jahr 1911 eröffnete Michelin hier seinen Londoner Hauptsitz und inzwischen hat sich der Bezirk zu einem kulinarischen Hotspot entwickelt, mit Haute-Cuisine-Adressen, die von Top-Köch:innen geführt werden und so reizend daherkommen, dass es dir nichts ausmacht, dich für ein Mahl zu ruinieren. Und dazu kommen noch glamouröse Läden für einen Schlummertrunk oder einen Jazzabend.

Das gemeine Volk kommt hierher, um sich anzuschauen, wie die Hautevolee so lebt, um den Kensington Palace zu besichtigen und die weltbekannten kostenlosen Museen von South Kensington anzusteuern. Atemberaubende Artefakte füllen die Vitrinen im wunderbaren Victoria & Albert Museum (V&A), im Natural History Museum und im Science Museum.

Im Frühjahr und Sommer strömen Gartenfreund:innen aus nah und fern in den 142 ha großen Hyde Park mit seinen liebevoll gepflegten Gärten und seiner wilden Natur sowie zur spektakulären Chelsea Flower Show.

NICHT VERSÄUMEN

VICTORIA & ALBERT MUSEUM
Eine unermessliche Sammlung schöner Dinge aus 5000 Jahren.
S. 164

NATURAL HISTORY MUSEUM
Eine Kathedrale der Natur mit 80 Mio. Objekten.
S. 170

SCIENCE MUSEUM
Spannendes Museum mit 300 000 Artefakten und Wissenschaft zum Anfassen.
S. 176

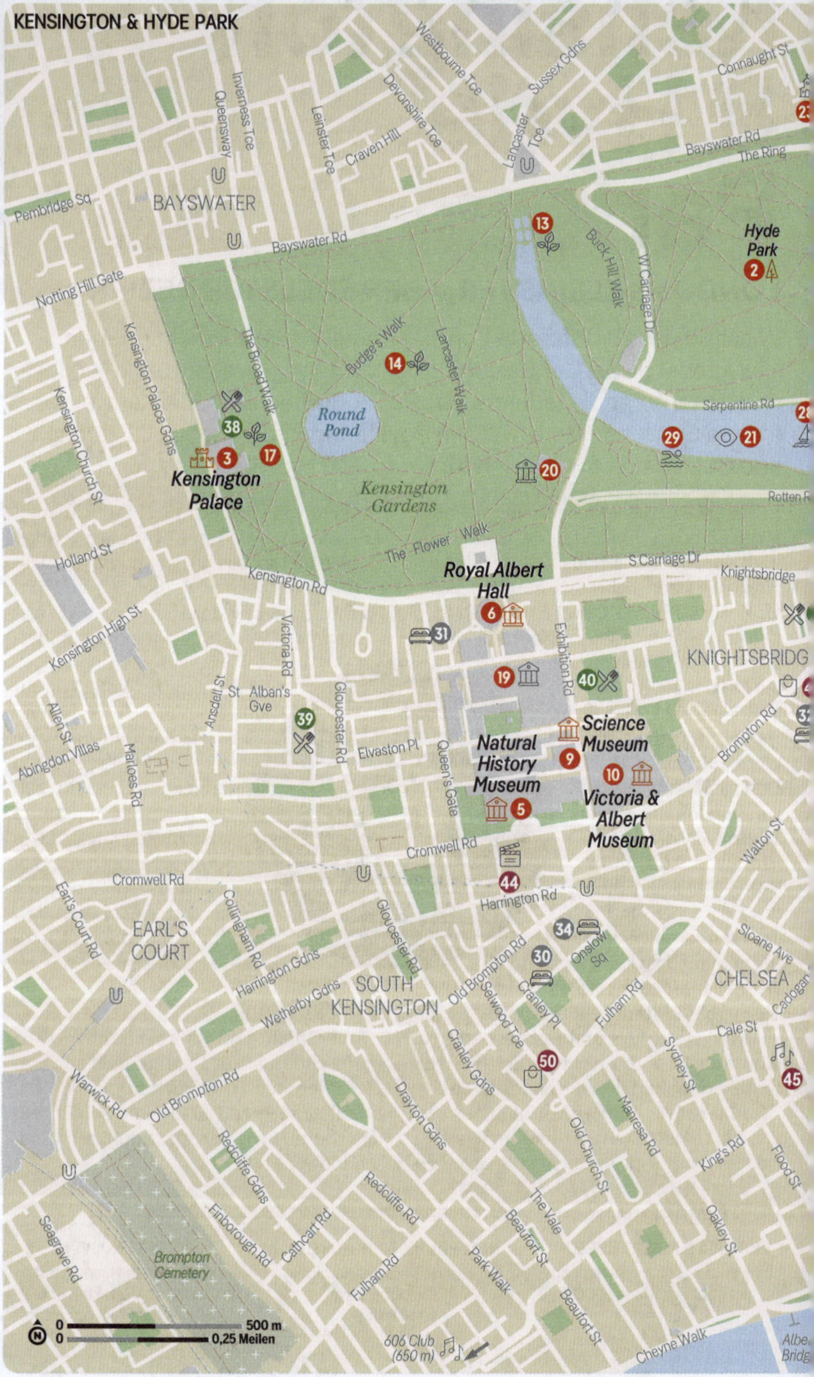
KENSINGTON & HYDE PARK
Westbourne Tce
Sussex Gdns
Connaught St
Inverness Tce
Queensway
Leinster Tce
Devonshire Tce
Craven Hill
Lancaster Tce
Bayswater Rd
The Ring
Pembridge Sq
BAYSWATER
Bayswater Rd
Notting Hill Gate
Hyde Park
Buck Hill Walk
W Carriage Dr
Kensington Palace Gdns
The Broad Walk
Budge's Walk
Lancaster Walk
Kensington Church St
Round Pond
Serpentine Rd
Kensington Palace
Kensington Gardens
Rotten R
The Flower Walk
Holland St
Kensington Rd
S Carriage Dr
Knightsbridge
Royal Albert Hall
Kensington High St
Victoria Rd
Exhibition Rd
KNIGHTSBRIDG
Ansdell St
St Alban's Gve
Gloucester Rd
Allen St
Abingdon Villas
Marloes Rd
Elvaston Pl
Queen's Gate
Science Museum
Natural History Museum
Brompton Rd
Victoria & Albert Museum
Walton St
Cromwell Rd
Cromwell Rd
Harrington Rd
Earl's Court Rd
EARL'S COURT
Collingham Rd
Gloucester Rd
Onslow Sq
Sloane Ave
Harrington Gdns
Old Brompton Rd
Selwood Tce
Cranley Pl
CHELSEA
Wetherby Gdns
SOUTH KENSINGTON
Fulham Rd
Cadogan
Cale St
Cranley Gdns
Sydney St
Warwick Rd
Old Brompton Rd
Drayton Gdns
Manresa Rd
Old Church St
Redcliffe Gdns
King's Rd
Flood St
Redcliffe Rd
The Vale
Oakley St
Seagrave Rd
Finborough Rd
Cathcart Rd
Beaufort St
Brompton Cemetery
Fulham Rd
Park Walk
Beaufort St
Cheyne Walk
Albe Bridg
606 Club (650 m)
0 500 m
0 0,25 Meilen
2
3
5
6
9
10
13
14
17
19
20
21
29
30
31
34
38
39
40
44
45
50

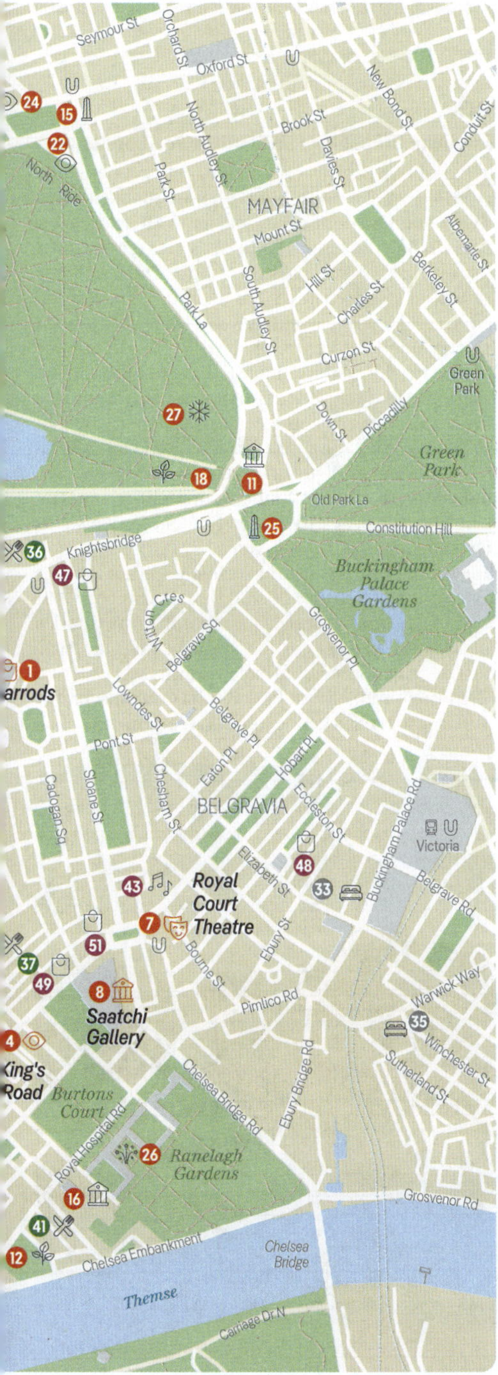

HIGHLIGHTS

1 Harrods
2 Hyde Park
3 Kensington Palace
4 King's Road
5 Natural History Museum
6 Royal Albert Hall
7 Royal Court Theatre
8 Saatchi Gallery
9 Science Museum
10 Victoria & Albert Museum

SEHENSWERTES

11 Apsley House
12 Chelsea Physic Garden
13 Italian Gardens
14 Kensington Gardens
15 Marble Arch
16 National Army Museum
17 Princess Diana Memorial Garden
18 Rose Garden
19 Royal College of Music Museum
20 Serpentine Gallery
21 Serpentine Lake
22 Speakers' Corner
23 Tyburn Convent
24 Tyburn Tree Memorial Plaque
25 Wellington Arch

KURSE & TOUREN

26 Chelsea Flower Show
27 Hyde Park Winter Wonderland
28 Serpentine Boathouse
29 Serpentine Lido

SCHLAFEN

30 Aster House
31 Astor Hyde Park Hostel
32 Knightsbridge Hotel
33 Lime Tree Hotel
34 Number Sixteen
35 Windermere Hotel

ESSEN

36 Dinner by Heston Blumenthal
37 Five Fields
38 Kensington Palace Pavilion
39 Launceston Place
40 Ognisko
41 Restaurant Gordon Ramsay
42 Zuma

UNTERHALTUNG

43 Cadogan Hall
44 Ciné Lumière
45 Pheasantry

SHOPPEN

46 Church's
47 Harvey Nichols
48 Jo Loves
49 John Sandoe Books
50 Peter Harrington
51 Peter Jones

Hyde Park

Größte königliche Grünanlage im Zentrum von London

Der größte Park im Zentrum von London, eine grüne Lunge mit einer vielfältigen Tierwelt, bietet die Möglichkeit, dem Chaos der Großstadt zu entfliehen, spazieren zu gehen oder in einer Liege ein Buch zu lesen. Heute ist es hier schön ruhig, aber hier ist auch schon viel passiert. In der Tudorzeit war dies ein Jagdrevier Heinrichs VIII., im 16. und 17. Jh. wurden hier Tausende von Menschen gehängt und im 18. Jh. fanden hier zahlreiche Duelle statt. Im späten 19. Jh. diente der Park als Kulisse für die erste Weltausstellung überhaupt, die Great Exhibition. Aus dieser Zeit stammt auch der imposante **Marble Arch** an der Nordostecke des Parks, der ein Symbol für die freie Rede wurde – die gesetzlich geschützte **Speakers' Corner** (S. 168) wird auch heute noch genutzt. Zahllose große Protestkundgebungen, ob zum Frauenwahlrecht oder gegen den Krieg, haben schon im Park stattgefunden. In den *swinging sixties* gab es hier Konzerte von z. B. Pink Floyd und Eric Clapton, bis hin zum legendären kostenlosen Konzert der Rolling Stones mit 250 000 bis 500 000 Besucher:innen. 1981 zog Prinzessin Diana nach ihrer Hochzeit mit Prinz Charles (heute König Charles) in den Kensington Palace im Hyde Park. Heute kannst du in der Serpentine baden, dir in zwei Galerien Kunst zu Gemüte führen, dir im Park Skulpturen anschauen und den Duft der makellos gepflegten Gärten atmen.

CHELSEA FLOWER SHOW

Seit 1912 findet dieses blumige Spektakel in Chelsea statt – damals hieß es noch Great Spring Show. Die fünftägige Gartenschau auf dem Gelände des Royal Hospital Chelsea lockt Gartenfans aus aller Welt an. Was zu sehen ist, wechselt jedes Jahr, doch immer ist es zauberhaft und umwerfend. Außerdem kann man hier die aktuell angesagtesten Sachen für den heimischen Garten erwerben, von Werkzeugen bis zu Blumen.

I WEI HUANG/SHUTTERSTOCK ©

Hyde Park

DAN BRECKWOLDT/SHUTTERSTOCK ©

Royal Albert Hall

Royal Albert Hall

Großbritanniens berühmteste Konzerthalle

Die riesige **Rotunde** aus rotem Backstein entstand 1871 als Huldigung an den Gemahl von Königin Viktoria, mit Konzertsaal, Buntglas-Oberlicht und einer Einrichtung in Dunkelrot und Gold. Hier fand schon alles Mögliche statt, von einer Gedenkfeier für Sir Arthur Conan Doyle über Ford Motor Shows bis zu Women's-Institute- und Stonewall-Equality-Treffen, außerdem Star-Wars-Tagungen und Konzerte im Zweiten Weltkrieg mit John Gielgud, Vera Lynn, George Formby und Laurence Olivier. In jüngerer Zeit ist die Halle vor allem für ihre klassischen Konzerte und die von der BBC übertragenen Promenade Concerts (Proms) bekannt, eine Reihe täglicher Konzerte von Juli bis September. Zwar wirkt die Halle recht prächtig, doch die Musiker:innen beschwerten sich lange über die schlechte Akustik des Saals und über das Echo, das von der Decke widerhallte. Seit 1969 hängen deshalb 85 riesige pilzähnliche Schallreflektoren aus Glasfaser unter der Decke. Mehrmals im Jahr finden Führungen hinter die Kulissen statt, bei denen man Zutritt zu sonst nicht zugänglichen Bereichen des Gebäudes hat, z. B. zu den Garderoben der Stars und zur unterirdischen Verladerampe.

CADOGAN HALL

Die **Cadogan Hall** mit ihrer stimmungsvollen, hoch aufragenden Kuppel, ihrer ausgezeichneten Akustik und dem schönen Buntglas ist das Zuhause des Royal Philharmonic Orchestra. Im Saal mit seinen 950 Zuschauerplätzen spielt das Sinfonieorchester alles von Sibelius' Violinkonzert bis zu Ravels Suite *Ma mère l'oye*. Neben weiteren Klassikformaten gibt's hier auch Jazz, Blasmusik, Folk, Chöre und anderes. Auch die BBC Proms sind ergänzend zur Royal Albert Hall in der Cadogan Hall zu Gast.

Saatchi Gallery

Für Kunst der jungen Wilden

Die Galerie für Gegenwartskunst abseits der King's Road wurde als unabhängige Stiftung von Charles Saatchi eröffnet, dem umstrittenen irakisch-britischen Werbemogul, der britische Künstler:innen wie Damien Hirst, Tracey Emin, Sarah Lucas und Gavin Turk förderte, und ist noch immer ein Hotspot für junge moderne Kunst. Gezeigt werden experimentelle und thematische Arbeiten in allen Medien. Beispiele für Ausstellungen vergangener Zeiten sind etwa die Graffiti-Ausstellung *Beyond the Streets* mit Werken von 100 Künstler:innen aus aller Welt, die Ausstellung *America in Crisis* mit Fotografien von den 1960er-Jahren bis heute und die Ausstellung *Want the World to Know* von Michael Forbes mit schlagkräftigen Skulpturen zu Themen wie Rassenpolitik und Migration. Die Ausstellungen auf den drei Etagen mit 6500 m² Fläche im Gebäude Duke of York's Headquarters wechseln regelmäßig. Jedes Jahr im Frühjahr nimmt die **Rare Book Fair** eine Woche lang die gesamte Galerie ein. Daueraustellungen gibt's zwar nicht mehr, doch der Galerieshop ist eine tolle Adresse auch für Originalkunst und Drucke sowie für Kunst- und Designbücher und Andenken.

ANDREW HARKER/SHUTTERSTOCK ©

Royal Court Theatre

Royal Court Theatre

Rebellisches Schauspielhaus

Schon bald nach der Eröffnung 1870 als New Chelsea Theatre begab sich das Royal Court Theatre auf seine Laufbahn als rebellische Theaterbühne. Hier wurden viele von W. S. Gilberts frühen Stücken gezeigt, darunter eine Adaption von Dickens' *Großen Erwartungen* und *The Happy Land*, das 1873 eine gewaltige Kontroverse auslöste: Es brach mit der damaligen Regel, keine öffentlichen Personen darzustellen, in diesem Fall den Premierminister, Chancellor of the Exchequer und First Commissioner of Works. Das Theater hat sich einen Ruf für gesellschaftsrelevante anspruchsvolle Bühnenkunst erworben. So entstand nach den Stonewall Riots die *Rocky Horror Show*, die im Juni 1973 im Royal Court Premiere feierte.

King's Road

Von den *swinging sixties* bis zu Luxusboutiquen

Von Led Zeppelin und Heinrich VIII. bis zu Mary Quant und Margaret Thatcher (die hier lebte, kurz bevor sie Premierministerin wurde): Die nach König Karl II. benannte King's Road in Chelsea war früher ein privater Feldweg für den Monarchen zwischen den Palästen St James und Hampton Court. Hundert Jahre lang durften ihn nur die Royals und ihre Gäste und Bediensteten nutzen. Dank der königlichen Wurzeln wuchs das Ansehen der Gegend und entwickelte sich in den 1960er-Jahren zur Bohememeile mit avantgardistischer Mode und Musik. 1955 eröffnete die britische Modeschöpferin Mary Quant einen Laden und es gab überall Miniröcke. In den Sechzigern ließen sich dann an der King's Road zahlreiche kleine Boutiquen nieder, Led Zeppelin gründete hier eine Plattenfirma und Leute wie die Beatles und David Bowie tummelten sich hier. Sogar Ian Flemings fiktiver James Bond hatte abseits der King's Road eine Wohnung. Dann kamen die Punks und im Haus King's Road 430 betrieb die schräge Modeschöpferin Vivienne Westwood von 1974 bis 1976 eine Boutique mit dem Namen „Sex"; ihre Designs werden auch heute noch an derselben Adresse verkauft. Zwar sind viele der Londoner Trendsetter:innen mittlerweile in den Osten der Stadt umgezogen, doch noch immer bietet sich die King's Road für einen interessanten Spaziergang an, mit wunderschönen alten Seitenstraßen, Designerläden und Spezialgeschäften für Wohlhabende.

BBA PHOTOGRAPHY/SHUTTERSTOCK ©

Festival Chelsea in Bloom

CHELSEA IN BLOOM

Jedes Frühjahr sind die Geschäfte, Restaurants und Hotels von King's Road, Sloane Square und Duke of York Square im Rahmen des Festivals **Chelsea in Bloom** mit einer bunten Blumenpracht geschmückt. Jedes Jahr gibt's ein anderes Motto und stets können die Teilnehmenden Preise in den Kategorien Best Floral Display, People's Champion, Innovation und Highly Commended gewinnen. Alle Blumenarrangements sind auf einem Rundgang (Karte auf chelseainbloom.co.uk) und bei einer Rikschatour zu erleben.

Harrods

Das Kaufhaus aller Kaufhäuser

Das gigantische und pompöse Harrods ist mit keinem anderen Kaufhaus zu vergleichen. Erfolgreich balanciert es auf einem schmalen Grat zwischen Touristenattraktion, protzigem Einkaufszentrum im Dubai-Stil und eleganter (aber nicht superteurer) Gastroadresse. Das Haus mit seinen 330 Abteilungen und knapp 100 000 m² Fläche wurde 2010 für angeblich 1,5 Mrd. £ an die katarische Königsfamilie verkauft. Diese ließ die Statue von Diana und Dodi Fayed entfernen, aufgestellt nach dem Pariser Unfalltod der beiden; erhalten blieb dagegen der fast fantasyhafte „Egyptian Escalator" mit Kriegern und Pharaonen auf jeder Etage. Die Ursprünge des siebenstöckigen Giganten, wo es von Nischenparfüms und Designertaschen bis zu extravaganten Schuhen und Bekleidung sämtlicher berühmter Modehäuser so ziemlich alles gibt, liegen 1849 in einem kleinen Laden mit zwei Angestellten. Mit der Eröffnung an dieser Stelle wettete Charles Henry Harrod auf die Great Exhibition, die 1851 im nahen Hyde Park stattfand. Er erwarb mehrere Gebäude in der Nähe und 1881 hatte sein Geschäft schon 100 Angestellte. Heute ist das Kaufhaus immer voll – da das Haus das ganze Jahr über außen von 12 000 Glühbirnen beleuchtet wird, denken viele vielleicht, dass schon Weihnachten ist. Und in der tatsächlichen Weihnachtszeit setzt die entsprechende Beleuchtung dem Ganzen die Krone auf.

HARVEY NICHOLS

„Harvey Nicks", wie es in London genannt wird, ist ein glamouröser Tempel der stylishen Luxusmarken und lockt mit seinen legendären Schaufensterdekorationen Konsumwillige nach Knightsbridge. Das dekadente Gebäude hat auf sieben Etagen 20 000 m² an Verkaufsfläche. Das nur eine Querstraße von seinem Konkurrenten Harrods entfernte Kaufhaus kam diesem 20 Jahre zuvor, als Benjamin Harvey 1831 in einem Reihenhaus an der Ecke zur Sloane Street einen kleinen Stoffladen eröffnete. Später dehnte er seinen Laden auf die Häuser daneben aus und stellte 1841 James Nichols ein, der mehrere Jahre später Harveys Nichte heiratete.

ALEXEY FEDORENKO/SHUTTERSTOCK ©

Harrods

Michelin House

MEHR IN KENSINGTON & HYDE PARK

Sündhaft teure Mahlzeiten

Wenn du nur einmal essen gehst ...

Einige der besten Köch:innen der Welt sind im gefeierten Feinschmeckerrevier Kensington und Hyde Park vertreten. In zahlreichen Top-Restaurants werden in luxuriösem Ambiente prächtige Kreationen serviert. Zu den absoluten Top-Läden zählt das seit 2001 mit drei Sternen gekrönte **Restaurant Gordon Ramsay**: Im Rahmen eines „Prestige"-Probiermenüs tischt es atemberaubend kreative Gerichte auf. Ein vegetarisches Menü gibt es auch, was in Sternelokalen sonst eher selten ist. Ein weiterer Feinschmeckertempel der Gegend ist **Dinner by Heston Blumenthal**. Sein mit zwei Sternen bedachtes Restaurant befindet sich im Mandarin Oriental Hyde Park und verfügt über einen Speisesaal mit verglaster Küche und großen Fenstern hinaus zum Park. Etwas abseits der King's Road versteckt sich an der Chelsea Terrace das **Five Fields** mit einem Michelin-Stern, ein wahrer Triumph der Londoner kulinarischen Szene mit einem einladend hellen Essbereich in Cremetönen. Küchenchef ist der Londoner Taylor Bonnyman, der Zutaten aus seinem Garten in Sussex verarbeitet. Ein superschickes modern-europäisches Speiseerlebnis in einem hübschen edwardianischen Haus bietet das Sternerestaurant **Launceston Place**, früher das Stammrestaurant von

IM LONDONER MICHELIN-HAUPTSITZ SPEISEN

Passenderweise residiert Michelin – der Reifenhersteller, der die berühmten prestigeträchtigen Auszeichnungen an Restaurants vergibt – in London in einem wunderschönen Bauwerk. Das 1905–1911 von François Espinasse errichtete Haus ist ein schönes Exemplar des britischen Jugendstils und wahrscheinlich die spektakulärste je gebaute ehemalige Werkstatt, mit gebogenem Glasschmuck, stattlichen weiß-grünen Säulen und einem markanten Buntglasfenster mit dem allgegenwärtigen pummeligen Michelin-Männchen (Bibendum). Das Restaurant **Claude Bosi** des Hauses verkörpert mit seiner eleganten Einrichtung und den kleinen Speisen, die wie Mini-Kunstwerke arrangiert sind, den Michelin-Geist der Restaurantkritik. In der Bibendum Oyster Bar lagerten einst Reifen; im Sommer kann man unter freiem Himmel tafeln.

DIE BESTEN ORTE FÜR LIVE-JAZZ

The Pheasantry
Allabendlich Varieté und Jazz beim Pizza-Express in einem historischen Gebäude an der King's Road.

606 Club
Intimer Kellerclub mit Live-Jazz sowie Abendessen an Tischen mit weißen Tischdecken. Reservieren!

The Elgar Room Brasserie
Das Elgar im dritten Stock der Royal Albert Hall bietet donnerstags spät am Abend Jazz, u. a. mit Nachwuchsmusiker:innen.

Prinzessin Diana, geführt vom innovativen und reich tätowierten Koch Ben Murphy, der saisonale verspielte wie auch würdevolle Verkostungsmenüs zaubert. Die beste Adresse für erstklassiges japanisches Essen, besonders für außergewöhnliches Sushi, ist das stylishe **Zuma** unter der Leitung von Koch Rainer Becker, der jahrelang für das Hyatt arbeitete und in Tokio lebte. Mit etwas eher Unerwartetem, nämlich polnischem Essen, lockt das schöne **Ognisko**. Es residiert in einem in einen privaten Club verwandelten viktorianischen Stadthaus; hier trafen sich zu Beginn des Zweiten Weltkriegs auch viele Diplomaten. In sehr prestigeträchtigem Ambiente werden hier unprätentiöse Gerichte serviert.

Art-déco-Kino

Unabhängig produzierte Filme

Im French Institute zeigt das **Ciné Lumière** in einem Art-déco-Kinosaal mit 300 Plätzen jeden Abend vorwiegend französische Filme, aber auch andere fremdsprachige und unabhängig produzierte Streifen. Filmfreund:innen können regelmäßig an Veranstaltungen mit z. B. interessanten Regisseur:innen und Schauspieler:innen teilnehmen.

ÜBERNACHTEN IN HISTORISCHEN HÄUSERN

Lime Tree Hotel
Familiengeführtes Boutiquehotel in umgemodeltem georgianischem Stadthaus. **£££**

Windermere Hotel
Geschmackvolles Boutique-hotel in einem weißen hochviktorianischen Stadthaus. **£££**

Number Sixteen
Edle bunte Zimmer, privater Garten voller Bäume und gemütlicher Salon. Eine gute Wahl für Familien. **£££**

AC MANLEY/ALAMY STOCK PHOTO ©

Ciné Lumière

Army Museum

Wie die britischen Streitkräfte das Land prägten

In vier Abteilungen – Formation, Soldier, Global Role und Conflict in Europe – erzählt das **National Army Museum** die Geschichte der sich stets wandelnden britischen Armee, und zwar aus der Perspektive derer, die in ihr gedient haben. Hier gibt's Fahrzeuge, Waffen, Ausrüstung, alte Gemälde und jede Menge interaktive, bei Kindern beliebte Displays – die Kids können sich von einem virtuellen Ausbildungsoffizier herumkommandieren lassen, unter ein Dingo Scout Car klettern und einen Angriffsparcours bewältigen. Schauspieler:innen erzählen 20 Minuten lang echte und erfundene Kriegsgeschichten und es sind einige sehr persönliche Gegenstände zu sehen, die zum Teil während der Dienstzeit gesammelt wurden, als Beispiel für die Kontakte, die Armeeangehörige zu heimischen Bevölkerungen haben. Dazu kommen kostenlose Vorträge zu allem von Kriegsgefangenschaft bis zu Schützengrabenkunst. Regelmäßig finden Führungen und Workshops statt, z. B. dazu, wie man im Feld Wunden versorgt und wie Florence Nightingale und Mary Seacole eine Revolution auf dem Feld der Hygiene anstießen. Über anstehende Veranstaltungen informiert die Website.

Aster House
Freundliches B&B in einem reizenden viktorianischen Stadthaus. Frühstück im Wintergarten voller Pflanzen. **£££**

Astor Hyde Park Hostel
Nobles Ambiente, herzlicher Empfang und geselliges Flair in eleganter, aber nicht erdrückender Einrichtung. **£**

Knightsbridge Hotel
Boutiquehotel in sechsstöckigem viktorianischem Stadthaus an einer stillen, baumgesäumten Straße. **£££**

NATHANIEL NOIR/ALAMY STOCK PHOTO ©

PRAKTISCH & KONKRET

Dieser QR-Code führt zu Preisen und Öffnungszeiten.

HIGHLIGHT

Kensington Palace

Eine Seite dieses gnadenlos prachtvollen Königspalasts, in dem mehrere frühere Monarch:innen residierten, ist öffentlich zugänglich. Zu den opulenten Räumen in den öffentlichen und privaten Palastteilen zählen etwa die prächtigen King's State Apartments. Im nicht zugänglichen Teil residieren derzeit offiziell der Prinz und die Prinzessin von Wales (William und Kate) mit ihren Kindern.

NICHT VERSÄUMEN

- King's Staircase
- King's State Apartments
- Queen's State Apartments
- Jewel Room
- Viktorias Apartments

King's Staircase

Wer die King's Staircase hinaufgeht, sieht unter einer vergoldeten Decke in realistisch gemalten Bögen lebensgroße Personen vom Hof Georgs I. Schon seit Hunderten von Jahren beeindruckt die Treppe mit ihrem Eisengeländer nachdrücklich die Besucher:innen. Die 45 spannenden, auf Balkonen stehenden Figuren stammen von William Kent, der sich von Palästen in Rom, wo er Kunst studierte, inspirieren ließ. An der Decke ist ein Selfie von Kent zu sehen: Er hält eine Palette und trägt einen braunen Turban. Am Eingang zu den King's Apartments oben an der Treppe hängt ein Bild von Georg II. von John Shackleton.

King's State Apartments

In den opulentesten zugänglichen Räumen residierten ab Juni 1727, als der Kensington Palace wieder zum Mittelpunkt des Hoflebens wurde, Georg II. und Königin Caroline. Die roten Stoffwände der **King's Gallery** zieren Porträts bedeutender

STEVE VIDLER/ALAMY STOCK PHOTO ©

Links: King's Staircase; rechts: Cupola Room

georgianischer Personen; die Decke ist mit Gemälden mit Szenen aus dem Leben des Odysseus bedeckt. Ein Kompassring mit Himmelsrichtungen rahmt ein Gemälde der Britischen Inseln über dem Kamin. Der Kompass war mit einer Wetterfahne auf dem Dach verbunden, sodass der König wusste, aus welcher Richtung der Wind wehte, ohne hinausgehen zu müssen. Im benachbarten **King's Drawing Room** empfing der König bevorzugt seine Höflinge zum Weintrinken, Kartenspielen und Netzwerken (oder Tratschen). Die Decke ziert ein großes ovales Gemälde, dazu kommen Kronleuchter und goldgerahmte Gemälde der hl. Agnes sowie Bilder von Baumeistern und Gelehrten. Im schönen **Cupola Room** mit vergoldeten Statuen und einer bemerkenswert detailliert bemalten Decke wird's noch eindrucksvoller. Hier fanden Hofbälle statt – die Tanzenden wurden eingehend studiert. Viele Jahre später wurde in diesem Raum die spätere Königin Viktoria getauft. Im **Temple of the Four Grand Monarchies** befindet sich die prächtigste, mit Silber und Bronze verzierte Uhr des Palasts – einst spielte sie Musik von Händel, Geminiani und Corelli. In der **Privy Chamber** ließen Königin Caroline und Georg II. Porträts von Familienmitgliedern aufhängen – sie waren in Deutschland geboren und wollten so ihr Anrecht auf den Thron bezeugen. Das ovale Deckengemälde zeigt Mars, den römischen Kriegsgott. König Georg II. war der letzte britische Monarch, der selbst Truppen in den Krieg führte.

Queen's State Apartments

Der älteste Teil des Palasts war die Domäne der Stuarts, König Wilhelm III. und Königin Maria II., die sich den Palast 1689 als Landresidenz erkoren. Die Räume hier sind weitaus intimer und nicht so prunkvoll. Im **Drawing Room** mit exotischem Porzellan aus Japan und China, Tapisserien an

LUNA CINEMA

Im Sommer veranstaltet das Reisekino an fünf Abenden auf dem Palastgelände Filmvorführungen. Tickets vorausbuchen und eine Decke mitnehmen (oder bei der Buchung eine reservieren)! Die Filme reichen von oscargekrönten bis zu Kultklassikern. Du kannst auch ein Picknick mitbringen oder vor Ort Kleinigkeiten kaufen. Prosecco, Wein, Spirituosen und Cocktails gibt's an der Luna Bar.

TOP TIPPS

- Tickets vorbuchen.
- Später am Tag ist weniger los. Letzter Einlass ist um 17 Uhr.
- Zeit einplanen für die persönlichen Habseligkeiten in Viktorias Apartments.
- Gastausstellungen checken; zuletzt gab's „Crown to Couture" mit Nobeloutfits von Oscar- bis Met-Gala-Teilnehmenden.
- Ein Jahresticket für 55 £ gewährt Zugang zum Tower of London, Hampton Court Palace, Kew Palace und Banqueting House.
- Die Kensington Gardens und den Sunken Garden nicht versäumen.

HIGHLIGHT

Kensington Palace

PRIVATE TOUREN

Auf einer privaten Tour für 1000 £ und bis zu zehn Personen kannst du den Kensington Palace vor den regulären Öffnungszeiten ohne den üblichen Andrang besichtigen. Private Abendtouren sind dreimal so teuer, kosten also 3000 £ für zehn Personen. Die Privattouren müssen mindestens zwei Wochen im Voraus gebucht werden.

den Wänden und einem Schreibtisch mit Blumenintarsien, an dem sie ihre Korrespondenz erledigte, empfing Königin Maria ihre Gäste. In trauter Zweisamkeit speisten König und Königin abseits neugieriger Augen des Hofs im schön getäfelten **Queen's Dining Room**. Angeblich aßen sie gern Fisch und tranken gern Bier – diese Tradition lebt auch im heutigen Großbritannien fort. In der **Queen's Gallery** hingen die wertvollsten Gemälde und hier präsentierte die Königin auch ihre Sammlungen aus China, Japan und Indien. Hier lasen und stickten auch oft Hofdamen und die Möpse der Königin lümmelten auf Kissen. Absichtlich bilden die **Queen's Stairs** einen starken Kontrast zur Königstreppe, mit einfacher Holzvertäfelung statt mit großen Fresken. Doch die Lage der Treppe war sehr praktisch, denn über sie hatte die Königin mit ihren Hofdamen leicht Zugang zum Garten.

Jewel Room

Dieser Raum beherbergt Schmuck, den ihr Gatte Albert eigens für Königin Viktoria anfertigen ließ, darunter die funkelnde Fife Diamond Tiara mit birnenförmigen Diamanten: Diese schenkte Albert, der Herzog von Fife, Viktoria an ihrem Hochzeitstag. Bei Events zusammen mit ihrem Mann trug Viktoria gern eine Tiara statt einer Krone. Außerdem trug

Kensington Palace

ALEXEY FEDORENKO/SHUTTERSTOCK ©

Jewel Room

sie gern Alberts Designs, auch um ihm zu zeigen, dass sie seine Ehefrau war, und um nicht als übermäßig ranghöher zu erscheinen, was sie natürlich war. Außerdem gibt's hier eine Halskette, eine Brosche und Ohrringe mit Smaragden, die bei einem Bankett im Trinity College in Cambridge die Gäste verzauberten und die Macht der Königin versinnbildlichten. Alberts großes Interesse an Schmuckdesign passte bestens zu seiner wissenschaftlichen und künstlerischen Neugier.

Viktorias Apartments

Die vergleichsweise bescheidenen und stillen, nur leicht dekorierten Räume mit der Ausstellung „Victoria: A Royal Childhood" sind eine Nachbildung der Räumlichkeiten, in denen Viktoria die ersten 18 Jahre ihres Lebens verbrachte – mit dem Bett, an dem sie am 24. Mai 1819 geboren wurde, einem Puppenhaus und Holzpuppen, mit denen sie spielte, und ihrem Reisebett sowie vielen weiteren Familienerbstücken. Hier befolgte Viktoria die strengen Regeln, die als Kensington-System bekannt wurden und die sie auf ihre Rolle als Königin vorbereiten sollten. 1837 erfuhr sie, dass der König verstorben war und nun sie Regentin sein würde. Kurz darauf absolvierte sie im **Red Saloon** ihr erstes Staatsratstreffen mit 97 Männern. Als Leihgabe ist im Kensington Palace die erste Proklamation zu sehen, die sie unterschrieb. Außerdem sind Porträts von bedeutenden Persönlichkeiten zu sehen, ein Gemälde von Viktorias Krönung 1838 sowie eine Büste des ersten Herzogs von Wellington, ausgestellt von der Herzogin von Kent nach Wellingtons Niederlage gegen Napoleon Bonaparte. Weitere interessante Familienstücke sind kleine Fäustlinge von Prinzessin Charlotte, der Tochter von Georg IV. und Königin Caroline, die kinderlos verstarb.

ALLERLEI ROYALES

Andenkenladen
Im Shop des Kensington Palace kannst du dich mit Royals-Kitsch eindecken wie Union-Jack-Nadeln und -stiften, Krönungsbechern und Haushaltswaren wie Geschirrtüchern und Porzellan. Zudem im Angebot ist Schmuck nach offiziellen Designs und vom Sunken Garden inspirierte Aquarelldrucke, Tassen mit Blumenmotiven, Taschen, Schürzen und Tagebücher.

Palace Café
Das Café am Palastausgang bietet eine saisonal wechselnde Karte mit Frühstück, Lunch und einem königlichen Afternoon Tee mit *Coronation chicken* und *Victoria sponge* sowie warme und kalte Getränke.

DARTREY/SHUTTERSTOCK ©

Chelsea Physic Garden

Apothekergarten

Ein Zuhause der Heilpflanzen

Der 1,6 ha große, von einer Mauer eingefasste und überaus reizvolle **Chelsea Physic Garden** in der Nähe der Themse wurde 1673 von der Worshipful Society of Apothecaries zur Erforschung der Heilkraft von Pflanzen angelegt. Die Auswahl an essbaren, nützlichen und heilenden Pflanzen hier ist ziemlich bemerkenswert, darunter auch solche aus den entferntesten Ecken der Welt, und sie werden von zahlreichen indigenen Völkern u. a. in Nordamerika, Australien, China, Indien und Neuseeland verwendet. In verschiedenen Workshops werden Themen wie Kunst, fleischfressende Pflanzen und Bestimmung tropischer Früchte behandelt. Überdies kannst du hier wunderbar entspannen, lesen oder an einem Yogakurs oder im Sommer an einem Klangbad teilnehmen – Termine siehe Website. Im August ist der Garten immer mittwochabends lange geöffnet – dafür Tickets im Voraus kaufen! Das **Physic Garden Café** serviert Afternoon Tea, Mittagessen, Kuchen und Gebäck.

KÖNIGLICHE EISCREME

Hyde-Park-Besucher:innen können eine kühle Leckerei erstehen, und zwar an einem Fahrzeug, das zwei typisch britische Autos verschmilzt: den Eiswagen und den Rolls Royce. Die Rolls-Royce-Eiswagen sind im Sommer in den Italian Gardens und auf dem Broad Walk vor dem Kensington Palace zu finden und verkaufen einfaches oder doppeltes „99 Flake"-Eis, ein Wall's-Softeis mit Flake-Schokoriegel. Die klassischen Autos sind die ersten batteriegetriebenen Eiswagen der Welt.

DIE SCHÖNSTEN LÄDEN

Peter Harrington
Mit einer riesigen Auswahl an wechselnden Erstdrucken, von Andy Warhol bis Ian Fleming.

Church's
Church's hat hochwertige moderne und klassische Schuhe, die anderswo schon lange nicht mehr hergestellt werden.

Jo Loves
Wunderschön verpackte Kerzen und Düfte von Jo Malone – perfekte Mitbringsel oder Andenken!

Seltene alte Instrumente

500 Jahre Musikgeschichte

Im **Royal College of Music Museum** auf dem Campus der Hochschule bietet sich die Möglichkeit, in mehr als 500 Jahre Musikgeschichte einzutauchen. Zu sehen sind hier historische Partituren etwa von Brahms, Sullivan, Vaughan Williams und Purcell, ungewöhnliche Musikinstrumente aus aller Welt und die älteste bekannte Gitarre. Von den drei Abteilungen ist eine Saiteninstrumenten, eine Tasteninstrumenten und eine wechselnden Ausstellungen mit Elementen aus der 14 000 Stücke umfassenden Sammlung gewidmet. Führungen für bis zu zwölf Personen bieten einen Blick hinter die Kulissen zu über 50 ausgestellten Stücken – vorausbuchen!

Führende Galerie für moderne Kunst

Eine bedeutende Londoner Galerie

Mit ihren beiden Häusern Serpentine North und Serpentine South beiderseits des gleichnamigen Sees im Hyde Park ist die **Serpentine Gallery** eine wichtige kostenlose Galerie für zeitgenössische Kunst, in der schon Werke von Größen wie Henry Moore, Andy Warhol, Jeff Koons, Andreas Gursky, Damien Hirst, Louise Bourgeois, Gabriel Orozco und Tomoko Takahashi zu sehen waren. Der South-Teil residiert in einem früheren Teepavillon aus den 1930er-Jahren, der North-Teil in einem 200 Jahre alten Schießpulverarsenal, früher als Magazine bekannt – so heißt heute der von der Architektin Zaha Hadid entworfene Anbau samt Café. Hadid war die erste von inzwischen zahlreichen Architekt:innen, die in der Nähe den jährlichen „Sommerpavillon" errichteten, der immer von Juni bis Oktober geöffnet ist. Die Galerie veranstaltet regelmäßig Vorträge von Künstler:innen, Dichterlesungen und Workshops sowie spannende wechselnde Ausstellungen.

Baden in einem königlichen Park

Freibadalltag

Der See mit dem Kaltwasserbad **Serpentine Lido** wurde 1730 bis 1733 angelegt – vielleicht teilt man sich das Freibad mit ein paar Wasservögeln. Das Serpentine Lido gibt's seit den 1930er-Jahren mit 100 m Wasser, die vom Hauptsee (S. 148) abgezweigt wurden. Im milden Wetter des Sommers ist das Bad sehr beliebt, aber es ist auch im Winter für Mitglieder des Serpentine Swimming Club geöffnet, der jedes Jahr ein kühles Weihnachtsschwimmen um den Peter Pan Cup veranstaltet – Zuschauer:innen sind willkommen. Ursprünglich

AFTERNOON TEA AUF KÖNIGLICHEM GRUND

Afternoon Tea gibt's in London an vielen Ecken, doch der hier hat einen besonderen Reiz: Er ist der einzige, den man auf Palastgelände genießen kann. Im **Kensington Palace Pavilion** werden Etageren für die High Society dargeboten. Arbeite dich von unten nach oben: Zwischen englischem Brot ohne Kruste finden sich unten z. B. Gurken, Minze-Frischkäse mit Schwarzpfeffer, *Coronation chicken* und schottischer Räucherlachs. Auf der mittleren Ebene gibt's klassische Scones mit kornischer *clotted cream* und Erdbeermarmelade, oben schließlich extravagante Desserts wie Vanille-Passionsfrucht-Cheesecake oder Erdbeer-*choux au craquelin*. Alles zu verputzen auf der Terrasse gegenüber vom **Princess Diana Memorial Garden** (S. 175).

Peter Jones
Das klassische Kaufhaus an der King's Road ist toll für einzigartige Mitbringsel und verströmt 1930er-Charme.

John Sandoe Books
Wie aus der Winkelgasse: Der dreistöckige Buchladen ist eine Top-Adresse für Belletristik-Schnäppchen und Klassiker.

Limelight Movie Art
Ein Tempel für Filmfreaks, mit seltenen Plakaten von Filmhits für Leute mit ausreichend Kleingeld.

EVA LOH/SHUTTERSTOCK ©

Höckerschwäne, Hyde Park

entstand der See, indem der River Westbourne aufgestaut wurde, der über einen kleinen Nebenfluss in die Themse mündete. Heute bleibt der See sauber, da immer eine leichte Strömung durch ihn hindurchfließt.

Weihnachtswunderland

Festfreuden im Hyde Park

Das **Hyde Park Winter Wonderland** lockt von November bis Januar Tausende von Besucher:innen an und wartet mit einem Overkill an Weihnachtsspaß auf, mit über 100 Fahrgeschäften wie einem 80 m hohen Starflyer und einer 370 m langen Achterbahn, der größten Eisbahn Großbritanniens, weihnachtlichen Streetfoodständen und einem Zirkus. Rund 500 t Eis und Schnee werden für das Magical Ice Kingdom herangekarrt, mit begehbarem Eispalast und Eiskristallkutsche für Instagram-Fotos, gezogen von einem Einhorn aus Eis – wer an einem Eisskulptur-Workshop teilnimmt, kommt umsonst ins Kingdom. Im Bavarian Village haben dann die Erwachsenen ihren Spaß, mit deutschem Essen und Bier in einer Art Oktoberfestzelt. Jedes Jahr gibt's neue Attraktionen wie etwa Tubing auf der Real Ice Slide. Der Eintritt ist frei, aber es kann teils sehr voll werden. Die Attraktionen kosten extra, für die größeren sollte man Karten im Voraus buchen.

VÖGEL IM HYDE PARK

Höckerschwan
Die königlichen Vögel sind große weiße Wasservögel mit langem S-förmigem Hals und orangenem Schnabel.

Mandarinente
Die Männchen haben ein schönes buntes Kleid mit langen orangenen Federn und orangenen „Segeln" auf dem Rücken.

Graureiher
Langbeinige Watvögel mit langem Schnabel und Federkleid in Grau, Schwarz und Weiß.

Nilgans
Kam im 17. Jh. nach England. Eigentlich keine Gans; mit cremebraunem Körper und silberbraunem Kopf.

Haubentaucher
Eleganter Wasservogel, einst bejagt wegen seiner schönen Federn. Zu erkennen an der orangenen Krause um den Hals.

LUXURIÖS NÄCHTIGEN

The Gore
Prachthotel mit Kronleuchtern, makellosem Service und altenglischem Charme ohne Ende. £££

The Lanesborough
Ultimative Nobelbleibe mit Blattgolddeko und Butlern für jedes opulente Zimmer. £££

Mandarin Oriental
Superschickes Palasthotel am Hanover Square mit gefärbtem Marmor und Art-déco-Flair. £££

Winter Wonderland, Hyde Park

RICHIE CHAN/SHUTTERSTOCK ©

PRAKTISCH & KONKRET

Dieser QR-Code führt zu Öffnungszeiten und Infos zur Besuchsplanung.

HIGHLIGHT

Victoria & Albert Museum

Das V&A verfügt über eine unermessliche Sammlung an schönen Dingen aus 5000 Jahren menschlicher Schöpferkraft und platzt mit seinen über 2 Mio. Objekten (davon 60 000 ausgestellt) schier aus allen Nähten, von orientalischen Teppichen und alten Kleidungsstücken bis zu Möbeln und Musikinstrumenten. Bei nur einem Besuch lassen sich die 11 km Ausstellungsstrecke gar nicht erfassen – der Eintritt ist frei, so kannst du so oft zurückkommen, wie du möchtest.

NICHT VERSÄUMEN

- British Galleries
- Europe 1600–1815
- Cast Courts Gallery
- Photography Centre
- South Asia Gallery
- Islamic Middle East Gallery
- Fashion Collection

British Galleries (Ebene 1)

Tauche ein in die Geschichte des britischen Designs aus 400 Jahren von der Tudor- bis zur viktorianischen Zeit. 3000 Stücke sind ausgestellt, z. B. Tapeten und Keramik. Zu den besonderen Highlights zählt das berühmteste Bett Großbritanniens: das Great Bed of Ware, ein superbreites Himmelbett, angefertigt in den 1590er-Jahren als Werbung für einen Gasthof in Hertfordshire. Es ist über 3,3 m lang und 3 m breit und fand in Shakespeares *Was ihr wollt* Erwähnung. Zu sehen ist auch der älteste Schreibtisch im Gebäude, eine mit winzigen Goldbildern verzierte *writing box* von 1525 von Heinrich VIII.

Europe 1600–1815 (Ebene -1)

In sieben Sälen sind auf dieser Ebene 1100 Objekte aus einer Zeit zu finden, als Frankreich auf den Gebieten von Kunst und Design führend war. Zu sehen ist z. B. ein silbernes Service,

STEVE ALLEN/SHUTTERSTOCK ©

Links: Victoria & Albert Museum; oben: Saal

FÜHRUNGEN

Bei den verschiedenen kostenlosen Führungen durchs V&A wird ein tieferes Verständnis des Gezeigten vermittelt. Zu den Rundgängen zählen die beliebte V&A Highlights Tour, die Fashion Tour und die LGBTQIA+ Tour; außerdem gibt's z. B. die Remarkable Women Tour und die Historical and Hidden Caribbean Tour. Termine siehe Website.

das der Duke of Wellington von Portugal nach seinem Sieg über Napoleon und der Befreiung des besetzten Landes erhalten hatte, außerdem französische Uhren, Stühle und Tapeten vom frühen 19. Jh. und ein Herrenanzug von 1780. Dazu kommen luxuriöse Teeservice und ein opulent verziertes Bett sowie ein Cembalo von 1786, mit chinesischen Szenerien bemalt und lackiert, was damals als sehr exotisch galt.

Jewellery Gallery (Ebene 2)

Diese Abteilung präsentiert 3500 Schmuckstücke aus 3000 Jahren Geschichte wie Broschen, Haarschmuck, Kragen, Anhänger und Kronen. Zu sehen sind auch eine Goldtafel von 220–420 n. Chr. aus der chinesischen Jin-Dynastie, ein Diadem Königin Viktorias mit Saphiren und Diamanten, ein Stück *wearable art* aus Kaurimuscheln von Lafalaise Dion und Beyoncés riesiger, mit Diamanten besetzter Schmetterlingsring, designt vom britischen Juwelier Glenn Spiro.

Cast Courts Gallery (Ebene 0)

Als das Museum gegründet wurde, zeigte es Gipsabdrücke, Elektrotypen und andere Kopien bedeutender Werke, damit sie in Großbritannien studiert werden konnten. Dazu gehören das Westportal der Kathedrale im französischen Aix, der Abguss eines belgischen Tabernakels und der Abguss des Pórtico de la Gloria in Spanien, doch eins der markantesten Stücke im Museum ist die 35,6 m hohe Trajanssäule aus Rom. Um sie in die Galerie zu bugsieren, musste sie in zwei Teile geschnitten werden. Der Gipsabguss des nackten *David* von Michelangelo löste angeblich einen Skandal aus, als er Ende des 19. Jhs. im prüden viktorianischen Großbritannien gezeigt wurde. Wenn Honoratioren zu Besuch waren, wurden die Geschlechtsteile mit einem Feigenblatt verhüllt.

TOP TIPPS

- Plane mindestens zwei Stunden für das riesige Museum ein.
- Nimm den Nebeneingang im Tunnel an der U-Bahnstation South Kensington – hier ist meist viel weniger los als am Haupteingang in der Cromwell Rd.
- Ein Museumsplan hilft beim Navigieren durch die Ausstellungssäle.
- Freitagabends sind ausgewählte Säle bis 22 Uhr geöffnet.
- Der V&A Shop hält eine gute Auswahl an Andenken, Büchern, Textilien und Drucken bereit.
- Im schönen Lesesaal der National Art Library findest du jede Menge Bücher zu Kunst und Design.

HIGHLIGHT

Victoria & Albert Museum

NEUES LERNEN

Die V&A Academy bietet Kurse und Workshops zu allem von Virtual Reality und Illustration bis zu Fotografie – siehe Website. Jede Woche finden auch Vorträge statt. Viele davon sind gratis und behandeln Themen wie Mittelalterliche Schätze oder auch wichtige Modeschöpfer:innen wie Coco Chanel.

Photography Centre (Ebene 2)

Zuletzt wurden in sieben Sälen Fotografien aus der größten Fotosammlung Großbritanniens ausgestellt, von eindrucksvollen Porträts von Königin Elisabeth II. von Cecil Beaton, aufgenommen 1953 am Tag ihrer Krönung in London, als draußen 3 Mio. Menschen die Straßen säumten, bis zu einem 1942 von Sunil Janah geschossenen Foto eines brennenden Fahrzeugs bei einer Demonstration in Kalkutta des Quit India Movement, das die Unabhängigkeit von Großbritanniens forderte. In der Kusuma Gallery kann man Hunderte Fotobücher durchschauen – nimm dir einen Stuhl und stöbere so lange, wie du willst.

South Asia Gallery (Ebene 0)

Von Kunst aus dem Himalaja bis zu vergoldetem Kopfschmuck aus Birma: Die südostasiatische Sammlung umfasst 60 000 Stücke, darunter rund 10 000 Textilien und 6000 Malereien. Eins der beliebtesten Objekte des Museums ist Tippoo's Tiger, angefertigt für Tipu Sultan, von 1782 bis 1799 Herrscher von Mysore in Südindien. Es zeigt einen Mann, vielleicht einen europäischen Soldaten, der von einem Tiger angegriffen wird. Im Tiger verbirgt sich eine Orgel, gespielt über eine Kurbel, mit der man den Mann dazu bringen kann, dass er stöhnt

Cast Courts Gallery (S. 165)

OLD TOWN TOURIST/SHUTTERSTOCK ©

und mit den Armen rudert – das zeigt die damalige Einstellung gegenüber der Armee der British East India Company, die Tipu Sultan abwehrte bis zur erfolgreichen Belagerung der Hauptstadt Seringapatam 1799. Der hölzerne Halbautomat wurde in Tipus Palast gefunden und nach London geschickt.

Islamic Middle East Gallery (Ebene 0)

In dieser Abteilung ist der Ardabil-Teppich zu sehen, angeblich der älteste Teppich der Welt, hergestellt 1539/40 in Persien, außerdem mamlukische Kunst, emailliertes und vergoldetes Glas, Holzarbeiten, Messingintarsien und Textilien aus dem 1. Jh. Eine detailliert beschnitzte Kanzel aus Holz und Elfenbein wurde wahrscheinlich in Kairo von 1468 bis 1496 für Gebete genutzt. In mehreren Inschriften der Kanzel wird der ägyptische Sultan Kait-Bay erwähnt, der damals über Ägypten und Syrien herrschte. Sehenswert sind auch die eindrucksvollen geschnitzten Türkisarbeiten aus dem Grab von Bayab Kuli, einem Nachfahren von Dschingis Khan.

Fashion Collection (Ebene 0)

Ein absolutes Muss für Modefans ist die größte Modesammlung der Welt mit Schuhen, Hüten, Taschen, Kleidern und Accessoires aus fünf Jahrhunderten, von Umhängen des 17. Jhs. bis zu Abendgarderobe der 1930er-Jahre und von Alltagskleidung der Sechziger bis zu Dr Martens. Zu sehen sind Badeanzüge von 1937, Ball- und Abendkleider, darunter ein samtenes, das Jane Johnstone (1803–1847) trug, Nichte von William Jardine von der erfolgreichen Hongkonger Firma Jardine, Matheson & Co. Von 1790 stammt eine gestreifte Damenweste mit Seidenstickereien in Gold und Blau. An wichtigen Modehäusern ist alles von Prada bis Yves Saint Laurent vertreten.

Ironwork (Ebene 2)

Viele Besucher:innen lassen die Eisenarbeiten aus, um beliebtere Abteilungen anzusteuern, doch die Metallarbeiten üben eine merkwürdige Faszination aus. Zu sehen sind über 45 000 Beispiele fein bearbeiteter Metalle von der Bronzezeit bis heute. Eindrucksvoll ist etwa die Sammlung von gusseisernen gemusterten Kamin- und Herdplatten: Auf einigen sind ganze Szenerien dargestellt. Schön sind auch die Schlüssel aus dem 13. Jh. Am eindrucksvollsten ist jedoch die Chorschranke aus der Hereford Cathedral, deren 14 000 Einzelteile von 38 Personen mühsam wieder zusammengesetzt wurden, was ein ganzes Jahr dauerte.

Medieval & Renaissance Galleries (Ebene 1)

Vom Ende des Römischen Reichs bis zum Ende der Renaissance: Hier gibt's Statuen und religiöse Darstellungen, für das Winchester College angefertigtes frühenglisches Buntglas und Werke der italienischen Renaissance von Della Robbia, Donatello und Michelangelo. Ein Highlight sind die Original-Notizbücher von Leonardo da Vinci.

KLEINE AUSZEITEN

Der schön gestaltete **John Madejski Garden** ist ein hübsches Fleckchen, um rund um ein ovales Wasserbecken frische Luft zu schnappen. Mit Kuchen und Sandwiches stärkst du dich im **Garden Café** oder in den opulenten Erfrischungsräumen des Museums, den **Morris, Gamble und Poynter Rooms**, 1868 eröffnet als erstes öffentliches Museumsrestaurant. Jeder der Räume ist auf ganze eigene Weise prachtvoll: Der Gamble Room wartet mit hohen, golden bemalten Decken und fein verzierten Säulen auf. Der Poynter Room bietet bemalte Kacheln und Fenster, der Morris Room für William Morris typische Arts-and-Crafts-Tapeten.

DIE DÜSTERE SEITE DES HYDE PARK

In der Nordostecke des Hyde Park markiert eine Tafel die ungefähre Stelle, an der einst der **Tyburn Tree** stand, kein Baum, sondern ein großer Holzgalgen. Hier wurden rund 50 000 Menschen für Verbrechen wie Verrat, Mord und Diebstahl hingerichtet. Am größten Galgen hier konnten 24 Menschen gleichzeitig gehängt werden. Manchmal strömten Tausende von Menschen hierher, um zuzuschauen, wie die Verurteilten ihr Ende fanden – Wohlhabende sahen von Tribünen aus zu. Die öffentlichen Hinrichtungen sollten der Abschreckung dienen, doch die chaotischen Veranstaltungen zogen auch alle möglichen zwielichtigen Gestalten an, z. B. Taschendiebe. Tyburn ist in Shakespeares Stück *Verlorene Liebesmüh* verewigt.

KIEV.VICTOR/SHUTTERSTOCK ©

Marble Arch

Heimstatt der freien Rede

Die Kunst des öffentlichen Sprechens

Die Speakers' Corner ist eine altehrwürdige Einrichtung, wo eine der Säulen der westlichen Kultur in die Praxis umgesetzt wird: die freie Meinungsäußerung. Jede und jeder kann unangekündigt an der **Speakers' Corner** im Nordosten des Hyde Park aufkreuzen und nach Herzenslust über alles Mögliche reden – meist geht's um Politik und Religion –, solange es nicht gegen Gesetze verstößt. Diese Tradition reicht zurück bis 1872, als durch einen Parlamentsbeschluss dieser Teil des Parks öffentlichen Reden gewidmet wurde. Ganz in der Nähe standen die **Tyburn Gallows**, wo zwischen 1196 und 1783 rund 50 000 Menschen hingerichtet wurden – jeder der zum Tode Verurteilen durfte letzte Worte sagen. Als die Hinrichtungen dann woanders stattfanden, blieb die Tradition der öffentlichen Rede hier erhalten. Hier haben schon berühmte Sozialisten und Kommunisten wie Wladimir Lenin, George Orwell, William Morris und Karl Marx geredet; als Marx „Die englische Revolution begann gestern im Hyde Park" sagte, bezog er sich auf die Proteste gegen den Sunday Trading Bill. Von 1906 bis 1914 hielten

KUNST IM HYDE PARK

7 July Memorial
52 Stahlsäulen erinnern an die 52 Opfer der Londoner Anschläge von 2005.

Serenity von Simon Gudgeon
Grüne Bronzeskulptur eines Ibis auf der Südseite des Sees Serpentine.

New Zealand War Memorial von Paul Dibble
16 Bronzestelen sind in der Form des Kreuz des Südens aufgestellt.

die Suffragetten Kundgebungen im Hyde Park ab, um das Frauenwahlrecht zu fordern; zu einer kamen 250 000 Menschen. Im Verlauf der Jahre verfeinerten die Redner:innen hier ihre Sprechkünste, manchmal auf einer Stehleiter vor Menschenmengen, andere nur vor einer kleinen Gruppe. Zwischenrufe gehören zur Redekultur hier dazu – so sollen Debatten entstehen. Einige Zwischenrufer:innen waren so aktiv, dass die Redner:innen aufgaben. Als die besten Redner:innen gelten diejenigen, die schlagfertig auf Zwischenrufe reagieren können. Hier Reden zu halten ist teils eine wahre Kunst und viele angehende Redner:innen beginnen ihre Karriere als Zwischenrufer:innen.

Großer Marmorbogen

Das Tor zum Hyde Park

Der große Marble Arch aus weißem Carrara-Marmor steht in der Nähe der Speakers' Corner an der Nordostecke des Hyde Park. Der 14 m hohe und 19 m breite Bogen war 17 Jahre lang das Tor zum Buckingham Palace. 1838 fuhr Königin Viktoria bei ihrer Krönung mit ihrer goldenen Kutsche durch den Bogen, bevor er 1851 an seine heutige Position versetzt wurde. Hier diente er als opulenter Eingang zu Prinz Alberts Great Exhibition, der ersten Weltausstellung überhaupt. Rund 50 Jahre lang war der Marble Arch der Eingang zum Hyde Park, bis die Straßenführung um den Park herum geändert wurde. Der 1828 von John Nash entworfene Bogen ist auf seiner Nordseite mit Reliefs des bedeutenden englischen Bildhauers Richard Westmacott geschmückt, auf denen drei Frauen England (mit dem Helm der Britannia), Irland (mit keltischer Harfe) und Schottland (mit dem Andreasschild) verkörpern. In der Mitte des Bogens befindet sich ein Löwenkopf; die Reliefs auf der Südseite stammen von einem anderen hochproduktiven britischen Bildhauer, Edward Hodges Baily: Sie versinnbildlichen Frieden und Überfluss sowie Tugend und Mut. Der Bogen wurde an dieser neuralgischen Stelle auch oft von der Polizei genutzt; drinnen hatten bei Bedarf sechs Polizisten Platz. Durch den Mittelbogen zu reiten war früher Angehörigen der Königsfamilie, der Royal Horse Artillery und der King's Troop vorbehalten, doch die Kunstwerke am Bogen können heutzutage natürlich jederzeit besichtigt werden.

DIE MÄRTYRER:INNEN VON TYBURN

In der Nähe der Tyburn Gallows, wo rund 50 000 Menschen hingerichtet wurden, wurde 1903 der **Tyburn Convent** gegründet. In der Krypta lagen mehr als 100 Katholik:innen bestattet, die während der Reformation als Märtyrer:innen starben. Auf von den Schwestern geführten Touren geht's auch zum Schrein der dem Tode Geweihten, die am Galgen in der Nähe ihr Ende fanden. Auf Buntglasfenstern und Bildern ist das Leben der Märtyrer:innen dargestellt. Führungen müssen im Voraus gebucht werden. Das schmale Haus neben dem Konvent gilt als kleinstes Haus Londons: Es ist nur ein paar Ziegelsteine breiter als die Eingangstür, nämlich einen guten Meter.

The Arch von Henry Moore
6 m große Skulptur am Nordufer des Long Water mit einem Fenster Richtung Kensington Palace.

Peter-Pan-Statue von Sir George Frampton
J. M. Barries Peter Pan reckt sich auf einem Baumstumpf 14 m gen Himmel.

Diana Memorial Fountain von Gustafson Porter
Aus 545 Stücken kornischem Granit in einem langen Bachbett.

SARAH BRAY/SHUTTERSTOCK ©

PRAKTISCH & KONKRET

Dieser QR-Code führt zu Öffnungszeiten und Infos zur Besuchsplanung.

HIGHLIGHT

Natural History Museum

Rund 5 Mio. Besucher:innen kommen jedes Jahr in diesen Tempel der Natur, einen spektakulären neugotischen Bau mit 80 Mio. Objekten. Eine der größten Attraktionen ist die Dinosauriersammlung mit den Millionen von Jahren alten Überresten von Hunderten Arten, darunter komplette Skelette sowie spannende animatronische Nachbildungen der majestätischen Viecher. Und am besten: Das Ganze ist kostenlos!

NICHT VERSÄUMEN

- Hintze Hall
- Dinosaurs Gallery
- Cadogan Gallery
- Darwin Centre
- Dino Snores

Das Gebäude

Mit seiner opulenten, fantasyhaften gotischen Anmutung, zwei Türmen und dem festungsartigen Eingang mit steinernen Wasserspeiern könnte es glatt als Kulisse für einen Draculafilm durchgehen. In seiner heutigen Form stammt das Museum auf einem 5,7 ha großen Grundstück von 1881, doch die Idee eines Naturkundemuseums entstand schon 1753, nachdem der sammelwütige Sir Hans Sloane von seinen Reisen um die Welt als Arzt verschiedenste Dinge mitgebracht hatte. Nach seinem Tod wurde seine Sammlung mit 71 000 Stücken vom Staat aufgekauft, der zu ihrer Ausstellung ein Museum, das British Museum, errichten wollte. 1856 leitete Sir Richard Owen, der das Wort „Dinosaurier" prägte, die immer weiter wachsende Sammlung und plädierte für ein größeres Ausstellungsgebäude. Der Architekt Alfred Waterhouse entwarf einen neoromanischen Bau gänzlich aus Terrakotta, sodass er in der dreckigen und verrauchten Londoner Luft bestehen konnte. In Owens ursprünglichen Plänen waren sogar Säle vorgesehen, die auch große Tiere aufnehmen konnten.

EXFLOW/SHUTTERSTOCK ©

Links: Hintze Hall; oben: Natural History Museum

WILDTIER-FOTOGRAF DES JAHRES

Jedes Jahr im Oktober findet im Natural History Museum eine Ausstellung mit atemberaubenden Fotos aus der Wildnis statt. Aus rund 50 000 eingereichten Bildern werden in 15 Kategorien die Siegerfotos gekürt.

Hintze Hall

Die nach einem sehr großzügigen Spender benannte Eingangshalle des National History Museum ist ein herrliches Tor zu den Schätzen des Hauses, mit gekachelten Böden, Rundbögen, Säulen, Kreuzgewölben und einer großen Treppe in der Mitte, beleuchtet durch Buntglasfenster. An der fein gearbeiteten Decke mit ihren 162 handbemalten Kassetten sind als Huldigung an das Füllhorn von Mutter Natur Pflanzen aus aller Welt zu sehen. Das erste Tierchen, dem du in der Halle begegnest, ist das größte, das je existiert hat: der Blauwal. In der Luft baumelt ein 25 m langes, 4,5 t schweres Walskelett, in abtauchender Haltung mit offenem Maul. Der Blauwal starb in den 1960er-Jahren fast aus und hängt hier als Mahnung an uns, die Schöpfung zu bewahren. Zu den weiteren Exponaten in der Halle zählen ein amerikanisches Mastadon, ein Fels, so alt wie das Sonnensystem, und ein Blauer Marlin – alles nur ein Vorgeschmack auf die vielfältige Sammlung des Museums. Auf den Balkonen im ersten Stock findet die faszinierende Führung „Women in Science" statt: Sie folgt verschiedenen Forscherinnen wie Giraffenexpertin Anne Innis Dagg und Kathleen Lonsdale, die die Wissenschaft von den Kristallen, die Kristallografie, mitbegründete.

Dinosaurs Gallery

Schon von draußen hört man das Kreischen aufgekratzter Kinder: Die Blaue Zone wartet mit animatronischen Dinosauriern wie einem lebensecht brüllenden Tyrannosaurus rex auf. Dann wird's noch spannender, mit einem kompletten Triceratops-Schädel, einem Teil des allerersten je entdeckten T-Rex-Skeletts und einem Scolosaurus, komplett mit einem Panzer aus Knochenplatten und stachelbewehrtem Schwanz. Außer-

TOP TIPPS

- Für das große Museum solltest du mindestens vier Stunden einplanen und zwischendurch im Café und Garten Pausen einlegen.
- Morgens ist es meist am ruhigsten, voll ist es besonders in den Sommerferien.
- Zeitfenstertickets gibt's kostenlos auf der Website des Museums.
- Nur ein kleiner Teil der 80 Mio. Objekte sind zur selben Zeit ausgestellt – also komme noch mal wieder, um andere Exponate zu sehen!
- Es finden auch Vorträge und Ausstellungen zu Themen wie dem weltweit größten Dinosaurier sowie Gastvorträge von Expert:innen statt.

HIGHLIGHT

Natural History Museum

TIER-BEGEGNUNGEN
Kinder schauen sich lebende Tiere wie Taranteln, Schlangen und Echsen meist gern aus der Nähe an; einige können sie bei der „Jurassic Encounters: Animal Show" auch anfassen. Dabei erfahren sie allerlei Interessantes über diese Tiere, deren Vorfahren mit den Dinosauriern unterwegs waren.

dem gibt's in der Blauen Zone Fische, Amphibien und Reptilien sowie große Säugetiere: vom Modell eines Blauwals, der mit Delfinen und Schweinswalen schwimmt, bis zu Großkatzen, einem ausgestopften Känguru (mit Nachwuchs im Beutel), Eisbären und Zwergspitzmäusen. Zu den ausgestorbenen Arten zählen eine Säbelzahnkatze und eine Schnabeltier-Art.

Cadogan Gallery

Die Cadogan Gallery (Grüne Zone) zeigt 22 nicht miteinander in Beziehung stehende, bis zu 4,6 Mrd. Jahre alte Objekte – einige der bedeutendsten und seltensten Stücke der Sammlung. Diese reichen von einer Dronte (Dodo) und dem Schädel eines Berberlöwen (den es vor 700 Jahren noch im Zoo des Tower of London gab) bis zu einem Meteoriten und Mondgestein sowie zu einer seltenen Erstausgabe von Charles Darwins *On the Origin of Species*. Die Grüne Zone beherbergt ansonsten Mineralien, Vögel, Teile eines 1300 Jahre alten Mammutbaums und allerlei Krabbelgetier. Weiter geht's zur Mineral Gallery mit der Aurora Collection mit fast 300 farbigen Diamanten.

Darwin Centre

In der neuesten, 2019 fertiggestellten Abteilung in der Orangenen Zone forschen die 300 Wissenschaftler:innen des Museums

Stegosaurus-Fossil, Natural History Museum

I WEI HUANG/SHUTTERSTOCK ©

ANDY LANE/ALAMY STOCK PHOTO ©

Darwin Centre

an Objekten und durch große Glasfenster kann man ihnen dabei zuschauen. Die Hauptattraktion sind jedoch rund 20 Mio. Präparate, darunter ein 1832 von Charles Darwin auf den Kapverden eingesammelter Tintenfisch sowie ein Iiwikleidervogel aus Hawaii, mitgebracht von Captain Cooks Reise 1778/79. Auf einer Führung können die Teilnehmenden im Tank Room die Spirit Collections mit zahllosen Gläsern mit in Alkohol eingelegten Reptilien, Fischen und Säugetieren bestaunen, darunter ein 8 m langer Tintenfisch namens Archie, ein Schnabeltier und ein merkwürdiger Tiefsee-„Fußballfisch". Die gelb markierten Präparate sind die Kronjuwelen des Museums und werden bei einer Evakuierung zuerst gerettet.

Sleepover im Museum

An ausgewählten Abenden veranstaltet das Museum sogenannte **Dino Snores**, entweder für Eltern und Kinder oder nur für Erwachsene: Dann können sich die Gäste ohne den sonstigen Besucherandrang im Museum umschauen und haben es fast für sich allein. Geschlafen wird in der Hintze Hall (S. 171) in einer der Bogennischen oder unter dem 25 m langen Skelett eines weiblichen Blauwals. Das Museum stellt Matten und die Gäste können Schlafsäcke, Kissen, Taschenlampen, Zahnbürsten und Schlafanzüge mitbringen (plus Wärmflasche im Winter). Bei den Übernachtungen für Erwachsene gibt's eine Bar und eine dreigängige Mahlzeit sowie verschiedene Aktivitäten, von Begegnungen mit Tieren (Schlangen, Fröschen, Skorpionen und Echsen) und Stand-up-Comedy bis zu einer Wissenschaftsschau und einem Monsterfilmmarathon. Für Kinder gibt's einen Dinosaurier-T-Shirt-Workshop, einen Taschenlampenrundgang und eine Wissenschaftsschau. Seinen Höhepunkt erreicht der Abend, wenn in den Sälen die Erkennungsmelodie von *Jurassic Park* erklingt.

BESONDERE EVENTS

Das Museum dient auch als Kulisse für einige Events, die nichts mit Naturkunde zu tun haben, von Tai-Chi-Kursen bis zu Krimispielen und Häkelworkshops. Außerdem gibt's nur wenige ähnlich stimmungsvolle Orte für Silent Discos: Dann strömen in glitzernde Clubkleidung gewandete Nachtschwärmer:innen in die in Regenbogenfarben beleuchtete Hintze Hall und lauschen einem von drei Musikkanälen, jeder gesteuert von einem DJ. Wer welchen Kanal hört, sieht man am blauen, roten oder grünen Licht am Kopfhörer.

PADDELN AUF DER SERPENTINE

Eine der beliebtesten Aktivitäten im Hyde Park ist es, am **Serpentine Boathouse** ein Tret- oder Ruderboot zu leihen. Der älteste Bootssee Londons stand im Mittelpunkt der Great Exhibition von 1851, in jüngerer Zeit bei den Feierlichkeiten zum silbernen Jubiläum der Königin 1977 und als Triathlonstätte für die Olympischen Spiele 2012. Unterwegs und am Ufer begegnest du verschiedenen Vögeln wie Mäusebussarden, Nilgänsen, Turmfalken, Halsbandsittichen, Höckerschwänen, Singdrosseln und Graureihern.

HEIDI CS/SHUTTERSTOCK ©

Kensington Gardens

Herrliche Gärten

Gepflegte Blumenbeete und Zierbrunnen

Im **Rosengarten** in der Südostecke des Hyde Park kannst du im Frühjahr Blütendüfte atmen. Der Garten ist wie ein Horn angelegt, wobei aus dem Trichter saisonale Blumenbeete in Notenform herauskommen. Hier gibt's zwei alte Brunnen, die Boy and Dolphin Fountain (1862) von Alexander Munro und die Diana the Huntress Fountain (1899) von Lady Feodora Gleichen, der ersten Frau, die in die Royal British Society of Sculptors aufgenommen wurde.

Die **Kensington Gardens** sind vom Hyde Park durch den 16 ha großen **Serpentine Lake** getrennt, 1730 in Auftrag gegeben von Königin Caroline. Zusammen dienen sie als grüne Lungen Zentrallondons und wertvolle Habitate. In geschützten Wäldchen wachen hier Stieleichen, Weißdorn, Haselnuss und Bergulmen und beherbergen Tierarten wie Steinkäuze, Blaue Zipfelfalter, 156 Vogelarten und rund 300 Insektenarten.

LUNCH IM HYDE PARK

Serpentine Bar and Kitchen
In einem 1964 von Patrick Gwynne entworfenen Gebäude gibt's Holzofenpizza, Fish and Chips und Salate. **£**

Serpentine Lido Café
Gehobene Gerichte wie gegrilltes Stubenküken mit Zitrone und in Kräutern mariniertes Huhn auf Brokkoli. **££**

Kensington Palace Café
Selbstbedienung am Tresen, neben dem Palasteingang, mit Panini, Kuchen und warmen Getränken. **£**

Die **Italian Gardens** auf der Nordseite des Hyde Park umfassen einen eleganten ornamentalen Wassergarten, angelegt in den 1860er-Jahren als Geschenk von Prinz Albert an Königin Viktoria. Im Frühjahr erblühen an den Brunnen herrliche Tulpen und Gelbe Sumpf-Schwertlilien, ganzjährig sind Seerosen zu sehen. Neben den Brunnen steht eine 1858 errichtete Bronzestatue von Edward Jenner, dem Erfinder des Pockenimpfstoffs.

Der **Princess Diana Memorial Garden**, früher Sunken Garden genannt, wurde am 20. Jahrestag ihres Todes eröffnet. Der einfache, elegante „weiße Garten" verändert sich mit den Jahreszeiten. Im unteren Bereich wächst ein Teppich aus Vergissmeinnicht, die zu Dianas Lieblingsblumen gehörten, sowie Tulpen und Lilien.

Herrschaftliches Haus des Duke of Wellington

Üppig ausgestattetes Haus der Regency-Zeit

Apsley House, die ehemalige Residenz des Duke of Wellington, der 1815 bei Waterloo Napoleon besiegte, begrüßt seine Gäste in der Eingangshalle humorvoll mit einer fast nackten Statue samt Feigenblatt des französischen Feldherrn. Die Räume des im 18. Jh. von Robert Adam entworfenen Hauses sind mit allerlei hübschen Sachen angefüllt, von Porzellan und Silber im Untergeschoss bis zu Kristallleuchtern und Gemälden von Velasquez, Rubens, van Dyck, Brueghel, Murillo und Goya. Im ganzen Haus sind zudem Geschenke zu sehen, von einem silbervergoldeten Schild und Service bis zu fein bemalten Pflanzvasen – das alles erhielt der Duke nach der erfolgreich geschlagenen Schlacht aus ganz Europa. Eine neue Ausstellung zur Krönung von Charles III. zeigt die detaillierten Umhänge, die zur Krönung von Georg IV. 1821 für den Duke und seine Söhne angefertigt wurden. Eine der angebotenen Führungen führt auch hinter die Kulissen und unter die Treppe, wo man vom Dienstpersonal erfährt, wie man solch ein Haus am Laufen hält. Im Apsley House finden außerdem sehr stimmungsvolle Krimiabende statt, bei denen verschiedene Teams Verdächtige befragen und versuchen, einen Mordfall zu lösen.

WELLINGTON ARCH

Der **Wellington Arch**, der einstige Eingang zum Buckingham Palace, wurde zum Triumphbogen an der Hyde Park Corner, mit dem der Sieg des Duke of Wellington über Napoleon im Jahr 1815 gefeiert wurde. Ursprünglich stand oben eine große Statue des Herzogs, doch heute wird der Bogen von einem Friedensengel auf einem vierspännigen Wagen gekrönt. Man kann den Bogen betreten und sich auf drei Etagen Ausstellungen anschauen, darunter eine zur Geschichte des Bogens und eine zur Schlacht von Waterloo. Und man kann ganz nach oben steigen und von dort Panoramablicke auf den Hyde Park genießen. Wer Glück hat, sieht die King's Guards auf ihrem Weg zum Buckingham Palace zur **Wachablösung** durch den Bogen marschieren.

Park Sports Café
Neben den Tennisplätzen, hat Sandwiches zum Mitnehmen und ausgezeichneten Union-Kaffee. **£**

The Lodge Café
Suppen, Salate und Sandwiches an der Hyde Park Corner in der früheren Touristeninformation mit Parkblick. **£**

Italian Gardens Cafe
Mit Terrasse mit Blick auf die Brunnen und italienischer Feinkost wie Wurst- und Käseplatten. **££**

WILLIAM BARTON/SHUTTERSTOCK ©

PRAKTISCH & KONKRET

Dieser QR-Code führt zu Öffnungszeiten und Infos zur Besuchsplanung.

HIGHLIGHT

Science Museum

Auf fünf Etagen zeigt das Science Museum spannende interaktive und lehrreiche Exponate zu allem von alten Uhren bis zu einem Stückchen Mond, eingesammelt auf der Apollo-15-Mondmission. Im Wonderlab kannst du 50 wissenschaftliche Experimente ausprobieren und dabei etwas über die Kraft von Strom, Supermagneten und Klangwellen lernen.

NICHT VERSÄUMEN

- Wonderlab
- Mondlandefähre
- Jules Vernes *Von der Erde zum Mond*
- Wall of Medicine
- Videospiel Pong
- Museumsshop
- Ausstellung über die Aufklärung

Exploring Space (Ebene 0)

Für alles Außerirdische steure diese spannende Ausstellung beim Museumseingang an: Hier kannst du in die Kapsel einer Sojus TMA-19M schauen, eines russisches Raumschiffs, mit dem Tim Peake, Juri Malentschenko und Tim Kopra 2015 zur internationalen Raumstation reisten. Schau dir auch die Apollo-11-Mondlandefähre an, die 1969 mit den Astronauten Neil Armstrong und Buzz Aldrin an Bord zum Mond reiste. Außerdem ausgestellt sind mehrere Raketen, die für die Raumfahrt bedeutend waren: So kletterte die Black Knight Rocket 1957 über die Erdatmosphäre hinaus, bis sie wieder auf die Erde hinabfiel. Außerdem gibt's das kleine, aber wirkmächtige Astrolab von 1221 und Galileo Galileis Linsenteleskop von 1610, das bei frühen Mondbetrachtungen zum Einsatz kam.

Wissenschaftsfantasy-Fans sollten sich die Erstausgabe von Jules Vernes *Von der Erde zum Mond* von 1865 nicht entgehen lassen; es erzählt die Geschichte von einem Leichtflugzeug, das von der Ostküste Floridas zum Mond und wieder zurück

AGSAZ/SHUTTERSTOCK ©

Links: Science Museum; oben: Sojus-Raumkapsel

zur Erde fliegt, um im Pazifik zu landen – genau wie es bei den Apollo-Mondflügen hundert Jahre später der Fall war.

Auf der hinteren Seite der Abteilung Exploring Space ist die Ausstellung „Making the Modern World" zu finden, mit allen möglichen alten Maschinen – von einer Lok der Grand Junction Railway von 1845 bis zu einem der ersten Röntgenbilder, aufgenommen mit einem Apparat von Russell John Reynolds, gebaut 1896, als er noch Schüler war. Außerdem gibt's eine Lockheed 10A Electra, das Flugzeug, mit dem Mitte der 1930er-Jahre die moderne Passagierluftfahrt eingeläutet wurde.

Medicine: The Wellcome Galleries (Ebene 1)

Diese Säle beherbergen über 3000 interessante Objekte aus der Welt der Medizin, die schon unzählige Menschenleben gerettet haben. Darunter sind frühes Sezierbesteck und ein zwischen 1750 und 1870 genutzter Operationstisch mit Löchern für abfließendes Blut und Ösen zum Fixieren von Patient:innen. Du erfährst, wie Herzschrittmacher erfunden wurden und wie sich von 1975 bis 2016 Herz-Lungen-Maschinen weiterentwickelten. Es gibt auch Beinprothesen, Infos über lebensrettendes Penizillin und eine Flasche mit Chinin, die zur Behandlung von Fieber mit an den Amazonas und in die Antarktis reiste, bevor Mitte des 19. Jhs. eine Möglichkeit gefunden wurde, Malaria zu heilen. Interessant sind auch Theodore Roosevelts Arzneikoffer, mit dem er 1909 auf Safari ging, mit über zwei Dutzend Arzneitränken und -lotionen, und der Erste-Hilfe-Kasten der Flieger John Alcock und Arthur Brown, eingesetzt auf dem ersten Non-Stop-Transatlantikflug. Etwa auf halber Strecke durch die Abteilung steht der Nachbau einer Gibson & Son's-Apotheke von vor 140 Jahren. Auf dem Tresen kannst du dir auf Touchscreens alte Heilmittel für Krankheiten wie Blutarmut anschauen und du erfährst, warum der freie Verkauf von wirkmächtigen Substanzen wie Arsen und Morphin

SCIENCE MUSEUM LATES

Bei den Science Museum Lates handelt es sich um abends stattfindende Veranstaltungen nur für Erwachsene mit Vorträgen, Musik, Aktivitäten und Unterhaltung, von Silent Discos, Spielen und wissenschaftlichen Experimenten über Himmelsbeobachtung bis zu Pubquizzes und Comedy. Mit vorgebuchtem Ticket ist der Eintritt frei – mit einem VIP-Ticket umgehst du die Warteschlange und erhältst noch einen Begrüßungsdrink.

HIGHLIGHT

Science Museum

VIRTUELLE ABENTEUER

Typhoon Force ist ein Top-Gun-Abenteuer mit dem Flugsimulator eines Typhoon-Jets der Royal Air Force: Du teilst dir das Cockpit mit Hauptmann Jamie Norris, wenn das Flugzeug 12 000 m hoch über North Wales und dem Lake District schwebt. Beim **Red Arrows 3D** wiederum erfährst du, wie es ist, bei Formationsflügen der RAF mitzufliegen, indem du einen 360-Grad-Flugsimulator steuerst und mit anderen Flugzeugen synchron fliegst. Das **IMAX Theatre** bietet superspannende Tonspuren und realistische 3D-Bilder. Die Filme wechseln regelmäßig, doch sie können über die Website des Museums gebucht werden.

beschränkt wurde – die Apotheken mussten sich schließlich bei der Royal Pharmaceutical Society registrieren. Weiter im Saal lernst du, wie Religion eine große Rolle in der Heilkunst spielte, mit Heilritualen und -gegenständen wie alten sri-lankischen Masken und Amuletten.

Science City und Mathematics (Ebene 2)

In der Abteilung Science City wird untersucht, wie die Wissenschaft London geprägt hat und wie Wissen zur Machtausübung eingesetzt wurde, oder auch, wie es zu vielen unserer wissenschaftlichen Theorien kam, u. a. im Rahmen von Kolonialismus und Sklavenhandel. In der Mathematik-Abteilung erfährst du, wie mathematisches Wissen die Entdeckung neuer Kontinente ermöglichte und welche Rolle dabei die Zeitmessung spielte – so sind hier auch alte Sonnenuhren, andere Zeitmesser und Navigationsinstrumente des 16. Jhs. zu sehen.

1660 gründeten die Wissenschaftler Christopher Wren, Robert Boyle und John Wilkins zusammen mit anderen die Royal Society, die älteste wissenschaftliche Akademie. 1703 übernahm der Mathematiker und Physiker Isaac Newton die Leitung der Society. Zu sehen sind hier das „Monument", ein von Wren entwickeltes Instrument zur Himmelsbeobachtung, sowie die Protokollbücher der Royal Society, aus denen

Wonderlab

DIGNITY100/SHUTTERSTOCK ©

Mathematik-Abteilung

hervorgeht, dass die Organisation 200 £ in die Royal African Company investierte, die Tausende Afrikaner:innen versklavte.

Andere faszinierende Objekte sind etwa das Grand Orrery von 1733, das Königin Caroline (der Frau von König Georg II.) gehörte und die Bewegung der Planeten verdeutlichte, oder auch ein 7,5 cm großer Taschenglobus von 1799 bis 1802 mit den Routen von Captain Cooks drei Reisen.

Wonderlab (Ebene 3)

Das Wonderlab kostet extra, aber wer mit Kindern ab fünf unterwegs ist, sollte sich nicht die Gelegenheit entgehen lassen, an 50 Experimenten teilzunehmen. Man sieht, wie vor seinen Augen Wasser gefriert, man kann magnetische Flüssigkeit in mehrere Formen bringen, Wolkenringe erzeugen, seinen Kopf in eine riesige Kugel stecken, in einen Kasten mit optischen Illusionen schauen, Schatten generieren, eine Wärmekamera nutzen, auf einer Rutsche die Schwerkraft erleben, an einer Rotationsstation Physik in Aktion beobachten und sehen, wie ein Blitz einschlägt. Dies sind nur einige der Experimente, die hier im Verlauf des Tages durchgeführt werden.

The Secret Life of the Home (Ebene -1)

In der Abteilung The Secret Life of the Home ist nie sonderlich viel los; hier gibt's Haushaltsgeräte der nicht allzu entfernten Vergangenheit, meist vom späten 19. und 20. Jh., z. B. Staubsauger aus dem frühen 20. Jh. und Retro-Computer aus den 1980er-Jahren, darunter Konsolen von Atari und Commodore. Ausprobieren kannst du das allererste Videospiel der Welt, Pong. Oder schau dir den ersten CD-Player an, hör dir an, wie ein Vorkriegsradio klang, betätige eine Toilettenspülung und sieh zu, wie sie funktioniert, oder drehe an einer Kurbel, um eine Waschmaschine in Gang zu setzen.

TOP TIPPS

- Unter der Woche außerhalb der Schulferien ist weniger los.
- Interaktive Ausstellungen vorbuchen: Garden, Wonderlab und Pattern Pod.
- Online ein Zeitfenster buchen, um am Eingang nicht in die Röhre zu gucken.
- Wer mit Kindern unterwegs ist, kann sich ein Aktivitätenbuch mit kleinen Aufgaben holen.
- Im Museum die Termine für Vorträge und Führungen checken.
- In einem der Cafés eine Pause einlegen – es gibt eins auf jeder Etage; einige servieren warmes Essen, andere nur Sandwiches und Getränke zum Mitnehmen. Auf Ebene 3 gibt's eine Milchshake- und Eisbar.

THE GARDEN

Der „Garden" (kein richtiger Garten) neben der Abteilung The Secret Life of the Home ist ein interaktiver Raum für Kinder unter sechs Jahren mit jeder Menge Sinnesaktivitäten wie Wasserparcours und riesigen Bausteinen.

Clerkenwell, Shoreditch & Spitalfields

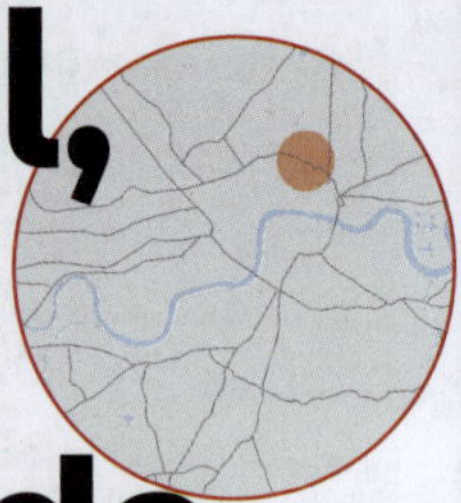

KREATIVE SZENEVIERTEL MIT GESCHICHTE

In die Gegend rund um Clerkenwell, Shoreditch und Spitalfields am Rande des East End kommt man zum Essen, Ausgehen und Entdecken. Künstlerisches Flair und Hipster-Vibes verschmelzen hier mit einer bewegten Geschichte.

Richtig voll wird es abends, wenn Einheimische und Besucher:innen zu Nightlife-Hotspots wie dem BOXPARK Shoreditch und Lagerhaus-Clubs wie XOYO strömen. Am Wochenende lockt Brunch in einem der unzähligen beliebten Cafés und Restaurants.

Den drei Vierteln mangelt es zwar an großen Sehenswürdigkeiten, doch dafür haben sie jede Menge Geschichte zu bieten. In Clerkenwell wurden alte Speicher in moderne Büros, Ateliers und Restaurants umgewandelt, doch am St John's Gate lässt sich nach wie vor historische Architektur bewundern. Shoreditch war einst ein Arbeiterviertel, das sich mit der Zeit zu einer der kreativsten Gegenden Londons gemausert hat. Hier kannst du auf tollen Vintage-Märkten stöbern, authentische südasiatische Currys sowie leckere jüdische Bagels probieren und über Streetart, Wandmalereien und Graffitis im Überfluss staunen. Das Herzstück der Gegend ist die Brick Lane, auf der du gut und gerne einen ganzen Tag verbringen kannst. Shoreditch gilt als ultimatives Vergnügungsviertel, in dem man mindestens einmal im Leben gewesen sein muss.

Direkt an Shoreditch grenzt Spitalfields mit dem berühmten Old Spitalfields Market aus dem 17. Jh. Der bietet alles von Antiquitäten und Kunsthandwerk bis zu Delikatessen aus aller Welt. Shoreditch und Spitalfields lassen sich am besten zu Fuß und in aller Ruhe erkunden. Die schönsten Ecken tun sich auf, wenn du dich einfach treiben lässt. Dennoch ist es empfehlenswert, Aktivitäten im Voraus zu buchen, da die Gegend sehr beliebt ist und Veranstaltungen schnell ausgebucht sind.

NICHT VERSÄUMEN

OLD SPITALFIELDS MARKET
Über 100 Antiquitäten-, Vintage- und Essensstände unter einen Dach aus dem 17. Jh.
S. 184

COLUMBIA ROAD FLOWER MARKET
Ein bunter, geschäftiger Markt, auf dem es jeden Sonntag Blumen und Pflanzen zu kaufen gibt.
S. 185

BRICK LANE
Gut anderthalb Kilometer Märkte, Leckereien aus aller Welt, Streetart und Geschichte.
S. 188

TOP TIPP

Die besten Startpunkte für eine Erkundungstour sind die U-Bahn-Stationen Old Street (Northern Line) und Liverpool Street (Central Line). Von Old Street aus kommst du auf dem Weg nach Shoreditch an coolen Bars und Clubs vorbei, Liverpool Street liegt nah am Old Spitalfields Market. Unter der Woche wird's nachmittags sehr voll.

Links: Straßenmusiker, Brick Lane (S. 188); oben: BOXPARK Shoreditch (S. 191)

LOCAL TIPP

Katharine Sohn (@k__sohn), Reiseautorin, Fotografin und Reisekoordinatorin, verrät uns ihre Lieblingsorte in der Gegend.

Potter and Reid
Eins der neueren Tagescafés und etwas abgelegen vom Trubel des Spitalfields Market. Das Angebot ändert sich täglich. Wenn der *bacon bap* auf der Tafel steht, sollte man nicht lange überlegen.

Discount Suit Company
Leicht zu übersehen ist die anonyme schwarze Tür zu dieser Flüsterkneipe im ehemaligen Lagerraum einer Anzugsschneiderei. Die Cocktails sind außergewöhnlich.

Mercantile
Die stylishste Boutique für unabhängige Labels hat Hunderte beliebte Marken im Repertoire, von Newcomern bis zu alten Bekannten.

Ely's Yard (S. 188)

HIGHLIGHTS
1 Brick Lane
2 Christ Church Spitalfields
3 Columbia Road Flower Market
4 Dennis Severs' House
5 Museum of the Home
6 Old Spitalfields Market
7 Postal Museum
8 Rough Trade East
9 Sadler's Wells
10 St John's Gate
11 St Mary's Secret Garden
12 Truman Brewery

SPORT & AKTIVITÄTEN
13 Ballie Ballerson

ESSEN
14 Beigel Bake
15 Cây Tre
16 Eataly

AUSGEHEN & FEIERN
17 Lady Dinah's Cat Emporium
18 Queen of Hoxton
19 Troy Bar
20 XOYO

UNTERHALTUNG
21 City Comedy Club
22 Close-Up
23 Hijingo
24 Nightjar
25 NQ64
26 Rich Mix

SHOPPEN
27 BOXPARK Shoreditch
28 Brick Lane Vintage Market
29 Tea Rooms

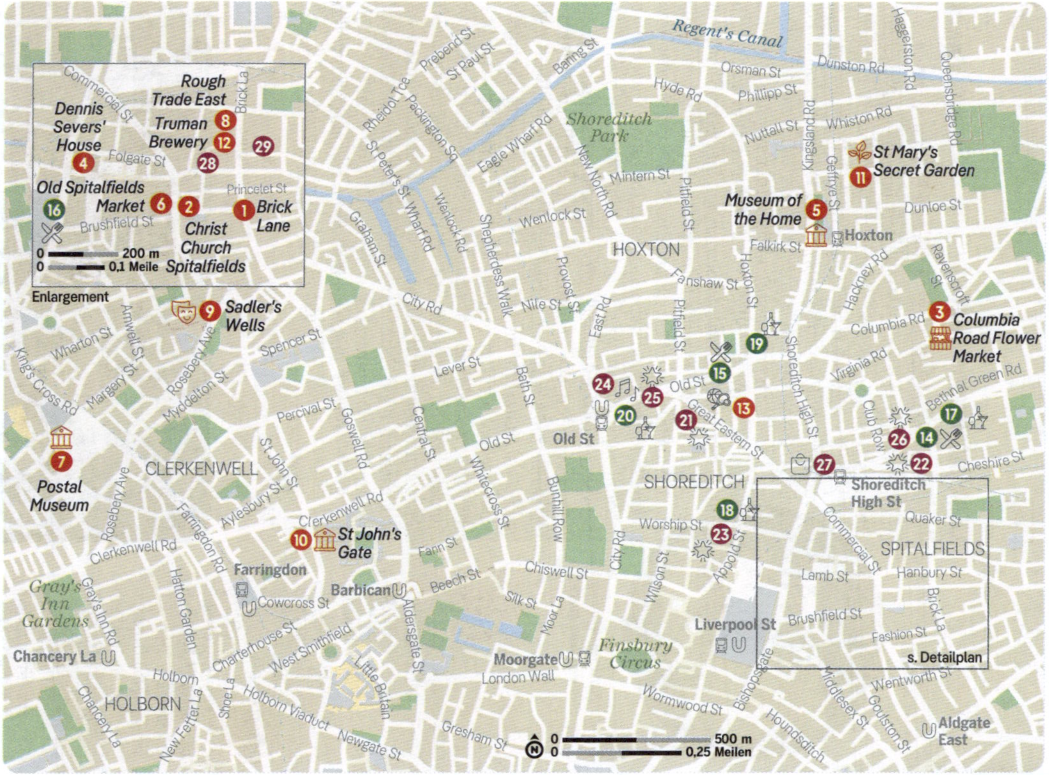

Old Spitalfields Market

Unabhängige Händler unter einem Dach

Antiquitäten- und Vintagemarkt

Gehandelt wird auf dem Old Spitalfields Market schon seit 350 Jahren. Die 1876 eröffnete Halle diente zunächst als Großmarkt, bevor dieser 1991 nach New Spitalfields in Leyton umzog. Seitdem ist der ursprüngliche Markt als Old Spitalfields bekannt. Unter dem imposanten viktorianischen Dach der Halle versammeln sich heute neben ein paar etablierten Marken vor allem unabhängige Händler. Nur fünf Gehminuten von den Stationen Liverpool Street und Shoreditch High Street entfernt kann hier an sieben Tagen die Woche nach Lust und Laune geshoppt werden.

Obwohl der legendäre Markt für alle etwas zu bieten hat, hängt die eigene Erfahrung vom Tag ab, an dem man vorbeischaut. Donnerstags gibt's auf dem **Antiquitäten- und Vintagemarkt** zeitlose Secondhand-Kleidung, Schmuck und Kunst. Oft lässt sich hier Hochwertiges zu günstigen Preisen erstehen. Freitags kommen beim **Vinyl Market** vor allem Musikliebhaber auf der Suche nach seltenen Platten auf ihre Kosten, doch im Grunde hat jeder Tag seinen eigenen Reiz und lohnt einen Besuch.

Hungrige machen sich auf zu **The Kitchens** im Herzen des Markts, wo Streetfood aus der ganzen Welt serviert wird. Auch an den Seiten reihen sich verschiedene Restaurants aneinander und insgesamt kann man aus über 40 Lokalen wählen. Der Markt hat zwar generelle Öffnungszeiten, doch die individuellen Stände sind unabhängig davon besetzt, weshalb du am besten im Voraus auf der Website nach deren Zeiten schaust.

DIE URSPRÜNGE VON OLD SPITALFIELDS

Die Geschichte des Markts reicht bis 1638 zurück, als ihm Karl I. eine Lizenz für den Handel von „Fleisch, Geflügel und Wurzeln" im ländlichen Randgebiet Londons erteilte. Auf dem bunten Markt von heute gibt's alles von frischen Erzeugnissen und Kuchen bis zu Möbeln und Sammlerstücken.

Old Spitalfields Market

PAOLO PARADISO/SHUTTERSTOCK ©

Columbia Road Flower Market

Columbia Road Flower Market

Markt mit einem bunten Blumen- und Pflanzenangebot

Jeden Sonntag wird aus der Columbia Road zwischen 8 und 15 Uhr ein farbenfroher Markt, auf dem sich ganze Generationen von Blumenhändlern tummeln. Der Pflanzen- und Blumenmarkt ist bei Touristen sehr beliebt, die entweder ihre Unterkunft aufpeppen oder ein paar Blumenzwiebeln mit nach Hause nehmen wollen. Neben allem, was blüht, bieten die verschiedenen Stände auch Käse, Seife, Gartenzubehör und vieles mehr. Auf der schmalen Straße wird es meist richtig voll, weshalb man am besten frühmorgens oder ganz zum Schluss kommt, wenn die Händler ihre Ware loswerden wollen und es Schnäppchen zu holen gibt.

Museum of the Home

Häuslichkeit über die Jahrhunderte

Gegenüber der Hoxton Station lädt das Museum of the Home Besucher:innen ein, in die Geschichte der häuslichen Welt einzutauchen und sich dazu inspirieren zu lassen, das eigene Leben bedeutungsvoller zu gestalten. Das Museum hieß von 1914 bis 2019 Geffrye Museum und zeigt, wie sich Inneneinrichtung, Familiendynamiken und britische Innovationen seit 1600 verändert haben.

In den Sälen **Home** und **Rooms Through Time** des Museums in einem Armenhaus aus dem 18. Jh. kannst du Wohnzimmer aus den letzten vier Jahrhunderten bewundern und erkunden, was das Konzept des „Heims“ für einen selbst bedeutet. Dank Audioclips und interaktiven Displays eignen sich die Galerien für die ganze Familie.

Der **Garten (Gardens Through Time)** ist ebenso in Epochen unterteilt. Im Sommer blüht es hier besonders schön, doch auch unabhängig von der Jahreszeit wirst du das Museum mit jeder Menge Stoff zum Nachdenken über die Vergangenheit, Gegenwart und Zukunft verlassen. Der Eintritt ist frei, Reservierungen sind nicht nötig.

Die Truman Brewery

Sadler's Wells

Darstellende Kunst und die bunte Welt des Tanzes

Im Theater Sadler's Wells in Clerkenwell dreht sich schon seit 300 Jahren alles um die Kunst. Bei der heutige Inkarnation von 1998 handelt es sich um die sechste Version des Theaters. Das ganze Jahr über gibt's hier ein aufregendes Programm aus diversen Tanzformen, von Ballett und modern bis Bollywood und Tango, das das Herz jedes Tanzfans höher schlagen lässt. Aufführungen finden in zwei ganz unterschiedlichen Räumen statt, dem prächtigen Hauptauditorium und dem intimeren Lilian Baylis Studio. Den besten Blick bieten die Sitze im mittleren Bereich.

Dennis Severs' House

Auf Zeitreise ins London des 18. Jahrhunderts

Der US-amerikanische Künstler Dennis Severs hauchte einem verlassenen Haus aus dem 18. Jh. in Spitalfields neues Leben ein und wohnte dort bei Kerzenlicht, da es keinen Strom gab. Er stattete es mit Objekten aus, die das Heim einer hugenottischen Seidenweberfamilie nachempfinden, und da das Haus architektonisch im Originalzustand belassen wurde, fühlt man sich hier wie auf Zeitreise. Für Severs war es eine Zeitkapsel, in der er bis zu seinem Tod 1999 über zwei Jahrzehnte lang Führungen organisierte. Eine Tour erkundet die sorgfältig nach Epochen eingerichteten Zimmer.

Sadler's Wells

Die Truman Brewery

Location für Märkte, Events und Kreative

Die Truman Brewery war einmal die größte Brauerei Londons (und einst sogar Europas), bevor sie 1989 ihre Pforte schloss. Seitdem haben sich hier Kunstgalerien, Bars, Cafés, Clubs und Läden angesiedelt. Diverse Events erwecken die alte Fabrik zum Leben, darunter Pop-up-Stände und regelmäßige Märkte wie der **Backyard Market** am Wochenende und der herrlich vielfältige sonntägliche **Upmarket** mit einem riesigen Essensangebot aus aller Welt. Auf dem Gelände selbst und in der Umgebung gibt's jede Menge tolle Streetart entdecken.

Postal Museum

Wo Postgeschichte lebendig wird

Das gut versteckt in Clerkenwell gelegene Postal Museum gibt einen Einblick in den Einfluss der Briefkommunikation auf die Gesellschaft. Interaktive Dauer- und Sonderausstellungen sowie der über einen Zebrastreifen mit dem Museum verbundene **Mail Rail** beleuchten die historische Bedeutung des Postwesens. Die Eintrittskarte ins Museum gilt ein ganzes Jahr lang und beinhaltet eine Fahrt mit dem Mail Rail, einem unterirdischen Postzug, der 22 Stunden am Tag in Betrieb ist und Whitechapel mit Paddington verbindet. Auf dem Trip durch die Tunnel an Bord einer Mini-Eisenbahn erläutert eine eindringliche Präsentation die hundertjährige Geschichte des Zugs und seine Bedeutung.

Rough Trade East

Rough Trade East

Plattenladen mit Livemusik

Im Innenhof der **Truman Brewery** an der Brick Lane befindet sich Rough Trade East, benannt nach dem Independent-Label Rough Trade. Seit 1970 trotzt der Plattenladen allen Erwartungen und hat auch Umbrüchen in der Musikindustrie sowie dem Feldzug der Streaming-Plattformen standgehalten. Hier kann einer heute fast schon verlorenen Kunst gefrönt werden: der Suche nach Platten und CDs verschiedener Genres, von Punk über Indie bis Klassik. Wer sich nicht entscheiden kann, hört einfach rein.

Nicht nur Musik kaufen kann man im Rough Trade East, sondern auch live genießen, so etwa bekannte Bands wie Queens of the Stone Age und Public Enemy. Auftritte beginnen gewöhnlich um 19 Uhr. Der Laden hat von Montag bis Samstag zwischen 10 und 19 Uhr bzw. sonntags bis 17 Uhr geöffnet. Die meisten Konzerte sind gratis, wenn man das neueste Album der Künstler:innen kauft. Wer früh genug kommt, muss nicht anstehen.

Brick Lane

Beliebte Straße voller Kunst, Kultur, Essen und Geschichte

Die reiche Kulturgeschichte der **Brick Lane** begann im 18. Jh. mit der Ankunft hugenottischer Flüchtlinge, genauer von Seidenwebern, die in der Gegend Zuflucht suchten. Nach ihnen kamen Iren auf der Flucht vor der Großen Hungersnot und verfolgte jüdische Familien. Heute ist die Straße auch das pulsierende Herz der bangladeschischen Community Londons. Ein entspannter Spaziergang über die Brick Lane steckt vor allem sonntags voller Entdeckungen. In **Ely's Yard** hat jeden Tag ein Streetfoodmarkt geöffnet, während es am Wochenende auf dem **Upmarket** in der **Truman Brewery** (S. 186) richtig trubelig wird. Unzählige Curry-Restaurants buhlen oft mit sehr freundlichen Gastgebern am Eingang um die Gunst der Passanten. Sie gehören zu den besten der Hauptstadt. Tagsüber locken trendige Cafés, während ab Sonnenuntergang Bars das Kommando übernehmen und das nächtliche Shoreditch zum Leuchten bringen. Wenn alle Stricke reißen, ist da immer noch die Kunst. Galerien und jede Menge expressive Wandbilder machen die Brick Lane zu einem Paradies für Kunstfans. Zudem kann man auf dem **Brick Lane Vintage Market** auf Schatzsuche gehen und in den **Tea Rooms** in Antiquitäten stöbern. Die Brick Lane ist so beliebt, weil es hier und auf den umliegenden Straßen unglaublich viel zu sehen und zu tun gibt: Vom Essen bis zum Shoppen bietet sie genügend Aktivitäten für einen ganzen Tag.

WARUM SHOREDITCH?

Der Name Shoreditch hat einen interessanten historischen Ursprung und stammt womöglich vom altenglischen „Soersditch" ab, was „Abwassergraben" bedeutet. Eine andere faszinierende Theorie bezieht sich auf Jane Shore, Geliebte von König Eduard IV., die in einem hiesigen Graben ihre letzte Ruhestätte gefunden haben soll und somit ihre Spur in der Lokalgeschichte hinterließ. Die Gegend galt lange Zeit als heruntergekommen, heute ist sie eins der coolsten Viertel Londons.

PAOLO PARADISO/SHUTTERSTOCK ©

Brick Lane

St Mary's Secret Garden

Gemeinschaftsprojekt mit Gartentherapieprogramm

St Mary's Secret Garden liegt nur drei Gehminuten von der Hoxton Station entfernt und war einst ein Geheimtipp. Der knapp 3000 m² große Garten mit einem Teich, einer Wildblumenwiese und einem Waldstück sowie mehreren aktiven Bienenstöcken bietet nach wie vor Ökotherapieprogramme für hilfsbedürftige Menschen an, steht jedoch auch allen anderen offen, die nach Trost suchen. Von Montag bis Donnerstag zwischen 9 und 17 Uhr ist jeder willkommen, der sich hier ausruhen möchte.

Christ Church Spitalfields

St John's Gate

St John's Gate

Museum und Überreste einer mittelalterlichen Priorei

Das 1504 als Eingangstor zur Priorei von Clerkenwell errichtete St John's Gate war der Hauptsitz der Johanniter, die in der Krankenpflege tätig waren. Heinrich VIII. löste zwischen 1536 und 1540 unzählige Orden in ganz England auf, doch das Tor überlebte. Infolge einer Restaurierung im 19. Jh. ist heute nur noch wenig originales Mauerwerk zu sehen.

Ein kleines Museum vermittelt die Ereignisse vor dem Bau des Tors, doch die beste Option ist eine 80-minütige Führung durch die Geschichte des Gebäudes. Dabei besucht man neben der Kirche auch die Krypta, den Kapitelsaal von 1902 und die Ratskammer, die sonst der Öffentlichkeit unzugänglich sind. Führungen beginnen dienstags, freitags und sonntags jeweils um 11 und 14.30 Uhr. Sie sind im Eintrittspreis enthalten, Spenden werden aber gern gesehen.

Christ Church Spitalfields

Historische Kirche mit Gemeinschaftsfokus

Die von Queen Anne geförderte Kirche wurde 1729 als Teil eines Kirchenbaugesetzes eröffnet, dessen Ziel die Errichtung 50 neuer Gotteshäuser für die wachsende Londoner Bevölkerung war. Nur zwölf wurden fertiggestellt, darunter Christ Church. Die auffälligen Turmspitzen sollten dem Architekten Nicholas Hawksmoor zufolge die Autorität der anglikanischen Kirche symbolisieren.

Der Bau wurde 2004 grundlegend saniert und sein barocker Innenraum glänzt heute mit reinweißen Wänden und einer restaurierten Orgel. Neben ihrer religiösen Funktion dient die Kirche auch als Veranstaltungsort für lokale Events wie etwa das **Spitalfields Music Festival**.

ALENA VEASEY/SHUTTERSTOCK ©

Beigel Bake

DIE BESTEN LÄDEN IN SCHWARZEM BESITZ

Merkamo Ethiopian
Köstliches veganes Essen inmitten des Old Spitalfields Market. Sogar für Fleischesser ein Muss. €

Dark Sugars
Leckereien aus ghanaischen Kakaobohnen und edle Trinkschokolade aus weißer, Milch- und Bitterschokolade. €

Rudie's Jerk Shack
Jamaikanische Küche in London im BOXPARK Shoreditch. €€

MEHR IN CLERKENWELL, SHOREDITCH & SPITALFIELDS

Die Bagels des Beigel Bake probieren

Legendäre Bäckerei mit frischen Bagels

Die Bagelbäckereien auf der Brick Lane können es locker mit denen in New York aufnehmen. Im 19. Jh. siedelte sich die jüdische Gemeinde in Spitalfields an und hinterließ zwei fast benachbarte Bagel-Läden: den **Beigel Bake**, auch „der Weiße" genannt, und den **Beigel Shop**, den „Gelben". Es ist schwer, einen Favoriten zu wählen, doch der Beigel Bake ist der ältere von beiden, das Original sozusagen. Die ursprüngliche Großbäckerei befand sich erst in der Hausnummer 155, bevor sie in die Brick Lane Nr. 159 umzog, wo die Besitzer:innen 1978 einen Laden eröffneten. Aus der Nummer 155 wurde der Beigel Shop. Zwischen den zweien herrscht eine freundschaftliche Rivalität und schmecken tut's in beiden. Unbedingt probieren solltest du den Salzfleisch-Bagel mit Senf und saurer Gurke oder den Klassiker mit Räucherlachs und Frischkäse. Diese zwei Optionen allein sorgen den ganzen

ÜBERNACHTEN IN SHOREDITCH

One Hundred Shoreditch
Boutique-Hotel mit einer lebhaften Lobby voller Kreativer und einer schicken Dachterrasse. €€€

The Hoxton
Das originale Hoxton Hotel nahe der Old Street Station. €€€

Point A London, Shoreditch
Erschwingliche Unterkunft zwischen der Old Street und Spitalfields nahe der beliebtesten Stadtviertel. €€€

Tag über für regen Andrang. Auch Süßes und anderes Gebäck werden hier serviert, doch die Bagels sind unübertroffen. Beide Läden haben das ganze Jahr über rund um die Uhr geöffnet und sind bei Partygängern und Passanten gleichermaßen beliebt.

Die erste Pop-up-Einkaufspassage der Welt

Shoppen, essen, trinken und ausgehen

Im Jahr 2011 entstand an der Shoreditch High Street Station ein einzigartiges Einkaufszentrum, das zu einem beliebten Tummelplatz für Einheimische und Touristen geworden ist. Die zwei Ebenen des **BOXPARK Shoreditch** bestehen aus Schiffscontainern, die über 50 Läden beherbergen, und bilden einen dynamischen Raum für Kreativität und Handel.

Die obere Etage ist ganz dem Essen und Trinken gewidmet und ein idealer Spot zum Vorglühen. Je schummriger das Licht, umso lauter die Musik. Unten gibt's neben Esslokalen auch Accessoires, Kleidung und Kosmetik, doch die Besetzung der Pop-up-Läden wechselt oft. Auch diverse unabhängige Marken sind hier ansässig, die eins gemeinsam haben: Sie sind allesamt trendig und hochwertig.

Tagsüber wie abends ist hier immer was los und man fühlt sich fast wie auf einer relaxten Hausparty. Zu den Highlights gehören saisonale Veranstaltungen und Events wie Live-Übertragungen von Fußballspielen, Brunche und Partys, die stets auf der Website des BOXPARK angekündigt werden. Wer hier in den Abend starten und Sitzplätze ergattern möchte, der sollte früh da sein, doch dank der lockeren Atmosphäre gibt's auch viele Leute, die einfach nur mit einem Drink in der Hand umherschlendern. Freitags und samstags hat der BOXPARK bis 23.45 Uhr geöffnet, letzter Eintritt ist rund eine Stunde vorher. Nach 20 Uhr haben nur Volljährige Zutritt.

Mit Jack the Ripper spazieren gehen

Auf den Spuren des großen ungelösten Kriminalfalls

Das Rätsel um Jack the Ripper ist nach wie vor ein bedeutender Teil der britischen Kriminalgeschichte. Noch immer forscht man nach der wahren Identität des mysteriösen Mörders, dessen Tatorte schaurige Berühmtheit erlangt haben. Einige an den Forschungsarbeiten beteiligte Personen haben die immersive **Jack the Ripper Tour** zusammengestellt, die Besucher:innen durch genau die Straßen führt, auf denen im Herbst des Schreckens 1888 mindestens fünf Frauen ermordet wurden. Auf einer Führung durch die Gassen von Whitechapel

DIE BESTEN QUEERFREUNDLICHEN SPOTS

Aisha Shaibu-Lenoir, Managerin des intersektionalen, queeren Buchladens Common Press Bookshop (@thecommonpress) mit Café, stellt die besten Orte für die queere Community in Shoreditch vor.

Looking Glass Cocktail Club
Viktorianischer Charme und experimentelle Cocktails. Hinter der Alice-im-Wunderland-Fassade verbirgt sich eine Flüsterkneipe mit Varieté, LGBTQI-Events, Livemusik und Partys.

Mayor of Scaredy Cat Town
Der geheime Eingang liegt hinter einem Kühlschrank im Café Breakfast Club. Wer nach dem Mayor fragt, wird in eine Flüsterkneipe mit Retro-Vibe und ungewöhnlichem Dekor eingelassen.

FESTIVALS IN CLERKENWELL, SHOREDITCH & SPITALFIELDS

Fashion District Festival
Ein sechstägiges Festival für nachhaltigere, inklusivere und innovativere Mode.

Clerkenwell Festival
Eintägiges Festival mit Live-Performances, einer Hundeschau und Imbissständen.

Festival of Highlife
Zelebriert das Highlife, ein Musikgenre aus Ghana, das auch in anderen Teilen Westafrikas verbreitet ist.

und Spitalfields gibt der Guide nicht nur die faktischen Einzelheiten des Falls zum Besten, sondern erläutert zudem diverse Verschwörungstheorien und offene Fragen.

Die Tour beginnt am Ausgang 3 der Aldgate East Station, von wo aus man auf den Spuren der Ermittler des 19. Jhs. in unter zwei Stunden die unheimlichen Schauplätze der Verbrechen besucht. Auch die Hinweise, die der Polizei zunächst sachdienlich waren, doch letztendlich ins Nichts führten, sind Thema des Rundgangs. Jack-the-Ripper-Touren gibt's in London wie Sand am Meer, doch diese besticht durch ihre einzigartige Ripper-Vision-Technologie, die dank direkt an die Wand projizierter Videos die Fantasie zum Leben erweckt. Auch Fotos der Opfer werden gezeigt, was der Guide jedoch vorher ankündigt. Man muss also nicht hinschauen.

Im Gegensatz zu vielen anderen solcher Touren will diese die Teilnehmenden nicht erschrecken und verzichtet daher auf plötzlich hervorspringende Gestalten und jegliche andere theatralische Elemente. Dass man trotzdem Gänsehaut bekommt, ist der Atmosphäre, den fundierten Geschichten und der Erfahrung insgesamt zu verdanken. Mehr Infos gibt's auf der Website www.thejacktherippertour.com/the-tour.

DIE BESTEN STREETFOOD-MÄRKTE

Lala Land
15 Imbissstände und vier Bars auf einem überdachten Markt mit palmenbestandener Außenterrasse. €

Urban Food Fest
Jeden Samstag auf der Shoreditch High Street. Die Stände sind ausgezeichnet. €

Ely's Yard
Foodtrucks in der beliebten Truman Brewery auf der Brick Lane. Täglich bis 23 Uhr geöffnet. €

Die facettenreiche Queen of Hoxton

Vielseitige Location mit Wow-Faktor

Die dreistöckige Queen of Hoxton ist Dachbar, Nachtclub, Aufführungsraum und Kunstgalerie in einem und sowohl von der Liverpool Street Station als auch der Shoreditch High Street Station aus leicht zu erreichen. Seit ihrer Eröffnung 2009 findet hier regelmäßig eine bunte Mischung aus Events statt, von Brunch und Livemusik bis zu Karaoke, Kino und vielem mehr. Das Highlight ist die Dachterrasse, auf der du mit einem Drink in der Hand Panoramaaussichten auf die City of London genießen kannst. Ebenso besonders ist das regelmäßig wechselnde Themendekor mit Mottos wie „Las Vegas", „Little Barcelona" oder „Alice im Winterland", was jeden Besuch zu einer neuen, überraschenden Erfahrung macht. Da die Dachterrasse das ganze Jahr über geöffnet hat, kannst du dich hier im Sommer bei einem Cocktail in der Sonne und im Winter bei Glühwein am Feuer wärmen. Was genau wann los ist, ob DJ-Nacht oder ein besonderes Event, steht auf der Website der Queen of Hoxton. Alternativ lässt sich das tolle Ambiente auch jeden Samstag beim Zweigänge-Brunch „Drag & Waffle" mit unbegrenzten alkoholischen Getränken erleben. Die Dachterrasse ist (je nach Wetterlage) jeden Abend bis 21.30 Uhr geöffnet. Reservierungen sind nicht nötig.

LECKER BRUNCHEN

Dishoom
Bei Einheimischen beliebtes indisches Restaurant. Unsere Empfehlung: die Naan-Brötchen. €€

Andina
Peruanisches Lokal mit Tamales und Maiskuchen am Wochenende und natürlich jeder Menge Pisco Sours. €€

Cocotte
Französisches Restaurant mit Rotisserie, am Wochenende Croissantwaffeln und andere frische Leckereien. €€

Queen of Hoxton

Das legendäre Nachtleben von Shoreditch voll auskosten

Wo in London die Nacht zum Tag wird

Es mag bei so vielen Events tagsüber kaum überraschen, dass auch nachts in Shoreditch und Umgebung der Bär steppt. Von Raves in Lagerhäusern bis zu durchtanzten Nächten auf Dachterrassen – hier weiß man, wie gefeiert wird. Das Nachtleben spielt sich zwischen der Old Street und der Shoreditch High Street Station, der Brick Lane und Teilen von Spitalfields ab.

Am besten beginnt man mit Drinks in Kneipen wie der lebhaften (und herrlich rosaroten) **Simmons Bar** nahe der Old Street oder genießt brennende Cocktails im farbenfrohen **Barrio**. Wer mag, bleibt am gleichen Ort und lässt sich von der Partystimmung der Menge mitreißen oder zieht weiter in Bars wie die **Queen of Hoxton**.

DAS BESONDERE AN DER GEGEND

Clerkenwell, Shoreditch und Spitalfields machen ihren Mangel an berühmten Sehenswürdigkeiten mit jeder Menge lebendiger Atmosphäre und einer reichen Geschichte wett. Die Viertel beherbergen einige der ältesten Bauwerke Londons wie etwa das **St John's Gate** (S. 189), doch neben historischen Denkmälern sind in der Gegend auch einige der kreativsten Köpfe der Hauptstadt zu Hause. Viele Kreative lassen hier ihre Ideen lebendig werden und haben aktiv an der Entwicklung dieser Stadtviertel mitgewirkt.

VINTAGE-MÄRKTE

Brick Lane Vintage Market
Hat jeden Tag geöffnet und deckt alle Jahrzehnte von den 1920er- bis zu den 1990er-Jahren ab.

Hunky Dory Vintage
Erschwingliche und zeitlose, einzigartige europäische Mode für alle Geschlechter.

House of Vintage
Coole Vintage-Teile vor allem aus den 50er- und 60er-Jahren, aber auch tolle Stücke aus anderen Jahrzehnten.

CLAUDIO DIVIZIA/SHUTTERSTOCK ©

Village Underground

DIE BESTEN KUNSTGALERIEN

Iniva
Zweigstelle des Institute of International Visual Arts in Shoreditch, in der sich alles um Diversität dreht.

Hoxton Gallery
Präsentiert seit 2009 moderne urbane Kunst. Die aktuellen Künstler und Themen stehen auf der Website der Galerie.

The Old Street Gallery
Boutique-Galerie mit den Arbeiten unabhängiger Künstler und jeder Menge Raum für Kreativität.

Die Clubbing-Erfahrung East Londons schlechthin bietet das **XOYO** in einem alten Speicher. Livebands und DJs sorgen hier die ganze Woche über für einen bunten Genre-Mix. Ein weiterer Hotspot ist das ebenfalls in einer alten Lagerhalle untergebrachte **Village Underground**, das für seine Clubnächte und Gigs bekannt ist. Wer Techno und House liebt, geht zu den DJ-Nächten im **Book Club** oder **93 Feet East**, beide in der **Truman Brewery** (S. 186) auf der Brick Lane.

Der Dresscode verbietet normalerweise Mützen, Jogginganzüge und Hoodies, aber in eleganter Kleidung musst du deshalb noch lange nicht erscheinen. In Großbritannien ist vergleichsweise früh Zapfenstreich und die meisten Bars schließen gegen 1 oder 2 Uhr morgens. Manche Events gehen etwas länger.

Mit so vielen tollen Angeboten gehört eine Nacht in Shoreditch zu den aufregendsten Momenten eines jeden London-Besuchs.

ABWECHSLUNGSREICHES FAMILIENPROGRAMM

All Star Lanes Brick Lane
Bowlingbahn im Herzen der Brick Lane mit amerikanischer Retro-Deko.

London Shuffle Club
Shuffleboard auf der Bahn oder am Tisch bei Sauerteigpizza und Knabbereien.

Spitalfields City Farm
Ein Hauch Landluft inmitten der Stadt mit Schafen, Schweinen und Eseln. Für alle Altersgruppen freier Eintritt.

Open Mic Night in der Troy Bar

Community-Bar mit karibischer Küche

Die täglich außer sonntags geöffnete **Troy Bar** nahe der Old Street hat sich über die Jahre einen Namen gemacht und bietet ein vielseitiges wöchentliches Programm, von Jam-Nächten zum Mitmachen bis zu Reggae-, Jazz- und Soul-Abenden. Das Highlight ist jedoch die Open Mic Night, die jeden Dienstag für großen Andrang sorgt. Jede Woche treten hier verschiedene talentierte Musiker auf und auch die Gäste können sich vor Publikum versuchen. Der Einlass für die Open Mic Night ist 20 Uhr und wer vor 21 Uhr kommt, hat gute Chancen auf einen Sitzplatz. Schluss ist meist gegen 2 Uhr, doch man muss nicht bis zum Ende bleiben. Die Troy Bar zieht ein reiferes Publikum an, das geht, wann es will, was jedoch der Qualität der Musik und der Auftritte keinen Abbruch tut. Obwohl das Programm meist jede Woche gleich ist, sind kurzfristige Änderungen möglich, deshalb schaust du am besten vorher auf die Instagram-Seite der Bar.

Auf der Speisekarte des karibischen Lokals stehen typische jamaikanische Gerichte wie Ziegen-Curry, *jerk chicken* und auch Vegetarisches. Wer abends keine Zeit, aber trotzdem Lust auf karibisches Essen hat, für den gibt's Mittagsangebote zum Mitnehmen.

CLERKENWELLS UHRMACHER

Clerkenwell stand einst im Mittelpunkt des britischen Uhrmacherhandwerks. Im 17. Jh., als Großbritannien die Uhrmacherwelt beherrschte, schlug in Clerkenwell das Herz des Uhrenbaus.

Nach dem Großen Brand von 1666 verlegte sich das Zentrum der Uhrenindustrie von der City of London nach Clerkenwell, woraufhin das Viertel zum Anziehungspunkt für versierte Uhrmacher wurde und florierte.

Es gab eine Zeit im 18. Jh., in der die Hälfte aller weltweit gefertigten Uhren in Großbritannien hergestellt wurde. Ein bedeutender Teil davon stammte aus den Werkstätten Clerkenwells.

DIE BESTEN PUBS

The Old Blue Last
Schon seit dem 18. Jh. werden hier Gäste bedient. Heute treten auch Musiker:innen und andere Künstler:innen auf. **€€**

Pride of Spitalfields
Old-School-Pub mit guten Preisen, Wohnzimmer-Atmosphäre und einem großen Craft- und Fassbierangebot. **€**

Howl at the Moon
Bis 2 Uhr geöffnet und nur 5 Minuten von der Hoxton Station entfernt. Sonntags gibt's irische Livemusik. **€€€**

STREETART-SPAZIERGANG

Diese Tour beginnt direkt vor dem **Old Spitalfields Market** (S. 184) in der Commercial Street. Von dort geht's in Richtung Süden bis zur **1 Fashion Street**, die du ein Stück entlangläufst, bevor du zweimal hintereinander links in einen vermeintlichen Parkplatz abbiegst. Der **2 Seven Stars Yard** ist jedoch eine kleine Gasse mit jeder Menge bunter Streetart.

Kehre der kleinen Sackgasse wieder den Rücken und folge links der Brick Lane Richtung Norden. Anschließend zweigst du rechts in die beliebte **3 Hanbury Street** mit eindrucksvollen Wandmalereien ab. Zurück in der **4 Brick Lane**, wo Kunstwerke alle Ecken und Enden zieren, verweilst du einen Augenblick an der **5 Truman Brewery** und schaust nach oben auf das Straßengraffiti in luftiger Höhe. Dann spazierst du weiter bis zur Sclater Street, der du bis zur Kreuzung mit der Bethnal Green Road folgst. Von der Club Row schräg gegenüber schaust du kurz in die **6 Whitby Street** hinein und biegst danach links die **7 Redchurch Street**. Von dort nimmst du die **8 Chance Street** in Augenschein und schlenderst anschließend links durch die schmale **9 Ebor Street**. Rechts gelangst du in die **10 Holywell Lane**, von wo aus du wieder rechts in den **11 King John Court** abzweigst, bevor der Streetart-Spaziergang im **12 New Inn Yard** endet.

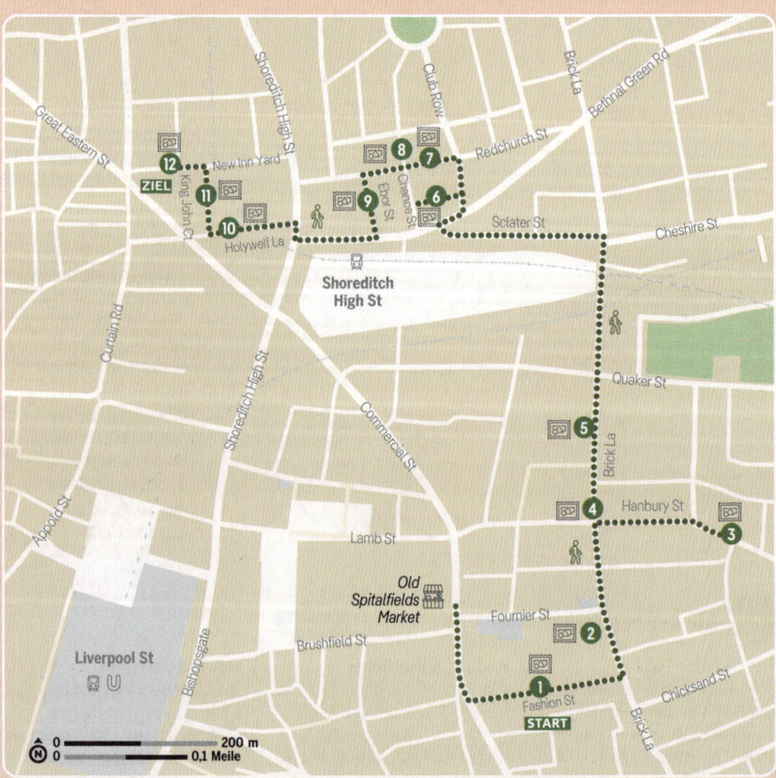

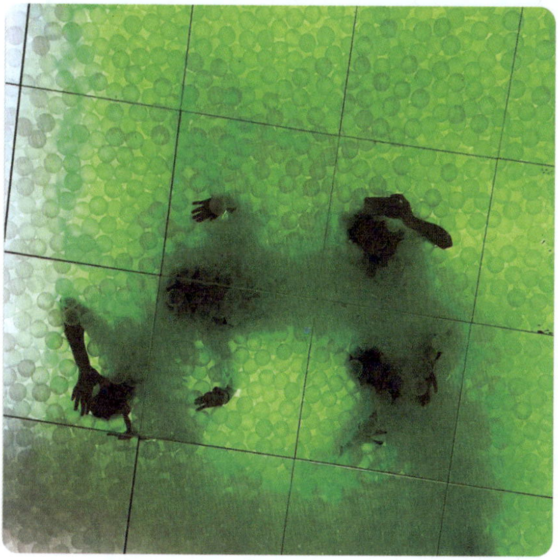

SAMANTHA BROWN//STOCKIMO/ALAMY STOCK PHOTO

Ballie Ballerson

Im Ballie Ballerson baden gehen

Bällebad und Partyspaß

Nach Shoreditch kommt man, um Spaß zu haben, und das ist auch der Sinn und Zweck des **Ballie Ballerson**. Was auf den ersten Blick wie ein Kinderspielplatz aussieht, ist tatsächlich ein Kindheitstraum für Erwachsene, in dem man sich in ein Bällebad aus über tausend weißen Plastikkugeln stürzen kann. Diese werden von leuchtenden und gelegentlich blinkenden farbigen Lichtern, die von einem riesigen Spiegelkäfig reflektiert werden, bunt angestrahlt. Das Bällebad ist ein beliebtes Fotomotiv für Besucher:innen, doch da es sehr voll werden kann, nutzt du besser die praktische Fotokabine, um deine Erinnerungen festzuhalten.

Obwohl hier abends ein besonderer Vibe herrscht, ist auch der Sonntagsbrunch (90 Min.) zu House-, Hiphop- und R&B-Beats eine coole Erfahrung. Mit Tickets für Steh- oder Sitzplätze gibt's so viel Prosecco, Pornstar Martinis und Pizza, wie man vertragen kann, sowie Zutritt zum Bällebad für 2 Stunden.

DIE BESTEN CURRYS IN DER BRICK LANE

Aladin
Indische, pakistanische und bangladeschische Gerichte. Alkohol kann man selbst mitbringen. **€€**

Sheba
Familiengeführtes Restaurant, in dem seit 1974 außergewöhnlich leckere Currys serviert werden. **€€**

Graam Bangla
Traditionelle bangladeschische Küche mit jeder Menge vegetarischen Optionen. **€**

TOLLE GRUPPENERLEBNISSE

Bounce
Pingpong mit Drinks und Pizza. Ist besonders für After-Work-Treffen beliebt.

Flight Club
Bei sechs Social-Darts-Spielen stellt sich heraus, wer in der Gruppe der beste Werfer ist.

Junkyard Golf Club
Auf einem von vier 9-Loch-Parcours golft man inmitten von Schrott und Gerümpel.

PAOLO PARADISO/SHUTTERSTOCK ©

Brick Lane (S. 188)

SHOREDITCH MIT KLEINEM BUDGET

Da Shoreditch und die **Brick Lane** (S. 188) vor allem durch ihre besondere Atmosphäre bestechen, kann man hier auch mit wenig Geld viel Spaß haben. Für die beste Erfahrung schließt man sich einer der vielen kostenlosen Touren wie etwa **Streetart-**, Food- oder Stadtführungen an. Auch Kostproben an Essensständen sollte man ausnutzen. Dank jeder Menge Streetfood lässt sich das Ambiente in Locations wie dem **BOXPARK Shoreditch** (S. 191) oder Spitalfields leicht für unter 10 £ genießen.

Keine Sorge, die Bälle sind nicht etwa klebrig! Das Ballie Ballerson nimmt Sauberkeit sehr ernst. Einmal in der Woche werden die Kugeln tiefengereinigt und kühle Luft hält das Bällebad während der Benutzung frisch. Buchungen sind nur für den Brunch nötig, ansonsten kommt man einfach mit seiner Gruppe vorbei, wenn einem der Sinn nach etwas Spaß steht. Den Personalausweis nicht vergessen.

Die Kunst des Kinos

Intimes Kino mit seltenen und Indie-Filmen

In unmittelbarer Nähe der **Brick Lane** (S. 188) liegt ein kleines, unabhängiges Kino namens **Close-Up**, in dem nicht mehr als 40 Zuschauer Platz haben. Hier läuft garantiert gerade ein Film, von dem man noch nie etwas gehört hat. Ziel des rollstuhlgerechten Kinos ist es, Filmkultur und -geschichte einem weiten Publikum näherzubringen, indem es richtungsweisende Streifen zeigt, die das moderne Kino mitgeprägt haben. Gelegentlich finden hier auch Pressevorführungen statt. Am besten kommt man früh, um sich in der Café-Bar zu tummeln. Getränke können mit in den Saal genommen werden.

DIE BESTEN MITTERNACHTSSNACKS

Duck & Waffle
24-Stunden-Restaurant im 40. Stock mit den herrlichsten Aussichten. Reservierung empfohlen. €€€

Beigel Bake
Unkomplizierter jüdischer Delikatessenladen auf der Brick Lane, in dem es immer voll ist. €

Polo Bar
Britisches Café mit einer 24-Stunden-Bar, Frühstück und Brunch. Den Brunch kann man reservieren. €€

Futuristisches Bingo

Bingo der Zukunft mit Live-Entertainment

Bereit für den unterhaltsamsten Bingo-Abend aller Zeiten? Das **Hijingo** bietet die erste filmische Bingo-Erfahrung mit futuristischen Vibes, Blitzlichtern, raumhohen LED-Grafiken und einem überdrehten Soundtrack – kurzum ein immersives Spektakel, das unendlich viel Spaß bringt.

Nach der Anmeldung geht's durch einen Tunnel in den Hijing Room, der aus der Zukunft zu stammen scheint. Wer es sich einmal bequem gemacht und Drinks bestellt hat, wird über 90 Minuten lang von Tänzer:innen unterhalten. An den Wänden sind unglaubliche Bewegungsgrafiken zu sehen und sonore Stimmen verkünden die Bingonummern. Wer gewinnt, bekommt einen der sechs Preise, die pro Session vergeben werden. Die Energie der Spieler heizt die Stimmung an und der 1 ¾ Stunden dauernde Spaß enthält eine 30-minütige Pause zwischen den zwei Spielen. Wer Glück hat, kommt an einem Mottoabend vorbei (wie etwa Squid Games zu Halloween oder die 1980er-Jahre).

Bei Videospielen wieder Kind sein

Paradies der Retro-Spielautomaten

Die Retro-Arcade (Halle mit Spielautomaten auch für Kinder) direkt an der Old Street Station ist das einzige von elf Lokalen der Kette **NQ64** in Großbritannien und einigen in London, das richtiges Essen serviert, während man Old-School-Spielen wie Pacman, Dance Revolution und Mario Kart frönt. In einer Guitar-Hero-Kabine kannst du sogar den inneren Rockstar rauslassen.

Schon beim Hereinkommen – der Eintritt ist frei – fallen das schummrige Licht und die Neonfarben auf, in die hier alles getaucht zu sein scheint. Reservierungen sind nicht nötig und man kann sich einfach an jedem beliebigen unbesetzten Tisch bzw. in jeder Kabine niederlassen, die gerade frei ist. Den ersten Cocktail bestellt man an der Bar – der nach der Crash-Bandicoot-Legende benannte Aku Aku Fruit Punch ist ein Muss – und kauft dort auch gleich die Chips für die ersten 15 Spiele. Da jedes Spiel ein bis zwei Chips kostet, können gleich mehrere ausprobiert werden. Sind alle Chips aufgebraucht, heißt es so lange nachkaufen, bis man komplett kaputtgespielt ist. Die Atmosphäre im NQ64 ist sehr relaxt und die Lieblingsspiele der Kindheit wie Flipper und Mortal Kombat scheinen für gute Laune unter den Gästen zu sorgen. Man muss auch gar kein Profi sein. Es bringt schon ge-

DIE BESTEN VEGANEN LOKALE

Vegan Yes Shoreditch
Deftige und gesunde, italienisch-koreanische Fusionsküche (Lust auf Kimchi-Pasta?). **€€**

Bubula Spitalfields
Vegetarisches aus Nahost, das meist als Gerichte zum Teilen serviert wird und an die Cafékultur Tel Avivs erinnert. **€€**

The Vurger Co Shoreditch
Frisch zubereitete fleischlose Burger, Pommes und Shakes. Auch „Hühnchen" und Waffeln gibt's hier. **€€**

DIE BESTEN DESSERT-SPOTS

Humble Crumble
Verschiedene fruchtige Füllungen unter Butterkeks-Streuseln mit Toppings nach Wahl. **€**

Soft Serve Society
Softeis mit tollen Premium-Toppings sowie Bubble Tea und Freakshakes. **€**

Wheelcake Island
Luftige taiwanesische Pfannkuchen mit cremiger Füllung im Old Spitalfields Market. **€**

DIE KUNST DES „BOTTOMLESS BRUNCH“

Der Trend des „Bottomless Brunch“ hat Shoreditch im Sturm erobert. Obwohl auch anderswo nicht ungewöhnlich, drehen sich Events in Großbritannien oft um Alkohol, was zur großen Beliebtheit von Veranstaltungen mit Flatrate-Alkohol beigetragen hat. Die Brunche haben oft eine Party-Atmosphäre und dauern ein bis zwei Stunden. Auch Abstinenzler:innen kommen meist auf ihre Kosten. Es lohnt sich also, bei einem London-Besuch mindestens einmal bei einem solchen Brunch dabei zu sein, um einfach mal zu sehen, worum es bei dem Hype geht. Unbedingt weit im Voraus reservieren.

CATH HARRIES/ALAMY STOCK PHOTO ©

Nightjar

nung Spaß, die alten Klassiker wieder spielen zu lernen. Am Wochenende legen gewöhnlich bis zum Schluss DJs auf. Auf alle Fälle solltest du deinen Ausweis dabei haben, da der Zutritt Volljährigen vorbehalten ist.

Kultur und Kreativität im Rich Mix

Das kulturelle Herz von Shoreditch

Das Rich Mix bietet ein Programm mit allem, was man sich nur wünschen kann, und ist voll auf Gemeinschaft ausgerichtet. Jedes Jahr finden hier über 300 Live-Events statt, von Festivals, Podien, Spoken Word und Theater bis zu Tanz, Ausstellungen und sogar Pop-up-Märkten. Darüber hinaus zeigt das hauseigene Kino in drei Sälen neben den neuesten Filmen auch Indie-Meisterwerke und Regiedebüts. Jede Woche steht etwas Spannendes aus verschiedenen Genres auf dem Programm und jeden Tag hat von der ersten bis zur letzten Vorführung auch die Kinobar geöffnet, in der du vor oder nach dem Film gemütlich essen, trinken und dich unterhalten kannst.

DIE BESTEN BOUTIQUEN

Aida
Boutique in Familienhand mit stylisher Kleidung und Schuhen sowie Haushaltswaren und Kunst.

Modern Society
Stammsitz eines ehemaligen Pop-up-Shops, in dem es in Aspen, Colorado, gefertigte Kleidung und Schmuck gibt.

Sessùn Shoreditch
Trendiger Laden mit Mode für alle Geschlechter sowie Handtaschen und Handgemachtem.

Obwohl viele Events für Erwachsene sind, finden hier auch Veranstaltungen für die ganze Familie statt, was das Kulturzentrum zu einem idealen ersten Stopp des Tages macht. Eltern können mit ihren Sprösslingen kindgerechte Filmvorführungen oder Spielstunden besuchen und ermäßigte Eintrittspreise kommen Familien, Studenten und Senioren zugute. Das Rich Mix hat täglich von 9 bis 23 Uhr geöffnet, doch man sollte sich immer auf der Website über die genauen Zeiten verschiedener Events informieren.

Old-School-Glamour und -Musik im Nightjar

Flüsterkneipe mit Live-Jazz und -Blues

Das **Nightjar** ist eine dieser seltenen Mischungen aus Livemusik-Club und echter Flüsterkneipe. Nur eine Gehminute von der Old Street Station entfernt entführen jeden Abend Jazz-, Swing, und Bluesbands das Publikum in authentischem Ambiente in die Prohibitionszeit der 1920er-Jahre. Los geht's um 21 Uhr.

Die preisgekrönten Cocktails des Nightjar sind hip und theatralisch, aber auch richtige Gaumenfreuden, die es geschmacklich in sich haben. Die Getränkekarte ist in Drinks aus der Zeit vor der Prohibition wie Young Man's Delight aus Mezcal, Tonkabohnen und Jasminblüte, Prohibitions-Cocktails wie den Yokohama mit Wodka, Mandel-Matcha, Sake und Aprikosenbrandy sowie Nachkriegs-Klassikern wie den London Mule aus trockenem Gin, Magenbitter, Limette, Apfel und Rhabarber unterteilt.

Zur Unterstützung der Band werden während des Hauptsets Gedeckkosten fällig, die von Tag zu Tag wechseln, aber gewöhnlich zwischen 5 und 10 £ betragen. Jeden Abend werden zwei 45-minütige Sets gespielt, wobei samstags und sonntags ab Mitternacht noch eine letzte, einstündige Session hinzukommt. Die Veranstaltung klingt vornehm, doch die meisten Gäste kleiden sich lässig-elegant.

Unser Tipp: Versuche, einen Platz an der Bar zu ergattern, um dem Barkeeper zuzuschauen, oder nahe der Hauptbühne. Das Nightjar kann schon mal vier bis sechs Wochen im Voraus ausgebucht sein, weshalb eine Reservierung unbedingt zu empfehlen ist.

FÜR AKTIVE

Britannia Leisure Centre
Sportzentrum mit Gruppenfitness, Squash, Kletterwand und einer Multifunktions-Halle.

St Botolph's Tennis Court
Wann immer Personal vor Ort ist, kann hier werktags Tennis und Netzball gespielt werden.

Powerleague Shoreditch
Fußballanlage in Shoreditch mit Feldern für Fünfer- und Siebenerspiele.

DIE BELIEBTESTEN SUNDAY ROASTS

The Owl & Pussycat
Traditionelles Pub mit beheiztem Biergarten. Zum Braten gibt's *Yorkshire pudding* und Soße satt. **€€**

The Princess of Shoreditch
Gastropub mit saisonalem Angebot nur ein paar Minuten von der Old Street Station entfernt. **€€**

The Gun
Sunday roast à la carte mit allem Drum und Dran direkt am Old Spitalfields Market. **€€**

DIE BESTEN BUCHLÄDEN

Brick Lane Bookshop
Eine breite Auswahl an Genres für Kinder und Erwachsene.

Hoxton Books
Unabhängiger Buchladen mit einem tollen Bücherangebot und Ausstellungen.

Liberia Bookshop
Von spanischen Architekten entworfener Laden, in dem es neue Bücher zu entdecken gibt.

NATHANIEL NOIR/ALAMY STOCK PHOTO ©

Eataly

Lachen bis zum Umfallen in Shoreditch

Stand-up-Comedy

Mit zweistündigen Sets, nach denen einem vor Lachen der Bauch wehtut, verspricht der **City Comedy Club** einen garantiert unterhaltsamen Abend. Er befindet sich im Kellergeschoss der **Trapeze Bar**, die nur einen kurzen Fußweg von der Old Street Station entfernt liegt. Da der Club recht überschaubar ist, hat man immer eine gute Sicht auf die Bühne. Von Mittwoch bis Samstag treten zwischen 19.30 und 21.30 Uhr Nachwuchscomedians auf und wer Donnerstag- oder Freitagabend (der Tag wechselt) früh da ist, kann anderthalb Stunden lang unbegrenzt Bier, Prosecco und Cocktails sowie Buffalo Wings genießen. Mittwochs gibt's immerhin ein Freigetränk.

DIE BESTEN SPOTS FÜR EINEN KAFFEE

Ozone Coffee Roasters
Preisgekrönte Kaffeemarke nur wenige Schritte von der Old Street Station entfernt.

Shoreditch Grind
Restaurant, Café und Cocktailbar im Diner-Stil, tagsüber fürs Co-Working beliebt.

Alchemy
Serviert in seinen Filialen in Shoreditch und Spitalfields Spezialitätenkaffee.

Ab und zu schauen im City Comedy Club berühmte Gäste vorbei, die aus legendären Shows wie 8 Out of 10 Cats, Live at the Apollo oder Comedy Centrals Roast Battle bekannt sind. Wer in der ersten Reihe sitzt, muss wie bei den meisten Comedyshows damit rechnen, „Opfer" eines harmlosen Witzes zu werden oder von den Comedians auf der Bühne in ihre Neckereien einbezogen zu werden. Die Sitzplätze werden vorher zugeteilt und man wird bei der Ankunft an seinen Platz geführt. Ein Besuch hier verspricht nicht nur ununterbrochenes Gelächter, sondern auch neue Talente, nach denen man in Zukunft sicher Ausschau halten wird.

Kochen wie in Italien

Kochkurse mit authentischem Flair

Direkt bei der Liverpool Street Station ist der größte italienische Essensmarkt der Welt zu Hause. Mit über 2000 Weinmarken hat sich **Eataly** nach seiner Eröffnung 2007 schnell zur Hauptattraktion gemausert. Unter der Woche lässt sich in einer von zwei Bars, in Restaurants oder an Imbissständen Aperol Spritz schlürfen, während du samstags den Profis bei der Mozzarella-Herstellung über die Schulter blicken kannst. Auch toll an Eataly ist, dass man an ein und demselben Ort leckeres Essen genießen und anschließend genau die gleichen hochwertigen Zutaten selbst einkaufen kann.

Das wahre Highlight ist aber die Möglichkeit, in der Kochschule **La Scuola** alles über die italienische Küche zu erfahren und kochen zu lernen wie die Einheimischen. Hier bekommt man die Zubereitung von Gerichten wie Ravioli, *pasta alla nonna* und frischer hausgemachter Pizza beigebracht und erweitert gleichzeitig seine Kochkenntnisse. Ein Profikoch oder eine Profiköchin führt durch die Rezepte und kocht parallel dazu sein/ihr eigenes Gericht, damit die Schüler:innen dem Prozess auch visuell folgen können. Wenn alles fertig ist, genießt man seine Kreation bei Wein und spannenden Unterhaltungen mit neuen Freunden. Zum Schluss gibt's eine detaillierte Rezeptkarte, die das Nachkochen zu Hause erleichtert.

La Scuola ist für ihre Limited-Edition-Kurse bekannt. Speisen und Desserts können also je nach Zeit und Saison variieren und auch Food-Pairing-Kurse werden angeboten. Die Gerichte können während des Unterrichts nicht abgewandelt werden, weshalb du schon beim Buchen die eigene Ernährungsweise berücksichtigen solltest.

BELIEBTE GRÜNFLÄCHEN

St Luke's Garden
Ein ruhiger Garten an der St Luke's Church nur wenige Minuten von der Old Street Station entfernt.

Hoxton Square Park
Ein hübscher kleiner Park unweit vieler der beliebten Bars und Restaurants der Old Street.

Shoreditch Park
Ein großer Park, der zum Spazierengehen oder Laufen einlädt und auch ein Outdoor-Gym bietet.

ITALIENISCHE FAVORITEN

Gloria
Trattoria im Capri-Look der 1970er-Jahre mit Marmorfußboden und Spiegeldecke. **€€**

Cecconi's Shoreditch
Norditalienisches Restaurant mit *cicchetti* (Snacks und kleinen Speisen), Pasta und Pizza den ganzen Tag lang. **€€**

Popolo Shoreditch
Italienisches Restaurant, in dem Gerichte zum Teilen und Naturweine auf den Tisch kommen. Ideal für Gruppen. **€€**

ROGER PARKES/ALAMY STOCK PHOTO ©

Lady Dinah's Cat Emporium

SUPER MARKT-SONNTAG

Rund um die **Brick Lane** (S. 188) erfreut sich ein Trend namens „Super-Sonntag" großer Beliebtheit. Jede Woche begeistern diverse Events wie Vintage-Märkte, Pop-up-Stände, Streetfood und Livemusik Gäste und Einheimische zugleich. Wer nur einen Tag für die Gegend Zeit hat und keine Menschenmengen scheut, sollte unbedingt an einem Sonntag vorbeischauen.

Afternoon Tea mit Katzen

Café mit Tee, Kaffee und geretteten Fellnasen

Lady Dinah's Cat Emporium nahe der **Brick Lane** (S. 188) kümmert sich seit seiner Eröffnung 2014 um Katzen in Not, schenkt ihnen ein neues Zuhause oder vermittelt sie weiter. Aus diesem Grund sieht man hier vor allem erwachsene Katzen, doch gelegentlich tummeln sich auch Kätzchen in der Meute.

Mission des Cafés ist das Wohlergehen der Tiere. Sie sollen während ihrer Zeit hier so glücklich wie möglich sein, was sich auch in den Umgangsregeln mit ihnen widerspiegelt: Man darf die Katzen keinesfalls auf irgendeine Art und Weise festhalten, denn sie sollen keine Angst vor den Menschen entwickeln. Gespielt werden darf jedoch, am besten mit dem bereitgestellten Spielzeug. Der Essbereich ist nicht abgetrennt und die Katzen laufen frei zwischen den Gästen umher – ein einzigartiges Erlebnis.

Das Café schließt um 17 oder 18 Uhr, bietet aber auch Events für Katzenfans außerhalb dieser Zeiten an. Donnerstags kann man so etwa spätabendendliche Drinks genießen, während man sich um die Katzen kümmert. Unter dem tollen Namen „Pinot and Pawtraits" finden zudem Malabende mit Katzenmotto statt.

DER BESTE AFTERNOON TEA

The Zetter
Luxuriöses Stadthaus in Clerkenwell, das nur am Wochenende Afternoon Tea serviert.

Lantana
Australisches Café nahe der Old Street Station mit Afternoon Tea an jedem Tag der Woche.

The Montcalm Hotel
Afternoon Tea mal anders: klassisch, schokoladig oder sogar indisch.

Die Tiere dürfen nicht geweckt werden und schlafen oft bis zu 18 Stunden am Tag, weshalb es sich lohnt, vor der Fütterung am frühen Nachmittag vorbeizuschauen.

Die Pho-Meile

Appetit auf Vietnam

Die zahlreichen Curry-Restaurants auf der Brick Lane mögen sich bei Londoner:innen und Tourist:innen größter Beliebtheit erfreuen, doch auch eine andere Straße hat sich mit kulinarischen Köstlichkeiten einen Namen gemacht: die sogenannte „Pho-Meile". Wer die Hoxton Station in Richtung der Kingsland Road verlässt, trifft schnell auf über zehn kleine, unauffällige vietnamesische Restaurants recht nah beieinander. In diesen beliebten Lokalen gibt's klassische, frisch zubereitete Gerichte wie Pho (die berühmte Suppe aus Rinderbrühe, Gewürzen und dünn aufgeschnittenem Rindfleisch), erfrischende Sommerrollen oder Vermicelli-Salat.

Auf der Pho-Meile tummeln sich auch Studenten, die sich Grillplatten teilen, Gruppen, die vor dem Ausgehen breite Reisnudeln schlürfen, sowie Mitglieder der lokalen vietnamesischen Community, die traditionelle Gerichte genießen – ein Kompliment für diese familiengeführten Restaurants und ihre authentischen Speisen, derentwegen so viele Gäste immer wiederkommen.

Zu den beliebtesten Lokalen zählt das **Sông Quê Café**, das älteste der Straße mit einer smaragdgrünen Fassade und gelber Schrift. Dank der oft langen Schlangen am Eingang ist es kaum zu übersehen. Auch das **Cây Tre** bietet eine umfangreiche Auswahl vietnamesischer Gerichte. Im **BunBunBun** dreht sich hingegen alles um das leckere vietnamesische Streetfood-Baguette *banh mi* mit verschiedenen Füllungen wie etwa Schweinefleisch, Hühnchen, Fisch oder mit Zitronengras gewürztem Tofu. Unentschlossene nehmen am besten das Pho, das man hier einfach probiert haben muss.

WARUM ICH SHOREDITCH LIEBE

Vivienne Dovi, Autorin

Die Energie inmitten all der Kultur und Kreativität ist einzigartig. Wenn ich nichts vorhabe oder ein Plan ins Wasser fällt, gehe ich nach Shoreditch und habe trotzdem jede Menge Spaß. Shoreditch spiegelt das Wesen Londons wider und zeigt allen Reiselustigen, worum es hier geht: ziellose Entdeckungstouren, nette Leute und eine enorme Vielfalt. Vor allem sieht man, wie verschiedene Communitys miteinander gedeihen können.

Ich habe jede Menge glückliche Erinnerungen an die Gegend: Streetfood, Drinks, Treffen mit alten Bekannten, Wandmalereien und durchtanzte Nächte mit Fremden, die zu Freunden wurden.

WOHIN AUF EINEN COCKTAIL?

Swift
Einzigartige Cocktails und Knabbereien. Die Barkeeper empfehlen Drinks ganz nach den Vorlieben der Gäste. **€€**

Silverleaf
Vornehme Cocktailbar im Pan Pacific Hotel mit innovativen Drinks auf einer saisonalen Karte. **€€**

Callooh Callay
Schummrige Cocktailbar, deren Drinks die etwas durcheinander gewürfelte Einrichtung wettmachen. **€€**

TOP TIPP

Vergiss U-Bahn, Bus oder Taxi: A besten erkundest du East Lond entlang seiner schönen Wasse wege. Broadway Market, Victor Park, Hackney Wick, der Olymp Park bis zum Limehouse Basin u zu den St Katharine Docks – all ist auf den Treidelpfaden mit de Rad und zu Fuß zu erreichen.

BBA PHOTOGRAPHY/SHUTTERSTOCK ©

Oben: ArcelorMittal Orbit (S. 211), Queen Elizabeth Olympic Park (S. 213); rechts: Ridley Road Market (S. 2

LOCAL TIPP

Robert Scott, Manager von Shantir Boi, einem christlichen gemeinnützigen Buchladen, der auf Bücher auf Sylheti spezialisiert ist, empfiehlt uns Badespots in East London.

London Fields Lido
Beheiztes Bad, Bahnen und schöne Umkleiden, direkt neben einem hübschen Park.

Love Open Water Royal Docks
Baden unter dem Getöse der vom City Airport abhebenden Flieger, dafür ganz ohne Chlor und Salz. Belebend im Winter, lauwarm im Sommer.

Love Open Water Canary Wharf
Das klarste und dank wenig Sonne auch kälteste Wasser, aber du schwimmst schön vorbei an Leuten, die an ihren Schreibtischen kleben.

East London & Docklands

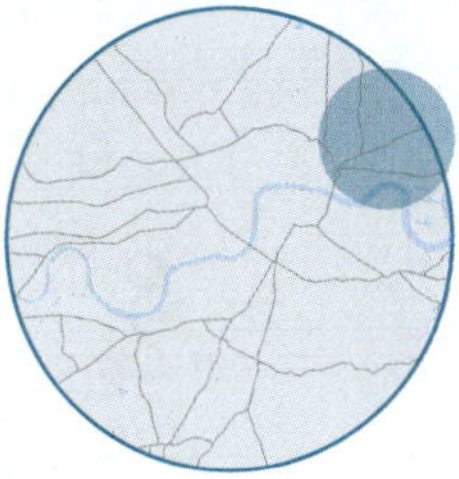

LONDONS TRENDIGE, BUNTE ECKE

Einst lebten hier vorwiegend Migrant:innen und die Ärmsten der Stadt, doch heute ist East London die hippste Ecke und bei wohlhabenden Leuten in den 20ern und 30ern die begehrteste Wohngegend Londons.

Die Gegend lockt mit interessanten Kunstgalerien, Vintage-Shopping, lebhaften migrantischen Communitys, einer spannenden Club- und Barszene und immer neuen Kultureinrichtungen. East London verfügt über keine herkömmlichen Top-Sehenswürdigkeiten, doch das macht es durch seinen Charakter und seine Kultur wieder wett. In diesen Wohngebieten triffst du echte moderne Londoner:innen.

East London umfasst das Herz des alten East End (Whitechapel, Bethnal Green, Stepney, Mile End, Bow), wo es die besten Märkte gibt, dazu leckere Spezialitäten aus aller Welt sowie umtriebige Kulturzentren. Die meisten Besucher:innen steuern die beliebte Brick Lane mit den umliegenden viktorianischen Gassen und Straßen an, wo sonntags immer eine Menge los ist.

Hier im Osten befinden sich auch große Teile der alten Londoner Docklands (Wapping, Limehouse, die Isle of Dogs, die Royal Victoria Docks). Der relativ leblose Canary-Wharf-Komplex ist von interessanten historischen Monumenten sowie von Museen umgeben, die von der bedeutenden Rolle erzählen, die die Seefahrt einst für die Stadt spielte, inklusive der düsteren Verbindungen zum Kolonialismus und dem transatlantischen Sklavenhandel.

Im Norden erstrecken sich die ungeschminkten, hippen Stadtteile Hackney und Dalston mit ihren beliebten Bars und ihrem alternativen Nachtleben sowie zahlreichen türkischen und afrokaribischen Esslokalen. Stratford im Osten ist immer mehr geprägt durch den Queen Elizabeth Olympic Park und das aufstrebende Kulturviertel an der East Bank.

Am besten erkundest du East London, indem du eine Sehenswürdigkeit ansteuerst, die dich interessiert, und dir dann genügend Zeit nimmst, um die jeweilige Umgebung zu erkunden.

NICHT VERSÄUMEN

WHITECHAPEL GALLERY
Avantgardistisches und junge Talente in einer Galerie, die das weniger Bekannte liebt.
S. 216

COLUMBIA ROAD FLOWER MARKET
Auf Londons wohlriechendstem Markt Schnäppchen ergattern und dem lebhaften Cockney-Geplänkel lauschen.
S. 225

BROADWAY MARKET
Köstliches Essen von Essensständen, kleine Geschäfte und dann ein schönes Pint.
S. 227

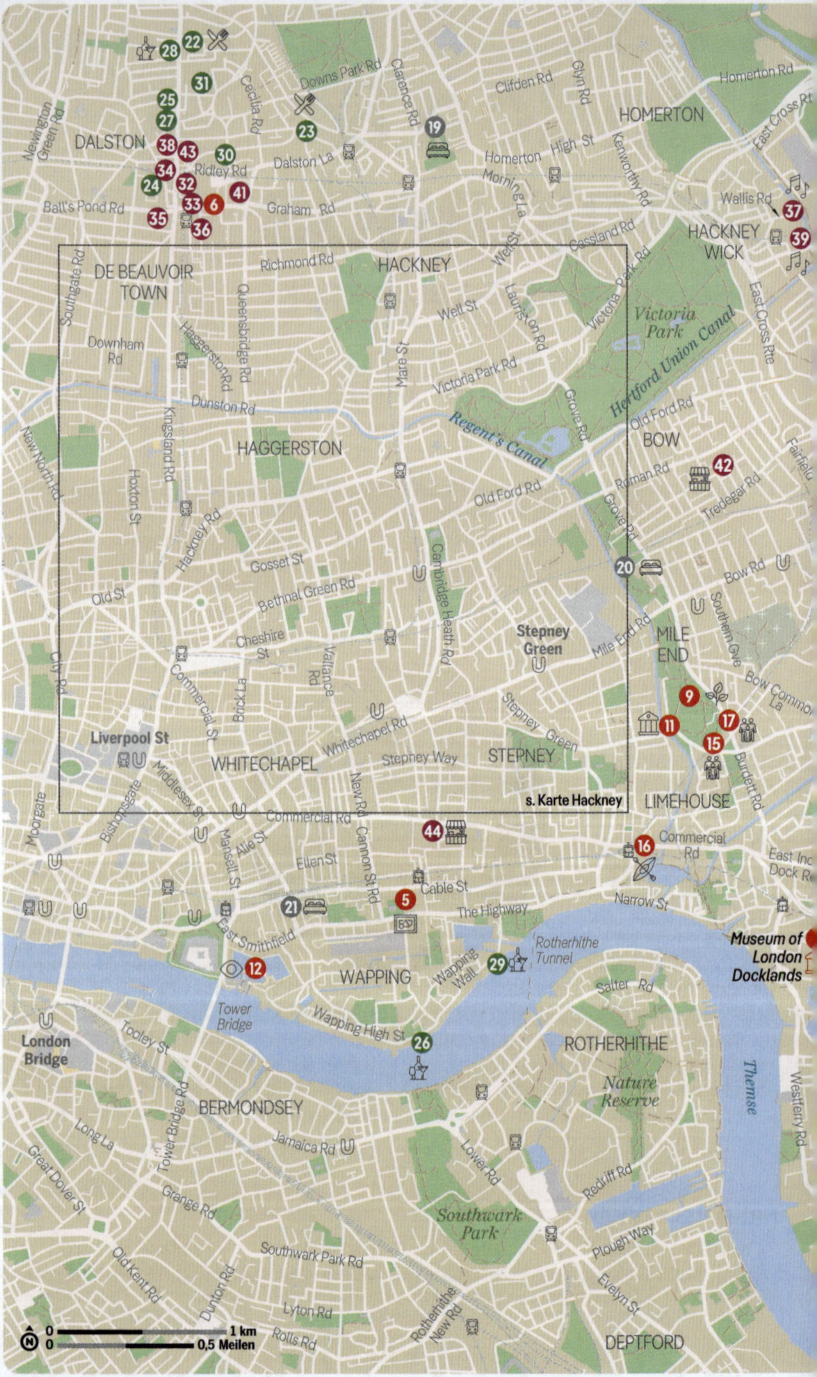
DALSTON
HOMERTON
HACKNEY WICK
DE BEAUVOIR TOWN
HACKNEY
Victoria Park
Hertford Union Canal
Regent's Canal
HAGGERSTON
BOW
MILE END
Stepney Green
STEPNEY
WHITECHAPEL
Liverpool St
LIMEHOUSE
s. Karte Hackney
WAPPING
Tower Bridge
London Bridge
Rotherhithe Tunnel
ROTHERHITHE
Nature Reserve
Themse
Museum of London Docklands
BERMONDSEY
Southwark Park
DEPTFORD
Downs Park Rd
Clarence Rd
Clifden Rd
Glyn Rd
Homerton Rd
East Cross Rt
Cecilia Rd
Newington Green Rd
Dalston La
Homerton High St
Morning La
Kenworthy Rd
Wallis Rd
Ridley Rd
Ball's Pond Rd
Graham Rd
Cassland Rd
Richmond Rd
Well St
Lauriston Rd
Victoria Park Rd
Southgate Rd
Downham Rd
Haggerston Rd
Queensbridge Rd
Mare St
East Cross Rte
Dunston Rd
Kingsland Rd
Grove Rd
Old Ford Rd
Roman Rd
Tredegar Rd
New North Rd
Hoxton St
Hackney Rd
Cambridge Heath Rd
Gosset St
Bethnal Green Rd
Bow Rd
Old St
Cheshire St
Vallance Rd
Mile End Rd
Southern Gve
Bow Common La
City Rd
Commercial St
Brick La
Whitechapel Rd
Stepney Way
Stepney Green
Burdett Rd
Middlesex St
Bishopsgate
Moorgate
Commercial Rd
New Rd
Mansell St
Alie St
Ellen St
Cannon St Rd
Cable St
The Highway
Narrow St
East India Dock Rd
East Smithfield
Wapping Wall
Salter Rd
Tooley St
Wapping High St
Westferry Rd
Tower Bridge Rd
Long La
Jamaica Rd
Lower Rd
Redriff Rd
Great Dover St
Grange Rd
Plough Way
Southwark Park Rd
Old Kent Rd
Dunton Rd
Evelyn St
Lyton Rd
Rotherhithe New Rd
Rolls Rd
0 1 km
0 0,5 Meilen

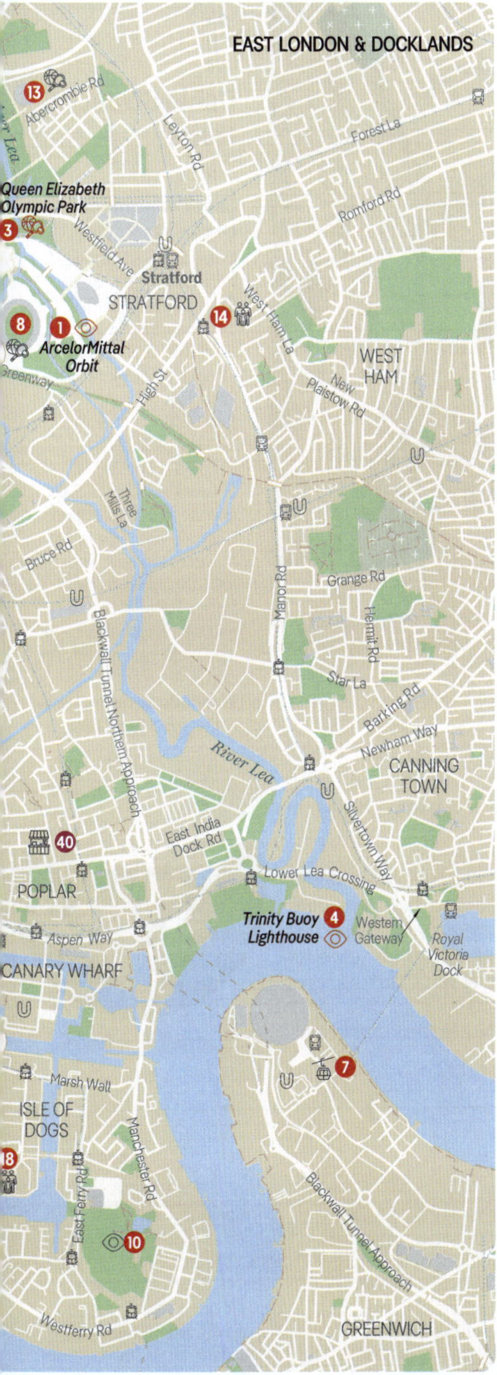

HIGHLIGHTS
1 ArcelorMittal Orbit
2 Museum of London Docklands
3 Queen Elizabeth Olympic Park
4 Trinity Buoy Lighthouse

SEHENSWERTES
5 Cable Street Mural
6 Dalston Eastern Curve Garden
7 IFS Cloud Cable Car
8 London Stadium
9 Mile End Park
10 Mudchute Farm
11 Ragged School Museum
12 St Katharine Docks
13 VeloPark

SPORT & AKTIVITÄTEN
14 Discover Children's Story Centre
15 Mile End Park Skatepark
16 Moo Canoes
17 Revolution Karting
18 Soft Play at Tiller Leisure Centre

SCHLAFEN
19 Crown Pub and Guesthouse
20 Park Villa Boutique Hostel
21 Wombat's City Hostel London

ESSEN
22 All Nation's Vegan
23 Casa Fofó
24 House of MoMo
25 Umut 2000

AUSGEHEN & FEIERN
26 Captain Kidd
27 Dalston Superstore
28 Loading
29 Prospect of Whitby
30 Ridley Road Market Bar
31 Ruby's

UNTERHALTUNG
32 Arcola Theatre
33 Café Oto
34 Dalston Jazz Bar
35 Dalston Roofpark
36 Mix Dalston
37 Number 90
38 Rio Cinema
39 Studio 9294

SHOPPEN
40 Chrisp Street Market
41 Ridley Road Market
42 Roman Road Market
43 Traid
44 Watney Market

Gilbert & George Centre

Cable Street Mural

KARTE S. 208

East Ender:innen gegen Hass

In der Cable St wurden früher Hanfseile zu Schiffstauen gedreht, doch heute ist sie für die Battle of Cable Street 1936 bekannt. Der Faschistenführer Oswald Mosley führte damals eine Horde Schwarzhemden in den Bezirk, um dessen jüdische Gemeinde einzuschüchtern. Doch sie wurden von den Anwohner:innen – über 100 000 Juden, Kommunisten, Hafenarbeitern und Gewerkschaftern – in die Flucht geschlagen. An die Unruhen erinnert ein **Wandbild** an der früheren St George's Town Hall.

St Katharine Docks

KARTE S. 208

Luxusjachten gucken

Die **St Katharine Docks** im Schatten der Tower Bridge sind ein reizendes, verstecktes Fleckchen für eine Kaffeepause, bevor man sich in die chaotische City stürzt. Sie wurden 1828 vom Bauingenieur Thomas Telford errichtet. Im Zweiten Weltkrieg wurde das Areal stark bombardiert und 1968 gänzlich aufgegeben. Heute ist der Hafen für Luxusjachten und ein paar Hausboote von tollen Kneipen umgeben wie dem **Dickens Inn**, eröffnet vom Enkel von Charles Dickens; es ähnelt einem dreistöckigen Gasthaus des 18. Jhs. mit Balkonen. Dazu kommen noch zahlreiche gehobene Speiselokale.

St Katharine Docks

Gilbert & George Centre

KARTE S. 214

Die Kunst gehört allen

Die entzückende kleine Galerie ist ein „Geschenk an die Community" der gefeierten britischen Künstler Gilbert & George, die auch hier in der Gegend leben. Die im April 2023 eröffnete Galerie aus Glas, Holz und Backstein versteckt sich in einer kleinen Gasse abseits der Brick Lane. Der Eintritt ist frei, ganz gemäß dem Motto des stets schick gewandeten Duos: „Art is for all."

Das Zentrum in einem einfühlsam mit nachhaltigen Elementen umgestalteten alten Industriebau umfasst drei moderne Ausstellungsflächen. Zwei der Galerien sollen dauerhaft Arbeiten von Gilbert & George beherbergen, die dritte zeigt Kunst von Nachwuchstalenten aus einem möglichst breiten Spektrum der Bevölkerung.

ArcelorMittal Orbit

KARTE S. 208

Wendelwunder des Ostens

Die 115 m hohe, verdrehte **Stahlskulptur** von Turner-Preisträger Anish Kapoor ragt markant am Südrand des Queen Elizabeth Olympic Park empor. Sie ist zwar eigentlich ein Kunstwerk, bietet aber auch zwei beeindruckende Panorama-Aussichtsplattformen, große konkave Spiegel, einen immersiven Soundscape-Walk und eine spektakuläre Tunnelrutsche, die höchste und längste der Welt, in der man die 178 m lange Strecke in etwa 40 Sekunden hinuntersaust. Immer häufiger finden im Orbit das ganze Jahr über auch Live-Events statt.

London Stadium

Trinity Buoy Lighthouse

Trinity Buoy Lighthouse

KARTE S. 208

Der 1000-jährige Song

Dies ist der einzige **Leuchtturm** in London, dazu das kleinste Museum der Stadt und ein Zentrum für Kunst und Kultur. In dem 1864 als Ausbildungsstätte für angehende Leuchtturmwärter errichteten Gebäude im Schatten der riesigen Wolkenkratzer der Londoner Docklands führte Michael Faraday mehrere Experimente durch – daher bildet ein Nachbau seiner Werkstatt in einem Schuppen auch das winzige Museum.

Heute ist es nicht nur eine fabelhafte Kulturstätte, sondern hier erklingt auch der längste Song der Welt: Das auf 234 tibetischen Klangschalen gespielte Stück „Longplayer" des Komponisten Jem Finer läuft mit seinen eindringlichen Harmonien seit dem 31. Dezember 1999 und wird am 31. Dezember 2999 zu Ende sein – ein 1000-jähriger Song.

London Stadium

KARTE S. 208

Premier-League-Fußballstadion

Das spektakuläre schüsselförmige **London Stadium** erblickte das Licht der Welt als wichtigste Spielstätte der Olympischen Spiele 2012. Heute trägt hier der Fußballverein West Ham United seine Premier-League-Heimspiele aus und vor Kurzem wurden hier auch Begegnungen der Fußball-EM ausgetragen. Neben anderen Sportveranstaltungen gibt's hier auch Konzerte von Stars wie Beyoncé, den Foo Fighters und den Red Hot Chilli Peppers. Auf Stadionführungen kann man hinter die Kulissen schauen, z. B. in die Umkleiden und Aufwärmbereiche, und auch den heiligen Rasen betreten.

DIE DOCKS & DIE SKLAVEREI

Das Lagerhaus, in dem sich heute das Museum of London Docklands befindet, wurde ursprünglich für Zucker von den Plantagen in der Karibik erbaut, auf denen versklavte Kinder, Männer und Frauen schuften mussten. Die mit Zucker beladenen Schiffe, die im Londoner Hafen ankamen, waren Teil des sogenannten atlantischen Dreieckshandels: Zwischen Großbritannien, Westafrika und den Zuckerplantagen in Amerika befuhren die Schiffe auf dem Atlantik eine Dreiecksroute.

Museum of London Docklands

KARTE S. 208

Die historischen Londoner Docks

Zu den ersten Londoner Museen, die sich mit der Verbindung Londons zum Sklavenhandel beschäftigte, gehörte das **Museum of London Docklands**: Eine ganze Abteilung widmet es dem Thema „London, Sugar & Slavery". Eins der verstörendsten Bilder hier zeigt Versklavte in Ketten auf dem Transatlantikfrachter *Brookes*. Das Museum zeigt zudem wegweisende Ausstellungen zu Frauen in London und zur schwarzen Bevölkerung Londons, u. a. den Migrant:innen, die auf der *Windrush* ankamen, und deren Erbe.

In einem Lagerhaus des frühen 19. Jhs. kombiniert das Museum Objekte mit Multimedia, um anhand der Gewässer der Stadt ihre Geschichte zu erzählen. Los geht's im 3. Stock mit der Abteilung „No. 1 Warehouse", dann arbeitet man sich durch die Epochen nach unten. In „Trade Expansion" sind u. a. eine Nachbildung des Legal Quay aus dem späten 18. Jh. und ein Galgen zu sehen, an dem die Leichen hingerichteter Piraten zur Schau gestellt wurden.

Zu den Highlights im 2. Stock gehört „Sailortown", die Rekonstruktion eines Hafenviertels des 19. Jhs. Faszinierend sind auch die Exponate zu Ereignissen während der beiden Weltkriege und zur umstrittenen Umgestaltung in Londons zweites Finanzviertel in den 1980er-Jahren. Eltern freuen sich über spezielle Ferienevents und auch sonst finden Kinder hier viel Spannendes, z. B. die Galerie „Mudlarks" und Ecken, in denen sie sich verkleiden können. Außerdem finden hier regelmäßig Ausstellungen zu den verschiedenen Londoner Communitys statt.

LICHT IN DIE VERGANGENHEIT

Ihrem düsteren Erbe stellt sich nun auch die **Bank of England** mit einer erhellenden Ausstellung über die Verbindungen der Bank zum Sklavenhandel in ihrem Museum (S. 101).

CHRISPICTURES/SHUTTERSTOCK ©

Museum of London Docklands

ABDUL_SHAKOOR/SHUTTERSTOCK ©

Queen Elizabeth Olympic Park

Queen Elizabeth Olympic Park

KARTE S. 208

Das olympische Erbe

Der riesige, 225 ha große **Park** zählt zu den beliebtesten Freizeitarealen in East London.

Stets tummeln sich hier Gruppen und Familien, die durch die Waldgebiete laufen, auf den Wiesen picknicken und die Feuchtgebiete erkunden. Für Pedalritter:innen gibt's breite Radwege und stille Treidelpfade, für Kinder einige ausgezeichnete Spielplätze. Wer sich nur entspannen möchte, steuert eins der zahlreichen versteckten Fleckchen oben in den Anhöhen des Parks an, in kleinen grünen Gärten oder mit Blick aufs Wasser.

Auch das Erbe der Olympischen Spiele von 2012 prägt den Park: Im **London Stadium** (S. 211) finden Sportveranstaltungen, Konzerte und Führungen statt, in der Copper Box Arena kannst du Boxkämpfen beiwohnen, im London Aquatics Centre tauchen und im Lee Valley VeloPark deine Bikingkünste testen. Schöne Ausblicke bieten sich vom markanten roten **ArcelorMittal Orbit** (S. 211), in dem die weltweit längste Tunnelrutsche für einen Adrenalinrausch sorgt.

Und es soll noch mehr kommen: Im Rahmen der fortwährenden Erschließung der spannenden neuen East Bank wird der Park Teil des größten Kulturareals von East London, wenn das V&A, das BBC Symphony Orchestra, Sadler's Wells, das London College of Fashion der UAL und das University College London hier allesamt Stätten für Kulturveranstaltungen, Ausstellungen und regelmäßige Community-Events eröffnen.

CRAFTBIERBARS IN HACKNEY WICK

Crate Brewery and Pizzeria
Wie wär's mit einem leckeren Craftbier und einer köstlichen Pizza am Wasser?

Howling Hops
Der erste echte Taproom des Landes, mit Craftbier direkt vom Fass in der quirligen Bar.

Beer Merchants Tap
Mit einem der breitesten Angebote an Craftbier in Hackney und schönem Biergarten.

All My Friends
Serviert bekannte heimische Marken wie True Craft und besticht mit einer herrlichen Terrasse mit tollem Ausblick.

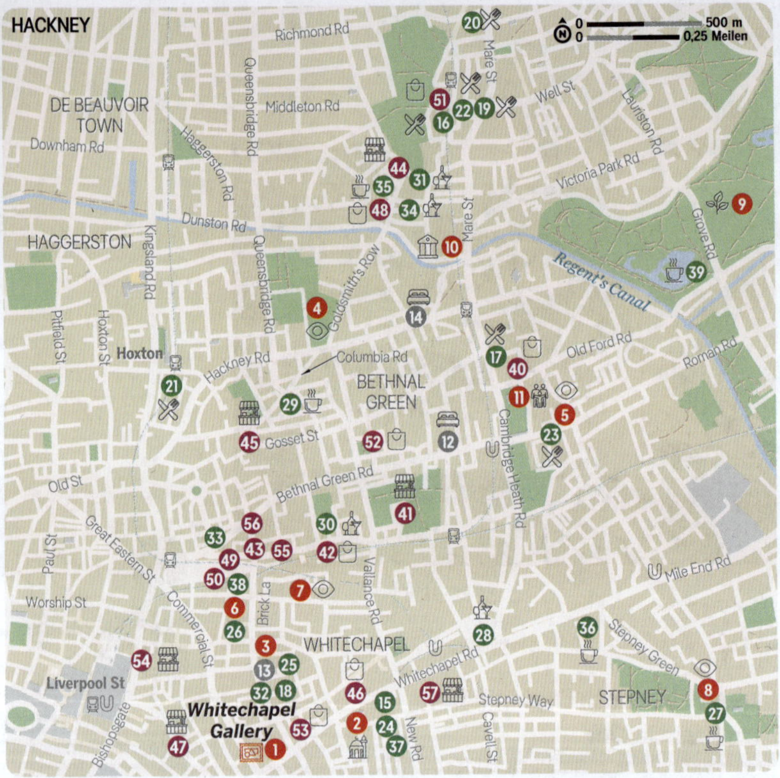

HIGHLIGHTS
1 Whitechapel Gallery

SEHENSWERTES
2 East London Mosque
3 Gilbert & George Centre
4 Hackney City Farm
5 London Buddhist Centre
6 Ninety One Living Room
7 Spitalfields City Farm
8 Stepney City Farm
9 Victoria Park
10 Viktor Wynd Museum
11 Young V&A

SCHLAFEN
12 Hostelle
13 Hub by Premier Inn Spitalfields
14 Mama Shelter

ESSEN
15 Al Kahf
16 Behind
17 Da Terra
18 Graam Bangla
19 Green Papaya
20 Hai Ha
21 Mien Tay
22 Pho Pho
23 Sazzy and Fran
24 Shalamar Kebab House
25 Vegan Yes

AUSGEHEN & FEIERN
26 93 Feet East
27 Allotment Kitchen
28 Blind Beggar
29 Café Columbia
30 Carpenter's Arms
31 Cat & Mutton
32 Chaiwalla
33 Charista
34 Dove
35 L'eau á La Bouche
36 Mackbear Coffee
37 Naan Staap
38 Oat Coffee
39 Pavilion Cafe Victoria Park

SHOPPEN
40 Ayoka
41 Bethnal Green Market
42 Beyond Retro
43 Brick Lane Market
44 Broadway Market
45 Columbia Road Flower Market
46 Islamic Relief Whitechapel
47 Petticoat Lane Market
48 Retrouvé Vintage
49 Rokit
50 Shop from Crisis, Brick Lane
51 Somewhere in Hackney Vintage
52 Spitalfields Crypt Trust
53 Spitalfields Crypt Trust
54 Spitalfields Market
55 Vintage Basement
56 Vintage Paradise
57 Whitechapel Market

Whitechapel Gallery

KARTE S. 214

Die erste Galerie im East End

Pablo Picasso, Jackson Pollock, Mark Rothko, Frida Kahlo und Nan Goldin – sie alle hatten hier ihre ersten Ausstellungen in Großbritannien. Die vom viktorianischen Philanthropen Canon Samuel Barnett, der Kunst ins East End bringen wollte, gegründete **Whitechapel Gallery** hat sich mit Ausstellungen etablierter und junger Kunstschaffender einen Namen gemacht und ist heute ein Liebling der Kunststudierenden und Avantgardist:innen.

Die Galerie verfügt über keine ständige Sammlung, sondern zeigt richtungsweisende Wechselausstellungen mit aktueller Kunst; manche kosten Eintritt. Auch die britischen Künstler David Hockney und Gilbert & George stellten sich hier erstmals der Öffentlichkeit vor.

Selbst das Gebäude ist eine Art Kunstwerk. Die Galerie residiert seit 1901 in dem Jugendstilbau und dehnte sich später auch auf die Bibliothek nebenan aus, wodurch sie ihre Ausstellungsfläche auf zehn Räume verdoppelte. Die Ausstellungen wechseln alle paar Monate; donnerstagabends finden häufig Livemusik, Lesungen, Gesprächsrunden und Filmvorführungen statt. Außerdem gibt's eine tolle Buchhandlung und ein Café.

KAM HUS/SHUTTERSTOCK ©

East London Mosque

East London Mosque

KARTE S. 214

Die Synagoge in der Moschee

Die **East London Mosque** beherbergt das einzige professionelle Moscheearchiv des Landes, komplett mit Lesesaal (nach Vereinbarung nutzbar) und klimatisiertem Tresor – zu den Dokumenten hier zählt die persönliche Korrespondenz des bekannten englischen Koranübersetzers Marmaduke Pickthall. Außerdem gibt's ein Besucherzentrum und einen Besucherbalkon, auf dem man dem Gebet beiwohnen kann. Doch am interessanten sind die perfekt erhaltenen Überreste der **Fieldgate Street Great Synagogue** aus dem 19. Jh. im hinteren Bereich, scheinbar hineingebaut ins moderne Moscheegebäude.

Vielleicht erschallt bei deinem Besuch gerade in den umliegenden Straßen der Gebetsruf des Muezzin.

IFS Cloud Cable Car

KARTE S. 208

Violette Seilbahn

Die violetten Gondeln dieser **Seilbahn** zwischen der Greenwich Peninsula und den Royal Docks können pro Stunde 2400 Fahrgäste transportieren und bieten die perfekte Gelegenheit zu einer Erlebnisreise. Bei Sonnenuntergang bieten sich herrliche Ausblicke flussaufwärts auf die glitzernde Stadtlandschaft, doch in der Hochsaison muss man mit Warteschlangen mit Tourist:innen rechnen. Die Seilbahn gehört zum Londoner ÖPNV, sodass du mit der Oyster Card günstig unterwegs bist.

IFS Cloud Cable Car

Victoria Park

KARTE S. 214

Der Volkspark

Der erste öffentliche **Park** in East London wurde 1845 eröffnet, nachdem Königin Viktoria eine Petition mit 30 000 Unterschriften vorgelegt worden war. Schließlich wurde er nach der Kaiserin von Indien benannt und zieht heute im Jahr 9 Mio. Besucher:innen an.

Neben einem fabelhaften Abenteuerspielplatz, Skatepark, Planschbecken und Café gibt's hier breite Wege zum Radeln und Joggen. Beim Bonner Gate findet sonntags ein bunter Foodiemarkt statt – das alles macht den Park zum beliebtesten in East London. Außerdem stehen hier ein Stück der ursprünglichen London Bridge und ein reich verzierter Trinkbrunnen.

Victoria Park

Ragged School Museum

KARTE S. 208

Schule auf Viktorianisch

Die vom Philanthropen Thomas Barnardo gegründete **Schule** wurde zwar 1908 geschlossen, doch hier im Museum können Besucher:innen mit Schiefertafeln, Tintenfässern und Abakussen an harten Holzbänken und -tischen sitzen, um bei einer strengen Lehrerin im perfekten viktorianischen Kostüm lesen, schreiben und rechnen zu lernen. Neben dem Klassenzimmer des 19. Jhs. gibt's hier eine nachgebaute East-End-Küche und eine sozialgeschichtliche Ausstellung.

Die Schulstunde, die am ersten Sonntag des Monats immer um 11.30 und 12.45 Uhr stattfindet, lässt erahnen, wie es früher in der Schule beim Sonntagsunterricht zuging, als hier mittellose East-End-Kinder unterrichtet wurden.

OBEN: MONICA WELLS/ALAMY STOCK PHOTO ©; UNTEN: LORRAINE MITCHELL/SHUTTERSTOCK ©

Stepney City Farm

Mudchute Farm

KARTE S. 208

Llamas bei den Docks

Betrittst du aus der Hochhauslandschaft der Isle of Dogs den **Mudchute Park** in der East Ferry Rd, ist das ein kleiner Schock, wenn du auf den 13 ha Grasland von Alpakas und Lamas begrüßt wirst. Außerdem tummeln sich hier Kühe, Schafe, Schweine, Ziegen, Pferde, Esel, Enten, Puten und Hühner und es gibt ein tolles Café und einen Hofladen – ein perfektes Refugium abseits des Finanzviertels mit all seinem Glas und Stahl.

Stepney City Farm

KARTE S. 214

Gemeinschaftliche Stadtoase

Dieser 1,2 ha große Bauernhof ist eine echte urbane Oase und ein schöner Communitytreff. Unterwegs auf dem kleinen Gelände mit seinen Hühnern, Enten und Ziegen sieht man liebevoll gepflegte Gemeinschaftsgärten, wo Anwohner:innen mit bangladeschischem Hintergrund besonders stolz auf den Anbau des berühmten *kudu* sind, der wie ein langer grüner Speisekürbis an den Ranken hängt.

Der Hof beherbergt auch eine Werkstatt, in der Kunsthandwerkende Holzarbeiten, Töpfern und anderes unterrichten; jeden Sonntag wird auf einem großen Bauernmarkt Gemüse, Obst, Brot, Käse, Fisch und Fleisch verkauft. Außerdem gibt's hier auch ein ausgezeichnetes Café.

Mudchute Farm

Hackney City Farm

KARTE S. 214

Lehren der Natur

Auf dem fabelhaften Stadtbauernhof kannst du frei herumlaufen und Ziegen, Enten, Schafe, Hühner und Enten streicheln – falls du welche erwischst. Im Hofladen werden Erzeugnisse wie Eier und Gemüse verkauft, aber auch Setzlinge und Körner, für die du aber ein eigenes Behältnis mitbringen musst.

Das freundliche Café ist groß und laut; Essen und Kaffee sind gut, ebenso wie das Eis. Dazu gibt's Unterricht im Gartenbau, Holzbau und Töpfern, zudem einen Bauerngarten und den von Locals gepflegten Geheimgarten. Die gemeinnützige Einrichtung ist ein tolles Ziel für die ganze Familie und darüber hinaus auch noch kostenlos.

Dalston Eastern Curve Garden

KARTE S. 208

Urbane Oase

In dieser reizenden **sozialen Einrichtung** trifft sich jede Woche eine Seniorengruppe und Freiwillige sind eingeladen, beim Gärtnern in der kleinen Oase mitten in Dalston mitzuhelfen. Auf dem ehemaligen Bahngelände steht jetzt ein hübscher Holzpavillon, in dem regelmäßig Konzerte und Kindertheater stattfinden. Der Eintritt zum Garten ist frei, doch die Einrichtung nimmt auch gern Spenden entgegen; sie finanziert sich hauptsächlich durch das tolle Café auf dem Gelände, das Brot, Kuchen und Craftbier kredenzt.

Dalston Eastern Curve Garden

London Buddhist Centre

KARTE S. 214

Stille im Chaos

Dieses Fleckchen der Stille im Herzen des quirligen Bethnal Green residiert in einer schönen viktorianischen Feuerwehrwache. Die Einrichtung wird von Mitgliedern des Triratna Buddhist Order geführt, der den Buddhismus in den modernen Alltag integrieren möchte. So bietet das Zentrum auch Meditationen, an denen jede und jeder teilnehmen kann. Sie finden in zwei reich verzierten Schreinräumen mit Buddhastatuen statt. Dazu gibt's Kurse und Retreats zu Buddhismus und Achtsamkeit – man zahlt, was man kann. Das Zentrum hat auch einen kleinen Garten, einen Buchladen und eine Bibliothek.

London Buddhist Centre

Viktor Wynd Museum

KARTE S. 214

Schräg, aber grandios

Das heitere kleine **Museum** samt Bar in Hackney wurde bei seiner Eröffnung als „merkwürdigstes neues Museum Großbritanniens" tituliert und ist mit allen möglichen Kuriositäten gefüllt. Hier ringen Teile ausgestorbener Vögel mit okkulter Kunst und schrägen Promi-Relikten um Aufmerksamkeit – nichts für Zartbesaitete!

Nachdem du dir an der viktorianischen Theke mit ausgestopfter Löwin unter dem wachsamen Auge der Fidschi-Meerjungfrau einen Absinth-Cocktail – Spezialität des Hauses – geholt hast, gehst du zum Wunderkabinett, das von einer Herde aus Tierköpfen bewacht wird, und dann weiter ins Untergeschoss, um dem zweiköpfigen Lamm und den mumifizierten Feen guten Tag zu sagen.

RADTOUR

Vom Land ans Wasser

Vom ländlichen East London, wo an von Hausbooten gesäumten Kanälen auf Feldern Kühe grasen, führt diese Radtour vorwiegend über Treidelpfade durch das quirlige Hackney Wick, das ganz im Zeichen von Craftbier und Pizza steht, bevor ein vergessenes Gezeitenrelikt erkundet wird. Die Tour endet genau wie die Gewässer, denen sie gefolgt ist, an der Themse beim malerischen Limehouse Basin und einer wenig bekannten Promi-Enklave des nautischen East London.

1 Walthamstow Marshes

Los geht's am Ende von Spring Hill, indem du dein Rad auf der High Bridge über den River Lea schiebst. Vorbei an bunten schmalen Kanalbooten radelst du dann in die Coppermill Lane, duckst dich unter der niedrigen Eisenbahnbrücke hindurch und steuerst den kleinen Parkplatz und den Spazier- und Radweg auf der anderen Seite an. Auf diesem fährst du Richtung Südosten durch die grünen Walthamstow Marshes mit ihren grasenden Kühen; in einer Schleife kommst du schließlich zum Kanal.

Die Fahrt: Beim Dockside Court geht's zurück auf den westlichen Treidelweg und dann gen Süden vorbei am North Millfields Recreation Ground, hinter dem Pub Princess of Wales wieder auf die andere Seite und 2,4 km weiter.

2 Here East

Bei Here East wird's voll auf dem Leinpfad. Am besten schiebst du hier oder schließt

HIGH BRIDGE, RIVER LEA (ODER LEE) VON DAVID KEMP, CC BY-SA 2.0, VIA WIKIMEDIA COMMONS ©

High Bridge, River Lea

dein Rad irgendwo an, um die Esslokale, Bars, Cafés und Kleinbrauereien zu erkunden, die sich hier verstecken. Vielleicht gönnst du dir im Barge East Restaurant etwas zu essen oder relaxt einfach an der Böschung mit einem Drink in der Hand.

Die Fahrt: Auf dem Weg zum Old Ford Lock, wo der Treidelweg auf die andere Seite wechselt, liegt das London Stadium. Dann geht's unter der Bow-Brücke wieder hinüber, zur Three Mill Lane.

3 House Mill Gallery

Die denkmalgeschützten Gezeitenmühlen aus dem 18. Jh. hier sind eindrucksvoll. Von den gepflasterten viktorianischen Pfaden aus kannst du verschiedene historische Gebäude bewundern, bevor du dir in der House Mill Gallery die aktuelle Ausstellung anschaust. Möchtest du in die Mühlen hinein, musst du sonntags herkommen – dann finden auch Führungen statt. Umgeben von Trauerweiden und Gras kann man hier bei diesem eher unbekannten East-End-Relikt schön sitzen und picknicken.

Die Fahrt: Weiter geht's gen Süden mit Stopp bei den Bow Locks aus der Zeit der Industrialisierung, bevor du dich vom River Lea verabschiedest und am Limehouse Cut weiterfährst.

4 Limehouse Basin

Im hübschen, 1820 angelegten Limehouse Basin liegen heute kleine Jachten und bunte Hausboote vor Anker. Durch eine eindrucksvolle Reihe an Schleusen ist das Becken mit der Themse verbunden, wo sich Richtung Osten beeindruckende Blicke auf die Hochhäuser der Isle of Dogs eröffnen. Über die Schleusen führt die Narrow St, der älteste Teil von Limehouse mit prächtigen georgianischen Reihenhäusern, gerettet vom Schriftsteller Andrew Sinclair; das 1720 eröffnete Pub The Grapes gehört heute zum Teil Sir Ian McKellen.

DIE JÜDISCH-BANGLADESCHISCHE BRICK LANE

Dieser Spaziergang erkundet das jüdisch-bangladeschische Erbe der Brick Lane. Start ist an der **1 East London Mosque** (S. 216) in der Fieldgate St mit der nicht mehr genutzten **2 Fieldgate Street Great Synagogue** im Schatten der modernen Moschee. Bei der Whitechapel Bell Foundry triffst du auf die Whitechapel Rd; links kannst du bei **3 Nanna's Biryani** köstliches Essen im Old-Dhaka-Stil genießen. Weiter geht's zum **4 Altab Ali Park**, wo du etwas über den Londoner Bangladescher erfährst, der hier in der Nähe getötet wurde. Den Park verlässt du durchs Nordwesttor und biegst in die Osborn St. Wo diese zur Brick Lane wird, siehst du das **5 Gate of Bangla Town** in den Farben der bangladeschischen Flagge. Hier ist auch das **6 Matir Taahn Mural**: Das Wandbild wurde zum 50. Jubiläum der Gründung Bangladeschs enthüllt. Weiter die Brick Lane entlang erblickst du bald das silberne Minarett der **7 Brick Lane Jamme Masjid** in einem Gebäude, das als Synagoge diente, bevor es hiesige Bangladeschis in den 1970er-Jahren der jüdischen Gemeinde abkauften. Die Straße direkt dahinter ist die Princelet St: Im Haus **8 Princelet Street 19** befindet sich eine vergessene Synagoge, die in den 1980er-Jahren wiederentdeckt wurde und heute ein Privatmuseum ist. Die nächste Querstraße ist die Hanbury St; in Nr. 30 ist das nach dem Nationaldichter Bangladeschs benannte **9 Kobi Nazrul Centre**, in dem Kulturevents stattfinden. Ganz am Ende der Brick Lane wartet die berühmte **10 Beigel Bake Brick Lane Bakery**, die noch immer einer jüdischen Familie gehört und so beliebt ist wie eh und je – hier gibt's die besten *salt-beef bagels* in ganz London.

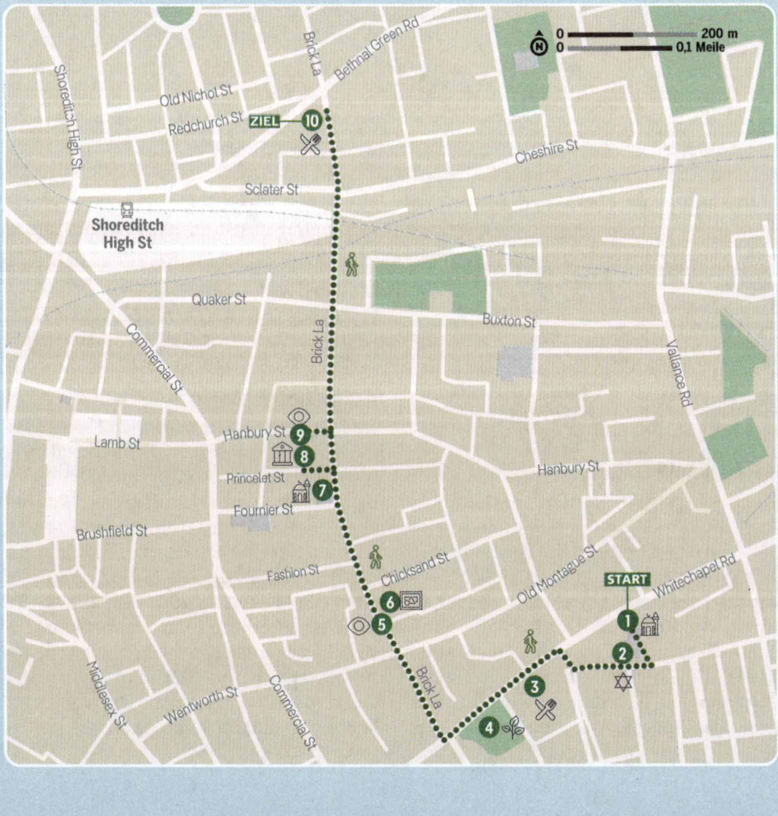

EIN BUMMEL DURCH HACKNEYS KLEINBRAUEREIEN

Diese Tour zu den besten Mikrobrauereien von Hackney beginnt an dem „Hufeisen“ von Brauereien und Bars am Bahnhof Hackney Wick. Beim Eingang zum Queen's Yard von der White Post Lane ist rechts die **1 Old Street Brewery and Taproom** und links die erste *tank bar* des Landes, **2 Howling Hops**. Daneben befindet sich mit Blick auf den Kanal das sehr beliebte **3 Crate** (S. 230). Zurück am Bahnhof Hackney Wick steigst du in die Overground und fährst zwei Stationen nach Hackney Central. Du verlässt den Bahnhof über die kleine Gasse, die neben der Bar Oslo Hackney herauskommt, und überquerst die Straße hin zum autofreien Teil der Mare St. Hebst du den Blick, siehst du das älteste Gebäude von Hackney, den St Augustine's Tower; vor dem Turm wartet **4 Hackney Tap**. Zurück beim Eisenbahnbogen gehst du dann links und an den rechts liegenden Bögen entlang. Der Weg mündet in den Bohemia Place, dem du unter der Eisenbahn hindurch folgst. Auf der anderen Seite verbergen sich rechts in einem Eisenbahnbogen die **5 Hackney Church Brew Co** und die **6 Deviant and Dandy Brewery**.

Jetzt geht's in die Mare St und Richtung Süden, vorbei am Rathaus und Hackney Museum; nach 20 Minuten erreichst du an der Ecke mit der Westgate St die Glasfassade des Mare Street Market. Du gehst rechts in die Westgate St Richtung Eisenbahnbrücke und hältst Ausschau nach einer kleinen Gasse links kurz davor. Hier findest du den **7 Forest Road Brewery Taproom**. Schließlich geht's zurück zur Mare St und zwei Minuten weiter Richtung Süden bis zur **8 The Five Points Brewery** an der Ecke mit der Bush Rd.

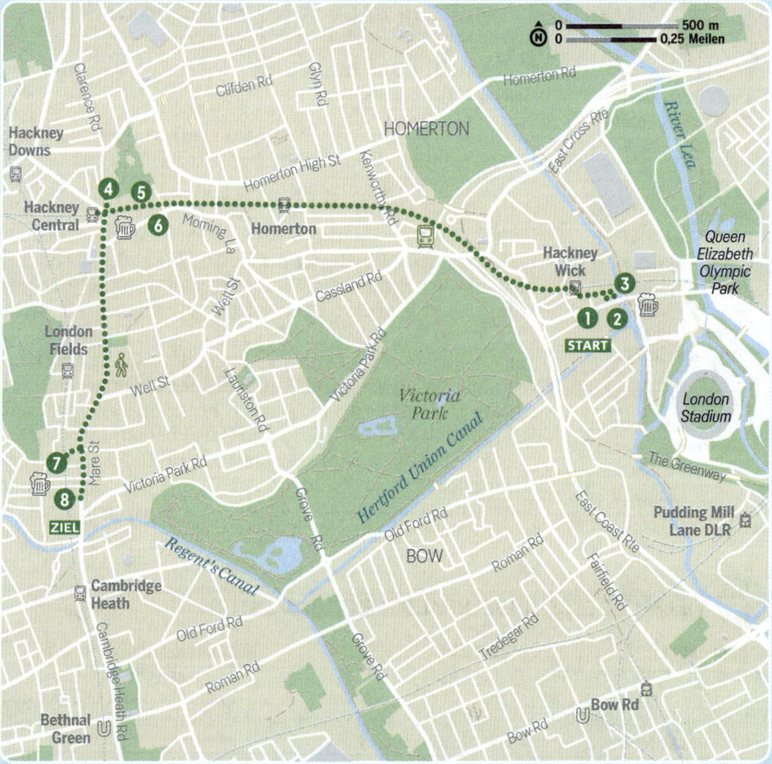

MÄRKTE IM EAST END

Spitalfields Market und **Broadway Market** sind alte East-End-Märkte – den Spitalfields gibt's seit 1666, den Broadway seit den 1890er-Jahren. Heute sind diese beiden Märkte sehr beliebt bei Tourist:innen und allen, denen der Sinn nach handwerklichen Lebensmitteln, handgefertigten Mitbringseln, Vintage-Klamotten, Antiquitäten und einzigartigen Stoffen steht. Die Stände in der Mitte sind von kleinen Geschäften und guten Coffeeshops gesäumt. Vom täglich geöffneten Spitalfields-Markt ist es nicht weit zum Petticoat Lane Market und Brick Lane Market und problemlos kann man alle drei an einem Sonntag abklappern. Dasselbe kann man samstags mit dem Broadway Market machen: Er liegt am bezaubernden Regent's Canal, über den er mit dem Victoria Park und einem Großteil von Hackney verbunden ist.

DIMPLE PATEL/ALAMY STOCK PHOTO ©

Roman Road Market

MEHR IN EAST LONDON & DOCKLANDS

Märkte in East London

KARTE S. 214

Ganz das alte East End

Am Rand der City ist der **Petticoat Lane Market**, der sonntags stattfindet, obwohl er von französischen Hugenotten gegründet wurde, die in den 1750er-Jahren vor der Verfolgung flohen. Er ist eine Hinterlassenschaft der großen jüdischen Gemeinde, die den Markt von den Hugenotten übernahm und samstags keinen Handel treiben durfte. Die andere Änderung verdankt sich den prüden Viktorianern: Der Name wurde in Middlesex St geändert, da „petticoat" (Unterrock) als zu anzüglich galt. Heute wird auf dem Markt vor allem Mode zu Tiefstpreisen verhökert, darunter hin und wieder auch Markenware, die irgendwie „direkt" aus der Fabrik hier gelandet ist.

Einst der ultimative Flohmarkt, heute dagegen der wohl berühmteste Sonntagsmarkt von East London: Der 1888 gegründete **Brick Lane Market** bietet die volle Packung Hipsterklischee: Vintage-Klamotten, Gourmetlebensmittel und handwerklichen Kaffee. Doch wer genau hinschaut, entdeckt in der Sclater St vielleicht einen Hauch vom alten Flohmarkt,

VIELFÄLTIG ESSEN IN BETHNAL GREEN UND DALSTON

Graam Bangla
Maasor jool, khala bhuna. Alles klar? Nein? So authentisch ist hier jedenfalls das bangladeschische Essen. **££**

Al Kahf
Echt somalisches Essen wie köstliche Lammschenkel auf duftendem Pilau-Reis sorgt für Warteschlangen. **£**

Shalamar Kebab House
Pakistanische Currys zu den wahrscheinlich vernünftigsten Preisen in ganz East London. **£**

auf einem Parkplatz, wo zweifellos demnächst Luxuswohnungen entstehen werden – willst du den Markt noch sehen, wo alle ihren Krimskrams aus dem Kofferraum laden, um ihn hier zu verscherbeln, musst du dich also beeilen!

Zehn Gehminuten nördlich ist der **Columbia Road Flower Market** mit seiner wunderbaren Blumenpracht. Zwar hat sich auch hier an seinen Rändern ein Hang zu teuren Coffeeshops entwickelt, dennoch hat sich der Markt ein beträchtliches Maß an altem East-End-Flair bewahrt, mit schönen Blumen, Topfpflanzen, Blumenzwiebeln und Samen zu sehr fairen Preisen, lautstark angepriesen von den Cockney-Händler:innen nach dem Motto: „Meine Blumen sind billig genug für das Grab deiner Schwiegermutter!" Der Markt ist beliebt, also so früh wie möglich da sein, oder aber später am Tag – dann kannst du Schnäppchen einheimsen, wenn die Händler:innen ihre frische Ware loswerden wollen.

Weitaus traditioneller präsentieren sich der **Watney Market** und der **Chrisp Street Market**; beide finden täglich auf gepflasterten Straßen im Schatten von Sozialwohnungen statt, deren Bewohner:innen die Hauptkundschaft bilden. Dies sind echte East-End-Märkte und überlebenswichtig für viele Einheimische mit wenig Geld. Alte Omis halten hier ihr Pläuschchen, Mütter mit Kinderwagen erkundigen sich nach Softplay-Spielzeug und Teenager:innen besorgen sich große Tüten mit billigen Süßigkeiten, um sie später heimlich in der Schule zu verteilen. Suchst du eher etwas in der Mitte, dann schau beim **Roman Road Market** vorbei, einem weiteren täglichen Markt an einem kleinen Abschnitt der alten Römerstraße Richtung City. Hier gibt's billige Markenkleidung, Kaufhausware zweiter Wahl und superbillige Haushaltswaren – eine wachsende Zahl von Foodieständen deutet jedoch schon auf eine langsame Gentrifizierung hin.

Das migrantische East End

KARTE S. 214

Die „Basare" von East London

Das East End nahm immer wieder Zugewanderte auf und eine der schönsten Hinterlassenschaften dieser Communitys sind ihre Märkte.

Ob ein bangladeschischer Fluss-*maas* (Fisch), der grüne *kudu* (Kürbis) oder ein verpacktes süßes *paan* (Betelnuss): Das alles gibt's auf dem **Whitechapel Market**, wo jeden Tag außer sonntags Bangladescher – oder zumindest Leute, die Bengali sprechen – exotisches Gemüse, bangladeschische Kleidung und Streetfood verkaufen. Immer mehr sind die Stände von kleinen Supermärkten, Asia-Shops und Esslokalen mit authentischem bangladeschischem Essen gesäumt,

SCHAUER-TOURISMUS

Drei Persönlichkeiten prägten einst die Touriszene des East End: Jack the Ripper und die Krays. Ersterer war ein viktorianischer Serienmörder; die Frage, wer sich dahinter verbarg, entwickelte sich zur landesweiten Obsession und füllte Hunderte von Büchern, Spielfilmen und Dokus. Die Krays waren zwei brutale eineiige Zwillinge, in den Fünfzigern und Sechzigern Könige der Unterwelt des East End. Zwar waren Ronnie und Reggie Kray während ihres Regimes weithin gefürchtet, doch im Verlauf der Zeit erlangten sie in der Erinnerung alter East Ender:innen Robin-Hood-Status. Das Interesse am blutrünstigen Ripper hat nicht nachgelassen – noch immer steuern Reisegruppen die Schauplätze seiner Morde an –, doch nur wenige Tourist:innen scheinen sich heute für die Krays zu interessieren.

Mien Tay
Schneller Service, lebhafte Atmosphäre und sehr gute *pho* und Teigtaschen. **££**

Umut 2000
Der offene Grill, das langsam schmorende *adana* und die würzigen Fleischspieße sind klassisch anatolisch. **££**

House of MoMo
In dem beliebten nepalesischen Lokal mit köstlichen Teigtaschen ist es schwer, einen Tisch zu ergattern. **£££**

DIE „INDER", DIE GROSSBRITANNIEN REKOLONISIERTEN

Das erste indische Restaurant in Großbritannien war das 1810 in Westminster vom Bengalen Sake Dean Mahomed eröffnete Hindoostane Coffee House. Doch die kulinarische Revolution, die britische Gaumen so sehr kolonisierte, dass „indisches" Essen zur beliebtesten Küche des Landes wurde, nahm in der Mitte des 20. Jhs. richtig an Fahrt auf, befeuert durch Bengal:innen aus Sylhet, einer winzigen Ecke im Nordosten des heutigen Bangladesch. Indem sie ihr Essen „anglisierten" und sogar neue Gerichte wie das *chicken tikka masala* schufen, das heute eine britische Nationalspeise ist, übernahmen sie mehr oder weniger die kommerzielle Kulinarikszene des Landes. Heute findet man in fast jedem Dorf und jeder Stadt von Land's End bis John O' Groats ein indisches Restaurant.

NATHANIEL NOIR/ALAMY STOCK PHOTO ©

Spitalfields Market

das direkt aus den Dörfern von Sylhet kommt, wo die meisten Anwohner:innen ihre Wurzeln haben.

Weniger als zehn Fußminuten nördlich wartet der **Bethnal Green Market**, mit seinem Gewirr aus asiatischen, europäischen und afrikanischen Sprachen. Auch hier ist der indische Subkontinent stark vertreten; dazu sind in den Läden und an den Ständen, wo es alles von arabischen Snacks bis zu nordafrikanischen Textilien und indischem Schmuck gibt, immer mehr Afghan:innen anzutreffen.

Viel weiter nördlich machen *kudus* und *maas* von Whitechapel auf dem berühmten **Ridley Road Market** in Dalston Platz für Yamswurzeln, Scotch-Bonnet-Chilis und Klippfisch. Möchtest du diese Zutaten in afrikanischen oder karibischen Gerichten probieren, von jamaikanisch bis nigerianisch, dann kannst du das in den Esslokalen tun, die sich am Rand der Stände mit Haarverlängerungsläden und versteckten Bars abwechseln.

CHAI AN DER BRICK LANE

Charista
Aromatischer Chai auf eleganten Sitzen zu einem Soundtrack mit klassischer Bangla-Musik.

Chaiwalla
Hier gibt's *karak chai* und indisches Streetfood zum Mitnehmen.

Naan Staap
Süß, scharf oder herzhaft: Zum Chai gibt's hier *naan* in allen möglichen Versionen.

Vintage-Klamotten kaufen

KARTE S. 214

Wo die coolen Kids shoppen

East London ist zweifellos die Top-Adresse der britischen Hauptstadt für Vintage-Sachen, mit einigen der besten und edelsten Läden sowie einer Reihe von weniger bekannten Shops, die meist nur von Einheimischen aufgesucht werden. Ob du für eine ganze Woche oder nur für ein Wochenende in der Stadt bist: Nimm dir mindestens einen Tag Zeit, um nach Retro-Schätzen Ausschau zu halten, vielleicht nach einer Lederjacke, wie sie Depp in *Donnie Brasco* trug, oder nach dem Top, das Run DMC in den 1980er-Jahren cool machte. Die besten Vintage-Märkte sind der **Brick Lane Market** (So), **Spitalfields Market** (meist Sa & So) und **Broadway Market** (Sa). Hier gibt's jeweils ein paar Stände mit Schnäppchen für Lederjacken, Jeans und altmodische Sportschuhe. In der Nähe befinden sich jeweils weitere Vintage-Läden. Rund um die Brick Lane sind das etwa **Beyond Retro** (mit Filiale in Dalston), **Rokit** und **Vintage Paradise**, obwohl viele von ihnen immer „edler" werden und damit mit den Jahren auch immer teurer geworden sind. Doch andere Läden wie **Vintage Basement** sind immer noch billig. Rund um den Broadway Market gibt's das noble **Retrouvé Vintage** und unter einem Bogen **Somewhere in Hackney Vintage** sowie ein bisschen weiter weg **Traid** – das große und helle Traid ist allerdings eher ein moderner Secondhandladen als ein Vintage-Shop.

Das East End für Kids

KARTE S. 214

Spiel, Spaß & Unterhaltung

Zwar ist East London heutzutage beliebt bei den Coolen, doch schon immer war es auch eine Gegend für Familien und einige können es sich tatsächlich noch leisten, hier zu leben. Für die gibt's dann auch allerlei zu unternehmen.

Ein spannendes Ziel für kleinere Kids ist das kürzlich wiedereröffnete **Young V&A** (früher das V&A Museum of Childhood). Der Eintritt zu dem Gebäude aus viktorianischer Zeit ist frei; es gibt fantastische neue interaktive Bereiche und immersive Räume, in denen sich nostalgische historische Exponate an die Eltern wenden. Das Museum liegt in der Nähe des tollen **Victoria Park** (S. 217) mit den besten Parkspielplätzen des East End, im Sommer Planschbecken und einem hervorragenden Café mit einem ausgezeichneten Angebot für den Nachwuchs. Ein kleines Stückchen entfernt ist der **Mile End Park** mit viel offenen Grasflächen und Gewässern, Spiel- und Sportplätzen sowie einer Kletterwand.

VINTAGE, GANZ ETHISCH

Vielleicht stößt einem auf, dass die Preise für Vintage-Sachen in East London immer mehr steigen, oder man möchte einfach in einem Laden einkaufen, wo man sicher ist, dass sein Geld einem guten Zweck zugute kommt. Wie auch immer: Vintage-Shopper:innen sollten auch einen Blick in die ausgezeichneten Wohlfahrtsläden in East London werfen, wie etwa das kaum bekannte **Ayoka**, einen kleinen Laden, der eine lokale Wohlfahrtseinrichtung unterstützt, oder **Shop from Crisis** in der Brick Lane, dessen Einrichtung so nobel aussieht, dass man es für einen Vintage-Laden halten könnte. Dazu kommen **Islamic Relief Whitechapel**, teils mit Ethno-Klamotten meist von muslimischen Spender:innen, und die altmodischen Stöberläden des **Spitalfields Crypt Trust**.

HOSTELS BEI BETHNAL GREEN

Hostelle
Helles, schönes Hostel nur für Frauen in toller Lage zwischen Hackney und Bethnal Green. £

Park Villa Boutique Hostel
Hübsches altes Haus am Mile End Park und Regent's Canal. ££

Wombat's City Hostel London
Sauberes Kettenhostel im Industrieschick am Rand der City. ££

NATHANIEL NOIR/ALAMY STOCK PHOTO ©

Prospect of Whitby

DIE BESTEN AFRIKANISCHEN RESTAURANTS IN DALSTON

Banke's Kitchen
Wenn alle, die in einem Lokal essen, Nigerianer:innen sind, dann weißt du, dass der *jollof*-Reis, die zerstoßene Yamswurzel und das *amala* gut sind. £

D'Taste African Cuisine
Mitten im Trubel des Ridley Road Market, mit ausgezeichnetem westafrikanischem Streetfood wie *chofi*. £

Afrikana Dalston
Stylishes, schickes Restaurant mit edleren Versionen afrikanischer Fusion-Gerichte. ££

Der **Dalston Eastern Curve Garden** hat eine aufgelassene Gleisanlage in ein Paradies für Erkundungen verwandelt, mit Community-Garten, in dem Kids alles über Gartenbau lernen können und wo regelmäßig Workshops für Kinder und Erwachsene stattfinden. Ältere Kids können sich beim sehr erschwinglichen **Revolution Karting** mit Elektrokarts austoben; gleich daneben ist der beliebte **Mile End Park Skatepark**. Wenn sie eher Drahtesel bevorzugen, steure den **Velopark** im Queen Elizabeth Olympic Park an, wo sie rasant fast horizontal radeln können, oder den angeschlossenen **BMX Park**. Oder du leihst bei **Moo Canoes** in der Nähe ein Kanu, mit dem die Kids – oder du mit ihnen – die netten Gewässer von Hackney Wick erkunden können. Nicht weit entfernt gibt's in Stratford das zauberhafte Wunderland des **Discover Children's Story Centre**, einer Drinnen-und-draußen-Fantasywelt, die kleinere Kinder stundenlang erforschen können. Außerdem gibt's hier wechselnde immersive Erlebnisse und Geschichtenerzähl-Events.

Gesetztere Arten der Kinderbelustigung bieten die Stadtbauernhöfe im East End, von der lamaverliebten **Mudchute Farm** (S. 218) bei den Docklands bis zur mehr Community-orientierten **Stepney City Farm** (S. 218) und **Hackney City**

KAFFEE IN EAST LONDON

Pavilion Cafe Victoria Park
Ideales Örtchen zum Herumsitzen und Kaffeeschlürfen mit Blick auf See und Brunnen.

Oat Coffee
Toller, starker Kaffee, serviert von freundlichem Personal mitten an der Brick Lane.

The Allotment Kitchen
Sozialeinrichtung mit ausgezeichnetem Kaffee und tollem Kuchen und Gebäck.

Farm (S. 218) sowie der **Spitalfields City Farm**, die nach der Erkundung des Brick Lane oder Spitalfields Market einen ausgezeichneten Abstecher mit Kindern darstellt.

Egal, wo du dich in East London gerade befindest: Immer gibt's irgendwo in der Nähe mindestens einen guten Spielplatz, auf dem sich die Kleinen austoben können. Und wenn das Wetter nicht mitspielt, dann gibt's Indoor-Spielzentren wie **Soft Play at Tiller Leisure Centre** auf der Isle of Dogs, die müden Eltern ein paar Stunden Ruhe verschaffen.

Pubs in East London

KARTE S. 214

Die schönsten East-End-Kneipen

Echte Institutionen im East End sind die Pubs. Einst dienten sie als Drehkreuze der Viertel und alle hatten ihr ganz eigenes Flair. Zwar verschwanden viele Pubs, als die alten East-End-Bewohner:innen wegzogen, doch mehrere haben überlebt, größtenteils, weil sie eine Geschichte zu erzählen oder etwas Besonderes im Angebot haben. Beliebt sind z. B. weiterhin der **Blind Beggar** und das **Carpenter's Arms** in Whitechapel, teils auch wegen ihrer Verbindung zu den berüchtigten **Kray-Zwillingen** (S. 225) – im ersten Pub ermordeten sie jemanden, den zweiten kauften sie für ihre „Ma". Zu den ältesten Pubs der ganzen Stadt zählt das **Prospect of Whitby** an der Themse, das 1502 eröffnete; angeblich kamen auch Charles Dickens und Samuel Pepys hierher. Das **Captain Kidd** ist nach dem berüchtigten Piraten benannt, der 1701 hier in der Nähe gehenkt wurde. Von beiden Kneipen bieten sich herrliche Blicke auf die Themse. In Hackney haben sich das **Cat & Mutton** und das nahe **Dove** als Kneipen für Bierspezialitäten neu erfunden. Im Cat & Mutton kann man verschiedene Gourmetbiere verkosten; das Dove ist auf belgische Trappistenbiere, Weizen- und Fruchtbiere spezialisiert.

Feiern im Osten

KARTE S. 214

Eine vielfältige Ausgehszene

Trinken und tanzen: Immer mehr sind das die Gründe, warum junge Leute ins East End aufbrechen. Dalston und die Gegend um die Brick Lane und um Shoreditch verfügen über die muntersten Ausgehmeilen, in Hackney Wick gibt's eher Bars und DJs. Aber eigentlich finden sich in der gesamten Gegend überall tolle Läden, die für ein vielfältiges Nachtleben sorgen.

Ein Club alter Schule und noch immer sehr beliebt ist der alteingesessene Laden **93 Feet East** in der Old Truman Brewery in der Brick Lane, mit Abenden für Underground-Sounds, klassischem Hip-Hop und Reggae sowie für die LGBTIQ+-

DRAUSSEN TRINKEN IN HACKNEY WICK

Katrin Schubert, eine deutsche Sprachlehrerin, gibt uns Tipps für die besten Adressen für einen Drink unter freiem Himmel in Hackney Wick. @schubs_kaddie

The Lord Napier Star
Mit Dachbar, die den ganzen Tag Sonne abbekommt, superfreundlichem Personal, durchgehend guter Musik und den besten Margaritas in Wick.

Hackney Bridge
Hackney Wicks Version des Mercato Metropolitano, mit Essensständen für alle Geschmäcker und großem Freiluftbereich, sodass man immer Platz findet. Tollen Wein gibt's auch.

Grow
Wunderschöner Laden für einen Drink unter freiem Himmel und nachhaltiges Essen auf einer gemütlichen Kanalterrasse. Donnerstags ist Jazzabend, am Wochenende gibt's Livemusik.

Mackbear Coffee
Ideal, um ohne Druck zu arbeiten und sich mit Kaffee bei Laune zu halten.

Café Columbia
Hübscher Gartenbereich, guter Kaffee und Bagels im Herzen des Blumenmarkts.

L'eau à la Bouche
Große Fenster und Tische draußen machen dies zum perfekten Ort zum Leutegucken auf dem Broadway Market.

Crate Brewery

TRADITIONELLE EAST-END-GERICHTE

Beigel Bake Brick Lane Bakery
Eine Verbeugung vor der alten jüdischen Gemeinde des East End, mit fabelhaften Bagels – daher die Warteschlangen. £

G Kelly
Echtes Cockney-*pie and mash* mit Petersiliensoße wird hier schon seit Jahrzehnten serviert. ££

E Pellici
East-End-Institution seit 1900, serviert Sachen aus der Pfanne, Pasta, Sandwiches und andere Cafékost. £££

Greedy Fish and Chips
Eine der besten Adressen für den East-End-Klassiker Fisch in knusprigem Teigmantel mit ebenso knusprigen Chips. £

Community. Wem der Sinn nach Livemusik steht, kann gegenüber den supercoolen **Ninety One Living Room** anpeilen. Bei den Jazz Lates haben hier schon Künstler:innen wie Camilla George und Jasmine Myra gespielt, lange bevor ihre Namen in aller Munde waren.

Drüben in Hackney Wick ist am beliebtesten die **Crate Brewery**, wo meistens eine lebhafte Stimmung herrscht, da hier ausgezeichnetes, teils vor Ort gebrautes Bier und dazu köstliche Pizza serviert wird. Am Wochenende locken DJs Scharen von Gästen an, die sich dann auch auf der beheizten Terrasse am Wasser niederlassen. Für Cocktailgourmets gibt's auch das **Number 90** mit toller Terrasse am Kanal und am Wochenende ausgezeichneten DJs; das **Studio 9294** gegenüber ist besonders bei Fans von Underground-Musik sehr beliebt.

In Dalston lockt das bekannte **The Mix Dalston** noch immer einige der besten DJs an, die unten im Keller jede Menge Clubklassiker auflegen. Wer tagsüber feiern möchte: Der **Dalston Roofpark** ist noch immer gut im Geschäft, mit tollen DJs am frühen Abend und einem überdachten Bereich, wo man auch bei Regen tanzen kann. Das **Ruby's** unten in einem fünfstöckigen Stadthaus wartet mit einer beliebten Kneipe im Shabby-Chic-Stil mit zusammengewürfeltem Mobiliar

VEGAN ESSEN RUND UM HACKNEY

Sazzy and Fran
Vegane Genüsse von *zalmon* und Frischkäsebagels bis zu hausgemachtem Dal mit roten Linsen. ££

Vegan Yes
Du magst italienische und koreanische Küche? Dann gefällt dir sicher diese Fusion aus beidem. ££

All Nation's Vegan
Veganes Essen im Karibikstil abseits einer Wohnstraße in Dalston. £

sowie mit einer Discolounge auf, wo du bis spätabends tanzen kannst. Die Top-Partyadresse in East London war einst der **Dalston Superstore**, doch auch wenn er bei vielen nicht mehr ganz oben auf der Liste steht: Noch immer gibt's hier jede Menge Mottonächte mit Londoner DJs; besonders beliebt ist der Club beim LGBTIQ+-Publikum. Ein etwas anderes Ambiente bietet das **Loading**, eine Cocktailbar auf zwei Ebenen mit Spielemotto: Während du einen Pokemon Let's Sloe schlürfst, kannst du eins der zahlreichen Brettspiele spielen oder dir im Keller mit Donkey Kong die Zeit vertreiben. Für einen entspannteren Abend mit Tropenmotto oder zum Vorglühen bietet sich die freundliche **Ridley Road Market Bar** an. Der heruntergekommene Look ist Teil des Karibikflairs. Es gibt billiges Bier, Cocktails und Pizza, und wenn du hier hängen bleibst, hörst du meistens Jazz und Soul.

Alternatives Dalston

KARTE S. 208

Abseits des Mainstreams

Abseits des Trubels der Kingsland High St ist die **Dalston Jazz Bar** donnerstags bis samstags das Ziel der Nordlondoner Jazzkenner:innen, die hier vielleicht bei köstlichem Seafood unter alten ÖPNV-Schildern eher unbekannten Jazzbands lauschen. Um die Ecke liegt das Programmkino von Dalston, das **Rio Cinema**. Das älteste kommunale Kino Londons ist vor allem für seine Festivals jenseits des Mainstreams bekannt wie das London Kurdish Film Festival, das Bicycle Film Festival, das Fringe! Queer Film & Arts Fest und das East End Film Festival, bei denen die Regisseur:innen teils für Fragen zur Verfügung stehen. Wer experimentelle und alternative Musik wie japanische Psychedelic Music oder Avantgarde-Folk mag, sollte das **Café Oto** ansteuern. Die umgemodelte Druckerei ist tagsüber ein Café und abends ein exzentrischer Livemusikladen, wo sich gern Leute mit einem Sinn für experimentelle Musik treffen. Freund:innen alternativen Theaters zieht es unterdessen ins **Arcola Theatre**, das gern aufrüttelnde Stücke zu sozialen Themen zeigt. Das Theater betreibt auch eine Reihe von tollen Initiativen wie das Arcola Ala-Turka, bei dem mit Türk:innen und Kurd:innen der Gegend Aufführungen entwickelt werden; außerdem findet jedes Jahr das Grimeborn statt, ein Opernfestival mit Fokus auf traditionellen und radikalen Stücken.

DER BESTE BRATEN

The Hemingway
Wer sonntags das köstlich zarte schottische Rinderfilet probieren will, muss früh hier sein! ££

Royal Inn on the Park
Toller Biergarten mit Blick auf den Victoria Park und ausgezeichneter veganer Bratenoption. £££

Star of the East
Der *Yorkshire pudding* ist göttlich und es gibt auch einen Braten für zwei Personen. ££

Docklands Diner
Familiengeführt und familienfreundlich, mit sehr erschwinglichem Braten mit allen Beilagen. £

AUF DEN MARKT

Wer tagsüber die Ridley Road Market Bar ansteuert, erlebt auch den Markt, nach dem sie benannt ist, den lebhaften afrokaribischen **Ridley Road Market** (S. 225).

ÜBERNACHTEN IN EAST LONDON

Hub by Premier Inn Spitalfields
Ein Premier Inn, sodass man weiß, was zu erwarten ist, dafür aber direkt an der Brick Lane. £

Mama Shelter
Supercooles Boutiquehotel im Herzen des supercoolen Hackney, mit toller Bar und Restaurant. £££

The Crown Pub and Guesthouse
Reizende, urige Pension über einem freundlichen Pub beim Bahnhof Hackney Central. ££

SOZIALGESCHICHTE UND GRAFFITI

Der Spaziergang beginnt in der 90 Mile End Rd am Laden All in One; rechts davon erinnert eine graue Tafel an das Haus, das hier einst stand und in dem **1 James Cook** lebte. Über den Zebrastreifen läufst du gen Westen; das **2 Mychael-Barratt-Wandbild** am Haus von TV Edwards Solicitors zeigt Cook neben Lenin, Gandhi und den Krays, zusammen mit dem Gründer der Salvation Army, der neben seiner nur ein paar Meter entfernten Frau auch mit der **3 William-Booth-Statue** geehrt wird.

Nach ein paar Minuten auf der Whitechapel Rd Richtung Westen siehst du das frühere Gebäude des Royal London Hospital; an einem der alten Gebäude erinnert die blaue **4 Gedenktafel für Edith Cavell** an die Wegbereiterin der modernen Krankenpflege. Zehn Gehminuten später kommst du zum Coffeeshop Mehmet Efendi; über die Hauptstraße geht's in die Osborne St, die zur Brick Lane wird. Jetzt bist du in einem Streetart-Paradies: In jeder Gasse und Straße, die von der Brick Lane abzweigt, siehst du tolle Graffiti und Wandbilder. Zuerst mäanderst du in die Chicksand St mit dem **5 Gaath** (Bengali für „Loch"), einem vertieften Sportplatz, dessen Wände Schriftgraffiti aufweisen. Als Nächstes lockt die **6 Fashion Street** mit tollen Porträtbildern am Ende. Dann guckst du noch in den östlichen Abschnitt der **7 Hanbury Street** mit einem riesigen schwarz-weißen Storch und zahlreichen anderen Arbeiten. Weiter Richtung Norden solltest du in jede Ecke hineinschauen, besonders rund um die **8 Truman Brewery**, wo du problemlos eine Stunde damit zubringen kannst, die neuesten Streetart-„Installationen" aufzustöbern.

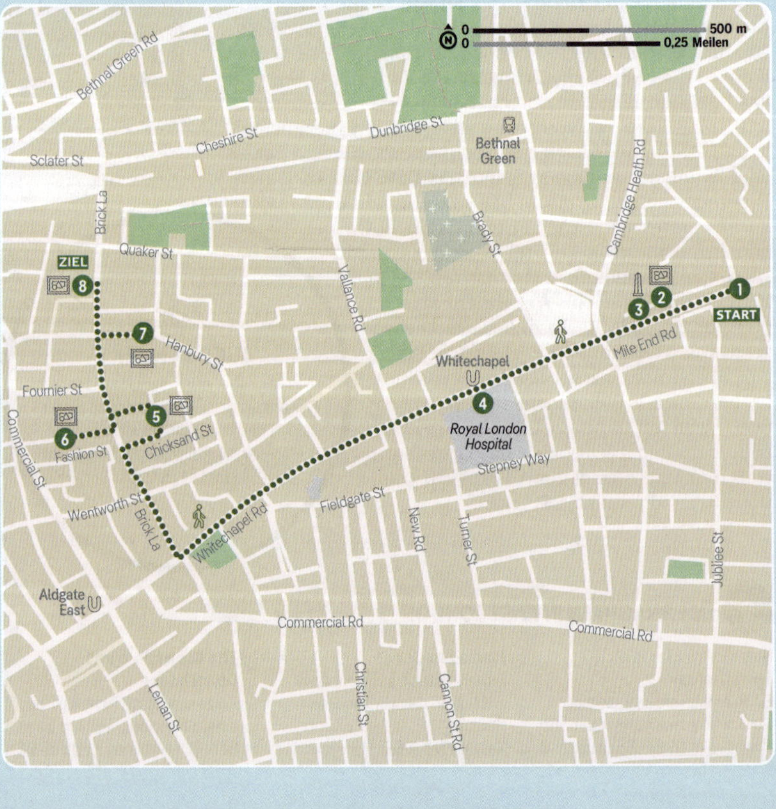

Nobel speisen im East End

KARTE S. 214

Michelin im Osten

Da das East End inzwischen immer mehr gentrifiziert ist, sind es auch die Restaurants. Die einstige Heimat guter, herzhafter Mahlzeiten zu erschwinglichen Preisen wartet heute mit einer wachsenden Zahl an noblen Speiselokalen auf, von denen sich das eine oder andere sogar einen Michelin-Stern erkocht hat.

Im früheren edwardianischen Rathaus von Bethnal Green residiert eins der ersten Sternerestaurants in East London, das **Da Terra**, mittlerweile mit zwei Sternen gekrönt und geführt von einem Traumteam aus dem italienischen Koch Rafael Cagali und Geschäftsführer Charlie Lee. In dezentem, modernem Ambiente entzückt es die Gourmets mit einem Blindverkostungsmenü mit Gerichten wie *moqueca*, „Romeo and Juliette" und *baba*. Nördlich davon ist das **Behind**, das Fischrestaurant, das derzeit in London Fields in aller Munde ist. Mittags und abends gibt's jeweils nur eine Platzierung; das Verkostungsmenü besteht aus acht Gängen aus dem Fischerhimmel, allen Gästen gleichzeitig serviert am kleinen, aber stylishen U-förmigen Tisch direkt an der offenen Küche. Nicht weit weg ist die nach dem Großvater des Gründers Alfred De Cecco benannte **Casa Fofó**. Zwei behagliche Räume drinnen sowie ein überdachter draußen, zumeist aus Backstein und Holz, bilden die Kulisse für das einfallsreiche Probiermenü, das Cecco jeden Tag persönlich zubereitet; vielleicht gibt's dabei gerade rosa Tannen-Kartoffeln und Kiefer mit Sauerkirschen und Popcorn. Am erschwinglichsten von den dreien ist die Casa Fofó.

DIE BESTE PIZZA IN HACKNEY

Hoxton Barrel Pizza
Halal-, Fisch-, vegane und vegetarische Varianten von Steinofenpizzas, köstlich und preisgünstig. **££**

US Way Pizzas
Dicke, üppig belegte Pizzas im amerikanischen Stil, serviert von superfreundlichem Personal. **£**

Yard Sale Pizza
Dünne italienische Pizza, die man auch zweiteilen kann, also z. B. eine Hälfte mit Guindilla-Chilis und die andere mit Aubergine. **££**

Sodo Pizza Bethnal Green
Köstliche Sauerteigpizza unter trendigem Bogen sowie Craftbier aus der Gegend. **£££**

VIETNAMESISCH ESSEN IN HACKNEY

Pho Pho
Große Schüsseln mit köstlicher *pho* zu vernünftigen Preisen in tollem traditionellem Restaurant. **£**

Green Papaya
Tolles Flair, frische Frühlingsrollen und nordvietnamesische Küche. **££**

Hai Ha
Eher wie ein relaxtes Café in Hanoi mit ebenso authentischem Essen. **£**

Hampstead & North London

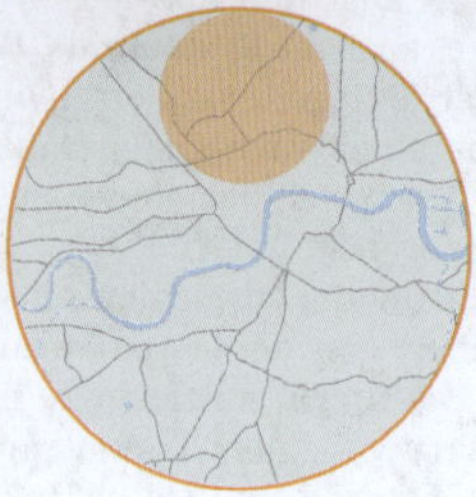

LIVEMUSIK UND BOHO-VIBES

North London ist riesig und unglaublich vielseitig. Hier kannst du die Hauptstadt fern des Touristentrubels in all ihren Facetten entdecken.

Traditionelle Lebensmittelmärkte erstrecken sich neben eleganten georgianischen Stadthäusern, Restaurants kochen mit Gewürzen aus der ganzen Welt und Moscheen und Synagogen teilen sich ein Viertel mit Londons Rebellen, deren Wagemut die Geschichte mitgeprägt hat. Willkommen in North London! Neben der Literatin Mary Shelley und dem Verhaltensforscher Sigmund Freud lebten hier einst auch die Primatenforscherin Jane Goodall und eine Reihe von Punk-Anarchisten, die den Status quo gehörig aufmischten.

In Londons nördlichsten Vierteln kann man in weitläufigen Parks und wilden Heidelandschaften Frischluft schnappen und in Europas größtem Feuchtgebiet seltene Vögel beobachten. Sportliche Leidenschaften erreichen hier ihren Höhepunkt – ob beim „Gentleman's Game" auf dem 200 Jahre alten Lord's Cricket Ground oder dem „Beautiful Game" mit seinen Armeen aus rot und blau gekleideten Fans der Fußballteams Arsenal und Tottenham.

North London begeistert weniger mit großen Sehenswürdigkeiten, die hier eher dünn gesät sind, als mit kleineren Museen und Theatern. Kunstschaffende stellen ihre Arbeit in trendigen Locations vor, bevor man im West End überhaupt weiß, was angesagt ist. Die Gegend bietet die Chance, aufstrebende Talente zu erleben. Livemusik-Fans zieht es nach Camden, seit jeher das Londoner Epizentrum alternativen Lebens. Rund um seinen berühmten Markt finden jeden Abend Konzerte von Jazz über Black Metal bis zu Folk und merkwürdigen experimentellen Klängen statt.

North London bietet dir die Chance, dich in einer weltberühmten Stadt außerhalb ausgetretener Pfade zu begeben und deinen Horizont zu erweitern.

NICHT VERSÄUMEN

REGENT'S CANAL
Historischer Kanal und ehemalige Handelsroute, die heute hippe Lokale säumen.
S. 239

CAMDEN MARKET
Hunderte Stände mit jeder Menge Boho-Kreationen in Londons Livemusikzentrale.
S. 250

HAMPSTEAD HEATH
Riesige wilde, ungezähmte Grünfläche mit Wäldchen, hügeligen Wiesen und Badeteichen.
S. 264

TOP TIPP

Gut planen. Die Attraktionen liegen weit auseinander und es braucht seine Zeit, um etwa von Walthamstow im Nordosten bis in die abgelegenste Ecke der Hampstead Heath zu gelangen. Die U-Bahn-Routen führen frustrierenderweise übers Stadtzentrum, weshalb für kurze Ost-West-Strecken (oder umgekehrt) oft der Bus die schnellere Wahl ist.

Links: Gleis 9 ¾, Bahnhof King's Cross (S. 254); oben: St Pancras Station (S. 255)

LOCAL TIPP

Anushka Engineer (@nush89), Ärztin aus London, verrät uns ihre Lieblingsrestaurants in North London.

Kimchee
Koreanisches Lokal mit toller Ästhetik aus Holzpaneelen, die von Blattpflanzen und zarten Blüten begrünt werden. Das Riesengarnelen-Chili und das Geflügel-Bulgogi schmecken erstklassig.

Roti King
Das malaysisch-singapurische Restaurant liegt versteckt auf einer Seitenstraße in Euston und hat eine kompakte, budgetfreundliche Karte. Das *chicken roti canai* und das *mee goreng* sind außergewöhnlich gut. Keine Reservierungen.

Baba Dhaba
Kleines, aber spritziges pakistanisches Streetfoodlokal in Camden mit großen Portionen. Die Samosas sind köstlich.

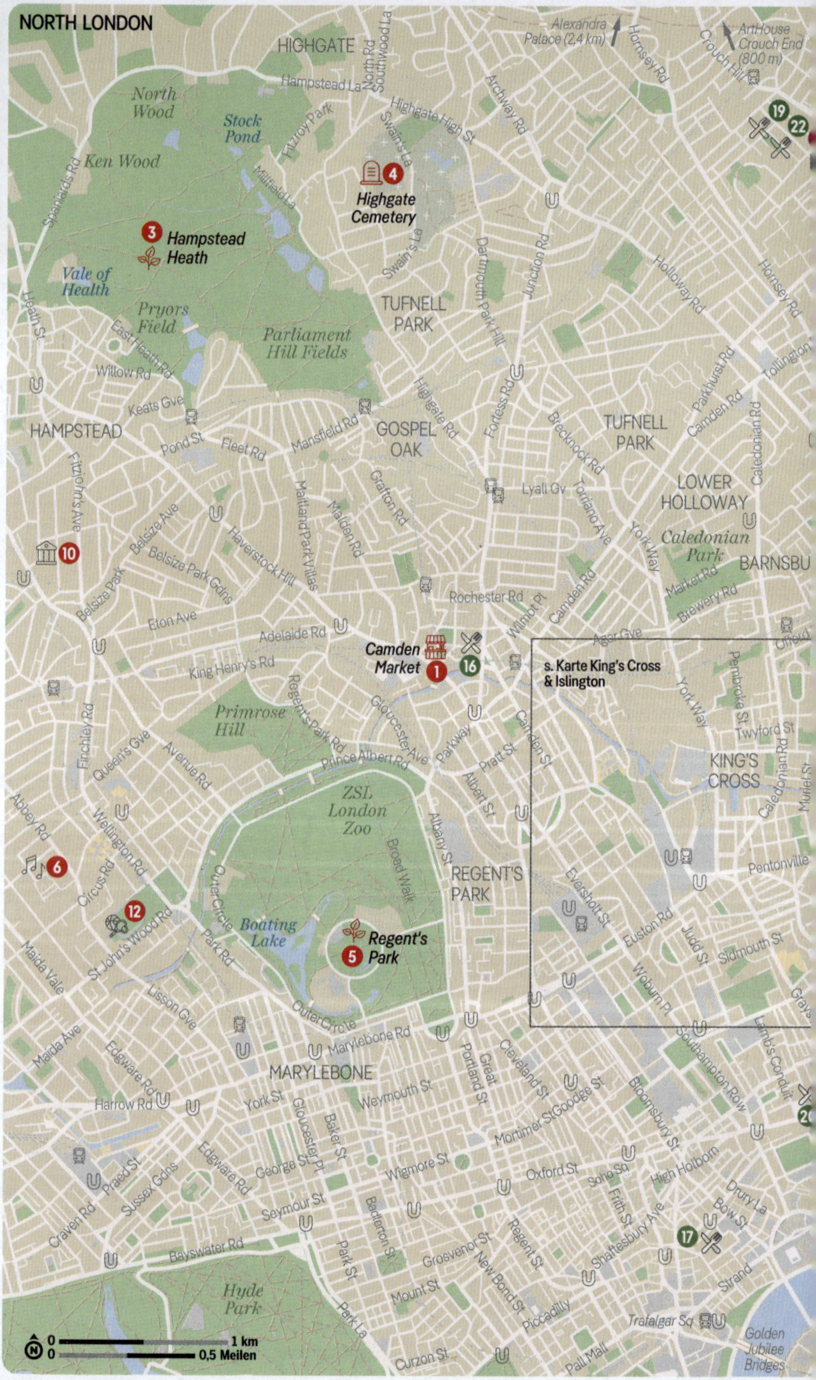
NORTH LONDON
HIGHGATE
Alexandra Palace (2,4 km)
ArtHouse Crouch End (800 m)
North Wood
Stock Pond
Ken Wood
3 Hampstead Heath
4 Highgate Cemetery
Vale of Health
Pryors Field
Parliament Hill Fields
TUFNELL PARK
HAMPSTEAD
GOSPEL OAK
TUFNELL PARK
LOWER HOLLOWAY
Caledonian Park
BARNSBU
10
Camden Market 1
16
s. Karte King's Cross & Islington
Primrose Hill
ZSL London Zoo
KING'S CROSS
REGENT'S PARK
6
12
Boating Lake
Regent's Park 5
MARYLEBONE
17
19
22
20
Hyde Park
Golden Jubilee Bridges
Hampstead La
North Rd
Southwood La
Highgate High St
Swain's La
Archway Rd
Hornsey Rd
Crouch Hill
Fitzroy Park
Millfield La
Spaniards Rd
Heath St
East Heath Rd
Willow Rd
Keats Gve
Pond St
Fleet Rd
Mansfield Rd
Highgate Rd
Dartmouth Park Hill
Junction Rd
Holloway Rd
Fortess Rd
Brecknock Rd
Parkhurst Rd
Camden Rd
Caledonian Rd
Tollington
Fitzjohn's Ave
Belsize Ave
Belsize Park Gdns
Haverstock Hill
Maitland Park Villas
Malden Rd
Grafton Rd
Lyall Gv
Tortiano Ave
York Way
Market Rd
Brewery Rd
Rochester Rd
Wilmot Pl
Camden Rd
Agar Gve
Belsize Park
Eton Ave
Adelaide Rd
King Henry's Rd
Regent's Park Rd
Gloucester Ave
Parkway
Pratt St
Camden St
Prince Albert Rd
Albert St
Albany St
Pembroke St
Twyford St
Caledonian Rd
Muriel St
Finchley Rd
Queen's Gve
Avenue Rd
Abbey Rd
Wellington Rd
Circus Rd
St John's Wood Rd
Outer Circle
Broad Walk
Park Rd
Pentonville
Eversholt St
Euston Rd
Judd St
Sidmouth St
Woburn Pl
Grays
Maida Vale
Lisson Gve
Outer Circle
Marylebone Rd
Portland St
Great
Cleveland St
Southampton Row
Lambs Conduit
Maida Ave
Edgware Rd
Harrow Rd
York St
Gloucester Pl
Baker St
Weymouth St
Mortimer St
Goodge St
Bloomsbury St
Praed St
Sussex Gdns
Edgware Rd
George St
Wigmore St
Oxford St
Soho Sq
Frith St
High Holborn
Drury La
Bow St
Craven Rd
Seymour St
Badterton St
Regent St
Shaftesbury Ave
Bayswater Rd
Park St
Grosvenor St
New Bond St
Strand
Mount St
Park La
Piccadilly
Trafalgar Sq
Curzon St
Pall Mall
0 1 km
0 0,5 Meilen

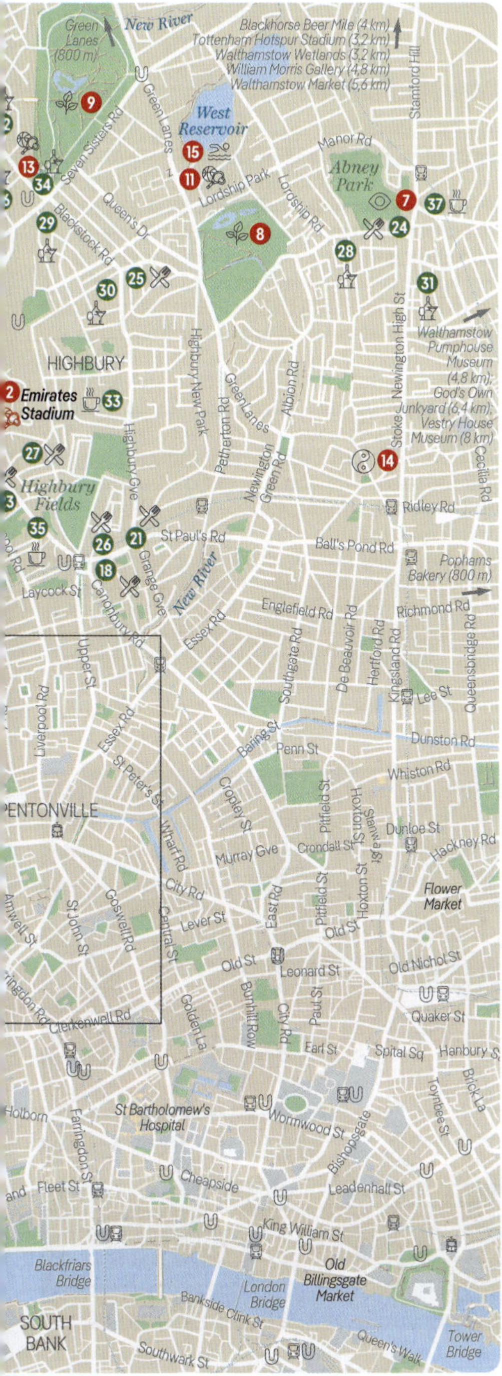

HIGHLIGHTS

1 Camden Market
2 Emirates Stadium
3 Hampstead Heath
4 Highgate Cemetery
5 Regent's Park

SEHENSWERTES

6 Abbey Road Studios
7 Abney Park Cemetery
8 Clissold Park
9 Finsbury Park
10 Freud Museum

SPORT & AKTIVITÄTEN

11 Castle Climbing Centre
12 Lord's
13 Rowans Tenpin Bowl
14 Turkish Bath Hamam
15 West Reservoir Centre

ESSEN

16 Baba Dhaba
17 Dishoom
18 F.K.A.B.A.M. (Formerly Known as Black Axe Mangal)
19 Jai Krishna
20 Kimchee
21 Nook
22 Pizzeria Pappagone
23 Sambal Shiok
24 Three Crowns
25 Top Cuvée
26 Trullo
27 Westerns Laundry

AUSGEHEN & FEIERN

28 Auld Shillelagh
29 BlackStock
30 BookBar
31 Doña
32 Faltering Fullback
33 Highness Cafe & Tea Room
34 Twelve Pins
35 Vagabond
36 World's End
37 Yellow Warbler

SHOPPEN

38 New Beacon Books

Tempel der Neonlichter

KARTE S. 236

Rein ins elektrisierende Nirwana

God's Own Junkyard in einem unauffälligen Schrottdepot in Walthamstow ist der Traum eines jeden *Blade-Runner*-Fans, denn hier gibt's Tausende Neonschilder und -skulpturen aus allen Jahrzehnten. Das kaleidoskopische Narnia ist inzwischen so beliebt geworden, dass der Inhaber ein kleines Café eröffnet hat, in dem die Besucher:innen mit einer Tasse Tee in der Hand über die herrlich skurrile Sammlung bunter elektrischer Schilder staunen können. Die Kollektion gehörte dem sogenannten „Paten des Neon" Chris Bracey, der Schilder für die Stripclubs in Soho herstellte, bevor er von Hollywood angeheuert wurde. Sein riesiger Schatz, heute im Besitz seines Sohns Marcus, umfasst alles von poppiger Art-déco-Schwimmbadsignaletik und Leuchtreklame aus Sexclubs der 1960er-Jahre bis zu Schildern mit Cocktails, Kruzifixen, Rock'n'Roll-Emblemen, Dollarzeichen sowie Flipper- und Discomotiven und unzählige weitere Neonobjekte. Zu den bekanntesten von Bracey gefertigten Filmrequisiten gehören Leuchtschilder für *Eyes Wide Shut* und *Captain America* sowie eine Hommage an den Drachen aus *Blade Runner*. In jüngerer Zeit erschien seine Kollektion in Modeaufnahmen der *Vogue* und auch in den Filmen *Judge Dredd*, *Superman* und *Batman* ist sie zu sehen.

DINNER IM U-BAHN-WAGGON

Wer sich bei supperclub.tube anmeldet, kann im Walthamstow Pumphouse Museum eine Dinnerparty in einem U-Bahn-Waggon aus den 1960er-Jahren genießen. Die Chefköchin Beatriz Maldonado Carreño verwöhnt ihre Gäste – die auf originalen U-Bahn-Sitzen Platz nehmen – dreimal die Woche mit einem 6-gängigen lateinamerikanischen Menü (darunter z. B. Enchiladas mit blauen Maistortillas und Maya-Schweinelende). Im Gegensatz zu einer richtigen U-Bahn-Fahrt, wo Augenkontakt um jeden Preis vermieden wird, herrscht am hiesigen Gemeinschaftstisch für über 12 Gäste eine gesellige Atmosphäre. Wer es romantischer mag, bucht ein Separee für zwei.

God's Own Junkyard

LOKALGESCHICHTE

Im **Vestry House Museum** (S. 270) kannst du mehr über die Geschichte der Gegend von der viktorianischen Zeit bis zur Gegenwart erfahren – zum Beispiel über die typischen „barrow boys" und das älteste benzinsignalebetriebene Auto Großbritanniens, das in Walthamstow gebaut wurde.

ARCHER PHOTO/SHUTTERSTOCK ©

Regent's Canal

Londons Wasserstraßen

KARTE S. 242

Strom des Lebens

Viele Mitglieder von Londons Künstlergemeinschaft und Boheme leben auch heute noch in *narrowboats* (langen, schmalen Hausbooten) auf dem Regent's Canal, der sich durch das Zentrum der Hauptstadt zieht und lange vor Schnellstraßen und der Eisenbahn die Hauptverkehrsader der Metropole bildete. Ausstellungen im **London Canal Museum** bieten die Möglichkeit, mehr über das Leben vor dem Schienenverkehr zu erfahren, als sich nomadische Familien mit dem landesweiten Transport von Waren wie Holz und Schießpulver auf pferdegezogenen Booten ihren dürftigen Lebensunterhalt verdienten. In der engen Kabine eines Kanalboots sieht man, wo die autarken Familien schliefen, kochten und arbeiteten. Sie entwickelten sogar ihren eigenen Dekorationsstil, den „Roses and Castles" („Rosen und Schlösser"), mit dem sie ihre Boote verzierten, ähnlich den Motiven auf den Wägen der Roma. Im Museum lernst du außerdem, wie man eine Schleuse betätigt, dank der die Boote Gefälle überwinden können, und erfährst, wie die grünen Arterien mitten in der Stadt eine vielfältige Tierwelt anlocken. Gegen Aufpreis können Besucher:innen an Bord eines *narrowboats* den Kanal entlangtuckern und den unheimlichen, dunklen und feuchten, fast anderthalb Kilometer langen Islington Tunnel durchfahren.

KAHNFAHRT MIT MUSIK

An Bord eines traditionellen britischen *punt*, eines langen, schmalen Stakkahns mit flachem Boden, kann man in Camden mit einer funktionierenden Schleuse auf Tuchfühlung gehen, unter Kanalbrücken entlangtreiben und die mannigfaltige Tierwelt des Regent's Canal kennenlernen. Die ungewöhnlichen Wasserfahrzeuge wurden eins von Fischern auf der Themse genutzt. Heute schippert das Music Boat über die Kanäle Camdens und unterhält seine Gäste mit ständig wechselnden Musiker:innen, die verschiedene Melodien zum Besten geben – die perfekte Kombination aus Livemusik, für die die Gegend so berühmt ist, und ihrer bewegten Kanalgeschichte.

GAUMENFREUDEN

Das **F.K.A.B.A.M. (Formerly Known as Black Axe Mangal)** ist das wohl gewagteste Restaurant Londons und zieht alle Register. Das von Koch Lee Tiernan (ehemaliger Küchenchef des St John Bread and Wine) betriebene Lokal in einer Kemenate hinter einer unscheinbaren schwarzen Tür mit gerade einmal 20 Plätzen (und Penis-Deko an der Wand) in Highbury and Islington serviert ein ausgefallenes Festpreis-Menü, dessen Aromen so gewaltig sind wie seine Musik (üblicherweise Heavy Metal). Wagemutige Gäste können originelle Kombinationen probieren, die sie garantiert noch nicht kennen und nie vergessen werden, von Fladenbrot mit Tintenfischtinte, das in einem riesigen türkischen Pizzaofen gebacken wird, über auf offener Flamme gegrillten Lammherzen bis zu Trockenpflaumen-Doughnuts und Piña-Colada-Pudding.

OLIVIER GUIBERTEAU/SHUTTERSTOCK ©

Highgate Cemetery

RIP

Friedhof der Legenden

KARTE S. 236

Spaziergang zwischen viktorianischen Gräbern

Unmittelbar östlich der Hampstead Heath liegt der Friedhof **Highgate Cemetery**, Londons stimmungsvollste letzte Ruhestätte. In atemberaubenden 50 000 Gräbern sind über 170 000 Tote begraben, darunter bekannte Persönlichkeiten – berüchtigte, ganz normale und legendäre – wie etwa der Philosoph Karl Marx, die Popikone George Michael, die Schriftstellerin George Eliot und der Bare-Knuckle-Boxer Tom Savers. Das Wunderland maroder Pracht beherbergt unzählige Gräber und Bauten im viktorianisch-gotischen Stil, die in der zweiten Hälfte des 19. Jhs. errichtet wurden. Nach dem Zweiten Weltkrieg verfielen die alten Grüfte, und erst als die Friends of Highgate Cemetery 1975 die Verwaltung des Areals übernahmen, wurden auch die alten Katakomben unter Schutz gestellt. Der Großteil des Friedhofs ist überwuchert, was zu seinem Charme beiträgt. Nachdem man den Eintritt entrichtet hat, kann man nach Herzenslust (oder so viel der Magen verträgt) zwischen den makabren Grabsteinen mit schlafenden Engeln und schlafenden Hunden, ägyptisch anmutenden Grabmälern und moosbewachsenen Urnen umherwandeln. Marx ist auf dem moderneren, aufgeräumteren East Cemetery begraben, doch der West Cemetery ist der schaurigere und stimmungsvollere Teil des Friedhofs.

Domizil einer Arts-and-Crafts-Ikone KARTE S. 236

Haus mit zeitlosem Tapeten-Design

William Morris, einer der berühmtesten Vertreter der Arts-and-Crafts-Bewegung, lebte von 1848 bis 1856 mit seiner Familie in dieser umwerfenden georgianischen Villa, die heute die **William Morris Gallery** beherbergt. Mit ihren zwei riesigen, halbrunden Erkerfenstern und weitläufigen Gärten bildet sie einen enormen Kontrast zu Walthamstows viel befahrener Forest Road vor der Tür. Design-Fans können im kostenfreien Museum und seinen Galerien originalgetreue Zimmer bestaunen und anhand früher Zeichnungen, Textilien und Möbel mehr über Morris' Designprozess erfahren. Die Ausstellungsstücke erzählen zudem vom Aktivismus des Künstlers, der als überzeugter Sozialist die Industrialisierung und den Kapitalismus verabscheute. Tatsächlich war er zu Lebzeiten für seine politischen Ansichten bekannter als für seine Drucke. Der Eventkalender des Museums ist vollgepackt mit Workshops, Vorträgen und Führungen, die das ganze Jahre über stattfinden. Ein Andenkenladen bietet zudem jede Menge Souvenirs mit typischen Morris-Motiven, von Teetassen und Tellern bis zu Taschen und Regenschirmen, und in Deeney's Café im Erdgeschoss kann man sich einen Drink mit Blick auf den benachbarten Lloyd Park gönnen.

William Morris Gallery

BLACKHORSE BEER MILE

Auf geht's zur Biertour durch Nordostlondons Hopfenhimmel. Die **Wild Card Brewery**, eine Mikrobrauerei in einem Lagerhaus, bietet Fass- und Flaschenbiere, darunter saure Sorten und India Pale Ales im New-England-Stil. Am Wochenende haben hier auch Foodtrucks geöffnet. **Exale Brewing** ist in einer alten Möbelfabrik untergebracht und besticht mit einer mit Neon und Pflanzen dekorierten Trinkhalle. Das Bier wird vor Ort gebraut und auch Bioweine und Cocktails stehen auf der Karte. In der **Pretty Decent Beer Co** werden neben großartigem saisonalen Bier auch Bier-Slush und Micheladas serviert. **Big Penny Social** verwandelt sich im Sommer ins sogenannte Walthamstow-on-Sea mit Liegestühlen, Sand und Strandspielen, und in der **Beerblefish Brewing Company** kannst du Bier nach Rezepten aus dem 19. Jh. sowie umwerfende Stouts und Porter probieren.

HIGHLIGHTS
1 British Library
2 King's Cross Station

SEHENSWERTES
3 Camden Passage
4 Camley Street Natural Park
5 Coal Drops Yard
6 Gasholder Park
7 Granary Square
8 Lightroom
9 London Canal Museum
10 Queer Britain
11 St Pancras Station
12 Wellcome Collection

SCHLAFEN
13 Great Northern Hotel
14 Kabannas St Pancras
15 Megaro Hotel
16 St Pancras Renaissance Hotel London
17 The Standard

ESSEN
18 12:51
19 Addis
20 Afghan Kitchen
21 Booking Office 1869
22 Brother Marcus Angel
23 Caravan
24 Diwana Bhel Poori House
25 Ekachai
26 Hoppers
27 Iberia
28 Indian Veg

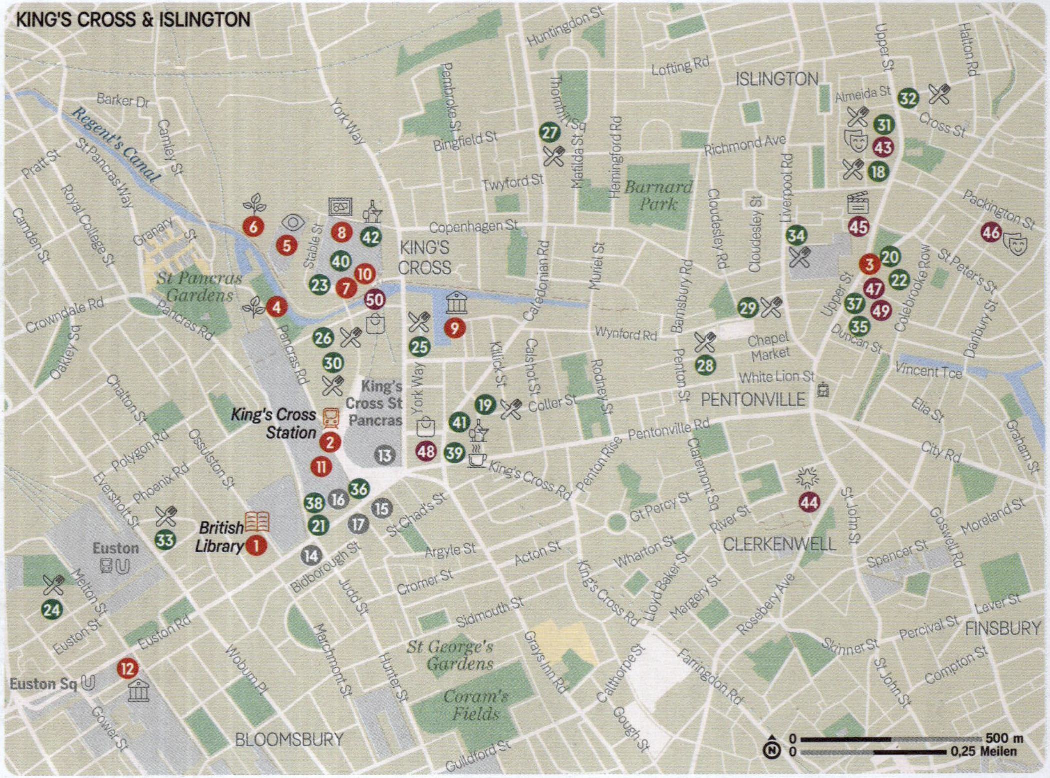

29 Jam Delish
30 Kimchee
31 MEATliquor Restaurant N1
32 Ottolenghi Islington Deli
33 Roti King
34 Yipin China

AUSGEHEN & FEIERN

35 Appestat
36 Black Sheep Coffee
37 Frederick's
38 Gothic Bar
39 Keystone Coffee
40 Redemption Roasters
41 Simmons
42 Supermax
siehe 17 Sweeties

UNTERHALTUNG

43 King's Head Theatre
44 Sadler's Wells
45 Screen on the Green
46 The Bill Murray

SHOPPEN

47 Annie's Vintage Costume & Textiles
siehe 2 Harry Potter Shop
48 Housmans Bookshop
49 Pistachio & Pickle Dairy
50 Word on the Water

King's Cross Station (S. 254)

QUEERE GESCHICHTE

Queer Britain (S. 259) öffnete seine Türen um den 50. Jahrestag der ersten Pride Parade des Landes und ist das erste Museum Großbritanniens, das der queeren Geschichte und Kultur gewidmet ist. Es befindet sich in einem alten Fabrikgebäude in King's Cross und verfügt über ein ausgezeichnetes Fotoarchiv.

Historische Bücher

KARTE S. 242

Eine der größten Bibliotheken der Welt

Die **British Library** ist eine faszinierende Zeitkapsel, die einige der wertvollsten Literaturschätze der Welt enthält: Neben Leonardo da Vincis Notizbüchern und der ersten Komplettausgabe des Neuen Testaments sind hier auch zwei Exemplare der Magna Carta und das erste per Holztafeldruck gefertigte Buch, das Diamant-Sutra von 868, untergebracht. Einstündige Touren führen Besucher:innen hinter die Kulissen, wo sie mehr über die Bedeutung der wichtigsten Bücher, Manuskripte, Briefmarken, Drucke und Zeichnungen erfahren, während sich baugeschichtliche Führungen auf die Konstruktionsweise des architektonischen Wunderwerks konzentrieren. Die British Library ist eine der zwei größten Bibliotheken der Welt (die andere ist die Library of Congress in Washington, D.C.) und wurde 1998 fertiggestellt. Sie enthält 14 Mio. Bücher. Nur wer dauerhaft in London lebt, kann einen Leseausweis beantragen und die Lesesäle nutzen, doch es gibt auch jede Menge Ausstellungsräume, darunter die kostenfreie Sir John Ritblat Gallery mit Originalen legendärer Werke wie Charles Dickens' *Nicholas Nickleby*, Shakespeares *First Folio* (1623), Jane Austens *Die Geschichte Englands,* Lewis Carrolls *Alices Abenteuer unter der Erde* und Charlotte Brontës *Jane Eyre*.

BUCHLADEN AUF DEM WASSER

Word on the Water ist ein Buchladen wie kein anderer, denn hier füllen Bücher jeden Winkel eines holländischen Kanalboots auf dem Regent's Canal. Dank einer Kampagne seiner vielen Fans hat der einst nomadische Laden, den man nur per Zufall oder über einen Blick online entdecken konnte, ein permanentes Zuhause auf dem Wasser beim Granary Square in King's Cross gefunden. An Bord kannst du nach Herzenslust in Klassikern und sorgfältig ausgewählten Werken stöbern und auch verschiedene Events finden auf dem Boot statt, von Lesungen bis zu Jazz- und Funkkonzerten auf dem Dach im Sommer. Im Winter kann man es sich am Kamin gemütlich machen.

Word on the Water

COWARDLION/SHUTTERSTOCK ©

British Library

AERIAL-MOTION/SHUTTERSTOCK ©

PRAKTISCHES

Scanne diesen QR-Code, um kostenlose Stadtführungen am Wochenende mit Wonders of London zu buchen.

HIGHLIGHT

Regent's Park

Der nach dem Prinzregenten (dem späteren König Georg IV.) benannte **Regent's Park** war einst das Jagdrevier von Heinrich VIII. und ist heute eine der schönsten Grünflächen Londons. Neben einem großartigen Zoo und einem faszinierenden Freilichttheater umfasst der Park auch Gärten, die im Norden der Hauptstadt ihresgleichen suchen und mit über 20 000 Rosen aus über 400 Arten glänzen.

NICHT VERSÄUMEN

- Queen Mary's Rose Gardens
- Freilichttheater
- London Zoo
- Aussichten vom Primrose Hill
- Boot fahren auf dem See
- Volkstanz im Cecil Sharp House
- Jazz im Broadwalk Bandstand

Rasen & formale Gärten

Heinrich VIII. verwandelte das einstige Waldstück in einen Jagdgrund mit einer königlichen Residenz. Ungefähr 30 Min. braucht man, um den 165 ha großen (und gut 1,5 km langen) Park zu durchqueren. Seine heutige Gestalt hat er John Nash zu verdanken (der auch den Buckingham Palace entwarf). Nash legte einen riesigen Kreis mit einem See an und plante den Bau eines Sommerpalasts für den Monarchen sowie von 56 Villen, von denen nur acht fertiggestellt wurden. Der Palast blieb ein Luftschloss. In der Mitte des Kreises befinden sich die nach der Ehefrau von Georg IV. benannten **Queen Mary's Rose Gardens**, die im Frühjahr in voller Blütenpracht erstrahlen. Neben klassischen und modernen englischen Rosenarten sind hier auch über 9000 Begonien zu sehen. Die **Avenue Gardens** begeistern mit Kaskadenbrunnen, immergrünen Hecken und zahlreichen Frühblühern. Der Park umfasst zudem eine beeindruckende Baumsammlung mit einer 150-jährigen Rotbuche, Japanischen Ulmen, Himalaya-Birken, einer herrlichen

HANS-PETER MERTEN/GETTY IMAGES ©

Links: Queen Mary's Rose Gardens; oben: Regent's Park

Blauen Atlas-Zeder und einem Blauglockenbaum. Auch versteinerte Baumstämme gibt's zu entdecken. Zahlreiche Bänke laden dazu ein, Platz zu nehmen und sich von der Szenerie verzaubern zu lassen.

Freilichttheater

Wie in Shakespeares Zeit zurückversetzt fühlt man sich bei einem Besuch des Regent's Park Open Air Theatre mit seinem stimmungsvollen, amphitheatergleichen Zuschauerraum umgeben von Bäumen und der Holzbühne, die an dunklen Abenden beleuchtet wird. Es ist das älteste permanente Freilichttheater des Landes (Eröffnung war 1932) und wurde als eins von nur zwei Theatern auch während des Zweiten Weltkriegs bespielt. Aufgeführt werden Klassiker des Barden, darunter *Viel Lärm um nichts*, *Was ihr wollt* und *Ein Sommernachtstraum*, sowie Musicals und andere bekannte Stücke. Schauspieler wie Judy Dench, Richard E. Grant und Ralph Fiennes standen hier schon auf der Bühne. Ein Wort der Warnung: Weder die Bühne noch der Rasen sind überdacht, weshalb man sich warm anziehen und vorsichtshalber Regensachen mitbringen sollte. Bei sehr schlechtem Wetter werden die Vorstellungen eventuell abgesagt. Die verlässlichste Zeit ist der Sommer.

London Zoo

Der zoologische Garten des Regent's Park öffnete 1828 und ist der weltälteste Tierpark. Einige der berühmtesten Tiere der Welt waren hier zu Hause, darunter Guy der Gorilla (1947–1948), der Vögel schützend in seine Hände nahm, bevor er sie fliegen ließ, und eine Schwarzbärin namens Winnie

TOP TIPPS

- Lade dir die App Music for Trees herunter und lausche Stücken der Royal Academy of Music für eine immersive Natur- und Klangerfahrung im Park.
- Kids können sich auf vier verschiedenen Spielplätzen mit Klettergerüsten für alle Altersgruppen, gigantischen Kletternetzen und Sandkästen austoben.
- Zwischen Ende Juni und September finden im Broadwalk Bandstand während des Regent's Park Music Festival kostenlose Jazzkonzerte statt und sonntags gibt's im Holme Green Bandstand Livemusik zum Nulltarif.
- Grillen ist zwar verboten, aber Picknicks sind im Park gern gesehen.
- In mehreren Cafés wie etwa der zentralen Regent's Bar and Kitchen und dem Waterside Cafe am See kannst du Energie tanken.

HIGHLIGHT

Regent's Park

TRADITIONELLER VOLKSTANZ

Etwas außerhalb des Parks steht das Cecil Sharp House Hier werden der Morris Dance, dessen Ursprünge bis 1448 zurückreichen, der Barn Dance, der um 1860 begann, und Ceilidhs zelebriert, die sich um 1875 entwickelten. Bei Tanzstunden in der Kennedy Hall kannst du nach Herzenslust Glöckchen läuten und mit Clogs stampfen.

(1914–1934), die A. A. Milne zu dem Kinderbuch *Pu der Bär* inspirierte. Seit einiger Zeit setzt sich die Zoological Society London mit voller Kraft für den Artenschutz ein: Die Gehege werden größer und beherbergen immer weniger Tiere. Heute leben hier 700. Zu den größten Besuchermagneten zählen das Afrika-Gelände mit Giraffen, Zwergflusspferden, Zebras und Wildhunden sowie die Giants of the Galapagos (mit Riesenschildkröten), das Komodo Dragon House (Zuhause des größten Reptils der Welt), der Penguin Beach (Englands größter Pinguin-Pool), das Gorilla Kingdom und das Tiger Territory, wo man mit Sumatra-Tigern auf Tuchfühlung gehen kann. Wer gerne einmal Erdmännchen füttern, Giraffenpfleger:in spielen oder in der zooeigenen Gästehütte übernachten möchte, kann solche besonderen Erfahrungen hinzubuchen.

Bootsteich

Schon seit zwei Jahrhunderten wird im Regent's Park fröhlich Boot gefahren. Der vom Tyburn Brook und einem Aquädukt gespeiste See und sein typisch britischer Zeitvertreib erinnern an eine legendäre Szene aus dem Film *Begegnung* von 1945. Leider war er im Winter 1867 auch Schauplatz einer Tragödie, als 200 Schlittschuhfahrer durch das Eis brachen. Vierzig von ihnen ertranken im eiskalten Wasser. Um weitere Unfälle zu vermeiden und den See flacher und sicherer zu

Sumatra-Tiger, London Zoo

machen, wurde er teilweise aufgefüllt (heute ist er rund 1,2 m tief). Regent's Park Boating verleiht zwischen April und Oktober vom späten Vormittag bis zum Sonnenuntergang Ruder- und Tretboote. Ein Mini-Teich für Kinder bietet kleinere Tretboote für kürzere Beine.

Primrose Hill

Die höchste Stelle des 78 m hohen Hügels nördlich des Parks bietet einen weitläufigen Blick über die Stadt. Sie ist eine von sechs geschützten Aussichtspunkten, deren Bäume regelmäßig verschnitten werden, um das Panorama nicht zu verdecken. Eine Eiche erinnert an den 300. Jahrestag von Shakespeares Geburt und eine Inschrift von William Blake lautet: „Ich habe mit der spirituellen Sonne Zwiesprache gehalten. Ich habe sie auf Primrose Hill gesehen." Der Hügel wurde nach dem umliegenden Dorf benannt, das für seine hübschen pastellfarbenen Häuser bekannt ist. Die auf der Gloucester Avenue waren schon in Filmen wie *Paddington* und *Bridget Jones* zu sehen. Am instagramreifen Chalcot Square säumen farbenfrohe vierstöckige Stadthäuser aus der Mitte des 19. Jhs. einen schönen grünen Platz. Besucher:innen sollten immer auf die Anwohner Rücksicht nehmen, vor allem beim Fotografieren.

Igel

Der Park bietet die seltene Chance, mitten in London Igel zu beobachten. Die bei Gärtnern so beliebten stacheligen Gesellen sind aus fast allen anderen wilden Ecken der Innenstadt verschwunden, doch zur Zeit unserer Recherche lebten im Regent's Park noch 30 bis 40 Tiere, die sich vom gesunden Käfer- und Insektenbestand des Parks ernähren. Eine Forschungsgruppe überwacht die Tiere mithilfe von Wärmebildkameras, trägt Informationen zusammen und beschützt die scheue und gefährdete, nachtaktive Art. Im Sommer (im Winter halten die Tiere Winterschlaf) finden im Park Discovery Days für Familien statt, bei denen sich alles um Igel dreht. Anmelden kann man sich über die Website des Parks.

Sportplätze

Der Regent's Park rühmt sich mit dem größten Freiluft-Sportareal der Londoner Innenstadt und ist einer der besten Orte für aktive Besucher:innen. Auf 40 ha kann Sport jeder Art getrieben werden. Für die traditionelleren Disziplinen stehen ein Dutzend Tennisplätze sowie vier Cricket-, über ein Dutzend Fußball-, 19 Softball- und vier Rugbyfelder sowie eine Laufbahn und jede Menge Tischtennisplatten (einfach Schläger und Ball mitbringen) zur Verfügung. Hier kannst du aber auch ungewöhnlichere Sportarten wie Ultimate Frisbee und Australian Rules Football probieren, die von individuellen Clubs organisiert werden (über Facebook Meetup nach Clubspielen suchen). Das Park Sports Cafe nahe der York Bridge sorgt mit Suppen, Eintöpfen, Pasta oder einer Tasse handgeröstetem Union Coffee für Stärkung. Zum Feiern (oder Trauern) nach den Partien gibt's auch Wein und Bier.

WISSENSWERTES

- Mehrere Kleinplaneten wurden vom Regent's Park aus entdeckt – der Weltraumexperte George Bishop hatte hier eine Sternwarte.
- Die muslimische Gemeinde bekam 1940 ein großes Stück Land geschenkt, auf dem 37 Jahre später die prächtige Regent's Park Mosque mit Platz für 5000 Besucher eröffnet wurde.
- Der Regent's Park erstreckt sich über zwei Bezirke: Camden und die City of Westminster.

VOGELWELT

Über 200 Vogelarten wurden im Park registriert, der zu einem Zufluchtsort für Zugvögel und Wintergäste geworden ist. Turmfalken, Eulen und Grünspechte nisten in den ausgewachsenen Bäumen, während sich Graureiher, Blesshühner, Kanada- sowie Graugänse und Reiherenten auf dem Regent's Canal und den Teichen tummeln. Kleinere Vögel wie Rotkehlchen flattern im Gebüsch umher.

MAREMAGNUM/GETTY IMAGES ©

Camden High Street

PRAKTISCHES

Scanne diesen QR-Code für Event-Infos zum Camden Market, von Streetart bis zur Eröffnung neuer Cafés und Bars.

HIGHLIGHT

Camden Market

Der ewig unkonventionelle **Camden Market** gilt schon lange als Treffpunkt der Rebellen. Die Punk-Ära fand hier in den 1970er-Jahren ihren Anfang und auch später wurden immer wieder neue Subkulturen geboren, von Metalheads bis zu Goths. Ein Mischmasch aus Läden und Ständen bietet eine Riesenauswahl an Szene-Ausrüstung und auch heute noch ist Camden das Epizentrum der Livemusik in London.

NICHT VERSÄUMEN

- Hampstead Road Locks
- The Hawley Arms
- Roundhouse
- Namaste
- Poppie's
- Chin Chin Labs
- Jazz Cafe
- Jason's Trip Narrowboat Tour

Camden Lock

Die berühmteste Schleuse des Regent's Canal besteht gleich aus drei Schleusen: den **Hampstead Road Locks** (mit Zwillingsschleusen), dem **Hawley Lock** und dem **Kentish Town Lock**. Ein eindrucksvolles handbetriebenes System viktorianischer Ingenieurskunst wälzt in 20 Min. ganze 130 000 Liter Wasser um und sorgt dafür, dass historische *narrowboats* angehoben und abgesenkt werden. Die Schleuse ist der Startpunkt von Kanalbootstouren (z. B. mit Jenny Wren oder Jason's Trip), die über stimmungsvolle Wasserstraßen durch den Regent's Park und den London Zoo nach Little Venice führen.

Livemusik

In Camdens vielfältiger Ausgehszene steht an jedem Abend der Woche Livemusik auf dem Programm. Im **Black Heart** wird Black Metal und Goth gespielt, während im ewigen

Rock- und Indie-Schuppen **The Dublin Castle** mit seinen roten, posterübersäten Wänden nach wie vor jeden Abend vier Bands auftreten. Größere Veranstaltungsorte wie der **Electric Ballroom** und das **Roundhouse** – einst ein Lokomotivendepot – bieten namhafte Bands und Platz für rund 1000 Besucher:innen. Auch das **Jazz Cafe**, **Dingwalls**, **Camden Assembly**, **KOKO** und **Underworld** sind für ihre Livemusik bekannt.

Shoppen

Unabhängige Labels, Kunst und Handwerk, Vintage-Läden, Band-T-Shirts und Touristenschnickschnack vermischen sich auf Camdens legendären Märkten. Auf den gepflasterten Gassen des **Camden Lock Market** gibt's Mode, Antiquitäten und Retro-Möbel, während die Stände auf der **Inverness St** südlich des Kanals vor allem billige Band-T-Shirts, Sonnenbrillen, Plastikarmreifen und Co. verkaufen. Auf der **Camden High Rd** bekommt man Sportbekleidung, bei **Rokit** Secondhand-Garderobe und im **Namaste** (mit dem riesigen bunten Elefanten über dem Eingang) Boho-Zwirne und Kristalle. Der neuere **Buck Street Market** öffnete kurz vor der Pandemie und beherbergt 88 Container mit unabhängigen Händlern. Dessen Strom wird teilweise aus kompostiertem Biomüll erzeugt.

Streetfood

Straßenstände mit preiswerten Leckereien aus der ganzen Welt gehören einfach zum Camden Market dazu und die meisten sind im West Yard des Camden Lock Market versammelt. Hier kann man Köstlichkeiten wie dampfendes *bang bang chicken*, scharfe pakistanische Grillspezialitäten oder südamerikanische *arepas* mit zerfasertem Fleisch und schwarzen Bohnen probieren. Am Wochenende sind die Schlangen lang, besonders für frisch zubereitete Gerichte (die Küchen sind winzig). Wer keine Lust auf Anstehen hat, geht zu **Poppie's** für eine Tüte traditionellen frittierten Fisch (acht Sorten) und dicke Pommes, gefolgt von Bio-Eiscreme aus den **Chin Chin Labs**. Im waschechten Lebensmittellabor wird das Eis per Hand mithilfe von flüssigem Stickstoff kreiert. Durch eine Glasscheibe kann man dem Zauber zuschauen.

Amy Winehouse

Die legendäre Soul-, Blues- und Jazzsängerin – die „Queen of Camden" – arbeitete einst auf dem Camden Market und lebte am Camden Square, wo sie 2011 starb. Die Musikerin nannte das Viertel ihren Spielplatz und fand in ihm ihre Inspiration. Sie trat hier an verschiedenen Orten auf und war oft in Lokalen wie dem **Hawley Arms** unterwegs (ein schlichtes Schwarz-Weiß-Foto der Sängerin ziert eine der gemütlichen Ecken des Pubs). Im Stables Market steht eine **lebensgroße Statue von Amy Winehouse**, wie sie allen in Erinnerung ist: mit hoch aufgetürmten Haaren und High Heels.

TOP TIPPS

- Die meisten Besucher:innen kommen am Wochenende nach Camden, wenn der Markt am größten ist. Voll ist es hier immer, aber am Vormittag und Mitte der Woche sind weniger Leute unterwegs.
- Die Tische bei den Imbissständen sind fast immer besetzt und Gäste stehen Schlange für einen Sitzplatz. Wer weder stehend noch eingezwängt zwischen anderen Gästen essen möchte, setzt sich lieber ans Kanalufer.
- Alle Märkte der Gegend sind recht verwinkelt, weshalb man mindestens einen Nachmittag einplanen sollte, um alle Ecken zu erkunden.
- Zieh bequeme Schuhe an, denn zu Fuß bewegst du dich am besten fort. Der Großteil der Gegend ist eh Fußgängerzone und man legt mit Sicherheit eine erhebliche Entfernung zurück.

SPAZIERGANG

Regent's Canal

Der 1820 eröffnete Regent's Canal zieht sich über knapp 14 km von West nach Ost und bietet eine der schönsten Möglichkeiten, um North London zu erkunden. Die schmalen Wasserstraßen waren einst für den Gütertransport mit pferdegezogenen Booten bestimmt und die ehemaligen Treidelpfade sind heute Spazier- und Radwege, die Attraktionen wie den Regent's Park und Camden Lock passieren. Ausflugsboote befahren sogar einen gruseligen, 1,5 km langen Tunnel.

1 Lisson Grove

In den heute von Londons Boheme bewohnten, schmalen Hausbooten lebten einst ganze Familien, die Waren quer durchs Land transportierten. North London beherbergt mehrere permanente Liegeplätze wie den in Lisson Grove mit seinen farbenfrohen Kanalbooten. Von der U-Bahn-Station St John's Wood aus steigt man auf der Ostseite des Maida Hill Tunnel zum Kanal hinab, wo eine kleine Gemeinschaft von Hausbootlern den Pfad mit Blumentöpfen und Lichterketten geschmückt hat

MELINDAMM/SHUTTERSTOCK ©

Regent's Canal

Der Spaziergang: Von hier läufst du etwa 1,2 km in östliche Richtung am Wasser entlang bis zum Regent's Park und hältst nach nistenden Enten und Blesshühnern sowie im Frühjahr nach deren flauschigem Nachwuchs Ausschau.

2 London Zoo

Der Regent's Canal säumt teilweise den Regent's Park und passiert vornehme Villen wie das Grove House, das 1820 für den Geologen George Bellas Greenough gebaut wurde und heute dem Sultan von Oman gehört. Der Kanal durchkreuzt den London Zoo und vom Pfad aus lassen sich einige Tiere wie etwa die Stummelaffen erspähen, die sich im Monkey Valley von Plattform zur Plattform schwingen. Unmittelbar hinter den Zoomauern leben Giraffen, Zebras und Wildhunde, deren Rufe du vielleicht sogar vom Kanal aus hörst.

Der Spaziergang: Weiter geht's 800 m bis zur Floating Feng Shang Princess, einem China-Restaurant mit Pagoden und Laternen. Du hältst dich links und läufst 800 m bis zum Camden Lock.

3 Camden Lock

Je näher Camden rückt, desto voller wird es. Noch bevor man die berühmten Schleusen erspäht, riecht es schon nach den Imbissständen im West Yard des Camden Lock Market. Hier kannst du ein Ausflugsboot zum Paddington Basin nehmen, dich mit Streetfood stärken oder das alte Werftgelände, die vielen Verkaufsstände und die umliegenden Pubs erkunden. Die Kanalbrücken sind ideale Aussichtspunkte, um das Treiben in den historischen, handbetriebenen Schleusen zu beobachten.

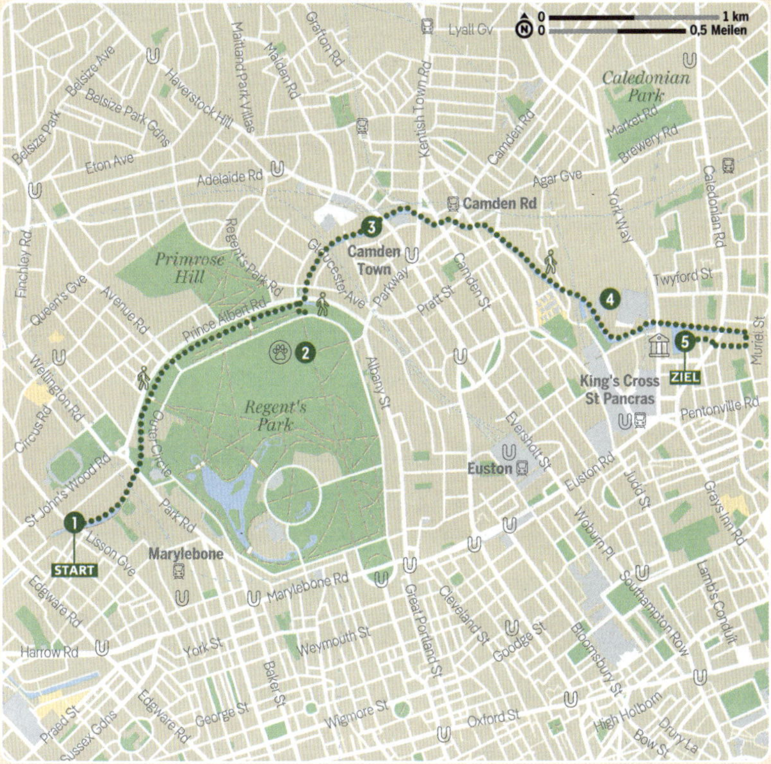

Der Spaziergang: Du folgst dem Kanal weitere 1,5 km und passierst die neuen Waterside Halls und das Kino Curzon Camden (in den Bahnbögen, fünf Filmsäle). Weiter geht's auf dem Treidelpfad bis zum Gasholder Park in King's Cross.

4 King's Cross

King's Cross war einst ein viktorianisches Kohlelager und beherbergt heute moderne Freizeit- und Unterhaltungskomplexe. Sorgfältig restaurierte Überbleibsel der Vergangenheit wurden in die neuen Anlagen integriert, darunter ein Park in einem gigantischen Gasometer sowie der Coal Drops Yard und der Granary Square, beides eindrucksvolle jahrhundertealte Lagerhäuser, in denen heute Restaurants, Bars und Geschäfte im Industrie-Chic zu Hause sind. Am Granary Square mit seinen amphitheaterähnlichen Stufen finden im Sommer Filmvorführungen und Yogakurse statt. Der Platz ist ideal für ein Päuschen, bei dem man über tausend beleuchtete Wasserstrahlen bewundern kann.

Der Spaziergang: Nach dem King's Cross Basin nimmst du nach 600 m die Brücke über den York Way bis zum London Canal Museum.

5 London Canal Museum

Das London Canal Museum ist einem Gebäude untergebracht, das ursprünglich für einen bekannten Eiscremefabrikanten errichtet wurde. Hier erhältst du einen faszinierenden Einblick in die Geschichte des Kanals, an dem du gerade entlanggewandert bist. Du erfährst mehr über die Pferde, die vor der Motorisierung die Boote zogen, sowie über die Arbeiter, die in den Booten lebten, und deren markanten Roses-and-Castles-Stil. Hier kannst du auch selbst an Bord eines *narrowboats* gehen und den unbeleuchteten, gut anderthalb Kilometer langen Islington Tunnel durchfahren, der Fußgängern unzugänglich ist.

FÜR CHILI-FANS

Dishoom
Shabby-Chic-Lokal in einem alten Lokschuppen, das herausragende Bombay-Currys, Cocktails und originelle Gerichte wie Bacon-Naan-Brötchen und Chili-Käse-Toast serviert. £££

Hoppers
Exzellente sri-lankische Speisen wie etwa aromatische Kari-Bowls, scharfe Garnelen in Butter, *dosa* mit Sambal und leckere, schüsselförmige Pfannkuchen aus fermentiertem Reis und Kokosmilch. ££

Paolina Thai Cuisine
Winziges, familiengeführtes Café, das Thai-Spezialitäten zaubert, darunter saure Tom Yam, aromatische Currys wie *chu chi goong* und Nudelklassiker wie Pad Thai. £

ALEXEY FEDORENKO/SHUTTERSTOCK ©

St Pancras Station

MEHR IN HAMPSTEAD & NORTH LONDON

Über King's Cross staunen

KARTE S. 242

Der ehemals größte Endbahnhof Großbritanniens

Über 20 Mio. Passagiere nutzen jährlich die **King's Cross Station**. Das Gebäude im schlichten viktorianischen Stil wurde 1852 von der Great Northern Railway eröffnet, etwas früher als die prächtige St Pancras Station nebenan. Der von Lewis Cubitt entworfene Bau war zu jener Zeit der größte Bahnhof Großbritanniens und sein Dach mit dem aufwendigen Stahlnetz wurde zu Beginn des 21. Jhs. sorgfältig restauriert. Auf dem King's Cross Square vor dem Bahnhof hat von Dienstag bis Freitag der **Real Food Market** geöffnet, auf dem es alle möglichen Leckereien von handgemachten Käse bis zu Gebäck und *biltong* gibt. Von King's Cross aus fährt natürlich auch der Hogwarts Express zur Schule für Hexerei und Zauberei und für alle Harry-Potter-Fans markiert ein Schild zwischen den Gleisen 9 und 10 den **Bahnsteig 9¾**. Daneben steht ein mit Koffern beladener Gepäckwagen und ein Eulenkäfig lugt aus der Wand. Hier kann man sich unter Gleichgesinnten für ein Foto anstellen. Im **Harry Potter Shop** nebenan

ESSEN IN KING'S CROSS

Ekachai
Tischt thailändisches, malaysisches und chinesisches Streetfood wie *xiaolongbao* und Hainan-Hühnchen auf. £

Decimo
Ultrahippes, vornehmes spanisch-mexikanisches Restaurant im Standard Hotel mit feinen Kreationen. £££

Addis
Das Addis in Familienhand serviert authentische äthiopische und ostafrikanische Gerichte in einfachem Ambiente. £

gibt's Zauberstäbe sowie Gryffindor-, Slytherin-, Ravenclaw- und Hufflepuff-Schals und jede Menge andere Fanartikel wie etwa Schoko-Frösche und Hogwarts-Gewänder mit allem Drum und Dran.

Wellcome Collection

KARTE S. 242

Ein neuer Blick auf die menschliche Gesundheit

Sir Henry Wellcome war ein US-amerikanischer Pharma-Unternehmer und begeisterter Sammler makabrer medizinischer Instrumente und Kuriositäten. Das kostenfreie **Museum** mit Bibliothek zeigt alles von benutzten Fallbeilen und Geburtszangen bis hin zu Napoleons Zahnbürste und Sex-Hilfsmitteln. Kostenpflichtige Sonderausstellungen hinterfragen unsere Einstellung zur Gesundheit und haben sich bereits mit Themen wie der menschlichen Beziehung zu Milch und Identität im Zeitalter der Avatare auseinandergesetzt.

Neugotische Endstation

KARTE S. 242

Der spektakulärste Bahnhof der Welt

Wer mit dem Zug vom europäischen Festland nach London reist, kommt an der extravaganten, 1868 eröffneten **St Pancras Station** an, die aus ganzen 60 Mio. Ziegelsteinen besteht. Das grandiose Midland Grand Hotel nebenan rühmte sich bei seiner Eröffnung 1873 mit Kathedralenfenstern, blattgoldverzierten Wänden, einem modernen hydraulischen Aufzug sowie Londons erster Schwingtür und galt als luxuriösestes Hotel der Stadt. Leider war sein Ruhm nicht von Dauer und es schloss 1935. Nach dem Zweiten Weltkrieg wurde es in Büros aufgeteilt und in den 1960er-Jahren zum Abriss freigegeben. Zum Glück hatte jemand die vorausschauende Idee, sich für seinen Erhalt einzusetzen. So eröffnete 2011, vier Jahre nach Einfahrt des ersten Eurostar in den Bahnhof St Pancras International, das **St Pancras Renaissance Hotel London** mit über 200 Zimmern. Über die Jahre hat es als schaurige Kulisse für Filme wie *Harry Potter* und *Batman* gedient.

Die **Gothic Bar** und das Restaurant **Midland Grand** eröffneten rechtzeitig zum 150. Jahrestag der Hotelgründung und zählen zu den stimmungsvollsten Cocktail-Dinner-Kombos der Gegend. Die Bar – ursprünglich die Hotelrezeption – glänzt mit einer handbemalten Decke, plüschigen Separees und verschnörkelten Säulen, während das Midland Grand vornehme französische Küche wie Lammbraten mit *pommes Anna* und Schnecken *à la bourguignonne* serviert. Genauso charmant ist das **Booking Office 1869**, ebenso im Hotel, ein Restaurant mit Bar im Stil der originalen Schalterhalle des 19. Jhs.

FRISCHE LUFT SCHNAPPEN

Du bist im trubeligen King's Cross unterwegs und könntest eine Verschnaufpause vertragen? Frische Luft gibt's im **Camley Street Natural Park**, einem 8000 m² großen Naturpark mit wilden Grünflächen und Holzstegen, die durch ein Mosaik verschiedener Lebensräume wie Wald, Grasland und Feuchtgebiete führen, in denen Schmetterlinge, Amphibien, Pflanzen und Vögel zu Hause sind. Im angrenzenden Café gibt's Erfrischungen und das Besucherzentrum informiert über Veranstaltungen, Führungen und familienfreundliche Events, von Vorlesestunden in der Natur bis zu Teichexkursionen.

Iberia
Georgisches Restaurant mit Klassikern wie frischen Salaten, *khinkali* (Knödeln) und dem Bohneneintopf *lobio.* **££**

Diwana Bhel Poori House
Relaxtes, günstiges indisch-vegetarisches Lokal, das leckere Thalis und *bhel poori* im Bombay-Stil serviert. **£**

Caravan
Gesundes Frühstück und internationales Mittag- und Abendessen in einem alten Lagerhaus am Granary Sq. **££**

ROWANS TENPIN BOWL

Diese Retro-Bowlingbahn mit überholter Americana-Deko in einem ehemaligen Straßenbahnschuppen bei der Finsbury Park Station ist dank lokaler Initiativen schon mehrmals knapp dem Abriss entgangen. Hier wird nicht nur gebowlt, Karaoke gesungen und an Automaten gespielt – die Bahn ist vielmehr eine richtige Institution, ein Kult-Lokal und auch ein Nachbarschaftsklub. Für 1 £ bekommt man einen Einblick ins authentische, moderne London und kann sich auf einer Tanzfläche ausleben, auf der es Freitagnacht bis in den frühen Morgen von Menschen aller Herkünfte und Überzeugungen wimmelt.

Sportikonen

KARTE S. 236

Pilgerziel für Fußball- und Cricketfans

Die Leidenschaften kochen hoch in North London, wenn es um Fußball und Cricket geht. Arsenal und Tottenham Hotspur, die zwei größten Fußballteams der Gegend, haben beide vor Kurzem glänzende neue Stadien bezogen. Das **Tottenham Hotspur Stadium** mit 62 850 Sitzen ersetzte die ursprüngliche Heimspielstätte an der White Hart Lane von 1899 und das ebenso große **Emirates Stadium** trat an die Stelle von Arsenals Highbury-Stadion. Beide Teams haben eingefleischte Fans, wobei Arsenals Triumphzug dem Klub mehr Anhänger verschafft hat als jedem anderen Londoner Fußballteam. Wer kein Ticket für ein Männerspiel ergattert (so früh wie möglich buchen), kann sich eine ausgezeichnete Frauenpartie ansehen (S. 402), die nicht so teuer und genauso aufregend ist. Fans können zudem an Führungen durch das Emirates Stadium teilnehmen und dabei den Spielertunnel, die Umkleideräume, die Trainerloge, den Diamond Club, Interviewräume, den Pressekonferenzsaal und die Presselounge besichtigen. Tottenham Hotspur bietet ähnliche Touren, die von enthusiastischen Fans geführt werden. Wer es nicht so mit Fußball hat, besucht das Spurs-Stadion für einen Adrenalinkick ganz anderer Art: Beim **Dare Skywalk** überquert man 46 m über dem Spielfeld ein Glaspodium und genießt weitläufige Aussichten über London. Außerhalb der Saison finden in der hochmodernen Arena NFL-Spiele und Konzerte von so großen Namen wie Beyoncé statt.

Cricket-Liebhaber zieht es in die „Heimat des Cricket“, den legendären **Lord's Cricket Ground** in St John's Wood. Tickets für Testmatches sind im Voraus erhältlich und bei Führungen können Fans in die 200-jährige Cricketgeschichte eintauchen und die Umkleideräume, den Long Room und das MCC Museum besuchen, in dem die berühmte Ashes-Urne untergebracht ist. Bei einer Besichtigung des viktorianischen Pavillons, der zwischen 1889 und 1890 errichtet wurde, gedenkt man dem australischen Cricketspieler Albert Trott, dem einzigen Schlagmann, der je einen Ball über das Gebäude geschlagen hat.

Abbey Road

KARTE S. 236

Legendäres Tonstudio

Musikfans haben bei einer Handvoll Führungen pro Jahr die Chance, in den **Abbey Road Studios** genau die Räumlichkeiten zu besichtigen, in denen legendäre Alben aufgenommen wurden, bevor sie zum Soundtrack unseres Lebens wurden.

ESSEN IN NORTH LONDON

Pizzeria Pappagone
Freundlicher, bei den Locals beliebter Old-School-Italiener, der alle Klassiker zu guten Preisen serviert. **£**

Jai Krishna
Einfaches südindisch-vegetarisches Café mit preiswerten, aromatischen Currys und authentischen *dosas*. **£**

Pophams Bakery
Serviert leckeres Frühstück und perfektes Gebäck inmitten von Pflanzen und Holzmöbeln. **£**

Der berühmte Zebrastreifen über die Abbey Road

Beatles-Liebhaber:innen können an den Mauern vor den Studios Fan-Graffitis begutachten und auf dem berühmten Zebrastreifen posieren, der auf dem Cover des sensationellen Albums der Fab Four von 1969 zu sehen ist. Der Fußgängerüberweg ist seit 2010 denkmalgeschützt, damit er nicht ohne Weiteres entfernt werden kann. Auch andere legendäre Songs wurden in den Studios aufgenommen, darunter Pink Floyds *Piper at the Gates of Dawn* (im Studio 3) und die Filmmusik zum Indiana-Jones-Streifen *Jäger des verlorenen Schatzes* und zu den Harry-Potter-Filmen. Ein Andenkenladen verkauft alle möglichen Fanartikel, von Abbey-Road-Magneten bis zu Platten, musikinspirierten Kochbüchern, Ansteckern, Plektren und Gitarrengurten. Zudem sind hier die originalen Session Sheets der Aufnahmen von Pink Floyds *Dark Side of the Moon* und Vintage-Mikrofone ausgestellt.

Coal Drops Yard

KARTE S. 242

Historische Fabrik und Shoppingparadies

Die sanierten Pflastergassen, Ziegelbögen und Eisenelemente im architektonisch beeindruckenden **Coal Drops Yard**, einem einstigen viktorianischen Kohlelager, beherbergen heute

DIE BESTEN SPOTS FÜR EINEN DRINK

BookBar
In diesem unabhängigen Buchladen kannst du dir ein Glas Wein zu deinem Lieblingsbuch gönnen.

The Faltering Fullback
Ein Pub in drei Teilen aus einer verwinkelten altenglischen Bar mit Vintage-Deko, einer deutsch anmutenden Trinkhalle mit Sitzbänken und Sportfernsehen und einem Garten mit Sitzplätzen auf verschiedenen Ebenen.

Twelve Pins
Arsenal-Pub in der Nähe des Emirates Stadium, wo man an Matchtagen mit den Locals Fußball schauen kann.

The BlackStock
Spätnächtliche Bar mit einer Tanzfläche und Gast-DJs am Wochenende.

The World's End
Solide Kneipe unweit der Finsbury Park Station, in der Real Ale und Pub-Essen serviert werden und ein beliebtes Pubquiz stattfindet.

Highness Cafe & Tea Room
Luxuriöse Desserts und Afternoon Tea an bunt zusammengewürfelten Holztischen. **£**

Sambal Shiok
Winzige, schlichte Nudelbar mit ausgesprochen leckerem, suppigem Kokos-Laksa und aromatischen Currys. **£**

Top Cuvée
Kleines, ständig wechselndes und unkompliziertes Bistro-Angebot. **££**

RON ELLIS/SHUTTERSTOCK ©

Granary Square

über 50 Läden, Restaurants und Bars. Bei **Beyond Retro** gibt's Vintage-Mode, bei **Aesop** Kosmetik und in der **Boutique by Shelter** Second-Hand-Designerwaren, deren Erlös obdachlosen Menschen zugute kommt. Cafés und Bars säumen den Hauptdurchgang und es finden regelmäßig Pop-up-Events wie Curling, Pétanque und Livekonzerte statt. Auch der nahe **Gasholder Park** mit Wiesen, Blumen und Bänken in einem restaurierten, gusseisernen Gasometer ist einen Besuch wert.

DIE BESTEN BUCHLÄDEN IN NORTH LONDON

Judd Books
Eine Bücherhöhle in King's Cross mit Tausenden, teilweise gebrauchten akademischen, Kunst- und Sachbüchern nahe der British Library.

New Beacon Books
Laden und Verlag in Finsbury Park, der die Werke karibischer, schwarz-britischer, afrikanischer und afroamerikanischer Autoren fördert.

Housmans Bookshop
Jede Menge Bücher über Aktivismus und Anarchismus, Subkulturen und exzentrische Themen plus linksgerichtete Literatur in King's Cross.

Rein ins Park Life

KARTE S. 236

Einer von Londons ersten viktorianischen Parks

Der **Finsbury Park** mit 4 ha Rasenflächen und Blumenbeeten öffnete 1869 seine Tore und bot den Londonern Erholung von den lauten, smoggetränkten Fabriken der Stadt. Damals gab es hier auch ein Teehaus und einen Bootsteich. Im Zweiten Weltkrieg diente der Park als militärische Trainingsstätte, doch in den 1970er-Jahren erlag er dem Verfall. Ein paar Jahrzehnte später konnte ihn die Bezirksverwaltung dank Fördermitteln restaurieren – es entstand ein neues Café, die Kinder bekamen einen neuen Spielplatz und der Teich wurde ausgebaggert. Heute können Besucher:innen genau wie die Viktorianer vor über hundert Jahren wieder Boot fahren (mit Finsbury Park Boats). Unter den alten Ahornbäumen,

COCKTAILS TRINKEN IN NORTH LONDON

Gothic Bar
Imponiere deinem Date mit einem Euston Spritz in der grandiosen Ex-Lobby des Midland Hotel (heute das St Pancras).

Sweeties
Nimm den roten Aufzug zum 10. Stock des Standard Hotel und genieße perfekte Cocktails bei herrlichen Aussichten.

The Booking Office 1869
Umwerfender Spot für ein Date in einer ehemaligen Schalterhalle mit einer hohen Decke und Eisenverzierungen..

Hainbuchen und Eschenahornen des Parks lässt es sich im Sommer herrlich entspannt lesen. Auch Sport treiben kann man hier, u. a. auf Basketball-, Tennis- und Fußballplätzen sowie – recht ungewöhnlich für London – einem Baseball- und einem American-Football-Feld. Neben spontanen Veranstaltungen findet im Park jedes Jahr das R&B-, Grime- und Hiphop-Festival **Wireless** statt.

Auf dem Granary Square abhängen

KARTE S. 242

North Londons hippe Antwort auf den Trafalgar Square

Das einstige Industriegelände kombiniert Lagerhäuser (u. a. einen riesigen Getreidespeicher) mit einem großen, modernen **Platz** und einem Brunnen mit 1080 beleuchteten Wasserstrahlen, in denen sich an heißen Sommertagen vor allem Familien mit Kindern abkühlen. Während des Semesters tummeln sich hier modebewusste Studenten der berühmten Central Saint Martins School für Kunst und Design. Auf den amphitheaterähnlichen, kunstbegrasten Stufen am Regent's Canal finden im Sommer Sportkurse und kostenfreie Filmvorführungen statt. Der **Everyman's Screen on the Canal** zeigt neben Wimbledon-Spielen an jedem Abend im Juni, Juli und August auch Filme zum Nulltarif. Alte Fabrikgebäude beherbergen Restaurants wie das preisgekrönte indische **Dishoom** und den internationalen Favoriten **Caravan** sowie **Queer Britain**, das erste Museum Großbritanniens, das der LGBTIQ-Geschichte und Kultur gewidmet ist.

Immersive Lichtspiele

KARTE S. 242

Digitale Projektionskunst

Im **Lightroom** erwartet dich eine sensorische Erfahrung aus digitaler Projektion und Audiotechnologie, bei der Bilder an alle vier Wände und den Boden projiziert werden und du zum Teil des Gemäldes wirst. Dabei liegst, sitzt oder stehst du in einer Besuchergalerie und genießt Kunstwerke wie nie zuvor.

Park der Locals

KARTE S. 236

Herrliche Grünfläche ohne Menschenmassen

Der kompakte **Clissold Park** in Stoke Newington wurde 1889 eröffnet und bietet alles, was man von einem Park erwartet: Sportanlagen, Bowling Green, Skatepark, Tennisplätze, zwei kleine Seen (mit Sumpfschildkröten) und einen Minizoo in der Mitte mit Vögeln, Ziegen und einer Herde Damwild. Das prächtige **Clissold House** (vormals Paradise House) wurde Ende des 19. Jhs. für den Kaufmann und Sklavereigegner

DIE BESTEN UNTERKÜNFTE IN KING'S CROSS

Clink 261
Preiswerte Privatzimmer und Schlafsäle. Das Hostel in einem alten Gerichtsgebäude hat sogar Gefängniszellen. Es gibt Eventabende und großzügige Gemeinschaftsräume. £

Kabannas St Pancras
Ideales Hostel für Backpacker, die vom europäischen Festland aus anreisen. Schicke Schlafsäle und Privatzimmer mit Bad. £

The Standard
Hippes Nobelhotel mit poppigem Dekor und geometrischen Designs sowie einem roten Blasenaufzug mit umwerfenden Aussichten über King's Cross. £££

Great Northern Hotel
Elegantes, denkmalgeschütztes Gebäude von 1854 mit fantastischen schmiedeeisernen Treppen und holzvertäfelten Elementen. £££

Megaro Hotel
Auffälliges, unabhängiges Boutique-Hotel mit bunten Wänden und flippigem Design innen und außen . ££

Vermuteria
Wermut-Paradies mit Vintage-Flaschen und Radsportpostern.

Simmons
Spätabendlicher Treffpunkt mit Retro-Tapete, Cocktails aus Teetassen wie im 2. Weltkrieg und Happy-Hour-Specials.

Supermax
Neonbeleuchtete Nachtbar unter Happy Face Pizza mit mächtigen Cocktails und einem gewaltigen Sound.

Jonathan Hoare gebaut, der es nur fünf Jahre später wegen Geldproblemen verkaufte. Der denkmalgeschützte Bau mit seinen sechs eindrucksvollen Säulen wird regelmäßig für Privatveranstaltungen gebucht, doch Besucher:innen können sich im **Park Life Café** ein heißes Getränk und/oder ein Stück Kuchen gönnen. Am aufregendsten ist jedoch der Wasserspielplatz für Kinder, der in den warmen Monaten für jede Menge Planschspaß sorgt. Er ist von Mai bis September geöffnet und kann über better.org.uk gebucht werden.

Kletterspaß in einer Pumpstation

KARTE S. 236

Kletterwand in einem historischen Gebäude

Die größte Kletteranlage Großbritanniens befindet sich in einer ehemaligen viktorianischen Wasserpumpstation in Stoke Newington. Sie verfügt über 450 Kletter- sowie 90 Seilrouten und einen 45,7 m hohen Turm. Im **Castle Climbing Centre** sind Kletterer aller Altersgruppen und Fähigkeitsstufen willkommen und für Anfänger:innen gibt's Schnupperstunden. Nicht nur Kletterer lassen sich im zugehörigen **Castle Café** Hausgemachtes aller Art schmecken, von Tagesgerichten wie Currys und Eintöpfen bis zu Kuchen, Sauerteiggebäck und Salaten. Zubereitet werden die Speisen mit Obst und Gemüse aus dem Permakulturgarten des Zentrums.

Heimat des Tanzes

KARTE S. 242

Körper in spektakulärer Bewegung

Wo heute das **Sadler's Wells** steht, gab es bereits im 17. Jh. ein Theater. Alles begann als Musikhaus, das verschiedene Genres von Oper bis Shakespeare aufführte, bevor es sich im frühen 20. Jh. auf Tanz spezialisierte (angeblich, weil ihm die Lizenz für Theaterstücke fehlte). Später siedelte sich hier das Royal Ballet an und in den 1990er-Jahren baute man das Theater in ein modernes Gebäude mit 1500 Zuschauerplätzen um. Es gilt als einer der besten Orte Europas für Tanzdarbietungen von Weltklasse – von Neuauflagen der West Side Story bis zu tänzerischen Interpretationen von Jackson Pollocks Kunst und dem jährlichen **Flamenco Festival** mit bekannten Tänzer:innen und Choreograf:innen, darunter Olivier-Award- und Grammy-Gewinner:innen.

Legendäres Kino

KARTE S. 242

Stilvoll Filme gucken

Das neonbeleuchtete **Screen on the Green** von 1913 gegenüber dem Islington Green ist eine Retro-Institution in North

STOKEYS GEHEIME ECKEN

Die Reiseautorin **Florence Derrick** aus Stoke Newington verrät ihre drei Lieblingsspots. @florencederrickwrites

Londons erster traditioneller **türkischer Hamam** befindet sich in Stoke Newington und bietet uralte Massagerituale, bei denen man in einem riesigen gefliesten Dampfbad kräftig gepeelt und geschrubbt wird.

Mezcal-Cocktails, eine legendäre Vinyl-Musikanlage, eine plüschige, barbiepinke Deko und feurige Tacos gibt's im **Doña**, Stokeys wildester Underground-Bar in Frauenhand.

Das **Auld Shillelagh** wurde zum besten irischen Pub außerhalb Irlands gewählt und hat den unterhaltsamsten Biergarten Londons mit Live-Folk, geschmeidigem Guinness und jeder Menge *craic*.

DIE BESTEN SPOTS FÜR EIN DATE

Trullo
Ein Italiener wie in Italien mit ausgezeichneter Pasta und Fleisch vom Holzkohlegrill zu erschwinglichen Preisen. ££

12:51
Hier kreiert der schottisch-karibische TV-Koch James Cochran umwerfende Gerichte. ££

Caravel
Romantisches Restaurant in einer alten Barkasse mit Neuinterpretationen britischer und europäischer Gerichte. £££

JAMES NEWTON-VIEW / ALAMY STOCK PHOTO ©

Sadler's Wells

London und gehört zu den ältesten durchgehend betriebenen Kinos des Landes. Hier fand 1976 ein „Midnight Special" mit The Clash, den Buzzcocks und den Sex Pistols statt. Heute können es sich Besucher:innen in dem inzwischen zur Kette Everyman gehörenden Kino auf Plüschsofas (einige sogar mit Fußstützen) bequem machen und sich extravagante Snacks und Drinks wie Trüffel-Artischocken-Dip oder Espresso-Martinis bringen lassen. Neben großen Blockbustern und unabhängigen Filmen werden auch Aufführungen des National Theatre übertragen und es finden Diskussionsrunden statt.

Hübsche Einkaufsmeile

KARTE S. 236

Unabhängig shoppen in Islington

Antiquitätengeschäfte, Vintage-Boutiquen, Buchläden und unabhängige Restaurants säumen die versteckte **Camden Passage** in der Nähe der Upper St. Das größte Markttreiben herrscht mittwochs und samstags, wenn Händler alle möglichen Sammlerobjekte veräußern. **Annie's Vintage Costume & Textiles** hat jeden Tag geöffnet und bietet ausgefallene Mode vom Beginn des 20. Jhs. bis zu den 1970er-Jahren.

TÜRKISCH ESSEN AN DER STRASSE GREEN LANES

Gökyüzü
Grillfleisch, frische Salate mit Granatapfeldressing und Brot mit cremigem Hummus in schickem Ambiente. ££

Antepliler Restaurant
Klassische Gerichte in heller, luftiger Atmosphäre mit türkischen Fliesen. Die Baklava ist zum Niederknien. ££

Diyarbakir Restaurant
Relaxtes Lokal für einen schnellen Snack mit Köfte und Kebab von der Theke sowie leckeren Fertiggerichten. £

Hala Restaurant
Mediterrane und türkische Leckereien in einem holzgetäfelten Speisesaal. Große Portionen und leckere Meze. ££

Devran Kitchen
Spezialist für Schmorgerichte und Fleisch vom Holzkohlegrill. Die Käse-Pide ist ein Muss. £

Beyti Ocakbasi London
Schlichtes Lokal im Cafeteria-Stil mit Kebab-Theke und traditionellem Dekor. £

The Nook
Sensationelle, aufregende moderne europäische Küche mit türkischem Einschlag in einem winzigen Lokal. £

Westerns Laundry
Wahnsinnig gutes Fisch- und Meeresfrüchterestaurant in semiindustrieller Atmosphäre mit Gemeinschaftstischen.£££

Brother Marcus Angel
Wunderschön präsentierte ostmediterrane Gerichte in rustikal-schickem Ambiente und ein besonders guter Brunch. £

CURRY IM KULT-LOKAL

Das beste Essen Londons zum kleinen Preis gibt's im **Indian Veg**, einem unglaublich beliebten, einfachen vegetarischen Lokal, das schon seit Mitte der 1980er-Jahre mit demselben Konzept besticht: einem leckeren und erschwinglichen Buffet mit indischen Gerichten. Für schlappe 15 £ kannst du deinen Teller mit köstlichen fleischlosen Currys plus Reis und Extras wie *pakora, onion bhajis, paratha,* Salaten und Minzdip füllen. Die Wände und Tische sind mit vegetarischen Propagandapostern und Sprüchen wie „Vegetarier sind glücklicher" und „Vegetarier haben besseren Sex" sowie historischen Zeitungsausschnitten mit wissenschaftlichen Erkenntnissen zum Thema übersät. Hinter den Kulissen lässt das Restaurant außerdem täglich obdachlose Menschen gratis essen.

CHRIS LAWRENCE TRAVEL/SHUTTERSTOCK ©

Camden Passage (p261)

Käsefans kommen in der **Pistachio & Pickle Dairy** auf ihre Kosten, wo es kräftigen, höhlengereifen Cheddar und Lancashire Bombs (mit schwarzem Wachs beschichtete Kugeln mit krümeligem Kuhmilchkäse) gibt. Besonders tolle Drinks zaubert das **Frederick's**: Der Holunderblüten-Cocktail mit Prosecco und Italicus ist wunderbar erfrischend.

Friedhof der Sklavereigegner

KARTE S. 236

Neugotische Grabstätte

Der nur wenig bekannte **Abney Park Cemetery** in Stoke Newington wird auch als „Highgate für Arme" bezeichnet und wurde für Nicht-Anglikaner, Sklavereigegner und Überschuss aus der Innenstadt geschaffen. Wer es makaber mag, ist auf diesem friedlichen, gotisch-schaurigen Friedhof genau richtig. Begraben sind hier u. a. der Heilsarmeegrüner William Booth, Frank und Susannah Bostock (bekannt für ihre Weltreisen nebst ihrer Menagerie) und Margaret Graham, die 1826 als erste Frau einen Solo-Ballonflug absolvierte. Bei einem Spaziergang durch den wilden Park kommt man auch an den Gräbern jener vorbei, die im 19. Jh. für die Abschaffung der Sklaverei kämpften. Am besten lädt man sich vor dem Besuch den Podcast von der Friedhofs-Website herunter.

UNKOMPLIZIERT ESSEN IN ISLINGTON

Yipin China
Hier dreht sich alles um die feurige Hunan- und Sichuan-Küche. Das rotgeschmorte Schweinefleisch ist ein Hit. **££**

Afghan Kitchen
Modernes Lokal im Cafeteriastil mit unkomplizierten Gerichten wie Broten, Eintöpfen und aromatisch gewürztem Fleisch. **£**

Jam Delish
Karibisch-vegetarische Küche mit rein pflanzlichen Versionen von Klassikern wie *jerk chicken* und *goat curry*. **£**

Abney Park Cemetery

ALEX SEGRE/SHUTTERSTOCK ©

PRAKTISCHES

Scanne diesen QR-Code, um Wanderrouten in der Hampstead Heath zu entdecken.

HIGHLIGHT

Hampstead Heath

Die „**Heath**", wie sie bei den Einheimischen heißt, steht in einem ziemlichen Kontrast zu den anderen Londoner Parks, insbesondere den Royal Parks mit ihren penibel angelegten Blumenbeeten und manikürten Rasen. Dank ihrer weitläufigen Wäldchen, hügeligen Wiesen und sanft gewellten Grasflächen ist die 20 ha große, mystische Heide eher wild und ungezähmt und hat über die Jahre unzählige literarische Werke und Filme inspiriert.

NICHT VERSÄUMEN

- Hampstead Heath Ponds
- Kenwood House
- Parliament Hill
- The Spaniards Inn
- Highgate Village
- Parliament Hill Lido
- Keats House

Hampstead Heath Ponds

Versteckt hinter Blattwerk liegen die legendären **Bathing Ponds** (Badeteiche), die ursprünglich im 17. und 18. Jh. als Wasserreservoire angelegt wurden, bevor man regelmäßig in ihnen zu schwimmen begann. Bereits Jahrzehnte bevor „wildes Schwimmen" zum Trend avancierte, zogen die baumumstandenen Teiche eine fast kultmäßige Zahl abgehärteter Stammgäste an, die auf die verjüngende Wirkung des kalten Wassers schwören. Die Teiche sind mindestens 100 m lang und Rettungsringe bilden kleine Inseln zum Ausruhen. Besucher:innen sollten gut schwimmen können (alle Teiche sind aber auch bewacht). Es gibt jeweils einen Teich für Männer und einen für Frauen, die rund ums Jahr geöffnet sind, sowie einen gemischten (nur im Sommer zugänglich). Kinder ab acht Jahren haben nur in Begleitung eines Erwachsenen Zutritt. Das Wasser ist immer trüb, was jedoch nicht abschrecken sollte, denn die Qualität wird streng überwacht.

I WEI HUANG/SHUTTERSTOCK ©

Links: Badeteiche, rechts: Parliament Hill

Kenwood House

Das eindrucksvolle renovierte, neoklassizistische Anwesen aus dem 17. Jh. krönt einen Hügel am nördlichen Ende der Hampstead Heath und ist von 45 ha idyllischen, von Humphrey Rapton entworfenen Gärten mit einem herrlichen Teich umgeben. Einst lebte hier der Richter Lord Mansfield mit seiner Nichte Dido Belle, bevor es der Brauereimagnat Edward Guinness kaufte und der Nation schenkte. In den Stilzimmern mit riesigen Fenstern mit Samtvorhängen sind namhafte Werke von Constable, Turner, Gainsborough und Vermeer sowie Rembrandts *Selbstporträt mit zwei Kreisen* zu sehen. Die Suffolk Collection im ersten Stock umfasst jakobinische Porträts von William Larkin und die Große Bibliothek beeindruckt mit ihrer puderpinken und himmelblauen Gewölbedecke sowie Charakterskizzen an den Wänden. Das Café **The Brew House** serviert leckeren Kuchen und Gebäck und im Second-Hand-Buchladen nebenan kannst du Lesestoff und Hampstead-Heath-Andenken erstehen. Er befindet sich im ehemaligen Bedienstetenflügel und alten Nebengebäuden.

Parliament Hill

Der gut 98 m hohe Hügel bietet weite Aussichten über London. Sogar der Palace of Westminster ist in der Ferne zu sehen. Angeblich beabsichtigten Guy Fawkes und Robert Catesby, die von ihnen geplante Sprengung des Parlaments am 5. November 1605 von hier aus zu beobachten. Ironischerweise ist der Hügel heute ein beliebter Spot, um sich das jährliche Feuerwerk anzusehen, das jeden 5. November des fehlgeschlagenen Komplotts gedenkt. Der Parliament Hill ist u. a. im Film *Tagebuch eines Skandals* (2006) mit Judy Dench und Cate Blanchett zu

TOP TIPPS

- Auf dem Parliament Hill und dem nahen Golders Green finden im Juli und August an den meisten Abenden kostenfreie Blechbläserkonzerte statt.
- Das ganze Jahr über organisieren Parkwächter und Naturschützer Führungen zu verschiedenen Themen wie etwa Bienen, Schmetterlingen und Fledermäusen (siehe heath-hands.org.uk).
- Im Juli zeigt das Luna Cinema fünf Tage lang Filmklassiker unter den Sternen am Kenwood House.
- Südlich der Heath liegt der kleine, friedliche World Peace Garden, ein Stück gerettetes Brachland, auf dem es sich schön lesen oder eine Partie Schach spielen lässt.
- Wer Kenwood House in der Weihnachtszeit besucht, kann sich auf einen magischen, multisensorischen Lichtweg durch beleuchtete Fauna und Flora freuen.

HIGHLIGHT

Hampstead Heath

HIGHGATE VILLAGE

Am nordöstlichen Rand der Heath liegt das malerische Highgate Village, das eher aufs englische Land passen würde als in Londons Zone 2. Es bietet sich für einen charmanten Umweg von der Heath aus an und wartet mit Cafés, Boutiquen und alten Pubs mit niedrigen Deckenbalken, engen Gängen und (im Winter) offenen Kaminen auf.

sehen. Am steilen Hügel –eine Herausforderung für die Wadenmuskulatur – fanden die ersten English National Cross Country Championships statt, die hier bis heute jedes Jahr im späten Januar oder frühen Februar ausgetragen werden.

Parliament Hill Lido

An der Südspitze der Heath befindet sich ein riesiges unbeheiztes Freibad (60 m × 27 m), das auch als Hampstead Heath Lido bekannt ist. Es wurde 1938 eröffnet und glänzt im Art-déco-Stil, der von den Lidos im Brockwell und im Victoria Park inspiriert wurde. Die niedrige Bebauung sollte Sonnenlicht maximieren und Wärme konservieren. Wenn man nicht gerade im Hochsommer kommt, ist ein Bad hier eher eine kühle Angelegenheit. Es gibt jedoch auch eine Sauna und heiße Duschen zum Aufwärmen sowie ein Café, das ausgezeichnete Falafel-Wraps serviert.

The Spaniards Inn

Am Rande der Heath auf der Grenze zwischen Hampstead und Highgate steht dieses einsame Pub. An dieser Stelle gibt's schon seit 1585 ein Gasthaus in verschiedenen Inkarnationen und schwarz gekleidete Wegelagerer wie Dick Turpin sollen

Hill Garden & Pergola

PANDORA PICTURES/SHUTTERSTOCK ©

hier ihre Raubüberfälle durchgeführt haben. Auch in literarischen Klassikern wie Charles Dickens' *Die Pickwickier* und Bram Stokers *Dracula* taucht die berühmte Kneipe auf. John Keats soll zudem im Pubgarten *Ode an eine Nachtigall* geschrieben haben. Gemütliche Nischen mit niedrigen Decken und antiken Möbeln laden zu einem Pint ein und an kalten, düsteren Abenden kannst du dich am offenen Kamin wärmen. Das Sonntagsessen mit Thymian-Röstkartoffeln und 21 Tage gereiftem Lendensteak ist ausgezeichnet

Keats House

Der gefeierte Romantikdichter John Keats lebte von 1818 bis 1820 im Keats House, eigentlich Wentworth Place, bevor er im Alter von 25 Jahren an Tuberkulose starb. Hier schrieb er viele seiner berühmten Gedichte, darunter *Ode an eine griechische Urne* und *Ode an eine Nachtigall*, und hier verliebte er sich in seine Nachbarin Fanny Brawne, die später zu seiner Verlobten wurde. Besucher:innen können Auszüge aus Briefen lesen, die sich das Paar während Keats' Krankheit schrieb, und die neun spärlich möblierten, aber stimmungsvollen Zimmer erkunden. In einem davon steht z. B. Keats' Schlafsofa, von dem aus er in den Garten blickte. In Vitrinen sind der Verlobungsring von Keats and Brawne sowie einige ihrer Lesebrillen und Schmuck zu sehen. Keats reiste 1820 auf der Suche nach einem wärmeren Klima, von dem er sich Heilung versprach, nach Rom. Er kehrte nie in sein Haus zurück.

Hill Garden & Pergola

Im Frühjahr winden sich fliederfarbene Glyzinien und exotische Blüten um diese lange, überdachte Pergola mit griechischen Säulen. Das friedliche Idyll ist ein magischer Ort im Nordwesten der Heath und war ursprünglich ein formaler Arts-and-Crafts-Garten, der zwischen 1905 und 1925 vom Seifenmagnaten William H. Lever angelegt wurde. Ganz der Geschäftsmann handelte dieser einen Deal aus und ließ sich die beim Bau der Northern Line ausgehobene Erde bringen, um ein spektakuläres Plateau für seine extravaganten Gartenpartys aufzuschütten. Die Anlage wurde in den 1990er-Jahren renoviert und ist das ganze Jahr über geöffnet. Ob Schnee oder Sonnenschein – die Aussichten auf London sind umwerfend.

Modernistischer Bau von 1939

Unmittelbar südlich der Heath können Architekturfans einen Blick in eins von nur zwei modernistischen Wohnhäusern werfen, die in Großbritannien der Öffentlichkeit zugänglich sind. Im Haus **2 Willow Rd** lebte der Architekt Ernő Goldfinger. Der „Designer der Zukunft" musste sich mit der Bezirksverwaltung und anderen (die seinen Entwurf für „katastrophal unpassend" hielten) anlegen, um seine Idee in den 1930er-Jahren umzusetzen. Obwohl er zu jener Zeit ultramodern war, scheint der Bau heute teilweise überholt. Die einzigartige Bauweise und die maßgefertigten Möbel im Inneren haben jedoch über die Jahrzehnte unzählige Designs inspiriert.

FREUD MUSEUM LONDON

Nachdem er zu Beginn des Zweiten Weltkriegs aus seinem von den Nazis besetzten Heimatland Österreich geflohen war, verbrachte der Gründer der Psychoanalyse, Sigmund Freud , sein letztes Lebensjahr auf einer ruhigen Wohnstraße 20 Gehminuten westlich der Hampstead Heath. Besucher:innen können heute sein Haus erkunden, darunter auch sein Arbeitszimmer mit der berühmten Couch, die Bücherrücken in seiner Bibliothek studieren und Auszüge aus seinen Traumanalysen lesen. Freud brachte auch eine recht umfangreiche archäologische Sammlung aus Österreich mit, darunter antike Werkzeuge und kleine ägyptische Figuren. Ein Zimmer in der 1. Etage enthält einige Gegenstände seiner Tochter Anna, einer Kinderpsychologin, die bis zu ihrem Tod 1982 hier lebte.

RAY WISE/GETTY IMAGES ©

Walthamstow Wetlands

COMEDY ZUM NULLTARIF

„A business is created to make money, this community was created to make funny" ist eins der Mottos des **Bill Murray**, des ersten Community-Comedyclubs Großbritanniens. In einem viktorianischen Pub in Angel bietet er an jedem Abend der Woche preisgünstige oder kostenlose Comedyshows. Hier hast du die Chance, die neuen Shootingstars der Comedyszene zu erleben: Einige der lustigsten Künstler des Landes – darunter Legenden wie Eddie Izzard – verdienten sich im Bill Murray ihre Sporen oder testeten neues Material aus.

Kühne Inszenierungen

KARTE S. 242

Legendäres Theaterpub

Das **King's Head** mit seiner markanten viktorianischen Fassade und Dachbalkon ist Londons erstes Theaterpub seit Shakespeares Zeiten. Der kleine Raum hinter der Bar – in dem im 17. Jh. Hahnenkämpfe stattfanden – wurde irgendwann in eine Bühne umgewandelt und bietet heute Platz für 100 Zuschauer. Es ist ein offenes Geheimnis unter den Locals, das man hier exzellente Off-West-End-Shows und experimentelles Theater erleben kann. Über die Jahre sind im King's Head so talentierte Künstler:innen wie Richard E. Grant, der seine erste Theaterrolle hier bekam, und Stars wie Alan Rickman und Victoria Wood aufgetreten. Seit 2021 konzentriert sich der neue Intendant Mark Ravenhill auf LGBTIQ-Werke.

DER BESTE KAFFEE

Vagabond
Freundliches Café mit Sichtmauerwerk, einer hübschen Terrasse und starkem Kaffee.

Appestat
Hippes Lokal in hellem, luftigem Ambiente mit ständig wechselnder Kunst und ausgezeichnetem Kaffee.

Yellow Warbler
Relaxte Vibes, gesundes Frühstück und sortenreiner, hell gerösteter Dark Arts Coffee.

Indie-Kino

KARTE S. 236

Alternativer Kunstraum

Das **ArtHouse Crouch End**, ein Kino in einer ehemaligen Heilsarmee-Halle, bietet gelegentlich auch Comedy und andere Darbietungen. Von bildender Kunst und Diskussionsrunden bis zu Theater und Tanz – hier ist immer was los. Alles geht, solange es unabhängige Inszenierungen sind. Blockbuster stehen nur selten auf dem Programm (mit der Ausnahme von Kultstreifen wie z. B. *Star Wars*). Die meisten Filme regen zum Nachdenken an, von Charlie-Chaplin-Klassikern bis zu Wes Andersons *Asteroid City*, dem südkoreanischen Psychothriller *Die Taschendiebin* und dem Oscar-Gewinner *Belfast*. An der Bar gibt's Bier von freien Brauereien (was sonst?) und das alternative Café serviert leckere vegetarische Gerichte wie Schwarze-Bohnen-Chili und Blumenkohl-Burger.

Das größte Feuchtgebiet Europas

KARTE S. 236

Unerwartetes Naturparadies

Die 211 ha großen **Walthamstow Wetlands** nur 30 Min. vom Stadtzentrum entfernt sind Londons „neuestes" Naturschutzgebiet. Das Areal mit zehn Reservoirs versorgt 3,5 Mio. Einwohner mit Wasser und wurde 2017 nach 150 Jahren erstmals der Öffentlichkeit zugänglich gemacht. Hier lassen sich Hunderte Vogelarten sichten, darunter Kormoran- und Reiherkolonien sowie Zwergtaucher, Höckerschwäne, Turmfalken, Seidenreiher, seltene Silberreiher (nur rund 70 verbringen den Winter im Land) und majestätische Eisvögel. Beobachtungshütten inmitten von Wildblumen schützen Vogelfans vor den Elementen (und sorgen dafür, dass die Vögel nicht gleich von ihren Beobachtern Wind bekommen). Eine Wassermühle aus dem frühen 19. Jh. bietet eine Aussichtsplattform mit tollen Ausblicken. Das **Engine House**, eine Pumpstation von 1894, beherbergt heute ein Café und ein Besucherzentrum.

Familienspaß in der Kläranlage

KARTE S. 236

Altes Pumpenhaus mit historischen Fahrzeugen

Ausflugsziel Kläranlage: Im **Walthamstow Pumphouse Museum** geht es heute weniger um sanitäre Angelegenheiten als um eine wundervolle Sammlung historischer Fahrzeuge. Neben jahrhundertalten Dampfmaschinen und einem pferdegezogenen Feuerwehrwagen ist auch ein U-Bahn-Waggon aus den 1960er-Jahren zu sehen und im alten Kesselhaus befindet sich eine Modelleisenbahn. Einmal im Monat kann man sogar zwei originale Marshall-Dampfmaschinen in Aktion erleben.

DER BESTE SUNDAY ROAST IN NORTH LONDON

The Old Queens Head
Legendäre Braten mit 32 Tage gereiftem Fleisch vom Langhornrind, Maishähnchen oder Maronen-Wellington für Vegetarier. £

The Black Heart
Aus Camdens Gothic-Venu wird jeden Sonntag ein veganes Wunderland: Alle Braten sind rein pflanzlich. £

Booking Office 1869
Der luxuriöseste Sonntagsbraten von North London wird in einer vornehmen Brasserie im Stil der 1930er-Jahre in der grandiosen St Pancras Station serviert. Unbedingt probieren: Lende aus dem Dedham Vale mit Meerrettichcreme. ££

Three Crowns
Der langsam gegarte und mit Salbei und Knoblauch gefüllte Schweinebauch in dieser Kneipe in Stoke Newington ist spektakulär. £

Black Sheep Coffee
100 % Spezial-Robusta-Kaffee vor der King's Cross Station.

Keystone Coffee
Erholsames Café an der Caledonian Rd mit veganen Snacks und Getränken aus hausgeröstetem Espresso.

Redemption Roasters
Lehrt Insassen des Gefängnisses The Mount das Kaffeerösten und hat ein gemütliches Café mit Terrassengarten.

WALTHAMSTOWS WINZIGES „DORF“

Diese kleine, liebevoll „das Dorf“ genannte Enklave kleiner Läden, elisabethanischer Bauten und guter Restaurants scheint in einer ganz anderen Welt zu liegen als die schmuddelige, aber großartige Hoe Street (Walthamstows Hauptarterie). Es ist die älteste Gegend des Viertels, in dem auch das **Ancient House** steht, eins der ältesten Häuser der Hauptstadt von 1435. Einige der bei der aufsteigenden Mittelschicht Nordostlondons beliebtesten Restaurants sind hier zu Hause, darunter das **The Little Mandarin**, das Macarons in Bärenform herstellt, das schicke europäische **The Kitchen** und das ausgezeichnete **Eat17** (in Anlehnung an die Postleitzahl E17), in dem nachhaltige britische Zutaten verwendet werden. Das **Queens Arms** zaubert einen erstklassigen *Sunday roast* und etwas weiter die Straße runter liegen die wunderbare **Mother's Ruin Gin Bar** und der **Orford Social Club** – ein traditionelles Lokal mit Hipster-Vibes.

Schnäppchenjagd auf dem Walthamstow Market

KARTE S. 236

Europas längster Straßenmarkt

Schon seit 1885 bringen Händler auf dem **Walthamstow Market** ihre Waren unter die Leute. Der gut 1,5 km lange Markt besticht mit einer Mischung aus Cockney-Ambiente und ethnischer Vielfalt. An den durcheinander gewürfelten, chaotischen Ständen gibt's alles von karibischem Essen und asiatischen Stoffen bis zu Haushaltswaren und Handgemachtem. Der Markt hat von Dienstag bis Samstag geöffnet und erstreckt sich westlich der Hoe St über eine Fußgängerzone. Am geschäftigsten geht's samstags zu, wenn bis zu 500 Stände öffnen. Es wird gerne gefeilscht, doch auch wenn man nichts kauft, lohnt sich ein Besuch, um einen Eindruck vom wahren Leben in Nordostlondon zu bekommen.

Vestry House Museum

KARTE S. 236

Lokalgeschichte vom Feinsten

Dieses fantastische, ultralokale, kostenfreie Museum in einem Armenhaus aus dem 18. Jh., in dem später eine Polizeiwache untergebracht war, bietet einen tiefen Einblick ins Leben der Menschen von der viktorianischen Zeit bis heute. Zu den wechselnden Ausstellungen gehören Porträts von hiesigen Markthändlern und der Motorradrennpionierin Beryl Swain (die in Walthamstow aufwuchs). Ständig zu sehen ist der Bremer, das älteste in Großbritannien (genauer in Walthamstow) hergestellte Benzinauto, eine nachgebaute Polizeizelle aus der Mitte des 19. Jhs. sowie in Walthamstow gefertigtes Spielzeug aus den letzten 200 Jahren. Das **Vestry Garden Café** serviert einen ausgezeichneten Brunch und Mittagsgerichte im hübschen Garten.

Riesenfeuerwerk

KARTE S. 236

Bonfire Night mit den Locals

Solltest du am 5. November in London unterwegs sein, dann nichts wie hin zum imposanten **Alexandra Palace** (oder „Ally Pally“, wie ihn die Einheimischen nennen). Der 1873 auf einem Hügel in einem 89 ha großen Park mit Panoramablick auf London errichtete Palast ist die perfekte Location für ein grandioses Feuerwerksspektakel. Dieses ist so beeindruckend, dass es im Fernsehen übertragen wird, aber nichts übertrifft die Atmosphäre vor Ort. Neben dem Feuerwerk gibt's hier auch ein großes Lagerfeuer, eine Lasershow, eine Eisdisko und ein deutsches Bierfest. Tickets sind im Vorver-

TRENDIG ESSEN IN ISLINGTON

Sambal Shiok
Dampfend heiße Schüsseln authentisch malaysischer Laksa-Nudeln in poppigem Ambiente in North London. **£**

Ottolenghi Islington Deli
Bergeweise leckere Feinkost, von Kuchen bis zu kaleidoskopischen mediterranen Salaten. **£**

MEATliquor Restaurant N1
Grungige Lagerhausdeko und Fast Food, das den richtigen Nerv trifft, u. a. würzige Buffalo Wings und Hot Dogs. **£**

JEFFREY NEAL/ALAMY STOCK PHOTO ©

Lee Valley White Water Centre

kauf erhältlich. Tatsächlich hat der Palast seine ganz eigene Geschichte mit Feuer, denn er brannte zweimal ab – einmal kurz nach der Eröffnung und erneut 1980. Das ganze Jahr über finden hier Comedy-, Musik- und Sportveranstaltungen statt, darunter die jährlichen World Darts Championships.

Schwimmen und Paddeln im West Reservoir

KARTE S. 236

Wassersport rund ums Jahr

Wasserratten aufgepasst! Das **West Reservoir Centre** ist ein Juwel in Nordostlondon und unabhängig von der Wassertemperatur das ganze Jahr über geöffnet. Freiwasserschwimmer können es ruhig angehen oder auf einer 100-m-Strecke bzw. einem 200-m-Loop für den Triathlon üben. Wassersportfans kommen bei Segel-, Kajak- und Stehpaddelkursen auf ihre Kosten oder können sich an Kanu-Polo versuchen. Der freundliche Castle Canoe Club organisiert jeden Sonntag zweistündige Schnupperkurse und jeden Dienstag im Sommer abendliche Paddelsessions. Reservierungen sind Pflicht. Aufwärmen kann man sich bei einem heißen Getränk im Café mit Aussicht.

OLYMPIAREIFES WILDWASSER

Unmittelbar nördlich von Tottenham liegt das **Lee Valley White Water Centre**, das ursprünglich für die Kanuslalomwettkämpfe der Olympischen Spiele 2012 gebaut wurde. Heute kann man sich hier in 6- bis 8-Personen-Schlauchbooten auf der olympischen Strecke mit Stufen und Wellen so richtig einweichen lassen. Oder du versuchst dich am Hydrospeed, haarsträubendem Wildwasserschwimmen mit Schwimmhilfen. Wer es ruhiger mag, kann auf einem kristallklaren See Kajak fahren oder stehpaddeln.

DIE BESTEN FISH'N'CHIPS IN NORTH LONDON

Orford's Fish & Chips
Trendiger Lieblingsspot mit babypinker Fassade im Walthamstow Village. Superleckere Fish'n'Chips und Naturweine. **£**

The Brothers Fish Bar
„Cheap as Chips" trifft es genau richtig in diesem unprätentiösen Laden mit durchweg gutem Essen. **£**

Nautilus
Flockiger Fisch in Matzo-Kruste und leckere Chips in einem Lokalfavoriten in West Hampstead. **£**

TOP TIPP

Der beste Tag für den Portobello Road Market ist der Samstag. Vom U-Bahnhof Notting Hill folgst du einfac den Menschenmassen bis Ladbroke Grove oder noch weiter bis zur oft ignorierte Golborne Rd. Willst du es a dersherum machen, komme dir all die Leute entgegen!

Oben: Notting Hill; rechts: Grand Union Canal, Little Venice (S. 292)

LOCAL TIPP

Nadia Saad, Hotelrezeptionistin in Notting Hill und Gründerin einer Tierschutzorganisation (@empathyanimalsuk), stellt uns ihre Lieblingsecken im Viertel vor.

Cheeky Scone
An der Portobello Rd solltest du diesen Laden mit einer authentischen Auswahl an frisch gebackenen Scones ansteuern.

Beam
Der Brunch in dem mediterranen Lokal am Westbourne Grove lohnt das Schlangestehen.

The Castle
Freundliches Pub an der Portobello Rd mit vielfältiger Karte und Livemusik.

Gate Picturehouse
Das denkmalgeschützte edwardianische Kino am Notting Hill Gate lohnt einen Blick.

Notting Hill & West London

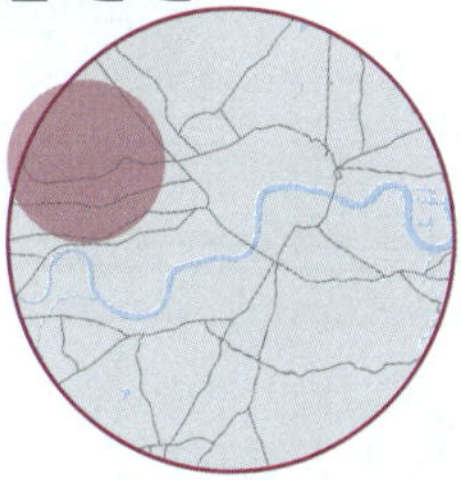

URIGE ATTRAKTIONEN UND MUNTERES NACHTLEBEN

West London umfasst ein großes Gebiet mit unterschiedlichen Stadtteilen. Am bekanntesten ist Notting Hill mit der vielleicht größten Attraktion, dem Portobello Road Market. In den 1950er-Jahren wurde Notting Hill für seine Einwanderer:innen aus Trinidad bekannt. Zwar hat sich die Bewohnerschaft verändert, doch die Beliebtheit des Notting Hill Carnival zeugt noch immer vom multikulturellen Reiz des Viertels.

Im Osten liegt Paddington, ein großes Verkehrsdrehkreuz, das gerade im großen Stil neu erschlossen wird. Die nahen Sussex Gardens bieten ein vielfältiges Angebot an Unterkünften und auch zum idyllischen Little Venice und zum Grand Union Canal ist es nicht weit. In Bayswater gab's einst eine Quelle, Baynard's Watering, die die Stadt im Mittelalter mit frischem Wasser versorgte. Der Queensway, die Hauptstraße, ist von zumeist orientalischen Restaurants gesäumt.

Im Süden liegen Kensington und das idyllische, aber teure Holland Park, ganz in der Nähe zum Allerweltsviertel Shepherd's Bush mit dem größten Einkaufszentrum des Landes. Earl's Court ist ein lebhafter, bunter Teil von West London, mit einer großen, mobilen Bevölkerung, einst vornehmlich aus Australien. Hammersmith wird zwar von einer hässlichen Hochstraße und einem chaotischen Kreisverkehr dominiert, bietet aber eine Reihe von Stätten für große Events, einige ausgezeichnete Restaurants und einen idyllischen, von Pubs gesäumten Abschnitt der Themse.

Außer dem Portobello Road Market und dem erstklassigen Design Museum besitzt West London kaum wichtige Sehenswürdigkeiten. Doch das Dezente und Urige vieler Orte hier sorgt dafür, dass sie besonders ansprechend wirken: Da wären z. B. ein seit dem 19. Jh. unverändertes viktorianisches Haus, zwei riesige Friedhöfe mit allerlei Promis verschiedenster Art und ein Museum, das sich nur mit Marken, Werbung und Verpackung der letzten knapp zwei Jahrhunderte beschäftigt.

NICHT VERSÄUMEN

DESIGN MUSEUM
Das Museum verrät dir, was das nächste große Ding einst war und demnächst sein wird.
S. 282

PORTOBELLO ROAD MARKET
Diese Schatztruhe der Antiquitäten, Kuriositäten und Vintage-Mode ist samstags ein Muss.
S. 278

BOOTSTOUR AUF DEM REGENT'S CANAL
Vom reizenden Little Venice per Boot auf dem Regent's Canal nach Camden.
S. 293

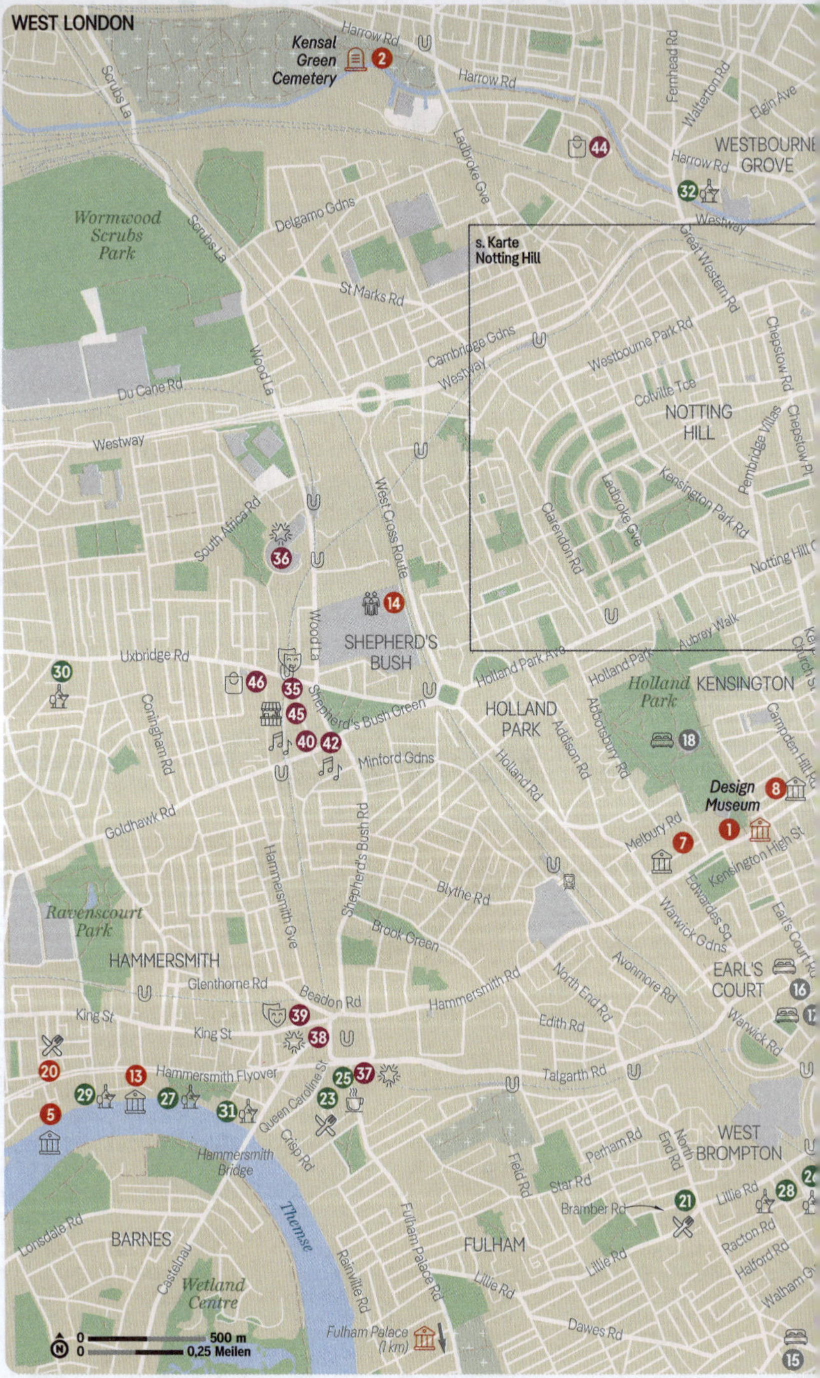
WEST LONDON
Kensal Green Cemetery
Harrow Rd
Scrubs La
Wormwood Scrubs Park
Delgamo Gdns
Ladbroke Gve
Fernhead Rd
Walterton Rd
Elgin Ave
WESTBOURNE GROVE
Westway
Great Western Rd
s. Karte Notting Hill
St Marks Rd
Wood La
Du Cane Rd
Cambridge Gdns
Westbourne Park Rd
Chepstow Rd
Colville Tce
NOTTING HILL
Pembridge Villas
Chepstow Pl
Kensington Park Rd
Clarendon Rd
Notting Hill G
South Africa Rd
West Cross Route
SHEPHERD'S BUSH
Aubrey Walk
Uxbridge Rd
Shepherd's Bush Green
Holland Park Ave
Holland Park
HOLLAND PARK
KENSINGTON
Church St
Campden Hill Rd
Coningham Rd
Minford Gdns
Addison Rd
Abbotsbury Rd
Holland Rd
Design Museum
Goldhawk Rd
Melbury Rd
Kensington High St
Hammersmith Gve
Shepherd's Bush Rd
Blythe Rd
Edwardes Sq
Warwick Gdns
Brook Green
Earl's Court Rd
Ravenscourt Park
HAMMERSMITH
Avonmore Rd
EARL'S COURT
Glenthorne Rd
Beadon Rd
Hammersmith Rd
North End Rd
King St
Edith Rd
Warwick Rd
Hammersmith Flyover
Talgarth Rd
Queen Caroline St
Crisp Rd
Hammersmith Bridge
Field Rd
Perham Rd
North End Rd
WEST BROMPTON
Star Rd
Bramber Rd
Lillie Rd
Racton Rd
Halford Rd
Walham Gv
Lonsdale Rd
BARNES
Castelnau
Themse
Wetland Centre
Rainville Rd
Fulham Palace Rd
FULHAM
Dawes Rd
Fulham Palace (1 km)
0 500 m
0 0,25 Meilen

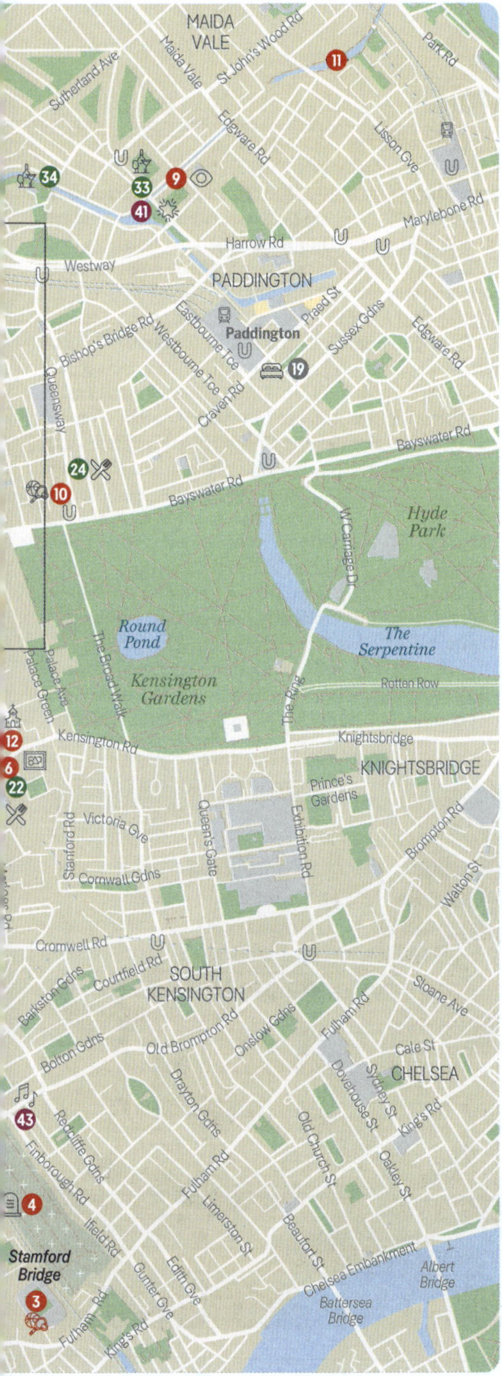

HIGHLIGHTS
1 Design Museum
2 Kensal Green Cemetery
3 Stamford Bridge

SEHENSWERTES
4 Brompton Cemetery
5 Emery Walker's House
6 Japan House
7 Leighton House
8 Linley Sambourne House
9 Little Venice
10 Queens London
11 Regent's Canal
12 St Mary Abbots
13 William Morris Society

SPORT & AKTIVITÄTEN
14 KidZania

SCHLAFEN
15 Barclay House
16 Barmy Badger Backpackers
17 K+K Hotel George
18 Safestay Holland Park
19 Stylotel

ESSEN
20 101 Thai Kitchen
21 222 Vegan Cuisine
22 Akira
23 Gate Hammersmith
24 Med Salleh Kopitiam

AUSGEHEN & FEIERN
25 Antipode
26 Atlas
27 Dove
28 London Cru
29 Old Ship
30 Princess Victoria
31 Rutland Arms
32 Union Tavern
33 Warwick Castle
34 Waterway

UNTERHALTUNG
35 Bush Theatre
36 Electric Cinema White City
37 Eventim Apollo
38 Irish Cultural Centre
39 Lyric Hammersmith
40 O2 Shepherd's Bush Empire
41 Puppet Theatre Barge
42 Sindercombe Social
43 Troubadour

SHOPPEN
44 Rellik
45 Shepherd's Bush Market
46 Stuarts

Fulham Palace

KARTE S. 274

Kronjuwel der Bischöfe

Im Bishop's Park steht nördlich der Putney Bridge an der Themse der **Fulham Palace**, fast 1300 Jahre lang die Sommerresidenz der Bischöfe von London, bis sie 1973 auszogen. Heute sind ein halbes Dutzend Räume im Hauptgebäude, das teils aus dem späten 16. Jh. stammt, öffentlich zugänglich, doch erwarte nicht die Opulenz von etwa dem Hampton Court Palace – die meisten Räume sind kaum möbliert oder sogar leer. Zu den Highlights zählen die Great Hall, in der einst Elisabeth I. feierte, die stimmungsvolle Bibliothek und die von William Butterfield entworfene Kapelle aus dem 19. Jh. Ohne großes Trara erzählt das kleine Multimediamuseum am Eingang vor allem anhand von architektonischen Funden die Geschichte des Palasts und stellt einige der Londoner Bischöf:innen vor, u. a. die jetzige 133., die Right Reverend Sarah Mullally, im Amt seit 2018.

Man verlässt den Palast über den reizenden West Court im Tudorstil, der sich seit etwa 1500 nicht verändert hat, und geht über den großen Rasen zum ummauerten Garten mit seinem kleinen Tudor-Backsteintor, dem ältesten erhaltenen Teil des gesamten Komplexes. Hier gibt's einen Irrgarten, einen Obstgarten und alte Alkoven für Bienenkörbe aus Stroh.

Zweimal pro Woche werden 90-minütige allgemeine sowie historische Führungen angeboten, sonntags außerdem manchmal Gartenspaziergänge. Termine siehe Website (fulhampalace.org).

BRÜCKEN ÜBER DIE THEMSE

Die Themse, die in Gloucestershire entspringt und dann nach knapp 350 km in die Nordsee mündet, wird in London von einem guten Dutzend Brücken überspannt – eine davon siehst du auf dem Weg zum Fulham Palace. Möchtest du ihre Namen in der richtigen Reihenfolge lernen? Dann hilft dir diese von Taxifahrenden ersonnene Eselsbrücke: „The long sentence by which we learn various crossings across brown waters properly". Also: Tower, London, Southwark, Blackfriars, Waterloo, Westminster, Lambeth, Vauxhall, Chelsea, Albert, Battersea, Wandsworth, Putney. Alles klar?

Fulham Palace

Museum of Brands

KARTE S. 274

Produktnostalgie

Dieser Tempel der Nostalgie zeigt fast 12 000 Konsumprodukte, gesammelt in den letzten 60 Jahren vom Design- und Konsumhistoriker Robert Opie. Die in chronologischer Reihenfolge ausgestellten Exponate nehmen dich mit auf eine Reise durch 200 Jahre Konsumkultur, von viktorianischer Zeit bis in die Gegenwart. Du kommst an allem Möglichen vorbei, von bekannten Spielwaren und Spielen wie Barbie-Puppen und Monopoly-Brettern bis zu berühmten Frühstückscerealien, Waschpulvern und Dosensuppen. Das Museum ist vor allem für nostalgische Brit:innen interessant, da die Marken fast ausschließlich britisch sind.

DAS DESIGN HINTER DER MARKE

Weitere Informationen über Marken, Verpackung und Werbung bietet, jedoch eher aus der Design-Perspektive, das **Design Museum** (S. 282).

ANUTR TOSIRIKUL/SHUTTERSTOCK ©

St Mary Abbots

St Mary Abbots

KARTE S. 280

Gewaltiges Gotteshaus

Mit seiner Höhe von 85 m ist der Turm der Kirche, der die Kensington Church St ihren Namen verdankt, der höchste Londons. Die Kirche wurde von drei Generationen der Architektenfamilie Gilbert Scott im neugotischen Stil errichtet und besitzt fast das Ausmaß einer Kathedrale. Sie besticht mit viktorianischem Buntglas, das zum schönsten im Land gehört, mit Szenen aus dem Alten und Neuen Testament. Interessant sind auch die Altarwand aus Alabaster und Marmor, das hochviktorianische Taufbecken und das Modell der Kirche im Maßstab 1:80. 1944 wurde die Kirche durch Brandbomben schwer beschädigt, doch der Hauptbau überlebte.

Japan House

KARTE S. 280

Kultureller Außenposten Japans

Japanfans fühlen sich in dieser reizvollen Einrichtung, einem kulturellen Außenposten Japans, wie im siebten Himmel: In besonders hübschen Räumlichkeiten an der Kensington High St präsentiert sie den Goldstandard in Sachen Kunst, Design, Kultur, Technologie und Gastronomie aus Japan. Im Laden im Erdgeschoss ist alles von Küchenutensilien und Lebensmitteln bis zu Papierwaren und Büchern erhältlich – kleine Kärtchen informieren über die Herkunft der Sachen. Unten gibt's mehrere schicke Galerien für Kunst- und Kulturausstellungen – Infos über anstehende Vorträge und Workshops stehen auf der Website (japanhouse london.uk).

SHEPHERD'S BUSH MARKET

Nur 3 km voneinander entfernt, liegen die Märkte an der Portobello Road und in Shepherd's Bush bei Warenangebot, Verkaufsstrategien und Kundschaft weit auseinander, das macht den Besuch beider Märkte so interessant. Der Shepherd's Bush Market findet seit 1914 auf einem Gelände zwischen den U-Bahnhöfen Goldhawk Rd und Shepherd's Bush statt. Hier werden eher Alltagswaren und Kleidung verkauft, und da der Markt sich meist an die hiesige afrikanische und afrokaribische Community wendet, gibt's hier eher Mangos, Okras und Kochbananen statt Äpfel, Birnen und Grünkohl.

Gut drei Kilometer von der Portobello Rd in die entgegengesetzte Richtung findest du auf Alfies Antique Market in der Church St nahe Regent's Park wieder ein völlig anderes Angebot. Das sehenswerte Labyrinth zieht mit seinem eklektischen Mix aus Vintageklamotten und -möbeln ernsthafte Sammler an.

WILLIAM BARTON/SHUTTERSTOCK ©

Portobello Road Market

Portobello Road Market

KARTE S. 274

Kurioses, Vintage und Trödel

Nach dem Camden Market ist dies der berühmteste und vollste **Straßenmarkt** Londons mit bis zu 150 000 Besucher:innen an warmen Sommertagen. Doch der Portobello besteht nicht nur aus einem, sondern gleich aus mehreren Märkten: An bis zu 1000 Ständen wird eine bunte Mischung aus Antiquitäten, Kuriositäten, Vintage-Mode, Obst und Gemüse sowie Streetfood feilgeboten. Los geht der Markt am knallgelben Pub Sun in Splendour in Notting Hill; dann zieht er sich Richtung Norden bis weit hinter die Westway-Hochstraße.

Antiquitäten, handgemachter Schmuck, Gemälde und Ethno-Sachen konzentrieren sich an der Portobello Rd Richtung Notting Hill Gate (grob von Chepstow Villas bis zum Elgin Crescent im Westen und zur Colville Terrace im Osten). Vom Elgin Crescent Richtung Norden zur Talbot Rd wird das Angebot dann immer einfacher und alltäglicher – Obst und Gemüse, Secondhandkleidung, billige Haushaltswaren und Trödel. In und um die Gegend unterhalb des Westway verkaufen mehr Stände moderne Mode sowie Vintage-Kleidung und -Schuhe. Eine schöne Abwechslung zu allem dem Trubel stellt die umschlossene Portobello Green Arcade mit topaktueller Mode und Juwelieren dar. Wer immer noch nicht genug hat, kann weiter nördlich zum Abschnitt an der Goldborne Rd vordringen.

Zwar sind die meisten Läden und einige der Stände täglich geöffnet, bei Weitem am meisten ist jedoch am Samstag los.

Kensal Green Cemetery

KARTE S. 280

Viktorianisches Walhalla für Gutbetuchte

Traditionell begrub London seine Toten auf kleinen Gemeindefriedhöfen, die jedoch, als im 19. Jh. die Bevölkerungszahl explodierte, gefährlich überfüllt waren und so eine ernste Gesundheitsgefahr darstellten. 1832 wurde daher durch Parlamentsbeschluss in Kensal Green der erste Gartenfriedhof der Stadt eingerichtet; als Vorbild diente der Pariser Friedhof Père-Lachaise. Innerhalb von zehn Jahren entstanden sechs weitere private Friedhöfe wie z. B. in **Brompton** und **Highgate** (S. 240). Zusammen sind sie heute als die „Magnificent Seven" (Glorreichen Sieben) bekannt. Viele Jahre lang war der Friedhof Kensal Green der angesagteste in London, sodass hier Berühmtheiten wie Charles Babbage, Isambard Kingdom Brunel, Anthony Trollope, William Makepeace Thackeray, Baden Powell und – als Zugang jüngeren Datums – Harold Pinter ruhen. Doch eine Grabstelle hier ist nicht gerade billig: Ein Erwachsenengrab in bester Lage schlägt mit 22 000 £ zu Buche. Die Mitte des 29 ha großen Gottesackers markiert die große, aber größtenteils baufällige klassizistische Anglican Chapel; hier beginnen sonntags um 14 Uhr Friedhofsführungen.

MIHAI-MDM-MIHALACHE/SHUTTERSTOCK ©

Kensal Green Cemetery

Brompton Cemetery

KARTE S. 280

Reiche Beute für Leichendiebe

Zwar liegen auf diesem kleineren viktorianischen **Friedhof** nicht so illustre Persönlichkeiten begraben wie auf dem Kensal Green – dem würden die Suffragette Emmeline Pankhurst und der Cholera-Entdecker Jon Snow wahrscheinlich widersprechen –, doch er ist für zwei andere Dinge bekannt: Als einziger Friedhof gehört er der Krone und die Anwohnerin Beatrix Potter sammelte hier auf den Grabsteinen angeblich Namen für ihre Figuren wie Jeremiah Fisher und George Nutkins. Regelmäßig werden zweistündige Touren angeboten, doch mit am begehrtesten sind die Führungen durch die Katakomben – unterirdische Gewölbe, gegraben, um darin Särge zu lagern, damit die gefürchteten, von Anatomen bezahlten Leichenräuber nicht an sie drankommen konnten.

SEHENSWERTES
1 Graffik Gallery
2 Museum of Brands

SPORT & AKTIVITÄTEN
3 Porchester Spa

SCHLAFEN
4 Vancouver Studios

ESSEN
5 Beam
6 Caractère
7 Farmacy
8 Fish House
9 Les Mochis
10 Lowry & Baker
11 Mazi
12 Taquería

AUSGEHEN & FEIERN
13 Castle
14 Cheeky Scone
15 Churchill Arms
16 Cow
17 Ginstitute
18 Kuro Coffee
19 Trailer Happiness
20 Windsor Castle

UNTERHALTUNG
21 Electric Cinema Portobello
22 Gate Picturehouse
23 Notting Hill Arts Club
24 Quiet Night Inn

SHOPPEN
25 Biscuiteers
26 Books for Cooks
27 Ceramica Blue
28 Chinese Tea Company
29 Couverture & the Garbstore
30 Found and Vision
31 Honest Jon's
32 Lutyens & Rubinstein
33 Music & Video Exchange
34 Notting Hill Bookshop
35 Portobello Road Market
36 Rough Trade
37 Zarvis London

Royal Crescent, Notting Hill

Design Museum

KARTE S. 280

Was war früher, was kommt als Nächstes?

Dieses innovative Museum ist ein Muss für alle, die sich für die Geschichte des Designs interessieren sowie dafür, was die Zukunft bereithalten könnte. Es dient nicht nur als Archiv von Dingen, die unseren Alltag mitgeprägt haben, sondern auch als eine Art Kristallkugel, mit der man in der Zukunft schaut.

Nachdem das Design Museum 2016 von einem früheren Bananenlagerhaus in Shad Thames ins neue, 83 Mio. £ teure, von John Pawson entworfene Gebäude umgezogen ist, bietet es heute größere und bessere kostenpflichtige Wechselausstellungen in zwei großen Galerien im Erd- und Untergeschoss, z. B. zu großen Namen wie Ai Wei Wei. Über eine imposante Treppe geht's in den ersten Stock, wo an der Crowd Sourced Wall berühmte Konsumprodukte und andere von der Öffentlichkeit ausgewählte Dinge ausgestellt sind, vom Logo der U-Bahn und Levi's-Jeans bis zu Thermosflaschen und dem Nokia 1100. Die kostenlos zugängliche Hauptgalerie mit dem Namen „Designer Maker User" untersucht den Prozess der Ideenfindung, Produktion und Konsumption von fast 1000 verschiedenen Dingen: alten Fernsehern, Apple-Computern aus den 1980er-Jahren, Waschmaschinen, Stühlen und Geschirr. Das Hauptaugenmerk liegt dabei auf der Frage, wie sich Design im Laufe der Zeit entwickelt hat und welche Rolle es dabei spielt, ob Massenprodukte erfolgreich sind oder nicht.

OBEN AUF DEM DACH

Im Design Museum denken Besucher:innen vielleicht, sie seien falsch abgebogen, wenn sie am Eingang Pflastersteine mit den Namen von rund 50 Ländern wie Kanada, Australien, Neuseeland und Südafrika sehen. Das erklärt sich damit, dass das Museum in den Überbleibseln des früheren, 1962 eröffneten Commonwealth Institute residiert. Als das Institut 40 Jahre später auszog, wurde das Gebäude größtenteils abgerissen, mit Ausnahme seines markantesten Merkmals: eines kupferverkleideten, sattelförmigen Dachs mit einer doppelten Paraboloidkurve.

Design Museum

Leighton House

Leighton House

KARTE S. 280

Palast der Kunstschätze

In diesem wundervollen Haus am Holland Park, das jedoch oft im Schatten des bekannteren Design Museum steht, residierte Frederick, Lord Leighton (1830–1896), einer der erfolgreichsten Künstler des späten 19. Jhs., der auf seinen enorm begehrten und entsprechend teuren Arbeiten historische, biblische und klassische Szenen darstellte. Das Haus wurde 1866 mithilfe des Architekten George Aitchison erbaut und entwickelte sich zu einem Palast der Kunst, in dem prominente präraffaelitische Künstler:innen zu Gast waren, deren Werke die Wände zieren. Das Kernstück ist die mit bunten Fliesen aus Griechenland, der Türkei und dem Nahen Osten bedeckte Arab Hall, mit Brunnen in der Mitte sowie hübschem Gitterfenster aus Damaskus. Von der Narcissus Hall führt eine Treppe zu Leightons zwei Ateliers und seiner kargen Privatkammer mit einem schmalen Einzelbett. Seit 2022 verbindet eine eindrucksvolle spiralförmige Treppe das historische Haus mit einem neuen Anbau mit mehreren Galerien für Wechselausstellungen.

Linley Sambourne House

KARTE S. 280

Schatztruhe von Sammelwütigen

Im teils auch mit seiner Adresse (18 Stafford Tce) bezeichneten Haus wohnte ab 1874 fast 30 Jahre lang der politische *Punch*-Karikaturist und Amateurfotograf Linley Sambourne. Dies ist eines der Häuser, in dem die Bewohner:innen nie etwas umbauten und wegwarfen – was man hier also heute sieht, ist das so gut wie völlig unveränderte vierstöckige Wohnhaus einer wohlhabenden viktorianischen Bürgerfamilie, das durchgängig mit dunklem Mahagoniholz, orientalischen Teppichen und leuchtenden Buntglasfenstern eingerichtet ist. Wer sich je gefragt hat, wie ein Haus des 19. Jhs. aussah, kann es hier sehen. Den Rundgang durchs Haus beginnst du am besten im Untergeschoss, indem du dir das Einführungsvideo anschaust – die Stimme stammt von Lord Snowdon, Urenkel Sambournes und Ehemann der inzwischen verstorbenen Prinzessin Margaret.

Rutland Arms

Themsepubs in Hammersmith

KARTE S. 280

Pubcrawl zu zwei Museen

Die William Morris Society und das Emery Walker's House (s. u.) an der Themse in Hammersmith sind leicht über die Fußpfade Lower und Upper Mall zu erreichen, und vielleicht kehrst du unterwegs in einem der drei wunderbaren Pubs ein. Das erste ist das **Rutland Arms**; es hat am wenigsten Flair, dafür eine große Terrasse. Als Nächstes kommt das **Dove** aus dem 17. Jh. mit jeder Menge Flair und Flussblick von zwei Ebenen. Eine weitere tolle Kneipe an der Themse ist das **Old Ship** von 1722. Beim jährlichen Oxford and Cambridge Boat Race im April drängeln sich hier die Zuschauer:innen.

William Morris Society

KARTE S. 280

Arts-and-Crafts-Tempel

Fans des Arts and Crafts Movement zieht es sicher in dieses kleine **Museum** im Kelmscott House in Hammersmith an der Themse. Hier wohnte der Designer William Morris 18 Jahre lang bis zu seinem Tod 1896. Nur das Kutschenhaus und das Untergeschoss sind öffentlich zugänglich – der Rest ist in Privatbesitz –, doch die regelmäßig wechselnden Ausstellungen sind hervorragend und manchmal gibt's Vorträge, Führungen und Workshops. Unten steht eine funktionsfähige Druckerpresse, auf der Morris die Bücher seines Kelmscott-Verlags druckte. Den Kamin im Shop nebenan entwarf er ebenfalls.

MEHR ÜBER MORRIS

Einen vollständigeren Überblick über William Morris und das Arts and Crafts Movement bietet die **William Morris Gallery** (S. 241) in Walthamstow in Nordlondon.

Emery Walker's House

KARTE S. 280

Arts-and-Crafts-Schatztruhe

Fünf Gehminuten von der Morris Society wartet diese stimmungsvolle Zeitkapsel voller Arts-and-Crafts-Schätze. 30 Jahre lang war hier der namengebende Typograf und Drucker zu Hause, der ein enger Freund seines Nachbarn wurde. Das Haus ist nur im Rahmen von gebuchten Touren zugänglich, die durch die Haupträume führen: Bibliothek, Esszimmer, Salon und Ausstellungsraum mit einer großen Sammlung von Tapeten und Stoffen von Morris & Company; hier finden zudem wechselnde Ausstellungen statt. Interessant sind z. B. Morris' Bibliotheksstuhl aus dem 17. Jh. und eine Haarlocke, die ihm auf dem Totenbett abgeschnitten wurde.

The Dove

SPAZIERGANG DURCH NOTTING HILL

Auf der Südseite des U-Bahnhofs Notting Hill Gate befindet sich gleich westlich das **1 Coronet Theatre** von 1898; in der Komödie *Notting Hill* diente es als Kino. Über die Ampel geht's in die Pembridge Rd; ein Stück die Kensington Park Rd hoch steht ein grüner viktorianischer **2 Cabmen's Shelter**, einer von nur 13 erhaltenen – hier werden noch immer warme Getränke verkauft. Von der Pembridge Rd biegst du links in die Portobello Rd; am Haus **3 Nr. 22** erinnert eine Tafel an den früheren Bewohner George Orwell. Gleich gegenüber befindet sich in Nr. 19 ein Stück Streetart, angeblich von Banksy: **4 „Made You Look!"** in Scrabble-Buchstaben. Gegenüber der **5 Denbigh Terrace** mit ihren pastellfarbenen Häusern ist in Nr. 95–97 ein viel größeres Streetart-Werk: ein riesiges **6 Gesicht** des portugiesischen Künstlers Vhils. Weiter nördlich befindet sich in **7 Nr. 142** ein Andenkenladen. Im Film *Notting Hill* war dies die Fassade von William Thackers (d. h. Hugh Grants) Buchhandlung. Zum eigentlichen Buchladen, der dem im Film als Vorbild diente, läufst du vorbei am **8 Electric Cinema** (S. 295) und in den Blenheim Crescent bis zum **9 Notting Hill Bookshop** (S. 291) in Nr. 13. Überquere die Portobello Rd und folge der Talbot Rd vorbei an der **10 All Saints Church** zum Powys Sq und zum Kulturzentrum **11 Tabernacle**, das als Hauptquartier des Notting Hill Carnival dient. Weiter geht's auf der Westbourne Park Rd gen Norden und dann links. Die **12 blaue Tür** von Nr. 280 war im Film der Eingang zu Thackers Wohnung. Schließlich spazierst du Richtung Westen bis Ladbroke Grove; die gleichnamige U-Bahnstation liegt gleich nördlich.

SPAZIERGANG DURCH DEN HOLLAND PARK

Zwar zählt der Holland Park nicht zu den acht königlichen Parks Londons, doch auf seinen 22 ha umfasst er hübsche Gärten und Wäldchen, historische Gebäude und zwei Dutzend Skulpturen. Prächtig (und laut) sind die Pfauen des Parks; Kinder können sich auf einem Spielplatz austoben. Los geht's am Earl's Court Gate in der Kensington High St; vorbei am **1 Design Museum** (S. 282) folgst du dem Weg Richtung Norden bis zum Eingang des Hostels **2 Safestay** (S. 289). Gleich links sind die Überreste des Holland House im jakobinischen Stil von 1607, das 1940 fast vollständig zerbombt wurde. Im Sommer findet auf der Südterrasse die Konzertreihe **3 Opera Holland Park** statt. Im **4 Holland Park Café** beim Stable Yard Richtung Westen warten der anatomisch korrekte *Sun God* aus Kalkstein von Sir Jacob Epstein und Eric Gills *Maid* aus Portland-Stein. Ein Stückchen weiter westlich ist das **5 Belvedere** (heute ein Restaurant) aus dem 17. Jh. Weiter geht's gen Norden vorbei am **6 Napoleon Garden** zu Sean Henrys Bronzeskulptur **7 Walking Man**, der dem Blick der Passant:innen ausweicht. Gleich dahinter locken der japanische Fukushima-Wasserfall und der reizende **8 Kyoto Garden** mit Koiteich, Wasserfall, Kirschblüten im Frühjahr und Pfauen. Über einen Fußpfad im Garten erreichst du den **9 Lime Tree Walk**. Dieser wiederum führt rechts durch das Arboretum zur **10 Statue von Lord Holland** von G. F. Watts auf einem Inselchen am östlichen Ende eines kleinen Teichs. Folge dem Pfad Richtung Norden zum **11 Suntrap Garden** und verlasse den Park durchs **12 North Gate**. Der U-Bahnhof Holland Park liegt nur 300 m nordwestlich.

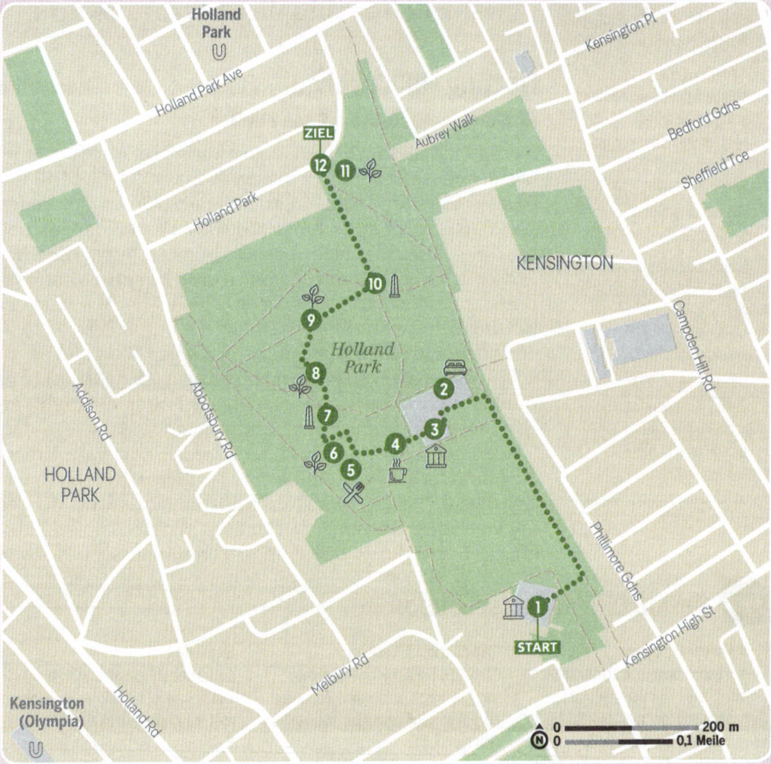

Notting Hill Carnival

JESSICAGIRVAN/SHUTTERSTOCK ©

EIN KARNEVAL-TAGEBUCH

Jim Ives, langjähriges Mitglied von Mahogany Carnival Arts, einer führenden und preisgekrönten Karnevalband, gibt uns eine tageweise Einführung zu den Feierlichkeiten. (mahoganycarnival.com)

Samstag
Der Karneval beginnt mit dem Sound der Steeldrums beim Steelbandwettbewerb in Emslie Horniman's Pleasance, einem kleinen Park nördlich der Portobello Rd.

Sonntag
Am weniger überfüllten zweiten Tag verkleiden sich junge Leute mit aufwendigen Kostümen zum Sound des Soca.

Montag
Am besten sind die rund 60 Mas-Bands am Schiedsrichterpunkt an der Great Western Rd zu sehen – vor 13 Uhr da sein! Das volle karibische Karnevalserlebnis vermitteln die Calypso-Rhythmen im Tabernacle (S. 286) am Powis Sq.

MEHR IN NOTTING HILL & WEST LONDON

Notting Hill Carnival

KARTE S. 274

Afrokaribische Kultur auf den Straßen

Jedes Jahr findet am letzten Augustwochenende und am Montag, der ein Feiertag ist, in den Straßen von Notting Hill Europas größtes Freiluftfest statt. Millionen von Zuschauenden sind dabei, wenn aufwendige Festwagen und Zehntausende von Teilnehmenden beim Karnevalsumzug durch die Straßen ziehen und sich das Viertel in eine gigantische afrokaribische Straßenparty verwandelt. Zum ersten Mal fand der Notting Hill Carnival 1966 statt, um die Kultur der wachsenden afrokaribischen Community in diesem Teil Londons zu feiern, der sozial stark benachteiligt war. Damals lockte er rund 500 Personen an; in den letzten Jahren hat die Besucherzahl die Zweimillionenmarke geknackt.

Jeder Tag des Karnevals ist verschieden, wobei die Events die fünf verschiedenen „Künste" präsentieren. Der „Mas", von „Maskerade", ist die wichtigste Kostümparade, bei der die unglaublichen Kostüme, das Makeup und der Kopfschmuck oft der Schwerkraft trotzen. Für Perkussionssounds sowie

ÜBERNACHTEN IN WEST LONDON

K+K Hotel George
Das freundliche, gut designte Hotel bietet 154 behagliche Zimmer und hinterm Haus einen tollen Garten. £££

Vancouver Studios
50 stylishe Apartments, alle mit kleiner Küche und Zugang zu einem schönen ummauerten Garten. £££

Stylotel
Einladende Unterkunft in modernem, fröhlichem Design mit 50 Zimmern in drei Größen. ££

Kostüme mit brasilianischem Flair sorgen Sambaschulen. Das „Pan" besteht aus Steelbands, während die Calypso-Künstler:innen teils fröhliche, teils knallharte Musik aus Trinidad spielen. Dazu kommen rund 30 Beschallungsanlagen, teils statisch, teils mobil, die alles von Reggae über Funk und Drum 'n' Bass bis Soca herausposaunen. Das Mas findet gewöhnlich am Montag statt und ist der Höhepunkt der Feierlichkeiten.

Ein weiterer wichtiger Magnet ist das Streetfood, das an rund 300 Ständen erhältlich ist. Geboten werden Gerichte aus aller Welt, doch am beliebtesten sind die karibischen aus dem Viertel wie z. B. *jerk chicken* aus Jamaika, *roti* aus Trinidad und *pepper pot* aus Guyana.

Queens London

KARTE S. 280

Auf die Schlittschuhe!

Die Einrichtung besteht vor allem aus einer unterirdischen Eisbahn, wo viele Londoner:innen zum ersten Mal Schlittschuhe anziehen und sich entweder auf eigene Faust oder im Rahmen eines Kurses aufs Eis begeben. Jetzt können sie sich auch im Curling ausprobieren, einer ungewöhnlichen, wenn auch olympischen Sportart. Außerdem gibt's eine Bowlinganlage mit zwölf Bahnen.

Porchester Spa

KARTE S. 274

Den Sprung wagen

Das städtische **Spa**, das bis vor Kurzem noch eher schnörkellos daherkam, ist einer Auffrischungskur unterzogen worden – jetzt ist es wieder der Art-déco-Palast, der es 1929 war. Es umfasst ein 30-m-Becken, eine große finnische Sauna, zwei Dampfbäder, ein türkisches Bad mit drei verschiedenen Wärmeräumen und ein Tauchbecken. Der Zutritt wechselt tageweise nach Geschlechtern, aber sonntags ist ganztägig gemischt.

KidZania

KARTE S. 280

Wo sich die Kids austoben und etwas lernen

Irgendwo in den Eingeweiden der Westfield Mall in Shepherd's Bush, der größten Englands, befindet sich dieses interaktive **Freizeitzentrum** für Kinder, das Kids im Alter von vier bis 14 die Grundlagen einer Reihe von Berufen vermittelt, vom Schauspieler bis zum Piloten, Zahnarzt und Feuerwehrmann. Hier können sie sich verkleiden, die Basics erlernen und dann das Gelernte anwenden. Das macht viel Spaß und ist sehr lehrreich – etwas, das man nicht jeden Tag erlebt. Kinder bis acht müssen von einem Erwachsenen begleitet sein.

ASIATISCHE RESTAURANTS IN WEST LONDON

Akira
Das Sushi und die *robata*-Spezialitäten vom Holzkohlegrill in diesem herrlichen Restaurant im Japan House (S. 277) werden kunstvoll dargeboten und sind ebenso köstlich. **£££**

101 Thai Kitchen
Das einfache Lokal serviert das authentischste Thai-Essen Londons, von Fischküchlein und Currys bis zu würzigen Salaten. **£**

Med Salleh Kopitiam
Eine ungewöhnliche Entdeckung: Dieses „Coffeehouse" serviert malaiische Streetfoodklassiker wie *Hainan chicken rice*, Curry-Laksa und *char kuey teow noodles*. **£**

Barclay House
Das wohl komfortabelste B&B Londons hat gepflegte Zimmer in einem schönen viktorianischen Reihenhaus. **££**

Safestay Holland Park
Hostels residieren meist nicht in alten Gebäuden mitten im Park, doch genau damit punktet dieses, dazu mit 300 Betten. **£**

Barmy Badger Backpackers
Altmodisches Hostel mit 42 Betten in Dorms und Doppelzimmern, riesiger Küche und Schließfächern. **£**

HINTER DEN KULISSEN IM STADION

Patrizia Tavarrini, eingefleischter Chelsea-Fan und Stamford-Bridge-Guide, sagt uns, was die Stamford Bridge so einzigartig macht.

Der Reiz
Ich komme aus Norditalien, und als ich nach London zog, gab's bei Chelsea schon jede Menge italienische Spieler. So wurde Chelsea zum Verein der italienischen Community.

Das Stadion
Es müsste modernisiert werden, aber ich mag es so, wie es ist – es wirkt authentisch.

Die Frage
Immer geht's um Tickets! Leider gehen die immer schnell weg. Wer keine mehr bekommt, schaut das Match im Pub!

Am besten
Das Spielfeld aus der Nähe sehen. Ich führe gern alle Fußballfans herum, doch besonders Kinder, die Chelsea-Fans sind. Sie sind die nächste Generation.

Stamford Bridge

Stamford Bridge

KARTE S. 280

Die Heimat der Blues

Im Stadion **Stamford Bridge** trägt der Chelsea Football Club, einer der reichsten und erfolgreichsten Fußballvereine Londons, schon seit 1905 seine Heimspiele aus, stets vor mit 41 000 Zuschauer:innen ausverkauftem Haus. Fans der Blues zieht es natürlich zum Fulham Broadway zu Stadionführungen. Vier stehen zur Auswahl, doch am beliebtesten ist die einstündige „Stadium Tour and Museum“.

Zuerst geht's oben ins Museum. In etwa einem halben Dutzend Räumen sind alte Trikots, Fußbälle und Trophäen zu sehen, dazu Videos von bedeutenden Momenten der Vereinsgeschichte und ein paar interaktive Exponate wie z. B. das Elfmeterschießen von München 2012.

Die eigentliche Führung beginnt auf der Matthew-Harding-Tribüne (früher Nordtribüne), wo man in lockerer Runde seine eigene Fanidentität preisgibt. Dann geht's in den Presseraum mit endlosen Möglichkeiten zu Fotos und einer Zeitleiste zur Vereinsgeschichte. Als Nächstes kommen die Umkleiden, sowohl die von Chelsea als auch die der Gastmannschaft. Zwar ist Letztere weniger eindrucksvoll als Erstere, doch hier sind

ESSEN IN WEST LONDON

Caractère
Gourmettempel mit normalen und Probiermenüs und starkem französischem und italienischem Einschlag. **£££**

Les Mochis
Tacos und Sushi? Hört sich eher ungewöhnlich an, doch die Mischung aus Mexiko- und Japan-Küche funktioniert. **£££**

Faber
Einladendes neues Seafoodrestaurant in tollem viktorianischem Ambiente in Hammersmith. **££**

die Trikots einiger berühmter Spieler zu sehen wie von Bobby Moore, David Beckham, Wayne Rooney und Cristiano Ronaldo. Dann geht's durch den Spielertunnel - schaust du hoch, siehst du dich selbst auf dem großen Bildschirm - mit tollem Ausblick aufs Spielfeld. Hinaus geht's dann durch den gut bestückten Shop.

Wo Bücherwürmer buddeln

KARTE S. 274

Buchhandlungen in Notting Hill

Die ausgezeichnete kleine Buchhandlung **Lutyens & Rubinstein** ist auf drei Etagen vollgestopft mit sorgfältig ausgewählten Titeln. Die Idee zum Buchladen hatten 2009 zwei Literaturagentinnen, sodass das Hauptaugenmerk auf hochwertiger Literatur liegt. Wem Bücher wirklich am Herzen liegen, der sollte diesen Laden ansteuern - hier gibt's keine Stapel mit Bestsellern und Restexemplaren.

Der **Notting Hill Bookshop**, einst eine allein auf Reiseliteratur spezialisierte Buchhandlung, diente Hugh Grants Laden in der erfolgreichen romantischen Komödie *Notting Hill* von 1999 als Vorbild - daher auch die vielen Fans vor der Tür, die Selfies schießen. Heute ist der Laden eine normale Buchhandlung mit einem kleinen Schwerpunkt auf Reiseliteratur und dazu einem sorgfältig ausgewählten Sortiment und einer gemütlichen Kinderabteilung unter dem Glasdach im hinteren Bereich. Schön sind auch die Geschenkeditionen in Satin- und Ledereinband.

Eine Fachbuchhandlung, die sich gehalten hat, ist **Books for Cooks**. Hier stehen in den Regalen jede Menge Kochbücher sowohl von etablierten als auch von aufstrebenden Köch:innen aus aller Welt. In der Küche im hinteren Bereich werden die Bücher einem Praxistest unterzogen: Hier kann man mittags Gerichte nach Rezepten aus den Büchern verkosten.

Großevents & Musik im Westen

KARTE S. 280

Livemusik, bekannte Namen, Aufführungen

Das Auditorium mit 3630 Sitzplätzen, 1932 als Art-déco-Filmtheater erbaut, später als Hammersmith Odeon und dann als Hammersmith Apollo bekannt, heißt heute aus Sponsoringgründen **Eventim Apollo**. Vor zehn Jahren wurde es umfassend umgebaut und zählt noch immer zu den wichtigsten Orten für Livemusik und andere Live-Veranstaltungen. Die Liste der Solomusiker:innen und Bands, die hier schon auf der Bühne gestanden haben, liest sich wie ein Who's Who der Musik der letzten 50 Jahre: Buddy Holly, die Beatles,

DIE LONDONER POSTLEITZAHLEN

Die Londoner Postleitzahlen sind selbst für Einheimische verwirrend. Wie kann SE23 an SE6 grenzen? Es gibt zwar Norden (N), Westen (W) und Osten (E), aber wo ist der Süden? Als die Postleitzahlen 1858 eingeführten wurden, waren sie recht eindeutig und alle Himmelsrichtungen waren vertreten. Doch dann wurden NE mit E und S mit SE und SW zusammengelegt und die Probleme begannen. Im Ersten Weltkrieg wurden Angestellte, die an der Front waren, durch Teilzeitkräfte ersetzt und ein neues Ziffernsystem wurde eingeführt. Nr. 1 war jeweils die Mitte der Zone, doch die anderen Zahlen bezogen sich auf die alphabetische Reihenfolge der Bezirksnamen. Daher erhielt z. B. Chingford in East London eine niedrige Zahl (E4), obwohl es meilenweit von der Mitte in Whitechapel (E1) entfernt war. Poplar, das an Whitechapel grenzt, erhielt die Nummer E14. Alles klar?

Mazi
Sehr moderne Versionen griechischer Gerichte in hellem und außergewöhnlich einladendem Restaurant. **££**

Taquería
Esslokal mit wunderbaren weichen Tacos und auch Margaritas. **£**

Fish House
Fish-and-Chips-Schmiede mitten in Notting Hill mit knusprigem frischem Fisch und köstlichen Pommes. **£**

INFOS ZU DEN LONDONER KANÄLEN

Wer sehr viel mehr über die Londoner Kanäle, ihre Geschichte, das Kanalnetz, die Einrichtung und ihre Zukunft erfahren möchte, sollte das **London Canal Museum** (S. 239) in North London ansteuern.

I WEI HUANG/SHUTTERSTOCK ©

Regent's Canal, Little Venice

VEGETARISCH UND VEGAN ESSEN IN WEST LONDON

222 Vegan Cuisine
Das kleine Restaurant serviert fantasievolle Speisen auf Pflanzenbasis wie Burger mit Spargel und feinen Erbsen oder Nudelsalat mit Kürbis und Zucchini. **£**

Farmacy
Die Farmacy ist ein großes, schönes Restaurant mit veganen Gerichten aus Biozutaten von der eigenen Farm in Kent. **££**

The Gate Hammersmith
„Pflanzenpionier" seit 1989: Das bekannte vegetarische Restaurant bietet eine vielfältige Karte und einen fabelhaften Wochenendbrunch. **££**

Queen, David Bowie, Bruce Springsteen, Bob Marley, Bob Dylan, Eric Clapton.

Das 1995 eröffnete **Irish Cultural Centre** ist die wichtigste Einrichtung Großbritanniens zur Förderung irischer Kunst und Kultur und eine hervorragende, fast intime Bühne für traditionelle irische Musik sowie für Film, Theater und Lesungen.

Nördlich von Hammersmith befindet sich ein weiteres sehr beliebtes Veranstaltungshaus. Das 1903 vom Theaterarchitekten Frank Matcham erbaute **O2 Shepherd's Bush Empire** zählt mit rund 2000 Stehplätzen zu den besseren kleinen Musikbühnen Londons. Oft finden hier Warmup-Konzerte bekannter Musiker:innen statt.

Little Venice & seine Kanäle

KARTE S. 280

Londons staublose Straßen

Das reizende, angeblich vom romantischen Dichter Lord Byron benannte Viertel liegt an der Kreuzung von Regent's und Grand Union Canal und dient auch als Tor zum kürzlich neu erschlossenen Paddington Basin. Die Londoner Kanäle werden heute hauptsächlich zu Erholungszwecken genutzt, doch früher wurden auf ihnen Rohmaterialien und fertige Pro-

AUSGEHEN IN WEST LONDON

Atlas
Stets rappelvolle Kneipe mit mediterraner Karte und hübschem Hof.

Waterway
Am Grand Union Canal in Little Venice – das perfekte Fleckchen für einen geruhsamen Nachmittag.

Princess Victoria
Liebevoll restaurierter viktorianischer Ginpalast mit ummauertem Garten und schon zahlreichen Promigästen.

dukte zwischen Fabriken und Flüssen und Häfen transportiert. Der 1820 angelegte, knapp 15 km lange Regent's Canal verbindet den Paddington-Arm des älteren Grand Union Canal mit dem Limehouse Basin an der Themse. Hier wurden Kohle, Getreide und andere Massengüter wie aus Norwegen per Schiff importiertes Eis auf pferdegezogene Kähne verladen und über den 220 km langen Grand Union Canal durch 166 Schleusen bis hoch nach Birmingham befördert.

Auf dem Kanal

KARTE S. 280

Per Boot zum Camden Market

Zwei Reedereien bieten gemütliche Bootstouren auf dem Regent's Canal vorbei am Regent's Park ZSL London Zoo zum Camden Lock. Von April bis Oktober bietet die London Waterbus Company täglich sechs bis neun 45-minütige Touren, im restlichen Jahr weniger. Etwas länger ist der Ausflug inklusive *cream tea*. Ähnliche Fahrten hat Jason's Trip im Programm, verkehrt aber weniger häufig. Die Touren am besten vorher online buchen!

Suche nach Vintage-Schätzen

KARTE S. 280

Gebrauchte Kleidung zum Schnäppchenpreis

Das Stöbern nach gebrauchter Kleidung – oder nenn es *preloved* oder *vintage* – ist das Hauptziel aller Shopping-Begeisterten in West London, besonders in Notting Hill und, noch genauer, an der Portobello Rd und um sie herum. Als Orientierung dient das markante brutalistische Betonhochhaus Trellick Tower. Zuerst geht's zu **Rellik**, einem Liebling modebewusster Sparfüchse: Hier gibt's Damen- und Herrenmode und Accessoires von den 1970er- bis zu den Nullerjahren. Nobler ist **Found and Vision** mit jeder Menge unwiderstehlicher Straßenanzüge der 1970er-Jahre, Kleider von Chanel und Jacken von Gaultier. Und dann gibt's überall noch die Pop-up-Läden von **Last Place on Earth** – zuletzt waren es vier –, eher Secondhand- als Vintage-Shops.

AM TREIDELPFAD

Carolyn Clark, die regelmäßig über die Londoner Kanäle schreibt, stellt uns ihre Lieblingsspots am Regent's Canal vor. (regentscanal heritage.org.uk)

Beinarbeit
Vom Cafe Laville am Maida Hill Tunnel schaust du den durchfahrenden Booten zu. Bevor die Boote motorisiert waren, lagen die Bootsführer auf dem Rücken, um das Boot durch den Tunnel zu „treten"; die Pferde gingen oben entlang.

Explosives Event
Die Macclesfield Bridge wurde 1874 zerstört, als fünf Boote mit Schießpulver und Benzol explodierten. Mit den übrig gebliebenen gusseisernen Säulen wurde sie wieder aufgebaut.

Spiel & Spaß
Am ersten Feiertagswochenende im Mai findet in Little Venice die dreitägige Canal Cavalcade statt, mit alten Booten, Essen und Live-Unterhaltung.

Windsor Castle
Taverne, von der aus man einst das Königsschloss sehen konnte, mit Kaminfeuer im Winter und Biergarten im Sommer.

The Cow
Ein „echtes" irisches Pub mit Austern und Guinness sowie lebhafter Kundschaft, die bei der Livemusik mitmischt.

Trailer Happiness
Eine Art Tikibar in der Portobello Rd mit Karibikmotto und großer Auswahl an Rumcocktails.

NURPHOTO SRL/ALAMY STOCK PHOTO ©

Rough Trade

TRADITIONELLE PUBS IN WEST LONDON

Churchill Arms
Das berühmte Fuller's-Pub ist für Churchill-Andenken, extravaganten Weihnachtsschmuck und Thai-Essen im hübschen Wintergarten bekannt.

Warwick Castle
Entzückende alte Kneipe von 1867 an einer Seitenstraße in Little Venice mit gutem Sonntagsbraten.

Union Tavern
Die Union Tavern bietet eine hübsche Terrasse am Grand Union Canal, eine gute Auswahl an Craftbieren und ein relaxtes Flair.

Schallplatten für Kenner:innen

KARTE S. 274

Beste Läden für gebrauchte Tonträger

Eine herrliche Adresse für Schallplattenfreaks ist **Honest Jon's**, seit 1974 das Harrod's der Läden für Secondhand-Tonträger: Hier gibt's alles von Blues und Jazz bis Reggae, Soul und Funk. **Rough Trade**, das es ebenfalls seit fast einem halben Jahrhundert gibt und einst das gleichnamige Punklabel beherbergte, verkauft sowohl gebrauchte und alternative Schallplatten als auch Bücher. Außerdem finden hier hin und wieder Konzerte statt. Noch älter als diese beiden Läden ist die **Music & Video Exchange**, ein Liebling der Plattensammler:innen aus aller Welt seit 1967. Wenn du etwas hier nicht findest, dann gibt's es nicht mehr. Im Erdgeschoss stehen Rock und Pop, unten Klassik und Easy Listening und oben Reggae, Soul und Funk.

SHOPPEN IN WEST LONDON

Stuarts
Seit 50 Jahren ein bekannter Herrenausstatter mit Designerklamotten und ein paar Vintage-Sachen.

Couverture & the Garbstore
Zwei Läden in einem: schicker Conceptstore mit Damen- und Herrenmode unabhängiger und internationaler Marken.

Chinese Tea Company
Der Eigentümer aus Zhejiang in Südostchina empfiehlt perfekte Gebräue; es gibt auch Teeverkostungen.

Auf der Bühne in West London

KARTE S. 280

Die Bretter, die die Welt bedeuten

West London beherbergt einige der dynamischsten und ungewöhnlichsten Theaterbühnen Londons. Seit 1972 präsentiert das vielfach ausgezeichnete **Bush Theatre** in Shepherd's Bush Stücke von neuen Dramatiker:innen wie Conor McPherson, Stephen Poliakoff, Caroline Horton und Tyrell Williams; viele schafften anschließend den Sprung ins West End. Die Hauptbühne hier ist das Holloway Theatre mit bis zu 180 Sitzplätzen; das kleinere Studio hat 70 Plätze.

Ein weiteres vom bekannten Architekten Frank Matcham entworfenes viktorianisches Varietétheater, das dann zum normalen Theater wurde, ist das **Lyric Hammersmith** mit einem sehr vielfältigen Programm von anspruchsvollen Klassikern bis zu zugänglicheren Stücken.

Etwas ganz Anderes bietet in Little Venice die **Puppet Theatre Barge**, ein charmantes Marionettentheater auf einem umgebauten Kanalboot. Von Oktober bis Juli finden hier schon seit über 40 Jahren am Wochenende und in den Schulferien Vorstellungen statt.

Und auf der Leinwand

KARTE S. 274

Falls du lieber ins Kino gehst

In West London stehen zwei der luxuriösesten Kinos der Stadt. Das **Electric Cinema Portobello** in Notting Hill stammt von 1911 und ist damit eins der ältesten Filmtheater des Landes; es zeigt alles von Blockbustern und normalen Spielfilmen bis zu Arthouse-Streifen und Dokus. Zuschauen kannst du von Ledersesseln oder Sofas mit Fußhöckerchen aus oder auch von einem der sechs Doppelbetten ganz vorne. Einen ähnlichen Luxus bietet das **Electric Cinema White City** im Art-déco-Stil – einst residierte hier BBC Television.

WARUM ICH WEST LONDON LIEBE

Steve Fallon, Autor

Heutzutage spielt sich für mich London größtenteils im Osten ab, doch als ich die Stadt zum ersten Mal besuchte, damals, als der White Tower des Tower of London gerade frisch getüncht war, zog es mich nach Earl's Court, das zu dieser Zeit als fest in australischer Hand galt und mit seinen billigen Bleiben und Lokalen „Kangaroo Valley" genannt wurde. Dort probierte ich meine ersten „echten" indischen Currys – in meiner Heimatstadt Boston waren indische Restaurants damals noch Mangelware. Ich erinnere mich, einen Wecker gekauft zu haben, einen altmodischen mit Glocken oben drauf und riesigem Ziffernblatt mit Union Jack. Es war ein Geschenk für meinen älteren Bruder. Ob er ihn noch hat? Auf jeden Fall habe ich noch die Quittung!

Ceramica Blue
Auf der Suche nach buntem Geschirr? Dieser Laden importiert alles Mögliche aus über einem Dutzend Ländern.

Biscuiteers
Schau begehrlich auf bunte Kekse und Cupcakes oder probiere dich bei einem Kurs im Auftragen von Zuckerguss aus.

Zarvis London
Dieser Health-and-Beauty-Shop stellt Düfte her und mischt Bio-Bade- und Körperöle für empfindliche Haut.

Ginstitute

KARTE S. 274

Gin selbst herstellen

Das **Ginstitute at the Distillery** (sowohl Bar als auch Brennerei) in der Portobello Rd bietet eine umfassende Einführung zum Thema Gin, die dich in nur drei Stunden zum Gin-Experten und -Brenner macht. Nach einem Gin-Cocktail zum Aufwärmen wird die meist schmutzige Geschichte des Getränks von seiner Erfindung in Holland und seiner unrühmlichen Ankunft in Großbritannien im 18. Jh. erzählt; anschließend wird seine Herstellung erläutert. Dann erhältst du deine eigenen *botanicals* (Kräuter und Aromen) und machst dich an die Arbeit. Am Ende hast du deine eigene 70-cl-Flasche Gin produziert.

Graffik Gallery

KARTE S. 274

Die Kunst der Spray Art lernen

Dies ist eine der ersten **Galerien** für Streetart – wenn nicht gar die allererste. Sie präsentiert eine eindrucksvolle Sammlung an Arbeiten junger und legendärer Künstler:innen wie Banksy, Bambi, Stik, Tommy Gurr und Waleska Nomura. Außerdem bietet die Graffik Gallery verschiedene Workshops und Meisterklassen für Graffitikünstler:innen an, teils auch geeignet für Familien mit Kindern.

Englischen Wein verkosten

KARTE S. 280

Eine urbane Weinkellerei in Fulham

London Cru (oder LDN CRU), die erste urbane Weinkellerei Großbritanniens, verarbeitet nur in England, z. B. in West Sussex, angebaute Trauben und transportiert diese zu Gärtanks in ihrer Kellerei in einer Nebenstraße in Fulham, wo sie schließlich zu Wein werden. Über Führungen und Verkostungen informiert die Website.

DIE BESTEN MUSIKBARS IN WEST LONDON

Troubadour
Legendärer Musikschuppen seit 1954, unten mit Livemusik (Jazz, Folk) an den meisten Abenden.

Notting Hill Arts Club
Der schäbig-schicke Keller-Bar-Club bietet neben Underground- und Retro-Clubabenden auch hin und wieder Auftritte bekannter Popgrößen.

Sindercombe Social
Pub in Shepherd's Bush mit saisonalen Craftbieren und Livemusik (Pop, Rock, Rap) an vier Abenden der Woche.

Quiet Night Inn
Von der Forest Road Brewery restauriertes viktorianisches Pubjuwel mit kleiner Bühne und Livemusik.

KAFFEE TRINKEN IN WEST LONDON

Kuro Coffee
Beliebtes minimalistisches japanisches Café mit Kaffee und Matchatee, die zu den besten der Gegend gehören.

Lowry & Baker
Guter, in bunt zusammengewürfeltem Geschirr servierter Monmouth-Kaffee und erstklassiges Frühstücksangebot.

Antipode
Handwerkliches Café mit Kaffee, wie ihn nur Australier:innen zu machen verstehen.

Ginstitute at the Distillery

South London

MULTIKULTURELLE UND HISTORISCHE GEGEND VOLLER CHARAKTER

Jedes Viertel Südlondons ist einzigartig und hat einen ganz eigenen Charme. Das ist auch den diversen ethnischen Communitys zu verdanken, die sich hier angesiedelt und die Geschichte der Gegend mitgeschrieben haben, wie etwa im karibisch geprägten Brixton. Infolge der Gentrifizierung gibt's hier mittlerweile unzählige Essens- und Ausgehoptionen, doch auch das gesellschaftliche Gefüge Südlondons ist im Wandel begriffen.

Peckham ist sowohl für seine Geschichte als auch für seinen ausgeprägten Gemeinschaftssinn bekannt. Das lebendige Viertel, auch „Little Lagos" genannt, bildet schon seit den 1970er- und 1980er-Jahren das Zentrum der afrikanischen Community und vor allem auf der Straße Peckham Rye findet man alles von Haarprodukten und nigerianischem Essen bis zu Hipster-Bars. Eine blühende Kreativszene zieht viele Künstler und Galerien an, was eine dynamische Musikkultur, coole Lokale, tolle Märkte und eine Food-Szene für alle hervorgebracht hat. Tooting ist überwiegend südasiatisch geprägt und kann es in Sachen Curryrestaurants mit der Brick Lane aufnehmen.

DMITRY NAUMOV/SHUTTERSTOCK ©

Dank jeder Menge Parks und Grünflächen in Vierteln wie Greenwich, Herne Hill und Streatham ist South London auch für Familien auf der Suche nach Spielplätzen ideal sowie für alle, die es nach draußen zieht, ob zum Joggen oder Relaxen. Einige interessante Museen und Galerien setzen der Gegend das i-Tüpfelchen auf.

Brixton, Peckham und Clapham strotzen nur so vor Ausgehmöglichkeiten, während Elephant & Castle gerade grundlegend umgebaut wird. Im Vergleich zum Stadtzentrum und East London mag es im Süden unter der Woche recht ruhig zugehen, doch dank der vielen Märkte und Bars gibt es trotzdem immer etwas zu entdecken.

NICHT VERSÄUMEN

IMPERIAL WAR MUSEUM
Museum über Militärgeschichte und Konflikte und deren Auswirkungen auf die Gesellschaft.
S. 303

BRIXTON VILLAGE & MARKET ROW
Bunter Markt und kultureller Hotspot mit jeder Menge Läden, leckerem Essen und anderen Produkten.
S. 303

BLACK CULTURAL ARCHIVES
Museum über die reiche Geschichte und Kultur der Schwarzen Community in Großbritannien.
S. 310

TOP TIPP

Die öffentliche Anbindung variiert in South London je nach Viertel und ist nicht immer ideal. Brixton und Clapham liegen jedoch an der Victoria bzw. der Northern Line, die am Wochenende rund um die Uhr in Betrieb sind. Abstecher in andere Gegenden solltest du gut planen und es empfiehlt sich, Restaurantbesuche am Wochenende im Voraus zu buchen.

JONO PHOTOGRAPHY/SHUTTERSTOCK ©

Links: Tower Bridge (S.304); oben: Battersea Power Station (S. 305)

LOCAL TIPP

Anna Prendergast (@annahhp, AHHPrendergast), Reiseautorin aus Brixton, empfiehlt drei tolle relaxte Spots, deren Besuch sich lohnt.

Effra Hall Tavern, Brixton
Pub für Erwachsene, in dem donnerstags einige der besten Jazzmusiker Südlondons für eine elektrisierende Stimmung sorgen. Beginn ist 21 Uhr, Reservierungen sind nicht möglich.

Eden Nature Garden, Clapham
Ein malerischer Gemeinschaftsgarten, in den Anwohner zum Entspannen kommen. Im Frühling wimmelt es von Kaulquappen und Tulpen und Bienenstöcke erwachen zum Leben.

Persepolis, Peckham
Das einfache persische Familienrestaurant ist eins der günstigsten der Hauptstadt: Für 30 £ bekommt man Meze, *harak osbao* und Köfte bis zum Abwinken plus Dessert und Drinks.

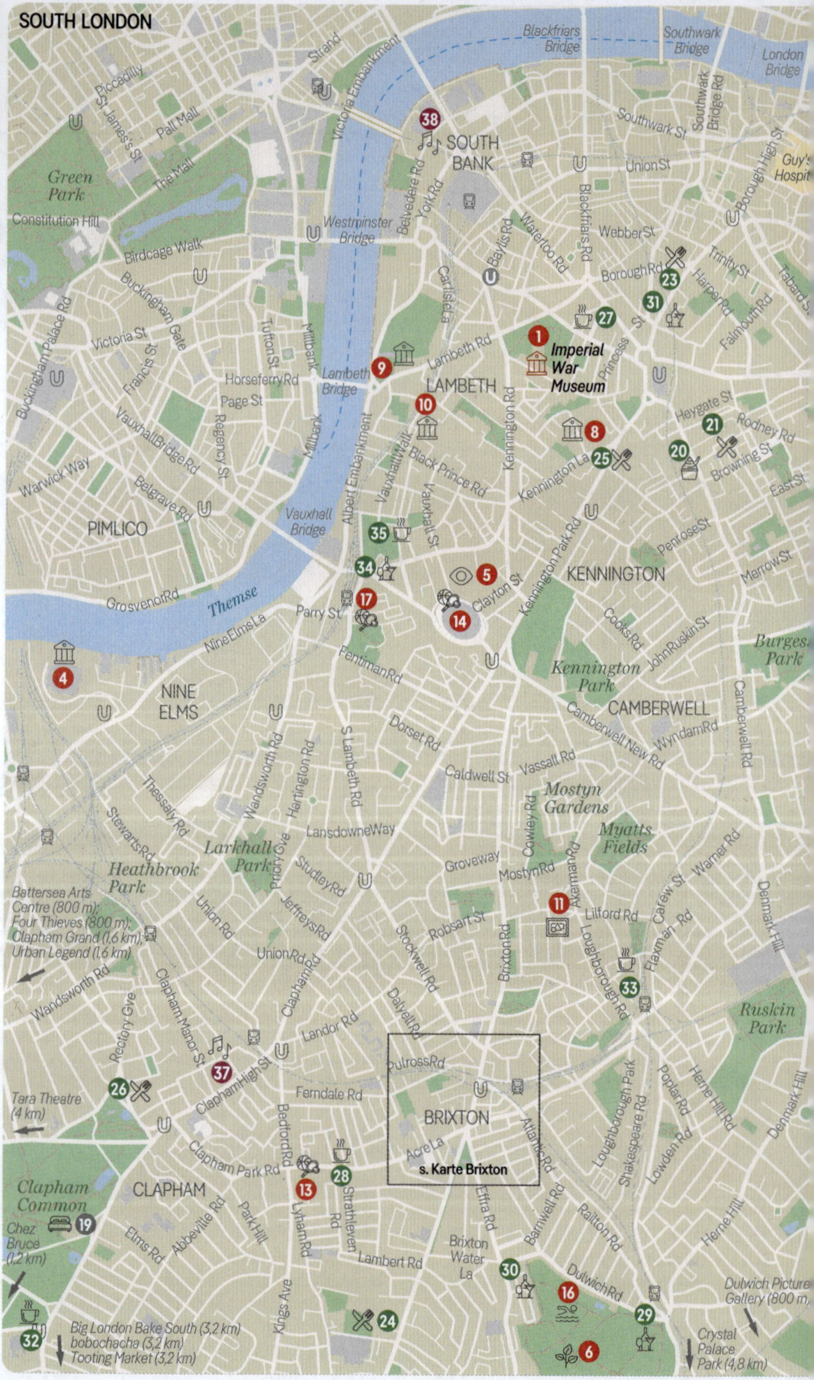
SOUTH LONDON
Blackfriars Bridge
Southwark Bridge
London Bridge
Strand
Victoria Embankment
Piccadilly
St James's St
Pall Mall
The Mall
Green Park
Constitution Hill
Birdcage Walk
Buckingham Gate
Buckingham Palace Rd
Victoria St
Francis St
Tufton St
Millbank
Horseferry Rd
Page St
Regency St
Vauxhall Bridge Rd
Warwick Way
Belgrave Rd
PIMLICO
Grosvenor Rd
Themse
Westminster Bridge
Lambeth Bridge
Vauxhall Bridge
Albert Embankment
SOUTH BANK
Belvedere Rd
York Rd
Baylis Rd
Carlisle La
Waterloo Rd
Blackfriars Rd
Southwark St
Southwark Bridge Rd
Union St
Borough High St
Guy's Hospit
Webber St
Borough Rd
Trinity St
Harper Rd
Falmouth Rd
Tabard St
Princess St
Lambeth Rd
LAMBETH
Imperial War Museum
Kennington Rd
Heygate St
Rodney Rd
Browning St
East St
Kennington La
Black Prince Rd
Vauxhall Walk
Vauxhall St
Kennington Park Rd
Penrose St
Merrow St
KENNINGTON
Clayton St
Parry St
Nine Elms La
NINE ELMS
Fentiman Rd
Cooks Rd
John Ruskin St
Burgess Park
Kennington Park
CAMBERWELL
Camberwell New Rd
Wyndam Rd
Camberwell Rd
Dorset Rd
Caldwell St
Vassall Rd
Mostyn Gardens
Myatts Fields
Thessaly Rd
Stewarts Rd
Wandsworth Rd
Hartington Rd
S Lambeth Rd
Lansdowne Way
Larkhall Park
Priory Gve
Studley Rd
Heathbrook Park
Groveway
Cowley Rd
Mostyn Rd
Akerman Rd
Warner Rd
Carew St
Battersea Arts Centre (800 m); Four Thieves (800 m); Clapham Grand (1,6 km); Urban Legend (1,6 km)
Union Rd
Jeffreys Rd
Union Rd
Clapham Rd
Stockwell Rd
Robsart St
Brixton Rd
Lilford Rd
Loughborough Rd
Flaxman Rd
Denmark Hill
Ruskin Park
Wandsworth Rd
Clapham Manor St
Rectory Gve
Landor Rd
Dalyell Rd
Pulross Rd
Clapham High St
Ferndale Rd
BRIXTON
Acre La
s. Karte Brixton
Atlantic Rd
Loughborough Park
Shakespeare Rd
Poplar Rd
Lowden Rd
Herne Hill Rd
Tara Theatre (4 km)
Clapham Park Rd
Bedford Rd
Strathleven Rd
Lyham Rd
Clapham Common
CLAPHAM
Chez Bruce (1,2 km)
Elms Rd
Abbeville Rd
Park Hill
Kings Ave
Lambert Rd
Effra Rd
Brixton Water La
Barnwell Rd
Railton Rd
Dulwich Rd
Herne Hill
Dulwich Picture Gallery (800 m)
Crystal Palace Park (4,8 km)
Big London Bake South (3,2 km)
bobochacha (3,2 km)
Tooting Market (3,2 km)
1
4
5
6
8
9
10
11
13
14
16
17
19
20
21
23
24
25
26
27
28
29
30
31
32
33
34
35
37
38

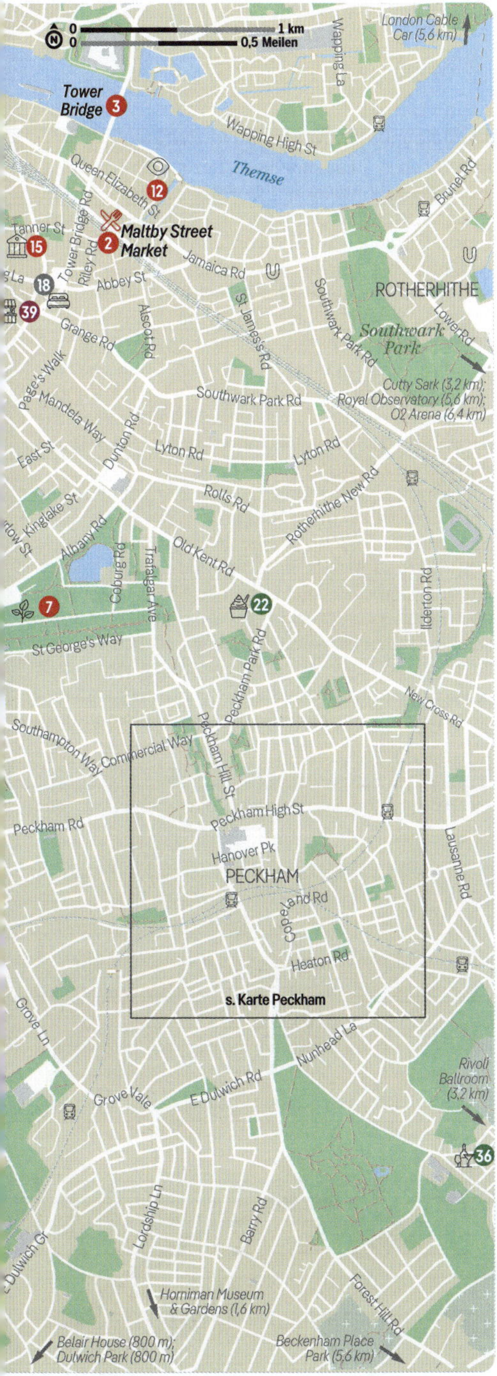

HIGHLIGHTS
1 Imperial War Museum
2 Maltby Street Market
3 Tower Bridge

SEHENSWERTES
4 Battersea Power Station
5 Beefeater Distillery
6 Brockwell Park
7 Burgess Park
8 Cinema Museum
9 Lambeth Palace
10 Newport Street Gallery
11 San Mei Gallery
12 Shad Thames
13 Substation
14 The Oval
15 White Cube

SPORT & AKTIVITÄTEN
16 Brockwell Lido
17 VauxWall West Climbing Centre

SCHLAFEN
18 Bermondsey Square Hotel
19 Windmill

ESSEN
20 Badiani Gelato
21 Beza
22 Cake and Custard Factory
23 Mercato Metropolitano
24 Negril
25 Toulouse Lautrec
26 Trinity

AUSGEHEN & FEIERN
27 Art Cafe London
28 Blank Coffee
29 Florence
30 Hootananny
31 Ministry of Sound
32 No3 at Nightingale Place
33 Old Spike Roastery
34 Royal Vauxhall Tavern
35 Tea House Theatre
36 The Ivy House

UNTERHALTUNG
37 Lotus Bar
38 Southbank Centre

SHOPPEN
39 Bermondsey Antiques Market

Das O2

KARTE S. 300

Dreh- und Angelpunkt für Events und Aktivitäten

Die kolossale **O2** Arena hat sich ihren Ruf als eine der weltbesten Veranstaltungshallen redlich verdient. Bis zu 20 000 Zuschauer lassen sich hier regelmäßig bei Konzerten und Events der größten Namen aus Showbiz und Sport begeistern.

Doch nicht nur im O2 selbst kann man sich vergnügen, sondern auch obendrauf. **Up at The O2** heißt die Möglichkeit, auf das berühmte gewölbte Dach zu steigen und den Rundumblick auf Greenwich, Canary Wharf und den Olympic Park zu genießen. In Begleitung eines sachkundigen Guides hangelt man sich an Griffstangen über die leicht federnde Kuppel. Der Auf- und Abstieg dauert in etwa eine Stunde, die ganze Erfahrung rund 90 Minuten. Auch Touren in der Dämmerung und zu Sonnenuntergang sind möglich.

Das O2 beherbergt überdies ein Outlet-Center mit 60 Designerläden, darunter so bekannte Namen wie Ted Baker, Kurt Geiger und French Connection. Genauso vielfältig sind mit über 30 Bars und Restaurants auch die Ausgeh- und Essensoptionen. In der Arena, die leicht von der North Greenwich Station aus zu erreichen ist, kann du auch Filme schauen, bowlen, in einem Trampolinpark Spaß haben und dich in einem Windtunnel wie beim Fallschirmspringen fühlen. Am besten checkst du das Programm und hältst dich an Eventtagen von der Gegend fern (sofern du keine Karten für das Event hast).

DIE GESCHICHTE DES O2

Bevor die Arena zum weltberühmten O2 wurde, hieß sie Millennium Dome, da man sie zum Anlass der Jahrtausendwende gebaut hatte. Für Großbritannien war sie ein bedeutender architektonischer und kultureller Meilenstein, denn sie beherbergte die Millennium Experience, eine Ausstellung über diverse Aspekte der britischen Geschichte und Innovation. Nach der Erfüllung seines eigentlichen Zwecks wurde aus dem Dome die O2 Arena, die sich schnell als fester Bestandteil der Londoner Unterhaltungsszene etablierte.

Up at The O2

Brixton Market Row

Brixton Village & Market Row

KARTE S. 306

Kultur, Essen und Gemeinschaft unter einem Dach

Das täglich geöffnete **Brixton Village** und die **Market Row** wurden 1937 vom Schauspieler Carl Brisson ins Leben gerufen. Über die Jahre haben sich die Märkte immer wieder der ständig im Wandel begriffenen lokalen Community angepasst, die allmählich gentrifizierter geworden ist. Nichtsdestotrotz gibt's hier immer noch jamaikanische Leckereien und Lebensmittel, darunter köstliche *patties*, Scotch-Bonnet-Chilis und Stockfisch. Ziel der Märkte ist der Erhalt des historischen Erbes Brixtons, das von seiner Schwarzen Bevölkerung geprägt ist, indem sie dieses Erbe feiern und als kreatives Zentrum neue lokale Talente unterstützen. In Bars, Cafés, Restaurants und Läden bieten rund hundert unabhängige Händler ihre Waren an. Ihre einzigartige Geschichte teilen sie gern mit den Besucher:innen.

Imperial War Museum

KARTE S. 300

Ein tiefer Einblick in die britische Kriegsgeschichte

Das **Imperial War Museum** nimmt seine Gäste mit auf eine Zeitreise und erläutert die Rolle Großbritanniens in Kriegen und anderen globalen Ereignissen. Bei seiner Gründung 1917 war es Ziel des Museums, die Geschehnisse des Ersten Weltkriegs festzuhalten. Anhand militärischer und ziviler Zeitzeugnisse gedenkt es den Opfern, die die gesamte Gesellschaft in Kriegszeiten gebracht hat. Sobald man das großräumige Atrium betritt, gibt es unzählige Geschichten zu entdecken.

Die Holocaust-Ausstellung ermöglicht einen bewegenden Einblick in das Leben der 6 Millionen Juden, die im Zweiten Weltkrieg den Tod fanden. Das Museum ist das erste weltweit mit parallelen Ausstellungen zum Holocaust und dem Zweiten Weltkrieg. Ziel ist es, anhand Tausender Artefakte die Herausforderungen und Traumata früherer Generationen zu vermitteln. Der Eintritt ist frei und das Museum hat täglich von 10 bis 18 Uhr geöffnet.

Tower Bridge

KARTE S. 300

Viktorianische Zugbrücke mit Kultcharakter

Die **Tower Bridge**, deren Bau 1886 begann und acht Jahre dauerte, basiert auf einer Idee von Horace Jones, dessen Entwurf einen Wettbewerb um eine neue Themsebrücke gewonnen hatte. Die ausschließlich aus britischen Materialien konstruierte Brücke – Stahl aus Glasgow, Portland-Stein und Granit aus Cornwall – war zu jener Zeit die größte und fortschrittlichste Klappbrücke der Welt. Das Öffnen und Schließen funktioniert mithilfe von Gegengewichten, wobei der dampfbetriebene Mechanismus das Hochziehen der Brücke in nur 3 Min. ermöglichte.

Heute gehören die zwei neugotischen Türme zu den bekanntesten Sehenswürdigkeiten Londons. Die Tower Bridge wird rund zehnmal am Tag geöffnet, inzwischen jedoch elektronisch. Die genauen Zeiten kann man der Website entnehmen. Die besten Fotos lassen sich vom St Katherine's Dock aus schießen, oder man steigt auf den Nordturm und überquert die 11 m lange gläserne Fußgängerbrücke für einen Blick aus der Vogelperspektive.

Tower Bridge

Bermondseys Biermeile

KARTE S. 300

Die besten Brauereien und Taprooms Südlondons

Die Bermondsey Beer Mile ist genau genommen 1,5 Meilen (gute 2 km) lang. Wo 2009 die erste Brauerei eröffnete, werben heute ganze 15 trendige Lokale um Besucher:innen aller Altersgruppen. Ein guter Startpunkt ist der **Maltby Street Market** unweit der London Bridge Station. Bevor du dich ins schaumige Vergnügen stürzt, kannst du dir hier erst mal den Bauch mit Streetfood vollschlagen. Auf der Meile selbst locken die Southwark Brewing Company, The Barrel Project, London Calling Sweden und viele andere tolle Stopps. Am besten schaust du schon im Voraus auf deren Websites vorbei und suchst dir einige Favoriten heraus.

PAV-PRO PHOTOGRAPHY LTD/SHUTTERSTOCK ©

Horniman Museum

Battersea Power Station

KARTE S. 300

Art-déco-Kraftwerk

Auf ihrem Höhepunkt produzierte die **Battersea Power Station** ein Fünftel des Londoner Stroms und versorgte sogar das Parlament und den Buckingham Palace mit Elektrizität. Das Kraftwerk schloss vor über 40 Jahren seine Tore, wurde jedoch erst vor ein paar Jahren saniert und schließlich 2022 als riesiges Einkaufs- und Vergnügungszentrum mit über 250 Geschäften sowie Bars, Restaurants und einem Kino wiedereröffnet. In einem seiner Schornsteine befindet sich ein Glasaufzug, der Besucher:innen zu einer Aussichtsplattform mit herrlichen Blicken auf die Themse und ihre Umgebung befördert. Wer drinnen alles gesehen hat, sucht sich ein gemütliches Plätzchen am Fluss und lässt die Welt an sich vorbeiziehen.

Horniman Museum & Gardens

KARTE S. 300

Wo Naturkunde auf Musik trifft

Das **Horniman Museum** gehörte einst zum Familiensitz der Hornimans und wurde 1890 als „Surrey House Museum" eröffnet. Nach seinem Umzug in ein zweckmäßiges Gebäude bekam es 1901 zu Ehren seines Gründers, des Parlamentsabgeordneten Frederick Horniman, seinen heutigen Namen.

Das Museum umfasst anthropologische, naturkundliche und musische Sammlungen, doch das Highlight sind die ausgestopften Tiere, darunter ein Walross. Auf drei Etagen sind über 350 000 Objekte ausgestellt. Am besten beginnt man beim Aquarium mit Fischen, Fröschen und Korallen im Untergeschoss und arbeitet sich hinauf zu den Dauerausstellungen. Im 6,5 ha großen Garten lässt es sich prima entspannen und die Natur genießen.

Der Eintritt ins Museum und in den Garten ist frei, Aquarium und Schmetterlingshaus (ein tropischer Indoor-Garten mit über 100 Schmetterlingen) sind kostenpflichtig. Für Letzteres solltest du im Voraus ein Zeitfenster-Ticket buchen. Sonntags findet ein Markt mit regionalem Obst und Gemüse statt.

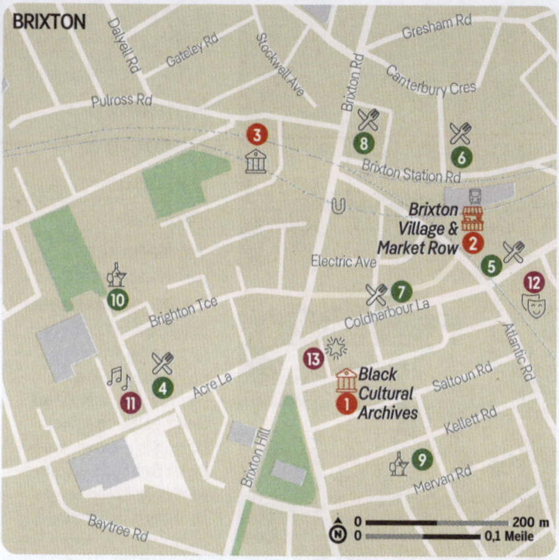

HIGHLIGHTS
1 Black Cultural Archives
2 Brixton Village & Market Row

SEHENSWERTES
3 Chocolate Museum

ESSEN
4 Barrio Brixton
5 Eat of Eden
6 Pop Brixton
7 Wood & Water
8 Z's Northern Ghanaian Cuisine

AUSGEHEN & FEIERN
9 Effra Tavern
10 Trinity Arms

UNTERHALTUNG
11 Blues Kitchen Brixton
12 Brixton House
13 Ritzy Cinema

WILLIAM BARTON/SHUTTERSTOCK ©

Electric Avenue, Brixton

The Cinema Museum

The Cinema Museum

KARTE S. 300

Kinogeschichte entdecken

Diese Privatsammlung von Film- und Kinomemorabilien ist in einem ehemaligen Armenhaus untergebracht, in dem einst der junge Charlie Chaplin zu Hause war. Die Ausstellungsstücke der umfangreichen Sammlung reichen von der Anfangszeit des Kinos im späten 19. Jh. bis zu den neusten Filmtechniken der Gegenwart. Führungen dauern etwa zwei Stunden und beinhalten einen 30-minütigen Kurzfilm über die Location und die Filmgeschichte im Allgemeinen.

Das Museum bietet zudem das ganze Jahr über ein abwechslungsreiches Eventprogramm aus Buchpremieren, Vorträgen, Filmvorführungen und vielem mehr, das zu seiner Finanzierung beiträgt. Mit über 1000 Fotos ist es darüber hinaus familienfreundlich. Führungen sollten im Voraus gebucht werden, da es jeden Tag nur begrenzt Plätze gibt. Die nächstgelegenen U-Bahn-Stationen sind Kennington und Elephant & Castle.

Royal Vauxhall Tavern

KARTE S.300

Legendärer Pub der LGBTIQ-Szene

Die **Royal Vauxhall Tavern** wurde 1865 errichtet und ist schon lange für Londons queere Community von großer Bedeutung. Heute zählt sie zu den beliebtesten Veranstaltungsorten für Varieté und andere Kleinkunst. Travestiekünstler:innen treten hier schon seit den 1950er-Jahren auf und in den 1980ern standen so große Namen wie Paul O'Grady alias Lily Savage auf der Bühne des Pubs. Sogar Lady Diana besuchte einst eine der vielfältigen Shows, die hier jeden Abend stattfinden.

Die ganze Woche über kann man Drag-, Comedy-, Varieté- und Burlesque-Shows genießen und bei Mottoabenden zeigen aufstrebende Künstler:innen aus der Gegend, was sie draufhaben. Für die Früh- und Spätvorstellungen gibt's Steh- und Sitzplätze.

Newport Street Gallery

KARTE S. 300

Damien Hirsts Kunstsammlung

Die **Newport Street Gallery** beherbergt in einem umwerfenden Galerieraum die Privatkollektion des Künstlers und Kunstsammlers Damien Hirst. Der insbesondere für seine Werke zum Thema Tod bekannte Brite war vor allem in den 1990er-Jahren sehr beliebt. Er ist nach wie vor erfolgreich und hält einen Weltrekord: Ganze 140 Mio. nahm er bei einer einzigen Versteigerung seiner Werke ein.

Schon lange wollte Hirst seine Sammlung der Öffentlichkeit zugänglich machen und sein Traum erfüllte sich 2015. Die Galerie nimmt die Hälfte von einer Seite der Newport Street ein und erstreckt sich über drei denkmalgeschützte Gebäude, die einst als Theatermalsäle dienten. Die Kollektion enthält über 3000 Kunstwerke, darunter Stücke von Banksy, Jeff Koons, Pablo Picasso und Tracey Emin.

Die Galerie umfasst auf gut 3400 m² sechs Räume, von denen der eindrucksvollste 11 m hoch ist und sich über zwei Etagen erstreckt. Auch ein Café, ein Laden und die Büros von Hirsts Unternehmen befinden sich auf dem Gelände.

Peckham Levels

KARTE S. 309

Kreativer Hotspot mit Kultur, Kunst und Kulinarischem

Die **Peckham Levels** blicken auf eine lange und interessante Geschichte zurück, doch erst seit 2015 gibt es sie in ihrer aktuellen Ausführung. Das kreative und kulturelle Zentrum bietet eine große Auswahl wöchentlicher Events, von Livemusik, DJs und Kunstausstellungen bis zu Yogakursen. Das genaue Programm ist auf der Website zu finden.

Ziel der Peckham Levels ist es, die Verbindungen innerhalb der Community in Südlondon zu stärken sowie Kunstschaffende und Publikum in einem Raum zusammenzubringen. Die Food Hall und die Bar sind vor allem am Wochenende beliebt, wobei Erstere neben einer herrlichen Mischung aus Streetfood-Ständen und Bars auch tolle wettergeschützte Aussichten bietet.

SIMON TURNER/ALAMY STOCK PHOTO ©

Peckham Levels

Peckham

SEHENSWERTES
1 Copeland Gallery
2 MOCA London
3 Peckham Audio

SPORT & AKTIVITÄTEN
4 Kelechnekoff

ESSEN
5 Blackbird Bakery
6 Deserted Cactus
7 Peckham Levels

AUSGEHEN & FEIERN
8 Bussey Building
9 CLF Art Cafe
10 CLF Art Lounge
11 Forza Wine
12 Four Quarters
13 Frank's
14 John the Unicorn
15 Jumbi
16 Montpellier
17 NOLA Coffee
18 Old Nun's Head
19 Prince of Peckham
20 Well & Fed

SHOPPEN
21 Market Place Peckham

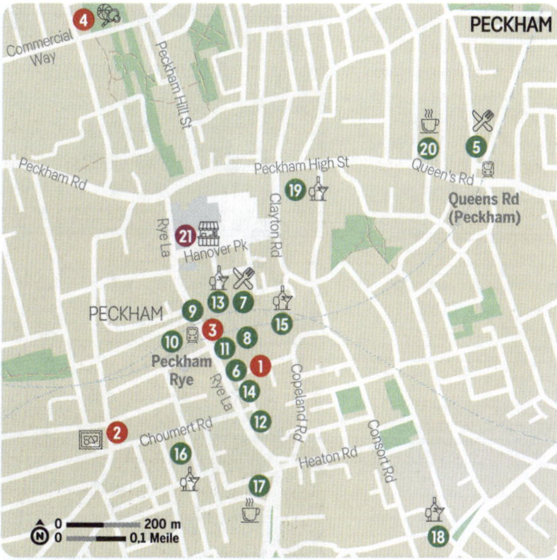

Black Cultural Archives

KARTE S: 306

Aufarbeitung der Schwarzen Geschichte

Die **Black Cultural Archives** entstanden als Antwort auf Ereignisse wie die Einführung des Polizei- und Beweismittelgesetzes von 1984 und das Massaker von New Cross 1981. Ihr Ziel ist die repräsentative Stärkung der afrikanischen und karibischen Gemeinschaften Großbritanniens, wodurch sich die Schwarze Community in der Stadt besser vertreten fühlen soll. Die als Archiv und Museum fungierende Einrichtung bringt Besucher:innen die Schwarze Präsenz in Großbritannien näher und feiert die Geschichten und Leistungen ihrer Mitglieder. Unabhängig von der eigenen Herkunft bekommt man hier ein besseres Verständnis für die Herausforderungen, die diese Gruppen zu bewältigen haben.

Der Eintritt ist frei. Eine Präsenzbibliothek steht allen zur Verfügung, die mehr über die einschneidenden Ereignisse erfahren möchten, die sich auf die Community ausgewirkt haben. Die Nutzung der Archive für Forschungszwecke muss vorher angemeldet werden. Gäste können die Sonderausstellungen und das Café besuchen sowie am Bildungsprogramm und anderen Events teilnehmen. Das Museum hat jede Woche von Donnerstag bis Sonntag geöffnet. Egal, ob man das Archiv oder die Ausstellungen besucht – die Black Cultural Archives geben einen tollen Einblick in die Erfahrungen afrikanisch- und karibischstämmiger Menschen in Großbritannien.

DIE GENTRIFIZIERUNG SÜDLONDONS

Brixton und Peckham sehen sich mit anhaltenden Veränderungen in ihrer sozialen Struktur konfrontiert, die durch die Ansiedlung gehobener Läden hervorgerufen wurden. Der Wirtschaft des Viertels hat das zwar einen bedeutenden Schub verpasst, die Leidtragenden sind aber die langjährigen Einwohner:innen, die sich das Leben hier nun nicht mehr leisten können. Dieser demografische Trend hat große Sorgen um den Verlust von Kultur und gemeinschaftlicher Identität ausgelöst. Bürgerinitiativen und die Bezirksverwaltungen bemühen sich deshalb um den Erhalt des typischen Charakters der Viertel und den Schutz jener, die Südlondon schon lange ihr Zuhause nennen.

Royal Vauxhall Tavern

IMAGEDOC/ALAMY STOCK PHOTO ©

The Oval

The Oval

KARTE S. 300

Cricketgeschichte hautnah erleben

Das teilweise auf dem ehemaligen Kennington Common errichtete Oval ist eins der bekanntesten Cricket-Stadien der Welt und das erste Englands, in dem jemals ein *test match* abgehalten wurde. Das erste Spiel fand hier im Juni 1742 statt und nach wie vor werden im Stadion das ganze Jahr über nationale und internationale Partien ausgetragen. Jedes Jahr finden *test matches* statt, darunter die begehrten *Ashes* sowie internationale Frauencricketspiele.

Wenn gerade kein Match ansteht oder du hinter die Kulissen des Stadions blicken möchtest, schließe dich einer Führung an, die Besucher:innen unter anderem in den berühmten Long Room blicken lässt und mit aufs Spielfeld nimmt.

Beefeater Distillery

KARTE S. 300

Ein Toast auf den berühmten Gin

Die Tour beginnt mit einer interaktiven Ausstellung, bei der man mehr über die Unternehmensgeschichte erfährt, und führt anschließend in den Probierraum. Ganz am Ende lernt man, wie der perfekte Gin & Tonic gemixt wird. Wenn du es etwas ausführlicher magst, dann nimm an der Beefeater Flavours Experience teil, bei der mehr Ginsorten verkostet werden und du auch einen Willkommenscocktail bekommst. Die Brennerei bietet zudem die Distillery VIP Experience und die Beefeater Crown Jewel Tour an, bei denen du die Destillierapparate aus nächster Nähe begutachten und mehr über den Destillierprozess erfahren kannst. Die Crown Jewel Tour umfasst zusätzlich eine Verkostung von vier Gins in der Brennerei. Nachher lässt man es sich in der Beefeater-Bar bei Barsnacks und einem G & T gut gehen und ganz zum Schluss bekommt man eine der exklusiven Crown-Jewel-Flaschen geschenkt.

Touren finden von Mittwoch bis Sonntag viermal täglich statt.

Tooting Market

KARTE S. 300

Leckeres aus der ganzen Welt

Auf dem **Tooting Market**, einem von zwei überdachten Märkten im Viertel (der andere heißt Broadway Market Tooting), gibt's neben diversen Geschäften auch zahlreiche Essensstände mit globalen Köstlichkeiten. Jeden Donnerstagabend kannst du im Green Choy bei leckerem Essen Livemusik lauschen und auch Sportevents werden hier live übertragen.

Auf dem Markt, den es schon seit 1930 gibt, findet man u. a ostasiatische Kurzwaren- und afrikanische Skulpturenhändler sowie chinesische Heiler. Zu den beliebtesten Essensständen gehört das **Smashing Plates**, das Gyros und Souflaki serviert; die **Koi Ramen Bar** bietet großartige Ramen zu kleinen Preisen. Das **Lone Fisherman** entführt mit Gerichten wie *jerk chicken* und honiggeräuchertem Lachs in die Karibik, zudem verkauft es leckere Soßen und lockt im Sommer mit saftigen Austern. Der Markt ist ein idealer Zwischenstopp, wenn einen in South London der Hunger überkommt.

WILLIAM BARTON/SHUTTERSTOCK ©

Pop Brixton

Pop Brixton

KARTE S. 306

Neuland

Das **Pop Brixton** ist ein tolles Bürgerprojekt, das entstand, als die Bezirksverwaltung Lambeth nach Ideen für ein ungenutztes Stück Land suchte. Die Gemeinschaft entschied sich dafür, einen Raum für lokale Existenzgründer zu schaffen. Heute sind hier 50 Start-up-Unternehmen zu Hause, darunter Restaurants, Bars und Einzelhandelsgeschäfte. Sogar einen Radiosender gibt es.

Neben einem breiten Speisen- und Getränkeangebot finden im Pop Brixton auch regelmäßig Events und Workshops wie etwa Kunstkurse für Kinder und Gärtnerkurse statt. Der Komplex liegt nur drei Gehminuten von der U-Bahn-Station Brixton entfernt.

Dulwich Picture Gallery

KARTE S. 300

Saisonale Ausstellungen und Events

Die erste speziell zu diesem Zweck errichtete **Kunstgalerie** der Welt öffnete 1817 ihre Türen. Sie entstand aus der Zusammenarbeit von Noël Desenfans und Sir Francis Bourgeois, die gemeinsam mit dem König von Polen ab 1790 fünf Jahre lang eine königliche Kunstsammlung aufbauten. Zu den hier ausgestellten Werken gehören Gemälde der Alten Meister, darunter Rembrandt, Rubens, Gainsborough, Poussin und Canaletto. Recht ungewöhnlich ist, dass die Galerie auch das Mausoleum ihrer Gründer enthält, das von einer stimmungsvollen *lumière mystérieuse* („mysteriösem Licht") aus getöntem Glas inmitten der Bilder beleuchtet wird.

Jedes Jahr stehen neue Ausstellungen auf dem Programm. Familienfreundliche Veranstaltungen finden am Wochenende statt.

Battersea Arts Centre

Battersea Arts Centre

KARTE S.300

Shows mit Eintritt auf Spendenbasis

Das **Battersea Arts Centre** in einem prächtigen alten Rathaus von 1893 war ab 1981 ein Theater. Bei Renovierungsarbeiten 2015 fiel es einem verheerenden Brand zum Opfer, der den großen Saal und die untere Wand stark beschädigte. Im 2018 wiedereröffneten großen Saal treten heute einige der besten lokalen Talente auf.

Das Zentrum bringt innovative Stücke auf die Bühne, die bereits Themen wie Dekolonisation, Liebe und queere Familien behandelt haben. Auch die Musikveranstaltungen sind extrem beliebt und umfassen neben Weihnachtskonzerten und Orchestern auch Hiphop-Musicals. Als erste „Relaxed Venue" der Welt vertritt das BAC eine gelassenere Haltung gegenüber Geräuschen und Bewegungen während der Aufführungen. Die Ticketpreise beginnen schon bei 6 £, doch ein Zahl-was-du-willst-Modell sorgt dafür, dass die Kunst für jeden erschwinglich bleibt.

Der Garten des BAC auf der Town Hall Rd lädt zum Entspannen ein und auch das Café und die Bar sind ideale Spots zum Chillen.

Shad Thames

KARTE S. 300

Straße am Themseufer zum Spazieren- und Ausgehen

Die Straße Shad Thames an der Themse hat eine bewegte Geschichte hinter sich, die bis ins 18. Jh. zurückreicht, und war einst das Zentrum des Gewürz-, Tee- und Kaffeehandels. Mit der Eröffnung solch bekannter Restaurants wie **Le Pont de la Tour** und dem **Butler's Wharf Chop House** hat sich die Gegend über die letzten Jahre komplett neu erfunden.

Nach dem Abendessen in einem der besten Restaurants lockt ein Spaziergang in der Umgebung, die spektakuläre Aussichten auf die Tower Bridge, das Shard und den Tower of London bietet. Auf der Straße wird es besonders abends richtig lebhaft, wenn sich hier jede Menge Touristen tummeln. Wer es ruhiger mag, schaut am besten früher vorbei.

SZABOLCS MAGYAR/SHUTTERSTOCK ©

Shad Thames

Clapham Grand

KARTE S. 300

Filme, Bingo, Livemusik und Comedy

Das Clapham Grand öffnete 1900 als Anziehungspunkt für Musiker, Komiker und Akrobaten. Es wurde schnell zu einer der beliebtesten Veranstaltungsorte der Stadt, bevor man es 1931 in ein Kino umwandelte. Vor seiner Schließung 1979 fungierte es als Bingohalle. Seit der Wiedereröffnung 1991 bietet das Grand eine spannende Bandbreite an Events, darunter feuchtfröhliches Bingo, Filme zum Mitsingen, Comedyshows und Livemusik. Hier ist wirklich für jeden etwas dabei.

Im September, Oktober und November findet hier die Comedyshow-Reihe „Live at The Grand" statt, bei der einige der besten Comedians Londons auftreten, und die Drag Brunches am Wochenende sind eine tolle Gelegenheit für Treffen mit Freunden bei Drinks und leckerem Essen. Im Grand ist außerdem die queere Community zu Hause und diverse Events bieten eine Plattform für neue Talente.

Maltby Street Market

Ritzy Cinema

KARTE S. 306

Jahrhundertealtes Kino

Nach ein paar Tagen auf Entdeckungstour durch London gibt's nichts Besseres, als bei einem Film die müden Füße hochzulegen. Das 1911 als Electric Pavilion eröffnete **Ritzy Cinema** war eins der ersten Kinos Englands und nimmt schon seit Jahrzehnten einen festen Platz im örtlichen Nachtleben ein. Nicht nur Kinobesucher:innen zieht es hierher, sondern dank der Bars und des tollen Cafés auch jede Menge Trinkfreudige.

Neben wöchentlich wechselnden neuen Filmen bietet das Ritzy Picturehouse (so sein offizieller Name) auch demenzfreundliche Vorführungen, Jamsessions, Vorstellungen mit anschließenden Frage-Antwort-Runden und vieles mehr. Ebenso hier zu finden ist das indische Streetfood-Restaurant **En Route**.

Maltby Street Market

KARTE S. 300

Bermondseys kulinarische Szene entdecken

Der unter Bahnbögen bei London Bridge gelegene **Maltby Street Market** ist eine Schatztruhe, die mit einigen der besten internationalen Speisen und Getränken aufwartet. So gibt's etwa Griechisches bei **Maltby & Greek**, Tapas nebst Wein in der **Bar Tozino** und die wohl besten Burger Bermondseys im **African Volcano**. Auf dem Freitag bis Sonntag geöffneten Markt kann man leicht ein oder zwei Stunden verbringen und sich durch das große Angebot futtern. Da die Stände oft wechseln, hält jeder Besuch Überraschungen bereit.

Als Nachspeise locken Yi Yun's traditionelle taiwanesische **Dhan Waffles** mit Toppings wie Salzkaramell oder Erdnussbutter-Crumble. Einen energiegeladenen Start ins Wochenende verspricht hingegen das **Beanbag Coffee** mit Kaffee aus ethisch gehandelten asiatischen Bohnen. Hinweisschilder gibt's keine, denn der Markt ist über die Jahre vor allem durch Mundpropaganda beliebt geworden. Wer weiß, was für Köstlichkeiten beim nächsten Mal auf einen warten.

DIE BESTEN COCKTAILBARS

Hacha
Agavería in Brixton mit einem wechselnden Angebot an 25 agavebasierten Spirituosen, die zu Cocktails gemixt werden. Die Spezialität ist der Mirror Margarita, eine kristallklare Neuinterpretation des zeitlosen Klassikers.

Funkidory
Schnuckelige Bar in Peckham mit innovativen Cocktails. Wer den Barkeepern seine Vorlieben mitteilt, bekommt einen individuellen Drink gemixt. Die Inhaber lieben Funk und verkaufen im Lokal auch Platten.

Shrub and Shutter
Cocktail- und Musikbar mit einem intimen Vibe. Auf der Karte stehen kreative Cocktails wie Island Life, der die Süße von Rum und Ananas mit herbem Wein sowie Kardamom und Salz kombiniert.

NATHANIEL NOIR/ALAMY STOCK PHOTO ©

Dachbar des Bussey Building

MEHR IN SOUTH LONDON

In Peckham wie die Locals feiern

KARTE S. 309

Eine Partynacht auf der Rye Lane

In den letzten Jahren ist die Rye Lane zu einer der beliebtesten Ausgehmeilen Südlondons aufgestiegen. Ihre vielen Pubs sind ideal für eine Kneipentour und auch zu fortgeschrittener Stunde mangelt es nicht an Optionen, ob man nun zu Sonnenuntergang Cocktails schlürfen oder zu Drum'n'Bass tanzen möchte. Die Schließung der Canavan's Peckham Pool Hall 2020 hat den Weg für neue spätabendliche Abenteuer geebnet.

An Favoriten wie die Sommer-Dachbar **Frank's** mit seiner legendären knallpinken Treppe, das **Bussey Building** und **Forza Wine** reihen sich jede Menge andere coole Locations. Hinter der unscheinbaren **CLF Art Lounge** nahe der Peckham Rye Station verbirgt sich eine Welt kulinarischer Genüsse mit dominikanischer Küche und Jazzvibes. Das **CLF Art**

ÜBERNACHTEN IN SOUTH LONDON

art'otel London Battersea Power Station
Luxushotel mit stilvollen Zimmern, Dachpool und Aussichten auf die Skyline. **£££**

Bermondsey Square Hotel
Boutique-Hotel am Bermondsey Antiques Market und nur einen Steinwurf von der London Bridge entfernt. **££**

The Windmill
Kleines Pub und Boutique-Hotel mit 42 Zimmern im Country-Stil nahe der Clapham High Street Station. **££**

Cafe im kultigen Bussey Building pulsiert im Rhythmus der South London Soul Train, während im **Prince of Peckham** und im **Jumbi** an den meisten Abenden Events stattfinden. Wer noch nicht genug hat, singt sich beim Drag-Karaoke im **John the Unicorn** die Seele aus dem Leib, gibt sich im **Four Quarters** den nostalgischen Spielautomaten hin oder lässt sich im **Montpellier** von sinnlichen Jazz-Serenaden betören.

Seit seiner Eröffnung 2019 unter demselben Dach wie die Resto-Bar Forza Wine ist **Peckham Audio** zu einer Kultstätte für Musikfans geworden, in der diverse Genres von Drum'n'Bass bis Trance zu hören sind. Die „Get Heated"-Nächte der Journalistin Moya Lothian McLean's bringen die Londoner Nacht zum Kochen. Im **Market Place Peckham** sind bereits Legenden wie der DJ David Rodigan aufgetreten und jeden Mai findet hier das fantastische dreitägige GALA Festival statt.

Geschichten im Tara

KARTE S. 300

Kleines Theater mit aktivistischem Hintergrund

Einen Katzensprung vom Bahnhof Earlsfield entfernt befindet sich das **Tara Theatre**, das Union und kulturelle Fusion verkörpert. Das 1977 gegründete Kunstzentrum vereint indisches Architekturerbe mit britischem Design und symbolisiert die Annäherung verschiedener künstlerischer Traditionen.

Es ist nicht nur ein Vorführungsraum, sondern entführt auf eine immersive Reise in eine bereichernde Erfahrung. Der Saal mit nur 100 Sitzplätzen sorgt für eine behagliche Atmosphäre, sodass man sich fühlt, als ob jedes Wort und jede Geste für einen selbst bestimmt sind. Auf der Bühne spielt sich ein buntes Programm an Darbietungen ab, von gefühlstiefen britischen Dramen bis zu rhythmischen südasiatischen Tänzen.

Das Kulturzentrum ist zudem von Aktivismus und sozialem Wandel geprägt. Es wurde von jungen Menschen als Antwort auf die tragische Ermordung des 17-jährigen Gurdip Singh Chaggar gegründet. Schon seit vier Jahrzehnten unterstützt es Darstellende, Schreibende, Regieführende, Musizierende und Choreograf:innen asiatischer Herkunft und trägt seine Botschaft in die Welt hinaus.

Das Foyer aus Eisenbahnschwellen erzählt unzählige Geschichten von Reisen und Begegnungen und gibt die Atmosphäre der Stücke vor, die hier aufgeführt werden. Wer eine Vorliebe für Bücher hat, ist in der hauseigenen Bibliothek mit zeitlosen Erzählungen und dichterischen Kreationen aus der ganzen Welt genau richtig. Im Studio finden Diskussionsrunden sowie interaktive Workshops und Lesungen statt, bei denen man selbst im Rampenlicht stehen oder in die Komplexität der Theaterkunst eintauchen kann.

SOUTH LONDON MIT KINDERN

Whippersnappers
Verschiedene Programme in Dulwich (www.whippersnappers.org), in denen sich Kinder durch Musik, Sport und Kunst zum Ausdruck bringen können.

Lambeth Palace
Der Garten der offiziellen London-Residenz des Bischofs von Canterbury hat im Sommer jeden ersten Freitag im Monat geöffnet.

Crystal Palace Park
Hier können Kleine und Große die ältesten Dinosaurier-Skulpturen der Welt bestaunen, einen der größten Irrgärten des Landes erkunden und mit den Tieren der parkeigenen Farm auf Tuchfühlung gehen.

GEHOBENE RESTAURANTS IN SOUTH LONDON

Chez Bruce
Französisches Sternerestaurant in Wandsworth. Das Highlight hier ist oft die Ente. **£££**

Toulouse Lautrec
Zweistöckiges französisches Familienlokal mit Jazzclub in Elephant & Castle. **££**

Trinity
Elegantes Sternerestaurant mit saisonaler Speisekarte und modernem europäischem Einfluss. **£££**

Das Brockwell Lido entdecken

KARTE S. 300

Öffentliches Freibad mit leckerem Essen

Das Brockwell Lido von 1937 ist eine richtige Institution und liegt am Rand des Brockwell Park, der zweitgrößten Grünfläche in Lambeth. Ein denkmalgeschützter Art-déco-Bau umschließt das 50-Meter-Becken und nach einem erfrischenden Bad kann man sich im Lido Cafe stärken. Dieses wird von der bekannten Pizzakette Four Hundred Rabbits geführt, deren Gerichte von portugiesischen Eiern und grünem Shakshuka zum Frühstück bis zu Leckereien aus dem Holzofen zu Sonnenuntergang reichen. Alternativ kann man ein Craft-Bier oder einen köstlichen Tropfen aus der sorgfältig zusammengestellten Weinkarte von Borough Wines probieren.

Vor oder nach dem Schwimmen lädt der Brockwell Park zu einem entspannten Spaziergang ein. Von März bis Oktober fährt auf der Herne-Hill-Seite jeden Sonntag eine bezaubernde Mini-Eisenbahn für die ganze Familie, die besonders bei Kindern beliebt ist und auch einen Andenkenladen umfasst.

Im Juni feiert die Lambeth Country Show den Gemeinschaftssinn und verwandelt den Park in ein großes Festival mit Tieren und Livemusik. Auch andere Shows und Feste finden hier statt, weshalb es sich immer lohnt, auf der Website nachzuschauen. Der Brockwell Park hat täglich ab 7.30 Uhr geöffnet.

Zeitfenster fürs Schwimmen im Lido müssen im Voraus gebucht werden. Wer sonntags kommt, auf den wartet eine besondere Überraschung: Ab 10 Uhr bietet ein Bauernmarkt aromatischen Kaffee, himmlisches Frühstück, Handgemachtes sowie frisches Obst und Gemüse.

DER BESTE AFTERNOON TEA

Tea House Theatre
Preisgekröntes britisches Café in Vauxhall. Eingefleischte Teefans können hier unbegrenzten Tee für zwei bestellen.

No3 at Nightingale Place
Saisonales Angebot aus Sandwiches, Scones und Kuchen mit Blick auf den Clapham Common. Flatrate-Prosecco gibt's auch. Reservierungen müssen vor 9 Uhr am Tag des Besuchs eingehen.

Belair House
Restaurant in einem georgianischen Anwesen nahe West Dulwich, in dem der Afternoon Tea mit Petit Fours serviert wird. Vegane und glutenfreie Optionen.

Im Beckenham Place Park neue Energie tanken

KARTE S. 300

Grünfläche mit einem beschaulichen Teich

Der 95 ha große Beckenham Place Park liegt gleich am Bahnhof Beckenham Hill und einen malerischen, 20-minütigen Spaziergang von der Beckenham Junction Station entfernt. In seiner Mitte steht ein majestätisches **Anwesen** im palladianischen Stil, das heute ein lebhaftes Gemeinschaftszentrum mit Café beherbergt.

Der Park bietet verschiedene Aktivitäten für alle Vorlieben, ob Ruhe und Entspannung am schönen Teich, ein Tennismatch auf den hiesigen Plätzen oder Ausflüge aufs Wasser: z. B. Paddleboard-Yoga fürs innere Gleichgewicht und beschauliche Kanu- oder Kajakfahrten. Reserviert wird über PTP Coaching, das auch Einführungskurse ins Winterschwimmen durchführt. Wassersport kann jeden Tag außer Dienstag betrieben werden.

DESSERTS IN SOUTH LONDON

Cake and Custard Factory
Köstliche Kuchen wie Biskuits, Cheesecakes und Süßspeisen in Peckham. **£**

Badiani Gelato
Stand im Mercato Metropolitano, der feines Gelato und Sorbet serviert. Eis am Stiel gibt's in Form eines *pinguino*. **£**

Urban Legend
Knallpinker Laden in Clapham, der hausgemachte Donuts unter die Leute bringt. **£**

Mercato Metropolitano

An Sommerabenden versprechen die Summer Thursdays Gästen eine großartige kulinarische Erfahrung. Kalifornische Burritos gibt's bei **Route 66 Streetfood**, süße und herzhafte Crêpes bei **Sarrasin Crepes** und Burger in der **Mansion Bar & Cafe**. Livemusik und ein lebhafter Vintage-Markt runden den Abend ab.

Auch das **Homestead Cafe** in einer charmanten georgianischen Stallanlage bietet ein tolles Genusserlebnis. Hier wird Kaffee von Square Mile Coffee mit Blick auf den Garten und Teich sowie Pizza auf der Terrasse serviert. Am Abend gibt's ein stattliches Craft-Bier-Angebot.

Elephant & Castles internationalster Esstisch

KARTE S. 300

Platz nehmen im Mercato Metropolitano

Im **Mercato Metropolitano** zwischen den U-Bahn-Stationen Elephant & Castle und Borough dreht sich alles um eine nachhaltige Lebensweise mit globalem Fokus. Der Markt punktet mit natürlichem, nahrhaftem und erschwinglichem

DIE BESTEN GALERIEN IN SOUTH LONDON

White Cube
Zeitgenössische, vom Kunsthändler Jay Jopling geführte Galerie in Bermondsey und eine von sieben White-Cube-Galerien weltweit mit internationaler Kunst.

Copeland Gallery
Große Galerie in Peckham mit mehreren Ausstellungsräumen, in der auch Märkte und Workshops stattfinden.

San Mei Gallery
Der zeitgenössischen Kunst gewidmete, unabhängige Galerie in Brixton mit besonderem Fokus auf Recherche, Bildung und Kollaboration. Organisiert regelmäßig Open-Mic-Abende und künstlergeführte Events.

KAFFEE TRINKEN IN SOUTH LONDON

NOLA Coffee
Von einem Paar in Peckham selbst gebautes Café, zu dem es sich von seinen Reisen inspirieren ließ.

Old Spike Roastery
Spezialitätenkaffeegeschäft in Peckham, das der Obdachlosigkeit im Land den Kampf angesagt hat.

Well & Fed
Unabhängiges Café, das auch süße Leckereien und Feinkost serviert.

AUSGEHEN IN SOUTH LONDON

Blues Kitchen Brixton
Blues-Restaurant und Bar mit US-amerikanischem Essen für die Seele und Livemusik. DJs legen bis in den frühen Morgen auf.

Hootananny
Pub mit Livemusik in Brixton, in dem viele Roots-Raggae-, Ska- und Afrobeat-Künstler:innen auftreten. Vor den Auftritten kann Snooker gespielt werden.

Lotus Bar
Ein alteingesessener Nightlife-Spot im Herzen von Clapham mit verschiedensten Musikstilen.

PA IMAGES/ALAMY STOCK PHOTO ©

Rivoli Ballroom

Essen aus und hat mit über 40 internationalen Ständen einem einst unbeachteten Flecken neues Leben eingehaucht.

Hier findest du alles von Thai-Currys über italienischer Pizza und süßem französischen Gebäck bis zu saftigem Schweinebauch aus Südamerika, sri-lankischen Hähnchencurrys und exotischen Bao Buns. Der Markt fängt zudem die Essenz der lokalen Kultur ein, indem er auch regionale Erzeugnisse wie etwa handgemachten Käse, handwerklich hergestellte Schokolade und frisch gebackenes Brot würdigt.

Der Mercato in einer alten Papierfabrik ist einer der größten Essensmärkte der Hauptstadt und eine von vier Niederlassungen in London. Neben dem vielfältigen Imbissangebot gibt's hier auch eine Mikrobrauerei (mit vertretbaren Preisen) und verschiedene Gemeinschaftsprojekte. Geöffnet ist jeden Tag bis spätabends und Reservierungen sind nicht nötig – einfach vorbeikommen und schauen, was los ist.

Der Mercato Metropolitano ist eine erfrischende Alternative zum oft vollen und touristischen Borough Market und deshalb vor allem für London-Neulinge eine tolle Erfahrung.

GRUPPENAKTIVITÄTEN IN SOUTH LONDON

Blingo
Comedy-Hiphop-Bingo in Brixton mit Playback-Battles und Preisen.

Gospeloke
Deine innere Mariah (Carey) kannst du beim Karaoke in der Blues Kitchen in Brixton rauslassen.

No Escape Brixton
Die Gruppe hat eine Stunde Zeit, um in diesem Escape Room Winston Churchills Kontrollraum zu finden.

Auf Zeitreise im Rivoli Ballroom

KARTE S. 300

Nostalgisches Zuhause großer Stars

Der zeitlose **Rivoli Ballroom** bietet als Londons einziger überlebender Ballsaal der 1950er-Jahre einen Einblick in die glamouröse Vergangenheit der Hauptstadt. Der denkmalgeschützte Saal mit roten Plüschsofas, Kristallkronenleuchtern, chinesischen Lampions und klassischer Velourtapete war bereits in Filmen wie *Mit Schirm, Charme und Melone* zu sehen.

Legenden wie Elton John und Tina Turner standen hier schon auf der Bühne und auch heute ist noch jede Menge los. Von den ansteckenden Disco-Rhythmen der 1970er- und 1980er-Jahre bis zu nostalgischen Northern-Soul-Nächten, bei denen DJ-Legenden ihre Vinylschätze auflegen – wer tanzen will, ist im Rivoli goldrichtig. Das monatliche „Rouges at the Rivoli" huldigt der bewegten Vergangenheit des Ballsaals.

Wer im Oktober in London ist, geht zur angesagten Halloween Disco (Tickets sind schnell vergriffen!). Samstags sorgen Themenabende mit Standard- und lateinamerikanischem Tanz für generationsübergreifenden Spaß, bei dem Großeltern schon mal mit jüngeren Generationen feiern.

Unser Tipp: Buche deine Tickets immer im Voraus, denn die Nachfrage ist stets enorm. Als Hommage an sein Vintage-Herz wird im Rivoli nach wie vor nur Bargeld akzeptiert.

Um Antiquitäten feilschen

KARTE S. 300

Bermondsey Antiques Market

Der **Bermondsey Antiques Market** hat seine Wurzeln im New Caledonian Market und befindet sich dort, wo vor langer Zeit die Bermondsey Abbey stand. Über die Jahre hat sich der Markt zu einem beliebten Ziel für Antiquitätensammler entwickelt.

Im Gegensatz zu den geschäftigen Gassen des Portobello und des Spitalfields Market geht es hier etwas gelassener zu und man kann den Innen- und Außenbereich des Markts in seinem eigenen Tempo erkunden. Er liegt nur 15 Gehminuten von der London Bridge Station entfernt und wer schon gegen 8 Uhr kommt, genießt die Ruhe und das eine oder andere Schwätzchen mit den Händlern. Nach und nach öffnen die vielen Stände und es tun sich jede Menge kuriose Fundstücke auf. Die hier angebotenen Dinge sind so vielfältig wie die Stadt selbst: Von Requisiten für eine avantgardistische Modenschau und zeitlosen Tafelservices bis zu glitzerndem Schmuck, militärhistorischen Andenken und funkigen Buntglasobjekten – hier findet jeder Antiquitätenfan seinen Schatz. Wer in Erinnerungen schwelgen und vielleicht sogar ein echtes

DIE BESTEN BOTTOMLESS BRUNCHES

Daddy Bao
Taiwanesische Küche – genauer Bao Buns – zu importierten Bieren und fantastischen, unbegrenzten Cocktails nahe Tooting Broadway. **££**

Barrio Brixton
Lateinamerikanische Bar, die jeden Samstag mit einem Bingo-Brunch aus unbegrenztem Rum und Quesadillas zu Old-School-R'n'B lockt – perfekt! **££**

Canova Hall
Zu Brunch-Gerichten wie Rote-Bete-Gnocchi oder Trüffel-Toast wählt man unbegrenzten Alkohol für zwei Stunden und mixt sich seinen prickelnden Cocktail selbst. **££**

CAFÉS IN SOUTH LONDON

Art Cafe London
Kaffee, Smoothies und Brunch zu erschwinglichen Preisen in Elephant & Castle.

Blackbird Bakery
Tolle Auswahl an Sandwiches, Toasts und Gebäck nahe der Queen's Road in Peckham.

Blank Coffee
Café in Brixton, das sich mit einem pflanzenbasierten Brunch-Angebot rühmt.

Stück Geschichte mit nach Hause nehmen möchte, kommt freitags zwischen 7 und 14 Uhr nach Bermondsey. Seine ganze Magie entfaltet der Markt ab 9 Uhr, wenn er richtig in Schwung kommt. Nicht vergessen: Wer um seine Lieblingsstücke feilscht, macht meist ein gutes Geschäft.

In Batterseas spielerischstem Pub bei einem Pint Punkte machen

KARTE S. 300

Pub, Brauerei und Spieleparadies

Das fantastische **The Four Thieves** vereint die Kamaraderie eines Pubs mit der Spannung eines Spielsaals und dem Reiz eines Theaters. Die einstige geschäftige Brauerei in Battersea hat sich in eine unvergleichliche Mischung aus Drinks, Spielen und Kultur verwandelt, die ihre Geschichte mit einer eindrucksvollen Auswahl an hausgebrauten Bieren würdigt, von intensiven Stouts bis zu erfrischenden Ales. Wer Lust auf Nostalgie gepaart mit einer Brise modernem Spaß hat, freut sich über den Spielsaal. Spielautomaten von früher wie Tanzmatten, Tischhockey und Skee-Ball gesellen sich hier zu den neusten Virtual-Reality-Spielen und einer Mini-Autorennbahn. Von der mit Vintage-Spielen gefüllten Retro-Arcade im 1. Stock bis zum Moonshine Raceway und den VR-Kabinen gibt's viel zu entdecken.

Herzstück des Lokals ist die Bühne, auf der regelmäßig Liveauftritte, packende Theateraufführungen und Comedyshows stattfinden. So viel Action macht hungrig und die Speisekarte des Four Thieves ist ein perfekter Mix aus traditionellem Pubessen und innovativen Gerichten. Mit Karaoke jeden Freitagabend, sonntäglichem Livejazz, Comedy am Mittwoch, Beer-Pong-Tournieren, Motto-Brunchen, LED-Shows, Zauberern, Live-DJs und vielem mehr ist hier immer schwer was los. Es gibt außerdem eine Tanzfläche und einen Biergarten und große Sportevents werden live übertragen.

South Londons jüngstes Theater

KARTE S. 306

Neues Talent entdecken

Das **Brixton House** ist aus dem historischen Ovalhouse Theatre hervorgegangen. Seine Geschichte begann in den 1930er-Jahren als Raum für junge Kreative, bevor es in den 1960er-Jahren unter der ideenreichen Leitung von Peter und Joan Oliver als Zufluchtsort für ausgegrenzte und junge Stimmen wiedergeboren wurde. Bekannte Persönlichkeiten wie etwa Pierce Brosnan haben hier schon auf der Bühne gestanden.

DIE BESTEN PUBS IN SOUTH LONDON

The Cutty Sark
Vornehmes georgianisches Pub auf drei Etagen mit tollem Blick auf die Themse. Unbedingt einen Fensterplatz ergattern.

The Florence
Traditionelles Pub mit britischem Essen genau gegenüber dem Brockwell Park – ein perfekter Zwischenstopp.

The Ivy House
Pub in Gemeinschaftsbesitz mit 1930er-Jahre-Ambiente. Mittwochs findet ein hitziges Pubquiz und donnerstags Comedy bzw. Theater statt. Freitags wird Livemusik gespielt.

SUNDAY ROAST IN SOUTH LONDON

Trinity Arms
Traditionelle britische Küche in diesem gemütlichen Pub in Brixton, der zwischen 12 und 23 Uhr *roasts* serviert. ££

The Old Nun's Head
Kinderfreundliches Pub in Peckham mit Open-Mic-Abenden und anderen spannenden Events. ££

The Selkirk
Gastropub in Tooting mit tollen Quiznächten und Livemusik. Leckere vegane und vegetarische Alternativen. ££

GREG BALFOUR EVANS/ALAMY STOCK PHOTO ©

Bermondsey Antiques Market (S. 321)

Doch abgesehen davon schuf das Brixton House auch Raum für bedeutende Bewegungen wie etwa die British Black Panther Party und das Theatre of Black Women, und seine Vergangenheit ist eng mit Aktivismus und sozialem Wandel verknüpft.

Im Jahr 2022 begann mit der Eröffnung eines brandneuen, zweckbestimmten Gebäudes ein neues Kapitel in der Geschichte des Theaters. Ein Jahr später gewann das neue Brixton House zwei Offie Awards, die seinen Status als bedeutendes Off-West-End-Theater bestätigten.

Was das Brixton House jedoch so besonders macht, ist sein unermüdliches Engagement für perspektivreiche Narrative, ob nun in Form von modernen Varianten klassischer Stücke wie *Cinderella* oder zutiefst introspektiven Geschichten wie *Made in India*. Besucher:innen können zudem an Diskussionsrunden, spätabendlichen Gigs und Events teilnehmen, die der Community eine Stimme geben. Das Brixton House liegt gegenüber des Brixton Market und nur einen kurzen Fußweg von Pop Brixton entfernt, ist also ideal, um gleich auch noch deren kulinarische Leckerbissen zu probieren.

DIE BESTEN RESTAURANTS IN SCHWARZEM BESITZ

Z's Northern Ghanaian Cuisine
Nordghanaische Aromen in Brixton. Der Jollof-Reis mit Tomaten-Rindfleisch-Eintopf ist das beliebteste Gericht. £

Wood & Water
Britische Gerichte mit jamaikanischem Einflüssen und Aromen, wie etwa *fish pie* mit Ackee. Inhaberin ist die ehemalige Miss Jamaica Universe April Jackson. ££

Negril
Schlichtes karibisches Lokal mit leckeren Roti-Wraps, Currys und veganen Speisen, zu denen man sich ein jamaikanisches Red-Stripe-Bier gönnen kann. £

VEGAN ESSEN IN SOUTH LONDON

Eat of Eden
Vegane karibische Gerichte wie *jerk jackfruit bites* und Linseneintopf in Brixton. Außenterrasse vorhanden. £

Beza
Farbenfrohes äthiopisches Lokal in Elephant & Castle mit traditionellen veganen Eintöpfen und viel *injera*. £

Deserted Cactus
Pflanzenbasierte Gerichte mit karibischem Einschlag, nur Donnerstag- und Samstagnachmittag erhältlich. £

WARUM ICH SOUTH LONDON LIEBE

Vivienne Dovi, Autorin

Ich bin in South London geboren und aufgewachsen, das Südufer der Themse war also schon immer mein Revier. Dank meines westafrikanischen Hintergrunds fühle ich mich besonders in Gegenden wie Peckham wohl, wo es Lebensmittel, Restaurants und Läden gibt, die mir vertraut sind. Das multikulturelle Flair Südlondons hat mich zu einem weltoffenen Menschen gemacht, der sich für andere Kulturen interessiert und diese feiert – eine Erfahrung, die ich jedem wünsche. Es stimmt, was man gemeinhin sagt: Die Südlondoner sind sehr stolz auf ihre Seite der Hauptstadt und ich bin wiederum stolz, mich zu ihnen zählen zu dürfen.

GUY CORBISHLEY/ALAMY STOCK PHOTO ©

Afrikanisches Lebensmittelgeschäft, Rye Lane, Peckham

MOCA London

KARTE S. 309

Zeitgenössische Kunst in Peckham

Das MOCA London (Museum of Contemporary Art) feiert die wegbereitenden Formen und provokativen Stilrichtungen des künstlerischen Ausdrucks ab 1940. Das Museum war nach seiner Gründung 1994 zunächst projektbasiert und organisierte internationale Ausstellungen, die Bildhauerei, Video, Malerei, Fotografie und Installation umfassten. Im Januar 2004 eröffnete das MOCA einen Projektraum in Südlondons Bellenden Renewal Area, wo es lokale Ausstellungen mit globalem Fokus ausrichtet. Das Museum bietet Künstler:innen die Chance, unkommerzielle Werke zu schaffen, und ermöglicht die Entwicklung von Projekten in verschiedenen Zeitrahmen.

Die sorgfältig kuratierten Räume beleuchten die tiefen sozialen Veränderungen, technologischen Sprünge und globalen Anschauungen, die das Schaffen zeitgenössischer Künstler:innen beeinflusst. Gäste können zudem an Diskussionen,Workshops und Vorträgen mit Kunstschaffenden, Historiker:innen und anderen Kunstfans teilnehmen und somit tief ins Wesen der zeitgenössischen Kunst eintauchen.

SOUTH LONDON FÜRS KLEINE BUDGET

Lewisham Micro Library
Londons kleinste Bibliothek in einer typischen roten Telefonzelle. Hier kann man Bücher tauschen.

Chocolate Museum
Das einzige Museum über die Geschichte der Schokolade in Großbritannien befindet sich in Brixton.

Bussey Building
Ein kreatives und kulturelles Zentrum in einer historischen Industrieanlage.

Der Eventkalender des MOCA ist das ganze Jahr über prall gefüllt mit Veranstaltungen wie Filmvorführungen, musikalischen Darbietungen und Kunstworkshops zum Mitmachen.

Um das Angebot des MOCA voll auszuschöpfen, lohnt es sich, im Voraus die Künstler:innen und Themen zu recherchieren, um die Zusammenhänge besser zu verstehen. Bisher waren beispielsweise Alex Woods Bronzeskulpturen zu sehen und Veronica McKenzie stellte ihre Archive Schwarzer queerer Geschichten vor. Das Museum ist auch deshalb wunderbar, weil Inklusion hier an erster Stelle steht, sodass alle ohne Einschränkungen die Kunst genießen können.

Das MOCA London liegt fünf Gehminuten von der Peckham Rye Station entfernt.

Big London Bake South

KARTE S. 300

Rein ins Backvergnügen

Ob man einfach nur das Backen liebt oder gern einmal seine Fertigkeiten unter Beweis stellen möchte – das vom Great British Bake Off inspirierte Big London Bake South bietet Anfängern und Profis mit seinen Backwettbewerben jede Menge Spaß. Es ist das Erste seiner Art und liegt versteckt im Garten von Tootings ältestem Pub, dem Castle.

Das Konzept ist einfach: Die Teilnehmenden kommen für einen 90-minütigen Showdown zusammen, bei dem sie gegen die Zeit und gegeneinander antreten. Aus Freunden werden Rivalen oder Komplizen und jeder weiß, dass in diesem Spiel jede noch so kleine Handbewegung den Unterschied machen kann. Was hier geschieht, ist eine Mischung aus Kreativität und Anleitung. Ein Meisterbäcker oder eine Meisterbäckerin steht mit Tipps und Tricks zur Seite und verrät mit etwas Glück auch das eine oder andere Backrezept.

Das Tolle am Big Bake London South sind die monatlich wechselnden Themen – von festlichen Weihnachtsleckereien bis zu sonnenverwöhnten Sommerdessert. Monotonie ist hier ein Fremdwort. Geöffnet hat das Backparadies von Mittwoch bis Sonntag. Die Eintrittspreise wechseln je nach den gewählten Erlebnissen, die sich übrigens für alle Altersgruppen eignen. Denk daran, dass sich beim Backen alles ums Timing dreht – wer ein paar Minuten eher da ist, kann sich in aller Ruhe auf das teigige Abenteuer vorbereiten.

AFRIKANER:INNEN IN PECKHAM

Peckham hat eine bedeutende afrikanischstämmige Bevölkerung, insbesondere nigerianischer Herkunft. Diese historische Verbindung reicht bis in die Mitte des 20. Jhs. zurück, als viele Nigerianer:innen nach Großbritannien auswanderten. Die nigerianische Community des Bezirks ist in den letzten Jahrzehnten exponentiell gewachsen, was zu Peckhams ganz eigenem Vibe beigetragen hat. In der Gegend gibt's jede Menge Unternehmen und Restaurants in nigerianischer Hand und das Viertel gilt als kulturelles Zentrum, das die vielfältigen Traditionen des Landes zelebriert. Was die nigerianische Community so alles zu bieten hat, sieht man am besten bei einem Besuch der Rye Lane.

AKTIV WERDEN IN SOUTH LONDON

Kelechnekoff
Poledance- und Fitnessstudio in Peckham mit inklusiven Kursen.

VauxWall West Climbing Centre
Kletterhalle unter den Bögen der Vauxhall Station.

Substation
Kletter- und Fitnessstudio in Brixton.

MINISTRY OF SOUND GROUP LIMITED, CC BY-SA 4.0, VIA WIKIMEDIA COMMONS ®

Ministry of Sound

Bottomless Brunch im bobochacha

KARTE S. 300

Top-Brunch in Tooting

In einem durch TikTok berühmt gewordenen Restaurant zu essen, kann schon mal danebengehen, nicht aber im bobochacha. Hinter der schlichten grauen Fassade des panasiatischen Restaurants verbirgt sich ein Bottomless Brunch, der so gut ist, dass man weit im Voraus buchen und eine Anzahlung hinterlassen muss. Menschen von überall zieht es am Wochenende hierher, um die vielen verschiedenen Gerichte zu probieren, darunter Vorspeisen wie Gyoza, Tempura und Bao sowie Sushi und Curry. Zu den Highlights gehören gegrillte koreanische Lammkoteletts und die aromatische Ente, doch man kann auch zwei Gerichte gleichzeitig bestellen und so viele probieren, wie man schafft. Das Premium-Menü enthält drei zusätzliche Speisen sowie freie Auswahl aus der alkoholischen Getränkekarte. Die ist zwar recht überschaubar – es gibt nur vier Cocktails –, hat es aber in sich. Bei Lychee Temptations und Moscow Mules solltest du also vorsichtig sein, damit du es noch aus eigenen Kräften nach Hause schaffst.

PARKS IN SOUTH LONDON

Brockwell Park
Der 51 ha große Park in Herne Hill umfasst ein Freibad (S. 318), Gärten und eine Sportanlage und ist ein beliebter Ort für Gemeinschaftstreffen.

Dulwich Park
Ein weitläufiger, 31 ha großer Park mit Teichen und Grünflächen. Tret- und Ruderboote sorgen für Spaß auf dem Wasser.

Burgess Park
Der 56 ha große Burgess Park ist ideal, um sich vom Trubel der Stadt zu erholen. Wer Lust auf Sport hat, kann hier Fußball oder Tennis spielen.

SÜDASIATISCH ESSEN IN TOOTING

Dosa N Chutney
Relaxtes Lokal, in dem du das namensgebende *dosa* probieren solltest, einen Kichererbsenfladen. £

Lahore Karahi
Schlichtes Restaurant mit pakistanischer Küche zu erschwinglichen Preisen. £

Mirch Masala
Karahi-Gerichte werden in diesem schicken Lokal perfekt gegrillt und gewürzt. £

Desserts sind im Menü enthalten und der dekadente japanische Brotpudding ist der perfekte Abschluss einer jeden Mahlzeit. Natürlich gibt's auch ein paar Regeln: Nur wer aufgegessen bzw. ausgetrunken hat, darf mehr Speisen und Getränke bestellen, und was übrig bleibt, wird extra bezahlt. Dadurch soll Lebensmittelverschwendung vorgebeugt werden. Für den Bottomless Brunch hat man zwei Stunden Zeit und zwischen 12 und 15.30 Uhr stehen fünf Zeitfenster zur Verfügung.

Ministry of Sound

KARTE S. 300

Dance- und House-Nachtclub

Das **Ministry of Sound** im Herzen von Elephant & Castle öffnete im September 1991 seine Türen und verwandelte ein heruntergekommenes Busdepot in eine Institution des Londoner Nachtlebens. Der von Justin Berkmann gegründete und von der New Yorker Paradise Garage inspirierte Club wirbelte mit seinem Fokus auf Klangqualität die Clubbingszene der Hauptstadt gehörig durcheinander. Heute zieht er jährlich um die 300 000 Nachtschwärmer und Star-DJs wie Adam Beyer, PJ Harvey, Dixon, Marshmello, Jozeff und Pete Tong an. Der Club rühmt sich mit vier unterschiedlichen Räumen, von denen jeder eine einzigartige akustische Erfahrung bietet.

Die Box sticht als auditives Nirwana mit turmhohen Lautsprechern, millionenwattstarken Bässen und dreifach verstärkten, schallschluckenden Wänden heraus. Im Room 103, dem Herz des Clubs, treten bahnbrechende Künstler:innen auf, die die Zukunft der Musik erahnen lassen. Die intime Baby Box hüllt einen in Rhythmus und Vibes, während The Loft aufstrebende Labels und Promoter in den Blickpunkt rückt.

Die wöchentlichen Clubnächte des Ministry werden den unterschiedlichsten Geschmäckern gerecht. Der Freitag gehört der Gallery, einem Trance-Paradies, während samstags vor allem House-Fans auf ihre Kosten kommen. Studierende kommen zu den beliebten Milkshake Tuesdays, die es schon seit 2002 gibt. Einmalige und andere regelmäßige Events stehen auf der Website des Ministry, über die du auch Tickets buchen kannst. Das Motto hier lautet „dress to impress“, doch einen strengen Dresscode gibt's nicht und die Kleiderordnung hängt auch von der Art der Veranstaltung ab.

KLEINE KARIBIK IN BRIXTON

Einwanderer aus der Karibik, vor allem aus Jamaika, haben die Geschichte und den Charakter Brixtons entscheidend mitgeprägt. Auf der Suche nach einer besseren Zukunft zog es nach dem Zweiten Weltkrieg viele Jamaikaner:innen nach Großbritannien. Sie ließen sich vorwiegend in Brixton nieder, wo eine lebhafte karibische Community entstand. Die bedeutendste Einwanderungswelle begann mit der Überfahrt der *HMT Empire Windrush* von Jamaika nach London 1948. An Bord befanden sich über tausend Passagiere, die heute als „Windrush-Generation“ bezeichnet werden. Allen Herausforderungen und Problemen mit Rassendiskriminierung zum Trotz feiert Brixton auch heute noch sein karibisches Erbe.

ATTRAKTIONEN IN GREENWICH

Cutty Sark
Der berühmte britische Klipper von 1869 mit Museum ist ein wichtiger Teil der britischen Seefahrtsgeschichte.

IFS Cloud Cable Car
Seilbahn zwischen Greenwich und Royal Docks. Fahrten dauern 10 Min, los geht's ab 7 Uhr. Besonders toll im Dunkeln.

Royal Observatory
Hier kannst du auf dem Nullmeridian am Ursprung der Greenwich-Zeit stehen.

TOP TIPP

Zwar lassen sich Richmond, Kew und Hampton Court zu Fuß oder mit dem Auto erkunden, doch ein schönes Verkehrsmittel hier ist das Boot. Das Flussboot hat Plätze drinnen und draußen sowie eine Bar und fährt ein paarmal am Tag von Westminster zum Hampton Court Palace, mit Stopps in Kew und Richmond.

Oben: Hampton Court Palace (S. 340); rechts: Richmond Park (S. 334)

LOCAL TIPP

Paul Jackson, Tourguide bei Discovery Richmond (@discovery_richmond), teilt mit uns seine Empfehlungen für die besten Attraktionen der Gegend.

Richmond Palace Remains

Die Lieblings-Winterresidenz von Königin Elisabeth I. Sie liegt auf dem Richmond Green, wo sich bei Turnieren einst Ritter bekämpften.

Terrace Gardens

Abgelegener Park auf dem Gelände dreier früherer Privatgüter. Hinein geht's durch eine Grotte am Fluss oder du spazierst von einer Terrasse auf dem Richmond Hill hinab.

Richmond Hill

Seit Jahrhunderten inspiriert der Blick vom Richmond Hill Maler und Poeten – der Blick ist durch Parlamentsbeschluss geschützt.

Richmond, Kew & Hampton Court

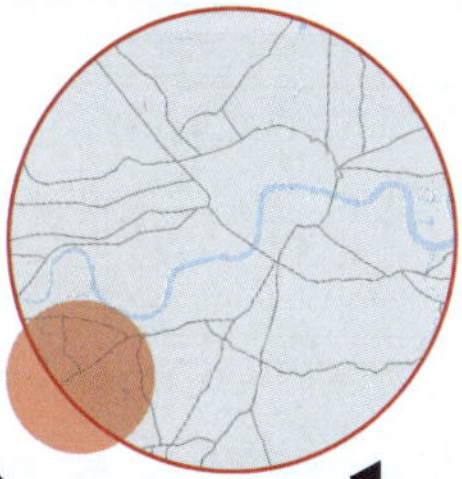

KÖNIGLICHES ERBE UND HERRLICHE GÄRTEN

Richmond, Kew und Hampton Court sind ganz anders als der Rest der geschäftigen Metropole und bieten in Südwestlondon einen Vorgeschmack auf die britische Natur. Neben viel Grün gibt's hier auch jede Menge Geschichte, die der Gegend noch mehr Reiz verleiht.

Wahrscheinlich besuchst du die Gegend dank der Entfernung zum Londoner Zentrum nur im Rahmen von Tagesausflügen, doch wer hier übernachtet, hat eine Reihe von Hotels zur Auswahl. Los geht die Erkundung möglichst früh am Tag in den Kew Gardens, einem botanischen Paradies von Weltrang mit herrlichen Pflanzensammlungen, viktorianischen Gewächshäusern und einem Baumwipfelpfad. Wenn du dich hier losreißen kannst, geht es weiter Richtung Süden nach Richmond, wo träge die Themse vorbeifließt und du vom Ufer aus schöne Ausblicke und Augenblicke genießt.

Richmond beherbergt außerdem weite, offene Grünflächen wie Richmond Park und Wimbledon Common, wo du geruhsam spazieren gehen oder ein stilles Picknick genießen kannst. Zwar ist die Gegend heute zumeist Wohngebiet, doch früher stand hier eine königliche Residenz und noch immer streifen hier über 630 Exemplare Rot- und Damwild frei umher, wie schon seit 1637.

Die Hauptattraktion ist jedoch der Hampton Court Palace, ein Tudor-Meisterwerk und einer von nur zwei noch existierenden Palästen von Heinrich VIII. Der Palast strotzt vor Geschichte und ist ein Zeugnis des reichen historischen Erbes Englands. Hast du den Palast, der heute zumeist ein Barockkleid trägt, besucht, kannst du 25 ha Gärten erkunden, mit einem berühmten und verwirrenden Irrgarten mit zahllosen Drehungen und Wendungen.

Abends geht es in diesen Gegenden ruhiger zu als näher beim Stadtzentrum, doch in dem Gebiet verteilt finden sich Pubs am Wasser und gehobene Restaurants – Portemonnaie also nicht vergessen.

NICHT VERSÄUMEN

KEW GARDENS
Weltweit bekannter botanischer Garten mit allerlei Pflanzensammlungen.
S. 332

RICHMOND PARK
Historischer Königspark mit weiten Grünflächen und umherstreifendem Wild.
S. 334

HAMPTON COURT PALACE
Historischer, für seine Architektur und Gärten berühmter Tudorpalast.
S. 340

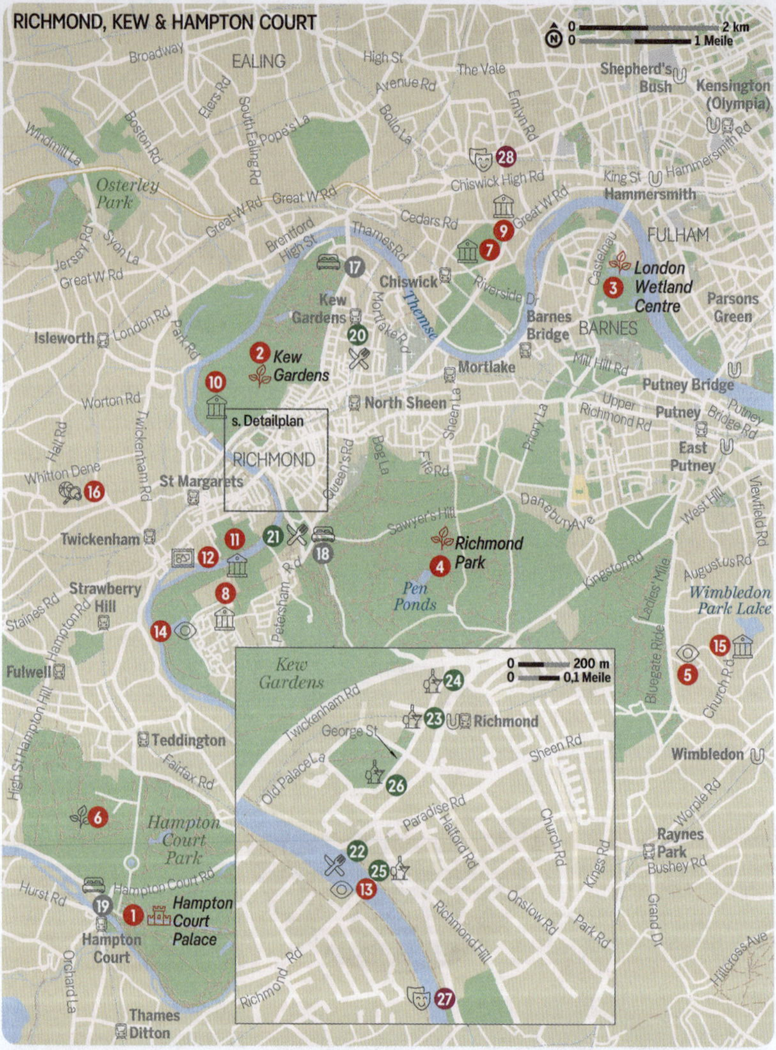

HIGHLIGHTS
1 Hampton Court Palace
2 Kew Gardens
3 London Wetland Centre
4 Richmond Park

SEHENSWERTES
5 Buddhapadipa Temple
6 Bushy Park
7 Chiswick House
8 Ham House
9 Hogarth's House
10 King's Observatory
11 Marble Hill House
12 Orleans House Gallery
13 Richmond Bridge
14 Teddington Lock
15 Wimbledon Lawn Tennis Museum

SPORT & AKTIVITÄTEN
16 Twickenham Stadium

SCHLAFEN
17 Coach & Horses
18 Harbour Hotel
19 Mitre

ESSEN
20 Hawthorn
21 Petersham
22 Scott's Richmond

AUSGEHEN & FEIERN
23 One Kew Road
24 Orange Tree
25 Pitcher & Piano
26 So Bar Richmond

UNTERHALTUNG
27 Puppet Theatre Barge
28 Theatre at the Tabard

MISTERVLAD/SHUTTERSTOCK ©

Hampton Court Palace (S. 340)

Kew Gardens

Botanischer Garten und Forschungseinrichtung

Die seit 1840 bestehenden **Kew Gardens** sind Unesco-Welterbe. Wer dieses Paradies betritt, darf sich auf eine Reise durch große Sammlungen von Pflanzen aus aller Welt freuen. In der 132 ha großen, weltweit umfassendsten botanischen Sammlung mit z. B. der weltweit größten Orchideensammlung kannst du den ganzen Tag verbringen – aber mindestens drei bis vier Stunden solltest du schon veranschlagen. Nicht versäumen solltest du das Palm House, ein viktorianisches Gewächshaus, in dem man das Gefühl hat, man würde sich ein tropisches Kleid überziehen, oder auch den Baumwipfelpfad mit Panoramablick aus 18 m Höhe.

Die Gärten zählen zu den Hauptattraktionen der Gegend, sodass es hier oft voll ist und du Tickets im Voraus buchen solltest. Die Great Boardwalk Borders mit ihren acht Blumenbeeten sind die längsten Staudenrabatte Großbritanniens, mit frischen Düften und einem Meer aus Farben.

Wandsworth Bridge, Putney & Barnes Circular

Rundweg um die Themse

Der knapp 13 km lange Spaziergang Wandsworth Bridge, Putney and Barnes Circular ist ein entspannter Ausflug mitten im Stadtalltag. Los geht's an der Wandsworth Bridge, von wo aus du immer an der gemächlich dahinfließenden Themse entlanggehst. Es gibt jede Menge freie Fläche und baumgesäumte Plätze, um die Ruhe zu genießen.

Unterwegs kommst du am **London Wetland Centre** (S. 338) und Naturschutzgebiet Leg o' Mutton vorbei, welche zu der perfekten Mischung aus charmanter Flusslandschaft und grünem Zauberland beitragen. Wer müde wird, kann jederzeit den Bus 378 vom Putney Pier nach Barnes nehmen.

ELROCE/SHUTTERSTOCK ©

Palm House, Kew Gardens

Bushy Park

Bushy Park

Königlicher Park mit Tieren

König Heinrich VIII. gab 1529 grünes Licht für den **Bushy Park** und seitdem ist der Park beim Hampton Court Palace ein echtes Juwel. Mit seinen 445 ha Fläche ist er der zweitgrößte der Londoner royalen Parks; zudem gibt's hier mehr alte Bäume als sonst irgendwo in London. Den Park teilst du dir mit Rot- und Damwild, das ihm ein wildes Flair verleiht und einen Einblick in die königliche Vergangenheit Englands gewährt.

Geruhsam kannst du über die von imposanten Bäumen flankierte Chestnut Ave spazieren oder du verlierst dich in den barocken Wassergärten oder den Waterhouse Woodland Gardens samt Wasserbecken und Wasserfall. Oder du peilst das berühmteste Wahrzeichen des Parks an, die Diana Fountain. Der denkmalgeschützte Brunnen wartet mit einer goldenen Statue der Göttin Diana auf. Der Park ist rund um die Uhr geöffnet.

Wimbledon Lawn Tennis Museum

Die Geschichte des Tennis

Das **Wimbledon Lawn Tennis Museum** nimmt Tennisfans an einer der berühmtesten Spielstätten des Sports mit auf eine Reise durch die reiche Geschichte des Spiels. Es erkundet die Entstehung des Sports, präsentiert Meisterschaftstrophäen und bietet eine Reihe von interaktiven Exponaten und Andenkensammlungen. Dann kannst du den berühmten Centre Court und die anderen Tennisplätze besichtigen. Ob du nun Tennisfan bist oder nur neugierig hinsichtlich der Geschichte des Sports – das Museum ist ein spannendes und lehrreiches Erlebnis. Wer während des Wimbledon Grand Slam Ende Juni und Anfang Juli hier ist, kann vielleicht auch dem einen oder anderen Match beiwohnen.

Pagode, Kew Gardens

Richmond Park

Londons größter royaler Park

Das Wichtigste vorab: Dies ist kein gewöhnlicher **Park**. Mit seinen 1100 ha ist der Richmond Park gigantisch. Er ist Londons größter königlicher Park und die größte städtische Parklandschaft Europas, mit einer ins 17. Jh. zurückreichenden Geschichte, als König Karl I. das Gebiet zum königlichen Jagdrevier machte.

Die uralten Eichen, Wiesen und Teiche sind immer einen Besuch wert, doch der eigentliche Star der Show ist das Wild, das hier zuhause ist: Über 600 Tiere streifen hier umher und verleihen dem königlichen Ambiente einen Hauch von Wildnis. Mit dem Rad kannst du malerische Wege entdecken oder auch per Pferd über die offenen Flächen reiten. Bist du zu Fuß unterwegs, erklimme den King Henry's Mound mit atemberaubenden Ausblicken auf die Skyline der Stadt – die Wanderschuhe nicht vergessen! Wer mit dem Auto kommt, sollte zeitig anreisen, um sich einen Parkplatz zu sichern, denn der Park ist sehr beliebt.

TERRY LAWRENCE/GETTY IMAGES ©

Ham House

Ham House

Hampton Court im Kleinformat

Südlich von Richmond steht ein Stuart-Herrenhaus aus dem 17. Jh. mit schönen formellen Gärten – ein „Hampton Court en miniature". Ursprünglich ließ sich ein elisabethanischer Höfling und Knight Marshal Jakobs I. das **Ham House** errichten. Es gilt als eins der schönsten historischen Häuser Londons und steht unter Denkmalschutz. Vielleicht erkennst du das Haus aus verschiedenen Filmen wie z. B. *Sinn und Sinnlichkeit*, *Victoria & Abdul* und *John Carter – Zwischen zwei Welten*. Nach der Erkundung kannst du in einem der drei Hauptpubs von Ham einkehren und einen Blick auf das **New Inn** aus dem 18. Jh. werfen.

Hogarth's House

Leben und Werk des berühmten Künstlers

Das **Hogarth's House** war einst das Zuhause von William Hogarth, einem der bedeutendsten englischen Maler und Grafiker des 18. Jhs. Er hatte sich ganz der satirischen und sozialkritischen Malerei verschrieben. Mit seinem Genius kannst du hier auf Tuchfühlung gehen anhand einer großen Sammlung seiner Werke, die gleichzeitig ein Fenster zur politischen und sozialen Szene seiner Zeit eröffnen. Lass dir Zeit, um Hogarths Werk und Haus eingehend zu studieren. Anschließend schaust du dir hinterm Haus den Garten an: Der ist eine schöne Ergänzung zu all den Grünflächen der Gegend.

ALEXEY FEDORENKO/SHUTTERSTOCK ©

Chiswick House

Chiswick House

Villa des 18. Jhs. samt Gärten

Das **Chiswick House** wurde samt Gärten zwischen 1725 und 1738 vom Architekten William Kent und von Richard Boyle, dem dritten Earl of Burlington, entworfen. Hier herumzuspazieren ist wie eine Zeitreise in Sachen Geschichte und Kunst. Haus und Gärten sind durch Symmetrien geprägt, mit herrlichen Ausblicken, klassischen Statuen und Wegen, beeinflusst durch die Kavalierstour der beiden besonders durch Italien. Im Garten steht an einem friedvollen See ein schöner ionischer Tempel, ein malerisches Fleckchen für ein bisschen innere Einkehr oder einfach zum Eintauchen in die Schönheit des Anblicks.

Drinnen ist das Haus ein Tempel der Malerei und Bildhauerei, gekrönt von der Kassettendecke der Kuppel des Upper Tribunal, die unvergoldet blieb. Die Wände darunter sind mit acht großen Gemälden geschmückt. Der Wintergarten beherbergt die älteste Kameliensammlung Großbritanniens. Auf der Website des Hauses werden coole Ausstellungen und andere Events angekündigt, die einem Besuch zusätzliches Flair verleihen.

Theatre at the Tabard

Dramen im Pub

Dieses 1985 von der Schauspielerin Andrea Black eröffnete Theater versteckt sich über dem historischen **Tabard Pub**, das 1880 von Norman Shaw, einem der größten britischen Architekten, entworfen wurde. Es ist nicht sehr glamourös, zeigt aber Inszenierungen von West-End-Qualität zu weitaus erschwinglicheren Preisen. Das sehr kleine Theater wirkt recht intim; gezeigt wird alles von fesselnden Dramen bis zu saukomischen Komödien.

Besonderen Wert legt das Theater auf neue Stücke und es wird für seine experimentellen Inszenierungen gelobt – hier haben in umwerfenden Produktionen schon sehr talentierte Schauspieler:innen auf der Bühne gestanden. Die Karten gehen immer weg wie warme Semmeln, also weit im Voraus buchen! Vor oder nach der Aufführung kann man wunderbar im Pub unten abhängen.

2019 wurde das Theater direkt bei der U-Bahnstation Turnham Green in Chiswick Playhouse umbenannt, doch nur drei Jahre später war es wieder das Tabard.

Sonntagsmärkte in Chiswick

Wöchentliche Waren- und Lebensmittelmärkte

Meistens präsentiert sich Chiswick als stille Gegend abseits der Besucherströme, doch jeden Sonntag erwacht es dank verschiedener Märkte zum Leben. Einmal im Monat findet im Chiswick Business Park ein **Lebensmittelmarkt** statt. Am ersten Sonntag des Monats ist der **Chiswick-Blumenmarkt** an der Reihe, am dritten Sonntag der **Käsemarkt** und am zweiten der **Antiquitäten- und Vintage-Markt**. Egal an welchem Sonntag man hier aufkreuzt: Immer gibt's eine tolle Auswahl an Waren, Streetfood und handwerklich erzeugten Lebensmitteln. Der Chiswick Calendar (chiswickcalendar.co.uk/whats-on-in-chiswick/outdoor-markets) verrät dir, welcher Markt bei deinem Besuch gerade stattfindet.

JONATHAN HOSEANA/SHUTTERSTOCK ©

Buddhapadipa Temple

Richmond Bridge

Richmond Bridge

Historische Steinbrücke

Die eleganten Steinbögen der 1777 erbauten **Richmond Bridge** stellen die älteste Flussquerung Londons dar. Die Brücke verbindet beide Seiten des Bezirks Richmond, doch sie gewährt auch wunderbare Ausblicke auf die Themse. Auf der einen Seite blickst du auf den Fluss, auf der anderen auf üppiges Grün und reizende Gebäude – ein sehr malerisches Setting. Die fünfbogige Brücke allein ist noch kein Grund für einen Abstecher nach Richmond, doch sie ist eine nette Dreingabe zu all den anderen Sehenswürdigkeiten der Gegend.

Rund um die Brücke liegen an der Themse zahlreiche Restaurants, Bars und Cafés, sodass du hier schön eine Pause einlegen kannst. Bist du mit deiner Kamera unterwegs? Die vom Architekten James Paine entworfene Brücke wird bei Sonnenauf- und Sonnenuntergang schön angeleuchtet.

Gemäß dem Richmond Bridge Act von 1772 wurde die Beschädigung der Brücke mit der „Verbannung in eine der königlichen Kolonien in Amerika für sieben Jahre" bestraft.

Buddhapadipa Temple

Traditioneller thailändischer buddhistischer Tempel

Eins der markantesten Merkmale des bei Wimbledon Common versteckten **Tempels** ist sein reich verziertes Äußeres, welches das Wesen thailändischer Kunst und Kultur widerspiegelt. Beim Eintreten wird man von Wandbildern rund um eine Sammlung von Buddhastatuen begrüßt. Das Tempelgelände mit Teichen, Gärten und malerischen Brücken ist eine Oase der Ruhe inmitten des städtischen Trubels. Dies ist einer der größten thailändischen Tempel Europas; hier finden täglich Gottesdienste nach der Theravada-Tradition statt. Außerdem werden hier am Wochenende von 15 bis 17 Uhr kostenlose Meditationsstunden und Vorträge angeboten. Wer noch mehr thailändische Kultur erleben möchte, sollte Mitte April zum Songkran-Fest herkommen.

London Wetland Centre

Fabelhafte Tierwelt

Das 42 ha große, vom Wildfowl & Wetlands Trust verwaltete **Schutzgebiet**, eins der größten Binnenland-Feuchtgebietprojekte Europas, entstand 2000 aus vier viktorianischen Stauseen und lockt rund 140 Vogelarten sowie Frösche, Schmetterlinge, Libellen, Echsen und Wühlmäuse an.

Am Ostufer des Hauptsees steht der dreistöckige Peacock Tower, ein Magnet für leidenschaftliche Vogelbeobachter:innen. Weitere Beobachtungsstände gibt's im gesamten Schutzgebiet, z. B. den Headley Discovery Hide im Westen. Im Feuchtgebiet fühlen sich auch acht Fledermausarten zu Hause, denen die vielen Motten als Futter dienen.

Mit Spielplätzen, Teichen zum Baden, Ottern, die jeden Tag um 11 und 14 Uhr gefüttert werden, und Tunneln zum Durchkriechen ist das Schutzgebiet auch ein tolles Ziel für Familien mit Kindern. Hier kann man problemlos vier oder fünf Stunden verbringen und hat nicht das Gefühl, noch in London zu sein.

Das Schutzgebiet ist mit öffentlichen Verkehrsmitteln zu erreichen oder auch mit dem Rad an der Themse entlang.

TRAVELIBUK/ALAMY STOCK PHOTO ©

Marble Hill House

Marble Hill House

Villa des 18. Jhs.

Im **Marble Hill House**, das in der ersten Hälfte des 18. Jhs. entstand, lebte einst Henrietta Howard, Countess of Suffolk und Mätresse König Georgs II. Später wurde es von Mrs Fitzherbert bewohnt, der heimlichen Ehefrau von Georg IV. Das Haus in Twickenham vermittelt einen Eindruck vom Leben in georgianischer Zeit und besticht zudem mit schönen Gärten am Fluss. In Henriettas Ankleidezimmer können Kinder Hüte anprobieren.

Das Haus liegt 25 Minuten zu Fuß vom Bahnhof von Richmond entfernt. Außerdem ist es vom Ham House leicht mit einer Personenfähre zu erreichen.

KENTAYLORDESIGN/SHUTTERSTOCK ©

Otter, London Wetland Centre

MISTERVLAD/SHUTTERSTOCK ©

PRAKTISCH & KONKRET

Dieser QR-Code führt zu Preisen und Öffnungszeiten.

HIGHLIGHT

Hampton Court Palace

Der Lieblingspalast Heinrichs VIII., der **Hampton Court Palace**, ist von opulenten Gärten umgeben. Mit seinem extravaganten Hofleben demonstrierte der König Macht und Reichtum; auch fünf Jahrhunderte später begeistert die Pracht. Das Schloss sollte dem in Versailles Konkurrenz machen und ist noch immer eins der prächtigsten Englands. Und durch die Säle soll noch immer der Geist einer von Heinrichs hingerichteten Gattinnen spuken.

NICHT VERSÄUMEN

- Chapel Royal
- State Apartments
- Great Hall
- Tudorküchen
- Base Court und astronomische Uhr
- Haunted Gallery
- Royal Gardens und Hedge Maze

Der Palast

Der luxuriöse Hampton Court Palace beherbergt verschiedene spektakuläre Bauten und zählt zu den schönsten Beispielen Londons für Tudor-Architektur. Erbauen ließ ihn zu Beginn des 16. Jhs. Kardinal Thomas Wolsey, um sich die Gunst von König Heinrich VIII. zu bewahren. Nachdem er als Lordkanzler dabei gescheitert war, die Scheidung Heinrichs von Katharina von Aragon zu erwirken, übernahm der König den Palast. Veränderungen am Palast ließen nach Heinrich VIII. auch Christopher Wren (17. Jh.) sowie spätere georgianische Könige und Prinzen vornehmen. Als Königin Viktoria den Palast in der ersten Hälfte des 19. Jhs. der Öffentlichkeit zugänglich machte, entwickelte er sich rasch zum Ziel vom Millionen von Besucher:innen: In weniger als 50 Jahren kamen über 10 Mio. Menschen hierher, um den Komplex zu besichtigen.

KIEV.VICTOR/SHUTTERSTOCK ©

Links: Hampton Court Palace; oben: Tudorküche

FOUNTAIN COURT

Als Wilhelm III. und Maria II. 1689 als Herrscherpaar den Thron bestiegen, wurde Christopher Wren mit dem Umbau des Palasts beauftragt. Ursprünglich hatte Wren den ganzen Palast abreißen wollen, doch schließlich fügte er nur den Brunnenhof an. Dieser ersetzte den grünen Kreuzgangshof Heinrichs VIII. und beherbergte Gemächer für den König und die Königin sowie nach dem Tod Marias 1694 Räume für Wilhelms wichtigste Höflinge. Wem der Hof bekannt vorkommt: Er taucht auch in *Bridgerton* auf.

Eines Königs würdig

Kardinal Wolsey wollte einen Palast errichten, der eines Königs würdig war, und ließ einen normalen Landsitz in ein spektakuläres Gebäude mit extravagantem Prunk und einzigartiger Kunst verwandeln. Im Lauf der Jahrhunderte wurde der Bau noch spektakulärer, als ihm jeder Monarch seinen Stempel aufdrückte. Die Könnerschaft der Handwerker zeigt sich z. B. in der **Chapel Royal**, deren blau-goldene Gewölbedecke aus Holz und Gips eigentlich für die Christ Church in Oxford gedacht war und schließlich hier landete. Der prächtige Speisesaal, die **Great Hall**, weist feine Tapisserien und Buntglasfenster auf. Sehr nützlich beim Rundgang durchs Schloss ist der Audioguide mit seinen interessanten Geschichten.

Shakespeare was here

Ein echtes Highlight sind die **State Apartments**, die Prunkgemächer Heinrichs VIII., die einen Einblick in seinen Alltag gewähren. In den Gemächern König Wilhelms III. sind besonders die feinen Holzschnitzereien aus dem 17. Jh. interessant – im Great Bedchamber schlief der König nicht, doch hier kleidete er sich jeden Morgen an. Die Great Hall ist die prächtigste mittelalterliche Halle Englands; sie wurde in ein Theater verwandelt, in dem 1603 Shakespeares Truppe auftrat.

Tafeln wie ein König

Zu einer Zeit, wo es angesagt war, ein paar Extrapfunde mit sich herumzuschleppen, waren im Hampton Court Palace auch dank des enormen Appetits des Königs 200 Köch:innen und Hilfskräfte angestellt, die jeden Tag 800 Mahlzeiten zubereiten mussten. Die berühmten **Tudorküchen** stammen von 1530 und gewähren heute einen Einblick in die verschiedenen Spezialitäten, die im Schloss serviert und verzehrt wurden.

HIGHLIGHT

Hampton Court Palace

ÜBERNACHTEN IM PALAST

Wer im Hampton Court Palace nächtigt, erlebt ihn in aller Stille, wenn die anderen Tourist:innen alle wieder weg sind. Geschichtsfans freuen sich sicher über eine Nacht im imposanten Georgian House aus dem 18. Jh. Oder du übernachtest im Fish Court, einer Wohnung im Bedienstetentrakt des Palasts.

Besucher:innen können nacherleben, wie die Arbeit in den königlichen Küchen im 16. Jh. aussah. Historische Köch:innen lüften die Geheimnisse hinter der Zubereitung von authentischen Tudorgerichten wie herzhaften Braten, aromatischen Eintöpfen und feinem Konfekt. Am Ende weiß man, wie es ist, wie ein König zu speisen. Das Programm „Tudor Cookery and Roasting" ist im Eintrittspreis inbegriffen, wird aber nur am Wochenende angeboten.

Die Gezeiten der Themse vorhersagen

Im zentralen Bereich des Palasts ist am inneren Hof eine faszinierende **astronomische Uhr** zu finden. Dieses Wunderwerk wurde 1540 für Heinrich VIII. installiert und ist mit drei Glocken verbunden. Die 4,5 m große Uhr zeigt neben der Zeit auch das Datum, die Stellung der Sonne, die Mondphasen, wann der Mond den Meridian kreuzt und die Zahl der Tage nach dem letzten Neumond. Daher kann die Uhr auch die Gezeiten der Themse anzeigen.

Die astronomische Uhr ist vom **Base Court** aus zu sehen, dem ersten großen Hof des Palasts in der West Front. Hier gab es 30 Gemächer für die bedeutendsten Gäste des Palasts. Über dem Base Court befinden sich weitere vertäfel-

Astronomische Uhr

te Räume und Türbogen, die eine schöne Einführung zum Palast darstellen. Interessant sind auch die Tudor-Schnitzereien am Kamin.

Eine schreiende Königin

Auf dem Weg von den Privatgemächern Heinrichs VIII. Richtung Kapelle kommst du in den State Apartments an der berühmten **Haunted Gallery** vorbei. Diese Ecke ist auch wegen ihrer einstigen Beliebtheit interessant. Zu Beginn des 20. Jhs. zeigten die am weitesten verbreiteten Postkarten des Palastes angebliche Fotos von einem Geist, der durch den Palast spuken sollte. Den überlieferten Geschichten zufolge suchten die Geister von mindestens zwei von Heinrichs Gemahlinnen den Palast heim. Jane Seymour, Heinrichs dritte Frau, starb 1537 im Kindbett; Catherine Howard, seine fünfte Frau, wurde fünf Jahre später hingerichtet. Jane, die einzige neben dem König bestattete Gemahlin, zeigte sich angeblich auf den Silverstick Stairs.

Als Catherine verhaftet wurde, soll sie schreiend durch die Haunted Gallery gelaufen sein, um Heinrich um Gnade anzuflehen. Der König betete gerade in der Kapelle und die Wachen führten sie weg. Jetzt soll sie bis in alle Ewigkeit in der Galerie herumschreien.

Verloren im Irrgarten

Für die **Royal Gardens** des Palasts ist wahrscheinlich das Frühjahr die beste Jahreszeit. Die Gartenanlage umfasst den Privy Garden, Pond Garden, Broad Walk, Elizabethan Knot Garden und die Wilderness mit der weltweit größten Weinrebe. Toll ist auch das älteste noch existierende **Heckenlabyrinth** Großbritanniens, ursprünglich angelegt 1689; es ist gut 1200 m² groß. Bis in die Mitte braucht man ungefähr 20 Minuten, doch wieder herauszufinden dauert länger. Die einzige Möglichkeit, seine Pracht zu erkunden, ist, sich inmitten der hohen Hecken zu verlieren.

Veranstaltungen & Verpflegung

Der Palastkomplex ist eine schöne Kulisse für lange Spaziergänge, bei denen man in den opulenten Gärten die Sonne genießen kann, oder man isst in einem der drei Esslokale zu Mittag: dem Tiltyard Cafe, Privy Kitchen Cafe und Fountain Court Cafe. Jedes Jahr finden hier außerdem zwei große Events statt. Beim **Hampton Court Palace Festival** im Juni treten bei einem der beliebtesten Freiluft-Musikevents des Landes bekannte Namen aus Pop und Klassik auf. Das **Hampton Court Palace Garden Festival** (S. 346) im Juli ist die weltweit größte Gartenschau.

Privates Speisezimmer

Im Speiseraum in den Privatgemächern Wilhelms III. organisierte er kleine Dinnerpartys für seine männlichen Freunde. Nach dem Essen wurden die Fensterläden geschlossen, sodass der König und seine Freunde völlig unter sich waren. Vielleicht möchtest du dir ausmalen, was auf der Karte stand und wie die Stimmung bei diesen eleganten Abenden war.

TOP TIPPS

- Für den Palast solltest du etwa fünf Stunden einplanen: zwei bis drei Stunden für drinnen und weitere zwei für den Garten. Im Sommer kannst du eine Kutsche mieten, im Winter gibt's eine Eislaufbahn.
- Den ganzen Garten bei einem einzigen Besuch zu erkunden ist schwierig – vielleicht kommst du noch einmal her.
- Der London Pass gewährt freien Eintritt zum Palast.
- Am besten kommst du unter der Woche; am Wochenende sind die Warteschlangen teils extrem lang. Tickets im Voraus reservieren!

EIN KÖNIG UNTER HAUSARREST

1647 stellte Oliver Cromwell König Karl I. in der Grand Hall unter Hausarrest, die der König vorher mit prächtigen Gemälden hatte schmücken lassen. Selbst Cromwell bewunderte die schönen Buntglasfenster hier. Nach dem Bürgerkrieg wurde der Palast zu seiner Residenz und er stellte sicher, dass er intakt blieb.

WARUM ICH RICHMOND, KEW & HAMPTON COURT LIEBE

Vivienne Dovi, Autorin

Ich mag Richmond, Kew und Hampton Court wegen der in London seltenen Mischung von Geschichte und Natur. Das viele Grün und das Wild im Richmond Park zu bewundern oder den prächtigen Hampton Court Palace mit seinem Irrgarten zu erkunden ist immer wieder ein Erlebnis, erinnert mich aber auch an Schulausflüge, bei denen wir mehr über Heinrich VIII. lernen sollten. Noch immer faszinieren mich historische Stätten wie diese.

London ist stolz auf seine Hektik, sodass es für mich etwas Besonderes ist, sich von dem ganzen Trubel zu verabschieden und hier in der Gegend in aller Ruhe an der Themse spazieren zu gehen, besonders an einem Sommertag.

GORDON BELL/SHUTTERSTOCK ©

Twickenham Stadium

MEHR IN RICHMOND, KEW & HAMPTON COURT

Unter Legenden im Twickenham Stadium

Legendäres Rugbystadion

Ob du nun seit Kindesbeinen Rugbytrikots trägst oder einfach nur hier in der Gegend bist: Das **Twickenham Stadium** bietet dir die Gelegenheit, das größte Rugbystadion der Welt zu besichtigen, in dem auch große Open-Air-Konzerte z. B. von Bon Jovi, Beyoncé und Lady Gaga stattfinden.

Führungen durch das Stadion mit seinen 82 000 Sitzplätzen, die Heimat des englischen Rugbys, führen hinter die Kulissen und erzählen die Geschichte der Sportstätte. Oder du nimmst an der Legend Tour teil: Dabei führt dich einer der Rugby-Helden auch an den Spielfeldrand und in die Umkleidekabinen. Bei dieser exklusiven und beliebten Führung bekommst du auch andere Teile des Stadions zu sehen wie die President's Suite und die Royal Box. Alle Touren umfassen den Besuch im World Rugby Museum mit der weltweit größten Sammlung von Rugby-Erinnerungsstücken – über 41 000 – und der Play Rugby Interactive Zone, wo du deine eigenen Rugby-Künste testen kannst.

ÜBERNACHTEN IN RICHMOND, KEW & HAMPTON COURT

The Mitre
Luxus-Boutiquehotel an der Themse – näher kommt man an den Hampton Court Palace nicht heran. **££**

Coach & Horses
3-Sterne-Hotel und Gastropub mit Biergarten direkt gegenüber den Kew Gardens. **££**

Harbour Hotel
Herrenhaus aus dem 18. Jh. mit Garten und Luxusspa oben auf dem Richmond Hill. **££**

Wenn du dir ein Spiel anschauen möchtest, schaue auf der Website nach den Terminen. Tickets für internationale Begegnungen sind schwer zu ergattern.

Im Twickenham Stadium finden auch Spiele des Rugby World Cup 2025 statt. Das Stadion ist zehn Minuten zu Fuß vom Bahnhof Twickenham entfernt.

Fühl dich wie ein König im King's Observatory

Ehemalige astronomische Forschungsstätte

Das King's Observatory im Old Deer Park in Richmond ist ein alleinstehendes palladianisches Haus inmitten von 3 ha großen üppigen Gärten. Park und Haus gehören der britischen Krone; König Georg III. interessierte sich sehr für die Naturwissenschaften und wollte eine Sternwarte, von der aus er den Transit der Venus 1769 beobachten konnte – das seltene Ereignis ermöglichte es Wissenschaftlern, die Entfernung von der Erde zur Sonne präziser zu berechnen. Die Teleskopkuppel des Observatoriums ist die älteste ihrer Art auf der Welt. Die Sternwarte wurde vom berühmtesten Architekten der Zeit entworfen, William Chambers; die Aussicht vom Gebäude ist noch fast genauso wie vor 250 Jahren.

Die Sternwarte samt Gärten mit einem See ist vom **Royal Mid-Surrey Golf Club** gesäumt, gegründet von einer Gruppe von Golffans, die beim Plaudern im Pub auf die Idee für einen neuen Golfplatz kamen. Die Mitgliedschaft im Club kostete ab 31 Shilling, was heute weniger als 2 £ wären.

Die Sternwarte ist nur zu bestimmten Zeiten im Jahr öffentlich zugänglich, sodass ein Besuch sorgfältig geplant werden muss. Und für Leute mit gut gefülltem Portemonnaie: Das Haus kann gemietet werden.

Inspiration in der Orleans House Gallery

Kunst und Natur vereint

Die Orleans House Gallery, ursprünglich im 16. Jh. auf Kronland errichtet, wurde immer weiter ausgebaut und fungiert heute als spannendes Kultur- und Geschichtszentrum mit allem von Veranstaltungen bis zu Bildungsprogrammen. Das Ziel der Galerie ist es, die Bevölkerung zusammenzubringen, z. B. mit interaktiven und immersiven Ausstellungen sowohl für Kinder als auch für Erwachsene, oft zu Spiel- oder Naturthemen. Außerdem dient sie als permanentes Zuhause der 4440 Werke der Richmond Borough Art Collection, u. a. mit Zeichnungen und Gemälden der Gegend.

DIE BESTEN SPOTS FÜR EINEN DRINK

So Bar Richmond
Cocktails und Tapas in schummriger Bar in Richmond.

Pitcher & Piano
Am besten bei gutem Wetter herkommen – die Aussicht ist herrlich!

One Kew Road
Moderne Bar mit klassischen Drinks und künstlichen Tierfellen als Sitzbezügen.

Orange Tree
Pub mit relaxter Atmosphäre beim Bahnhof von Richmond – toll zum Rugbygucken.

Hemingways
Bar in Wimbledon mit gemütlichen Sofas und Happy Hour (zwei Cocktails zum Preis von einem) von 16 bis 19 Uhr.

NOBEL SPEISEN IN RICHMOND, KEW & HAMPTON COURT

The Petersham
Moderne britische Küche mit Blick auf die Themse. **£££**

Scott's Richmond
Fisch und Meeresfrüchte wie z. B. herrliche Austern sowie separate vegetarische Karte. **£££**

Hawthorn
Moderne britische und europäische Küche direkt am Bahnhof Kew Gardens. **£££**

SUNDAY ROAST IN RICHMOND, KEW & HAMPTON COURT

The Marlborough Pub mit Biergarten und Sonntagsbraten mit sämtlichen Beilagen einen Steinwurf vom Richmond Park entfernt. **££**

The White Cross Pub aus dem 18. Jh. an der Themse in Richmond mit einfachen, aber erstklassigen Gerichten wie Roastbeef mit den typischen Beilagen. **££**

The Greyhound Kew Gastropub bei den Kew Gardens mit Sonntagsbraten mit saisonalen Beilagen. Es gibt auch vegetarische und vegane Gerichte; Hunde sind willkommen. **££**

Auch die Architektur des Orleans House ist eindrucksvoll, doch vor allem die Landschaft drumherum zieht immer wieder Leute an, die hier zeichnen. Das Haus steht am Ufer der Themse und genießt den einzigen Ausblick auf den Fluss, der per Parlamentsbeschluss gesetzlich geschützt ist. Die Landschaft verströmt ein idyllisches Flair, das so verführerisch ist, dass man sich fast wie im ländlichen Italien fühlt. Um die Wäldchen und den Garten samt ihren Tieren kümmern sich heute Freiwillige.

Die Wäldchen und der Garten können kostenlos erkundet werden, mit und ohne Galerietour. Das Stables Café befindet sich, wie der Name schon sagt, in umgewandelten Stallungen. Die Galerie ist montags geschlossen.

Bootsfahrt nach Hampton Court

Über den Fluss zum Palast

Eine Bootsfahrt mit den Thames River Boats zum Hampton Court ist die ideale Art und Weise, die Themse und die Uferlandschaft aus völlig neuer Perspektive zu erleben. Wenn es das Wetter erlaubt, solltest du auf jeden Fall draußen an Deck sitzen, um den schönsten Ausblick auf den Richmond Hill zu genießen sowie auf das Ham House, die Eel Pie Island und die vielen Pubs und Restaurants am Wasser, die alle sehr einladend aussehen. Aber auch an Bord gibt's eine Bar.

Der Bootsausflug beginnt am Westminster Pier; unterwegs legt das Schiff auch in Kew und Richmond an, bevor es Hampton Court erreicht. Auf der Strecke liegen auch Teddington Lock und die Gegend um Kingston upon Thames mit ihren Palästen und Landsitzen. Der Eintritt zum Hampton Court Palace und zu anderen Attraktionen unterwegs ist im Bootsticket nicht inbegriffen. Die Boote verkehren meist von April bis September oder Oktober. Von Westminster nach Hampton Court sind es etwa 35 km bzw. 3½ Stunden.

Besonders zum Beginn und Ende der Saison ist es ratsam, einen dünnen Mantel oder eine Jacke mitzunehmen.

Blütenpracht beim Hampton Court Palace Garden Festival

Inspiration für Gartenfreund:innen

Das Hampton Court Palace Garden Festival ist eine Art Olympiade für Gärtner:innen. Die fünftägige größte Gartenschau der Welt findet jedes Jahr im Juli auf dem Gelände des prächtigen Palastes statt. Es werden Preise wie der People's Choice Award (Publikumspreis) vergeben und etwa der Best Show

COFFEESHOPS IN RICHMOND, KEW & HAMPTON COURT

Dharma Coffee Richmond Luftiges, geräumiges Café mit Spezialitätenkaffee, am besten zu genießen an einem der Fensterplätze.

Coffeeology Espressobar gleich abseits der Hauptstraße von Richmond.

Mooca Café Kleines Café mit preiswerten Getränken und tollem Frühstück.

TONY WATSON/ALAMY STOCK PHOTO ©

Hampton Court Palace Garden Festival

Garden gekürt; außerdem wird die Threatened Plant of the Year (bedrohte Pflanze des Jahres) ausgewählt. Es gibt Ausstellungen mit frischen Schnittblumen und Obst und Gemüse sowie Gärten für Orte in aller Welt. Dieses Event will kein leidenschaftlicher Gärtner oder Gemüsebauer verpassen! Angeboten werden alle möglichen Events wie etwa Workshops, Vorträge und Vorführungen – am besten bringst du ein Notizbuch für all die tollen Tipps mit, die du hier erhältst. Die Flower School hat ein Mitmachelement und bietet praktische Tipps zur Zusammenstellung des eigenen Blumenstraußes – wie sorgt man für Struktur, welche Blumen wählt man und wie bereitet man sie vor – oder du kaufst einfach einen fertigen Strauß. Außerdem werden Haushaltswaren und Gartenwerkzeuge verkauft und überall werden Tipps zum Gärtnern gegeben. Zu all dem Grün gibt's auch noch jede Menge Livemusik und an Ständen in schöner Umgebung Streetfood.

Der nächstgelegene Bahnhof ist Hampton Court; Busse halten am Parkplatz beim Hampton Court Green.

RICHMOND, KEW & HAMPTON COURT MIT KINDERN

Eel Pie Island
Eine Insel mit dem Twickenham Rowing Club und Naturschutzgebieten an beiden Enden, erreichbar per Boot oder über eine Fußgängerbrücke.

Teddington Lock
Ein Komplex aus drei Schleusen und einem Wehr, mit Picknicktischen und Café – ein tolles Flecken für Familien, wo sie das Wetter genießen und den Booten beim Vorbeifahren zuschauen können.

Puppet Theatre Barge
Das Theater mit 55 Plätzen bietet von Juli bis Oktober Puppentheater.

AKTIVITÄTEN FÜR SPARFÜCHSE

Museum of Richmond
Museum mit freiem Eintritt zur Bewahrung von Kultur und Geschichte des Bezirks.

Strawberry Hill House
Das Haus von Horace Walpole, einem englischen Schriftsteller, Politiker und Kunsthistoriker, mit Renaissance-Buntglas.

York House Gardens
Grünanlage aus dem 17. Jh. mit Wegen, Tieren, Brunnen und restauriertem japanischem Garten.

Ausflüge von London

Die ältesten Universitäten der westlichen Welt, herrliche Schlösser, heidnische Rätsel, spannende Küstenstädte und noch viel mehr rund um die britische Hauptstadt.

Von der am besten angebundenen Stadt Großbritanniens aus ist man in wenigen Stunden fast überall, doch noch im Rahmen von normalen Tagesausflügen erreichbar sind die ältesten Universitäten der westlichen Welt, Oxford und Cambridge, wo von Byron bis Newton viele der größten Geister geformt wurden. Näher liegt das prächtige, von Wilhelm dem Eroberer vor fast 1000 Jahren gegründete Königsschloss Windsor Castle. Und dann wäre da noch die Küste: In der Gay-Hauptstadt des Landes, in Brighton, trifft verstecktes südasiatisches Kolonialerbe auf queeres Leben. In Essex kannst du in einem der Fischerdörfer an der Küste nach Antiquitäten stöbern und mit Blick auf die Mündung der Themse Muscheln verzehren.

TOP TIPP

Die Londoner Züge sind als teuer bekannt. Billiger ist es, wenn man vorausbucht, oder du nimmst die erheblich günstigeren (aber langsameren) Busse.

Palace Pier, Brighton (S. 358)

CLOUDVISUAL/SHUTTERSTOCK ©

AUSFLÜGE VON LONDON

PRAKTISCH & KONKRET

Dieser QR-Code führt zu Preisen und Öffnungszeiten.

HIGHLIGHT

Windsor Castle

Das 1080 von Wilhelm dem Eroberer kurz nach seiner Eroberung Englands gegründete Schloss Windsor wurde von seinem Urenkel Heinrich II. durch ein Gebäude aus Stein ersetzt. Heute ist die Burg die größte und älteste durchgehend bewohnte Festung der Welt. Das majestätische Bauwerk wird noch immer für staatliche Anlässe genutzt und ist eine der Hauptresidenzen des Königshauses.

NICHT VERSÄUMEN

- Königin Marias Puppenhaus
- Prunkgemächer
- Rembrandt-Gemälde
- Evensong in der St George's Chapel
- Albert Memorial Chapel
- Inner Hall
- Wachablösung

Inner Hall

Die Inner Hall wurde unter Georg IV. in den 1820er-Jahren als Empfangssaal für Staatsoberhäupter und offizielle Gäste geschaffen, jedoch 1866 unter Königin Viktoria versperrt – der Eingang wurde zugemauert – und 150 Jahre lang überwiegend als Lagerraum benutzt. Bei Restaurierungen kamen die feinen Recency-Schlusssteine des Stuckateurs Francis Bernasconi wieder zum Vorschein; vom Saal bietet sich ein unverstellter Ausblick auf den Long Walk. Zu sehen sind hier außerdem Steinfragmente, die zu den unter Heinrich I. um 1110 errichteten Gebäuden gehören sollen.

Königin Marias Puppenhaus

Die erstaunliche Schöpfung, die man über die North Terrace im Upper Ward erreicht, ist kein Spielzeug, sondern eine kunstvolle Miniaturwelt im Maßstab 1:12, die Sir Edwin Lutyens 1924 für Königin Maria entwarf. Die Liebe zum Detail ist bestechend: Es gibt fließendes Wasser, Spültoiletten, Strom, winzige Kronjuwelen, ein silbernes Service, alten Wein im Keller und eine Flotte von sechs Autos in der Garage.

Prunkgemächer

Die reich mit Vergoldungen und glitzernden Kronleuchtern geschmückte Prachttreppe wird von gekreuzten Schwertern und Ritterrüstungen flankiert und bietet einen Vorgeschmack auf die spektakulären State Apartments (Staatsgemächer). Im Grand Vestibule, über das eine Marmorstatue von Königin Viktoria wacht, werden Geschenke und Beutekunst aus ihrem Weltreich ausgestellt; die Waterloo Chamber erinnert an den Sieg über Napoleon im Jahr 1815. Die St George's Hall mit den Wappenschilden der Ritter des Hosenbandordens an der Decke ist Schauplatz von Staatsbanketten. Die zehn opulenten King's Rooms und Queen's Rooms sind zumeist unter Karl II. entstanden und beherbergen Porträts von Mitgliedern des Königshauses sowie Gemälde von Künstlern wie Hans Holbein, Rembrandt, van Dyck und Gainsborough.

St George's Chapel

Die elegante Kapelle, 1475 von Eduard IV. für den Hosenbandorden in Auftrag gegeben, ist ein schönes Beispiel des gotischen Perpendicular-Stils. Das Schiff und das schöne Fächergewölbe wurden unter Heinrich VII. und Heinrich VIII. fertiggestellt. Neben Westminster dient auch diese Kapelle als königliche Grablege. Heinrich VIII. und Karl I. liegen im schönen Chor des 15. Jhs., während Georg VI. und seine Frau Elisabeth zusammen mit ihrer Tochter Königin Elisabeth II. und deren Ehemann Prinz Philip in einer Seitenkapelle zur Ruhe gebettet sind. In der Kapelle ehelichte Prinz Harry auch Meghan Markle. Täglich findet um 17.15 Uhr eine gesungene Abendandacht *(evensong)* statt.

Albert Memorial Chapel

Die kleine Albert Memorial Chapel von 1240 war Eduard dem Bekenner geweiht. Dies war die Gebetsstätte des Hosenbandordens, bis diese Ehre der St George's Chapel zuteil wurde. Nachdem Prinz Albert 1861 auf Schloss Windsor verstorben war, ordnete Königin Viktoria an, dass die Kapelle zu Ehren ihres Gatten umgestaltet wurde. So entstand das herrliche Gewölbe mit Goldmosaikstücken aus Venedig. Zwar gibt's in der Kapelle ein Denkmal für Prinz Albert, doch bestattet ist er neben Viktoria im Royal Mausoleum im Frogmore House im Windsor Great Park.

WACH-ABLÖSUNG

Bei dem fabelhaften Spektakel mit triumphalen Tönen einer Militärkapelle und jeder Menge Fußgestampfe von Soldaten in roten Uniformen und mit Bärenfellmützen handelt es sich tatsächlich nur um die Wachablösung der Household Troops des Schlosses. Das Ganze findet seit 1660 in ähnlicher Weise statt; zu erleben ist es donnerstags und samstags um 11 Uhr.

TOP TIPPS

- Am Ende kannst du dir dein Ticket gratis in eine kostenlose Jahreskarte verwandeln lassen.
- Bequeme Schuhe tragen, denn du musst ziemlich weit laufen.
- Eine Einführung zum Schlossgelände bieten die regelmäßig stattfindenden kostenlosen Führungen.
- Den kostenlosen Multimediaguide gibt's auch in einer Version für Kinder und Leute mit Hörproblemen.
- Zeit einplanen für die Sicherheitschecks am Eingang!
- Zwar schließt die St George's Chapel um 16.15 Uhr, doch du kannst noch zum Evensong um 17.15 Uhr gehen.

ISLAMISCHES ARCHITEKTUR-JUWEL

Der neuste Architekturstar von Cambridge steht südöstlich des Stadtzentrums. Die **Cambridge Central Mosque** stand 2021 auf der Shortlist für den Stirling Prize. Durch ein schwarzes Eisentor geht's in einen klassischen islamischen Garten mit Bäumen, die symmetrisch um einen Brunnen herum gepflanzt sind. Dann wird man von dem Wald aus hellen Holzsäulen begrüßt, die sich geometrisch an der Decke verschränken. Das setzt sich durch die riesige Glasfassade bis in den lichtdurchfluteten Hauptgebetssaal fort, der subtil mit geometrischer Kalligrafie und Mustern geschmückt ist. Die erste „Öko-Moschee" Europas produziert kein CO_2, Regenwasser wird wiederverwendet und das Gebäude wird mit einer Luftwärmepumpe beheizt. Hier gibt's auch eine Schule, eine Leichenhalle und ein Besuchercafé. Nach Vereinbarung werden auch Führungen angeboten.

IR STONE/SHUTTERSTOCK ©

Cambridge

CAMBRIDGE

Von der Stadt aufs Land

Geschichte trifft auf die Welt der Gelehrsamkeit

Cambridge ist für Radfahrende und Fußgänger:innen gemacht, nicht für Autos – also komm mit dem Bus oder Zug her (90 Min. Fahrzeit von London). Einer der schönen Aspekte dieser Stadt ist die Art und Weise, wie sich das Ländliche bis in die Innenstadt zieht. Mit dem gewundenen River Cam und seinen grünen Ufern, wo teilweise auch heute noch Vieh weidet, verströmt Cambridge ein überraschend ländliches Flair. Die schönste der Grünflächen ist das **Jesus Green** – toll für Picknicks. Ganz in der Nähe ist auch das **Jesus Green Lido** für Leute, die auch in unbeheiztem Wasser zu baden wagen. Fans der US-amerikanischen Geschichte zieht es sicher in die kleine **Little St Mary's Church** mit einem Denkmal für den Studenten Godfrey Washington, Großonkel von George, dessen Familienwappen – die *stars and stripes* – angeblich als Vorbild für die Flagge der USA diente. Die stimmungsvolle **Round Church**, 1130 von den

KAFFEE TRINKEN IN CAMBRIDGE

Espresso Library East Rd
Gourmetkaffee und gesundes Essen wie Sauerteig-Sandwiches, Suppen, Frittatas und Shakshuka.

Hot Numbers Trumpington St
Beliebter Treff mit Schinken auf Toast zum Frühstück, sortenreinem Kaffee, coolen Klängen und lässigem Flair.

Locker Cafe
Fairtrade-Kaffee, Lachs-Bagels und Avocado-Toast in kunstbeflissenem Café mit gesundem Essen.

geheimnisvollen Tempelrittern erbaut, ist älter als die Universität und birgt ein ungewöhnliches rundes Kirchenschiff, das von dicken normannischen Pfeilern umringt wird. Die vielleicht schönste Art, die Stadt zu erleben, ist auf einer Stocherkahntour an den **Backs** entlang, den grasigen Ufern mit dem besten Ausblick auf die Colleges am Fluss. Mit dem Kahn kannst du auch die **Bridge of Sighs** (Seufzerbrücke) auf dem Gelände des St John's College in Augenschein nehmen oder auch in der Nähe die **Kitchen Bridge** von Christopher Wren. Die älteste Flussquerung, die **Clare Bridge**, stammt von 1639 und lohnt schon allein deshalb einen Besuch, um die unvollständige Zierkugel aufzuspüren, die der Baumeister angeblich aus Ärger über das zu geringe Honorar dezimierte. Außerdem gibt's noch die denkwürdige hölzerne **Mathematical Bridge**, 1749 erbaut nach damals weltweit einmaligen Konstruktionsmethoden.

Clare Bridge

PAJOR PAWEL/SHUTTERSTOCK ©

PRAKTISCH & KONKRET

Dieser QR-Code führt zu Besucherinformationen.

HIGHLIGHT

Cambridge University

An der Cambridge University haben einige der größten Geister der Welt studiert. Gelehrte, die die Oxford University nach der umstrittenen Hinrichtung dreier Kollegen verlassen hatten, gründeten sie 1209. Die Colleges und Institute locken viele Tourist:innen an, die ins Innere einer der bedeutendsten Universitäten überhaupt blicken möchten.

NICHT VERSÄUMEN

- Fitzwilliam Museum
- Polar Museum
- Cambridge University Botanic Gardens
- Trinity-College-Tor
- Pepys Library
- Miltons Maulbeerbaum
- Corpus Clock
- *Anbetung der Könige*

Cambridge University Botanic Gardens

Dieser schöne botanische Garten, gegründet vom Mentor Charles Darwins, John Henslow, ist ein wundervolles Stück Grün voller versteckter Ecken und kleiner Pfade. Er beherbergt über 8000 Pflanzenarten, von ausgewachsenen Bäumen im Arboretum bis zu fleischfressenden Kannenpflanzen in den viktorianischen Gewächshäusern.

Die Colleges

Die 31 Colleges in Cambridge lassen sich nur mit Erlaubnis des jeweiligen Pförtners besichtigen. Die ältesten Colleges sind das **Peterhouse College** (1284) und das **Clare College** (1326); beide lohnen wegen ihrer Architektur einen Besuch. Das vornehme **Queens' College** säumt den Fluss, ebenso wie das fotogene **St John's College**, die Alma Mater von sechs Premierministern und des Dichters William Wordsworth. Seine beiden Teile sind durch die **Bridge of Sighs** miteinander verbunden. Das **Gonville and Caius College** hat drei interessante Tore: Tugend, Demut und Ehre – sie verkörpern den

Links: Clare und King's College; oben: Botanic Gardens

Lernprozess eines guten Studenten. Den einzigen runden Vorhof in Cambridge, den des **Christ's College**, betritt man durch das Great Gate aus der Tudorzeit. Die Charles Darwin gewidmeten Collegegärten beherbergen Pflanzenarten von seiner Reise zum Galápagos-Archipel; im Fellows' Garden steht der Maulbeerbaum, unter dem John Milton angeblich seinen *Lycidas* schrieb. Das anmutige **Corpus Christi** von 1352 wartet mit einem mittelalterlichen Old Court mit einer Sonnenuhr und der bedeutenden Parker Library auf. Glanzlichter des **Jesus College** aus dem 15. Jh., einst ein Nonnenkloster, sind die holzvertäfelte Old Library, ein Chor des 13. Jhs. und Jugendstilelemente u. a. von William Morris. Zu den illustren Absolventen zählten Thomas Edward, „Lawrence von Arabien", und Samuel Taylor Coleridge.

Ironischerweise war das einzige nach einer Frau benannte College das letzte, das – 1988 – endlich auch Frauen aufnahm. Das **Magdalene College** mit der Pepys Library war früher eine Herberge für Benediktiner. Das größte College in Cambridge ist das **Trinity College** mit seinem Tudortor. Die Statue von Collegegründer Heinrich VIII. hält in der einen Hand einen goldenen Reichsapfel, in der anderen ein Tischbein, in den 1980er-Jahren von einem Fensterputzer hinterlassen. Neben dem Eingang steht ein kleiner Baum, angeblich ein Abkömmling desjenigen, von dem ein Apfel auf den Trinity-Absolventen Isaac Newton fiel. Auf der anderen Seite des riesigen, von gotischen Bauten gesäumten Great Court liegt der Saal mit seiner imposanten Hammerbalkendecke. Dahinter sind der Kreuzgang des Nevile's Court sowie rechts die Kapelle aus dem 16. Jh. Trinity beherbergt außerdem die Wren Library; zu den berühmten Absolventen zählen der Dichter Lord Byron und König Karl III. Das kleine **Trinity Hall College** aus dem 14. Jh. beeindruckt mit der schönsten holzvertäfelten Kapelle in Cambridge; hier studierte einst Stephen Hawking.

AKADEMISCHE STREICHE

Den eindrucksvollsten Streich in Cambridge spielten vier Studierende der Mechanik, die 1958 einen Austin Seven auf das Dach des Senate House hievten. Andere Spaßvögel ließen später einen weiteren Austin Seven von der Bridge of Sighs baumeln. Nicht so aufwendig, aber sehr beliebt sind Streiche, bei denen oben an der King's College Chapel Warnhütchen und Weihnachtsmützen hinterlassen werden.

TOP TIPPS

Am besten besucht man die vielen Attraktionen in Cambridge in den Ferien, auch wenn die Museen dann am vollsten sind. Selbst dann muss man außer bei den öffentlichen Einrichtungen wie Museen die Öffnungszeiten checken, besonders der Colleges – viele von ihnen veranstalten Privatevents, für die sie teils mehrere Tage geschlossen sind. Das ist besonders dann wichtig, wenn du ein bestimmtes College im Auge hast – dann am besten vorher anrufen und dir die Infos im Internet bestätigen lassen.

HIGHLIGHT

Cambridge University

DIE STUNDE DES SIEGERS

Der riesige Great Court des Trinity College ist der Schauplatz eines der berühmtesten Leichtathletiktests Englands: eines 350-m-Sprints um den Hof in 325Sekunden – so lange braucht die Uhr, um 12 zu schlagen. Berühmt wurde der Test durch den Film *Die Stunde des Siegers* von 1981, der vier Oscars gewann.

Corpus Clock

Laut ihrem Schöpfer, J. C. Taylor, geht die Corpus Clock aus 24-karätigem Gold nicht deswegen ungenau – nur einmal in fünf Minuten stimmt die Zeit –, weil sie kaputt ist, sondern das soll an die Unregelmäßigkeit des Lebens erinnern. Oben bewegt ein gruseliges „Zeitfresser"-Insekt die Uhr voran.

Museen

Das **Fitzwilliam Museum** der Universität war das erste öffentliche Kunstmuseum Großbritanniens, erbaut im klassizistischen Stil für die Sammlung, die der siebte Viscount Fitzwilliam seiner alten Uni vermacht hatte. Zu sehen sind römische, ägyptische und zypriotische Grabbeigaben, Kunstwerke vieler großer Meister und die schönste Sammlung antiker, mittelalterlicher und moderner Keramik des Landes. Ein weiteres beliebtes Museum ist das **Polar Museum**: Hier wird anhand von Gemälden, Fotos, Ausrüstung, Karten, Journalen und sogar letzten Grüßen an Nahestehende von den Leiden, Erfolgen und tragischen Fehlern berühmter Polarforscher wie Ernest Shackleton und Robert Scott erzählt. Außerdem sind Modelle ihrer Schiffe, innovative Ausrüstung und interaktive Exponate zu Eis, Klimawandel und den Menschen der Arktis zu sehen.

King's College Chapel

RADEK STURGOLEWSKI/SHUTTERSTOCK ©

Das **Sedgewick Museum of Earth Sciences**, das älteste Museum der Uni, ist besonders bei Familien beliebt. Es erzählt die Geschichte der Erde und beherbergt eine Reihe von Dinosaurierskeletten. Ethnologische Objekte und archäologische Schätze aus u. a. Fidschi und der Torres Strait sind im **Museum of Archaeology and Anthropology** ausgestellt, während das **Museum of Zoology** eine spannende Sammlung ausgestopfter Tiere und Skelette beherbergt, von winzigen Seidenaffen bis zu Elefanten und Walen. Das **Whipple Museum of the History of Science** widmet sich wissenschaftlichen Entdeckungen; das Highlight im **Museum of Classical Archaeology** ist eine Sammlung von 450 Gipsabgüssen berühmter klassischer Skulpturen.

Kettle's Yard

Die universitäre Galerie für moderne und zeitgenössische Kunst im schönen früheren Haus des Sammlers Jim Ede sieht immer noch so aus, als wäre sie bewohnt; zu den Glanzstücken der Sammlung zählen ein Selbstporträt von Christopher Wood sowie Arbeiten von Henry Moore und Winifred Nicholson.

Bibliotheken

Die über 100 Bibliotheken in Cambridge sind nicht öffentlich zugänglich – außer zweien: Die **Pepys Library** im Magdalene College beherbergt 3000 Bücher, die der Tagebuchschreiber des 17. Jhs. seinem alten College vermachte, von illuminierten mittelalterlichen Handschriften bis zur Anthony Roll, einer Darstellung der Schiffe der Royal Navy aus den 1540er-Jahren; die **Wren Library** im Trinity College (zuletzt geschlossen) beherbergt 55 000 Bücher von vor 1800 und über 2500 Handschriften, darunter Werke von Shakespeare und Newton – sowie eine Originalausgabe von A. A. Milnes *Pu der Bär*. Die **Parker Library** im Corpus Christi nennt die beste Sammlung angelsächsischer Handschriften ihr Eigen und ist regelmäßig für Ausstellungen geöffnet. Nur im Rahmen gebuchter Touren zu besuchen ist die Bibliothek aus dem 16. Jh. des **Trinity Hall College** mit original jakobinischen Lesepulten und angeketteten Büchern.

Kirchen

Die Fundamente der erhabenen Universitätskirche **Great St Mary's Church** stammen von 1010, doch das Meiste von dem, was man heute sieht, ist von 1351 sowie aus einem umfassenden gotischen Umbau von 1478 bis 1519. Vom besteigbaren Turm bieten sich tolle Ausblicke auf Cambridge. Eins der herrlichsten gotischen Bauwerke Englands ist die **King's College Chapel** aus dem 16. Jh. mit dem weltweit größten – und einem der komplexesten – Fächergewölbe. Die 1446 von Heinrich VI. gegründete und unter Heinrich VIII. vollendete Kapelle wartet mit hohen Buntglasfenstern auf, die das Innere mit Licht erfüllen. Die Vorkapelle und der Chor sind durch eine hölzerne Chorschranke voneinander getrennt, auf der die Initialen Heinrichs VIII. mit denen von Anne Boleyn verschränkt sind. Den Altaraufsatz ziert ein Meisterwerk von Rubens aus dem 17. Jh., die *Anbetung der Könige*.

ÄLTESTER UNIVERSITÄTSVERLAG DER WELT

Die 1534 mit Genehmigung Heinrichs VIII. gegründete Cambridge University Press veröffentlicht seit fast fünf Jahrhunderten die Ergebnisse universitären Forschens und Denkens. In ihrer Buchhandlung in der Trinity St 1 beim King's College werden schon seit 1581 Bücher verkauft.

Senate House

Der schöne, nicht öffentlich zugängliche Barockbau zwischen King's College und Gonville and Caius College wurde 1730 von James Gibbs entworfen. Hier finden im Sommer die Abschlussfeiern statt. Am Ende des akademischen Jahres hängen draußen die Klassenlisten der Abschlussjahrgänge aus.

CKTRAVELS.COM/SHUTTERSTOCK ©

Brighton

DIE BESTEN COFFEESHOPS IN BRIGHTON

Coffeetzar
Versteckt in den Lanes, mit ausgezeichnetem Kaffee, tollem Kuchen und köstlichen Appetithappen in modernem Ambiente.

Coffee Shop
Reizendes Café in toller Lage direkt am Strand, mit Gourmetkaffee unter Stalltürbögen.

Joliffes Coffee Shop
Toller Kuchen, besonders der dicke, luftige Karottenkuchen. Auch der Kaffee ist nicht schlecht.

Trading Post Coffee Roastery
Rösterei mit eigenen Mischungen wie Green Monkey und Mono Loco – für Kaffeegourmets.

BRIGHTON

Richtung Süden in die Partystadt

Die britische Gay-Hauptstadt an der Küste

Vom Bahnhof London Victoria sind es mit dem Zug zur buntesten und frechsten Stadt Großbritanniens nur knapp 90 Minuten. Hier trifft Varieté auf modernes Design, Craftbier teilt sich den Platz an der Theke mit „Sex on the Beach“ und Heteros gucken sich Dragshows an. Alle Besucher:innen scheinen zuerst die **Lanes** anzusteuern, den alten Fischerort mit urigen Teesalons, Restaurants, kleinen Läden und gehobenen Antiquitätengeschäften. Die andere Shoppingmeile sind die **Kensington Gardens**: Hier kannst du in Läden wie dem **Snooper's Paradise** einen ganzen Nachmittag verbringen. Die wichtigste Sehenswürdigkeit der Stadt ist nach wie vor der nach (imaginären) orientalischen Vorbildern gestaltete Partypalast aus dem 19. Jh.: Den **Royal Pavilion** ließ der Prinzregent und spätere König Georg IV. errichten, der den Brightoner Hang zu allem Ausgefallenen begründete. Drinnen verzückt der Bankettsaal mit Drachenmotto mit seinem Meer aus Farben und Verzierungen ebenso wie das opulente

ESSEN IN BRIGHTON

English's of Brighton
75 Jahre alte Institution und Promitreff mit Meeresfrüchtegerichten. **££**

Indian Summer
Brightons bester Inder mit dem üblichen Angebot und der gelegentlichen Überraschung wie indischen Muscheln. **££**

Harry Ramsden's
Direkt am Strand, sodass man seine frischen Fish and Chips im Sand sitzend verspeisen kann, wie es sich gehört. **£**

Musikzimmer mit seiner Decke aus 26 000 Goldmuscheln. Auf dem Gelände des Pavillons befindet sich das **Brighton Museum and Art Gallery** mit einer Sammlung von Kunst und Design des 20. Jhs., darunter ein karmesinrotes, nach den Lippen von Mae West gestaltetes Sofa von Salvador Dalí. Außerdem gibt's hier eine spannende Abteilung mit Kunst aus aller Welt und eine eindrucksvolle Sammlung ägyptischer Artefakte. Brightons neueste Attraktion ist der Turm **Brighton I360**, der einem Science-Fiction-Film entsprungen zu sein scheint; es ist der weltweit höchste bewegliche Aussichtsturm, mit spektakulären Ausblicken auf die Stadt und Küste aus 138 m Höhe.

Ein großer Spaß für Jung und Alt ist nach wie vor der **Brighton Pier**. Der herrliche edwardianische Pier ermöglicht einen Nostalgietrip in die Welt der alten britischen Seebäder, mit Kirmesfahrgeschäften, lauten Spielhallen, Zuckerwatte und Brighton Rock. Vom Pier hat man außerdem einen schönen Blick auf die traurigen Überreste des **West Pier** von 1866, auf dem einst Leute wie Charlie Chaplin und Stan Laurel auftraten. Er wurde 1975 gesperrt und begann im Dezember 2002, ins Meer zu stürzen; zweimal sind auf ihm Brände ausgebrochen – das traurige Ende eines viktorianischen Juwels. Das Metallskelett stellt eine interessante Silhouette dar, besonders zum Sonnenuntergang, wenn es von Staren umgeben ist. Im nicht nur für Kinder interessanten **Sea Life Brighton** sind faszinierende Wasserlebewesen zu sehen. Inmitten einer kirchenartigen Einrichtung kann man mit Aalen, tropischen Fischen und anderem Meeresgetier auf Tuchfühlung gehen. Außerdem gibt's die Gelegenheit, Tiere zu füttern, Seesterne zu berühren und in einem Glasbodenboot über ein Becken mit Haien, Rochen und Schildkröten zu fahren. Der **Brighton Beach** ist ein Kieselstrand mit seichtem Wasser, an dem man die meiste Zeit des Jahres schön baden kann. Richtung Osten ist in der Nähe der Brighton Marina auch der **Brighton Naturist Beach**, ein FKK-Strand. Anfang August findet in der Stadt die größte queere Sause Großbritanniens statt: Dann wehen beim lärmenden Brighton-Pride-Umzug Regenbogenfahnen ohne Ende.

QUEERES BRIGHTON

Brighton ist die queere Hauptstadt Großbritanniens, mit einer Vielzahl spannender LGBTIQ+-Events. Das Highlight des Festkalenders ist das viertägige Spektakel Brighton Pride (brighton-pride.org), das sich selbst als „beliebtestes LGBTIQ+-Event des Landes" anpreist, mit einem bunten Umzug, dem Musikfestival Fabuloso, bei dem schon die Black Eyed Peas, Christina Aguilera und Dua Lipa gespielt haben, dem Filmfestival FilmPride und der Pride Village Party in Kemptown – es ist ein Wochenende der Fundraising-Varietés, Live-Darbietungen, DJs und anderer Unterhaltung. Wer möchte, kann auf der Pride Campsite übernachten. Ansonsten gibt's über das ganze Jahr verteilt eine neue Reihe mit Comedy, Theater und Kulturevents namens Pride at the Ironworks sowie den jährlichen Pride Community Day samt Dog Show.

Foodilic
Großes Buffet mit köstlichem gesundem Essen; hier ist es den ganzen Tag voll. **£**

Isaac At
Gourmettempel mit rein regionalen Zutaten (auch der Wein ist englisch) und den „Foodmeilen" auf der Karte. **£££**

Nakhl Restaurant and Lounge
Anatolische Kebabs und Grillgerichte, levantinische Mezze sowie Shishas nach dem Essen. **££**

SPAZIERGANG

Südasien in Brighton

Diese Tour führt durch die hügeligen Straßen des Zentrums und Nordens von Brighton, zu unterschiedlichen Orten, die mit dem spannenden, aber wenig bekannten südasiatischen Erbe der Stadt zu tun haben. Dazu zählen die letzte Ruhestätte des berühmtesten indischen Bewohners der Stadt und die indischen Armeekrankenhäuser, in denen im Ersten Weltkrieg verwundete asiatische Soldaten versorgt wurden.

1 St Nicholas Church

Los geht's im Westen der Stadt bei der urigen kleinen Kirche St Nicholas inmitten ihres hübschen grünen Kirchhofs. An der Kirche mit schönem normannischem Turm ist Sake Dean Mahomed – der Royal Shampooist – bestattet, ein Bengale, der 1786 vom Islam zum Christentum konvertierte. Sein Grab befindet sich in einem eingezäunten Bereich hinter der Kirche neben dem einer seiner Frauen.

Der Weg: Gehe auf der Dyke Rd gen Süden bis zur North St, dann weiter zum Kreisverkehr und nach zwei Minuten rechts in die East St und dann noch einmal rechts in die King's Rd.

2 Queens Hotel

Im weißen georgianischen Queens Hotel eröffnete Mahomed mit seiner irischen Frau Jane Daly das erste kommerzielle *shampoo vapour masseur bath*. „Mahomed's Baths" war ein luxuriöses Badehaus, dass das Schamponieren mit indischen Ölen und therapeutischen Bädern anbot. Die Einrichtung war so erfolgreich, dass Mahomed bald „Dr Brighton" genannt wurde; Krankenhäuser überwiesen Patient:innen an ihn und die georgianische High Society strömte in sein Badehaus.

Der Weg: Kehr zurück zur East St und zum Kreisverkehr, wo sich direkt vor dir am Ende einer Fußgängerzone das reich verzierte India Gate erhebt.

PIXELKLEX/SHUTTERSTOCK ©

Royal Pavilion

3 Royal Pavilion

Das India Gate stiftete der Stadt Brighton 1921 der Maharadscha von Patiala im Punjab, um daran zu erinnern, dass im Ersten Weltkrieg verletzte Soldaten, die für das Britische Reich gekämpft hatten, im Royal Pavilion in „freundlichem Ambiente" behandelt wurden; damals diente der Pavillon vorübergehend als eins von zwei Armeehospitälern der Stadt. Im Pavillon verabreichte Mahomed außerdem König Georg IV. und Wilhelm IV. ihre Shampoo-Anwendungen.

Der Weg: Spaziere durch den Garten bis ans Nordende der Anlage: Dort befindet sich in der ehemaligen Kavalleriekaserne das Brighton Museum & Art Gallery.

4 Brighton Museum & Art Gallery

Das Brighton Museum & Art Gallery beherbergt Porträts von Mahomed und interessante Artefakte mit Bezug zu ihm. Dazu zählt ein Ölgemälde von Thomas Bann Maynes: Es zeigt Mahomed in einem grünen Sessel mit weißen Handschuhen und Goldketten und -ringen – Teil der Hofkleidung, die er trug, wenn er seine royalen Kunden besuchte; außerdem gibt's ein Paar rote Schuhe und einen Silberbecher, ein Präsent der polnischen Prinzessin Poniatowska.

Der Weg: Du kommst an der Grand Parade raus und gehst 15 Minuten Richtung Norden, mit der Grünanlage linker Hand bis Elm Grove; dort biegst du ab und läufst noch einmal 15 Minuten.

5 Brighton General Hospital

Bald erscheint das Brighton General Hospital. Die kleinen georgianischen Torhäuser sind alles, was vom Originalgebäude übrig ist. Hier kündete einst ein großes Banner auf Urdu und Englisch vom Eingang des „The Kitchener Indian Hospital". In diesem Armeehospital gab's nichts vertraut Indisches für die Soldaten, die hier im Ersten Weltkrieg behandelt wurden, unter Bedingungen, die von der Forschung als „fast wie im Gefängnis" bezeichnet wurden.

DER NICHT SO KLEINE MORRIS

Oxford ist berühmt für zwei William Morrises: den Arts-and-Crafts-Londoner, der hier studierte, und einen weiteren, der Oxford in ein bedeutendes britisches Autozentrum verwandelte. Der 1877 geborene, jüngere Morris war ein Arbeiterjunge, der erst Fahrräder reparierte, bevor er sich auf die Reparatur und schließlich den Bau von Automobilen verlegte. 1913 verkaufte er für 175 £ seinen ersten Morris Oxford und führte in seiner boomenden Fabrik in Cowley die Fließbandfertigung ein. Als 1959 der Mini herauskam, war Morris' Firma schon von der British Motor Corporation geschluckt worden, doch eine seiner alten Fabriken, heute die Plant Oxford, beschäftigt noch immer 4500 Arbeiter:innen, die Elektro-Minis herstellen. Morris wurde zum Lord Nuffield und gründete in Oxford das Nuffield College.

Covered Market

OXFORD

Eine Bahnfahrt

Verträumte Türme der Geisteswelt

Mehr als 100 Züge am Tag brauchen von London Marylebone und London Paddington nur eine gute Stunde nach Oxford, sodass die kompakte und leicht zu Fuß zu erkundende Universitätsstadt ein tolles Ziel für einen Tagesausflug darstellt. Der 250 Jahre alte **Covered Market** ist immer noch gut für ein Schnäppchen, egal ob man auf der Suche nach einem schnellen Happen, ein paar Blumen, einem Hut oder billiger Mode ist. Wie in Cambridge ist auch in Oxford das *punting* sehr beliebt, also Touren per Stechkahn, und faul auf der **Themse** entlangzutreiben und die berühmten Türme der Stadt auf sich wirken zu lassen ist ein typisches Oxford-Erlebnis. Ein tolles Ziel für Familien mit Kindern ist das **Story Museum**, ein Hofkomplex mit Räumen, in denen z. B. Lewis Carroll, Phillip Pullman und Wallace & Gromit gehuldigt wird. Außerdem finden hier regelmäßig Darbietungen, Geschichtenerzählstunden und Liveshows statt; dazu gibt's ein tolles Café. Mit seinen über 500 000 Stücken

ÜBERNACHTEN IN OXFORD

Oxford Backpackers
Einfaches Hostel mit Dorms für vier bis 18 Personen, auch nur für Frauen; die billigste Unterkunft der Stadt. **£**

Royal Oxford Hotel
Stattliches altes Hotel mit komfortablen Zimmern mit Bad direkt am Bahnhof. **£££**

University Rooms Oxford
In den Semesterferien kann man in einem der Oxforder Colleges in einem Studentenzimmer nächtigen. **££**

kann das **Pitt Rivers Museum** so wirken, als seien alle Stücke der Sammlung gleichzeitig ausgestellt, aber es ist ebenfalls familienfreundlich. Die altmodische Zentralhalle mit einem großen Totempfahl der kanadischen Haida ist vollgestopft mit Kuriositäten, u. a. einer „Hexe in der Flasche". 99 Stufen geht's hinauf auf den **Carfax Tower**, von wo sich ein schöner Ausblick aufs Stadtzentrum sowie hinunter auf eine 1000 Jahre alte Kreuzung bietet. Tolkien-Fans möchten ihrem Idol vielleicht auf dem 4 km nordwestlich von Oxford gelegenen Wolvercote Cemetery an **Tolkiens Grab** die Ehre erweisen, wo er als „Beren" bezeichnet wird; ebenfalls hier liegt seine Frau „Lúthien". Oder sie steuern die Pubs **Lamb & Flag** und **Eagle & Child** an, die beide bei J. R. R. Tolkien wie auch C. S. Lewis beliebt waren.

ALEXEY FEDORENKO/SHUTTERSTOCK ©

Oxford

EO NAYA/SHUTTERSTOCK ©

PRAKTISCH & KONKRET

Dieser QR-Code führt zu Infos für Besucher:innen.

HIGHLIGHT

Oxford University

Die älteste Universität Großbritanniens und der gesamten englischsprachigen Welt wurde im 11. Jh. gegründet und etablierte sich bis zum 13. Jh. als Verbund unabhängiger Colleges. Diese mittelalterlichen Einrichtungen – viele von ihnen in ihren ursprünglichen Gemäuern – locken scharenweise Tourist:innen an.

NICHT VERSÄUMEN

- Ashmolean Museum
- Bodleian Library
- Christ Church College
- Christ Church Picture Gallery
- Radcliffe Camera
- Weston Library Galleries
- Historic Upper Library
- Turm der University Church
- Magdalene College Meadows

Die Colleges

Die Universität besteht aus 38 Colleges, doch nicht alle stehen Besucher:innen offen; die zugänglichen verlangen oft Eintritt und man hat nur Zugang zu bestimmten Bereichen. Außerdem variieren die Öffnungszeiten saisonal. Die beiden ältesten Colleges, **Merton** und **Balliol**, stammen aus der zweiten Hälfte des 13. Jhs. Merton beherbergt den ersten *quad* (Kolleghof) der Universität, den Mob Quad aus dem 14. Jh., und ist besonders bei Mittelerde-Fans beliebt, die sich hier die mittelalterliche Bibliothek anschauen, in der J. R. R. Tolkien einen Großteil seines *Herrn der Ringe* schrieb. Balliol ist das älteste Oxforder College – zwar stammen die heutigen Gebäude größtenteils aus dem 19. Jh., doch die Brandspuren an den großen gotischen Türen zwischen dem inneren und äußeren Hof stammen angeblich davon, dass hier 1556 drei protestantische Bischöfe öffentlich verbrannt wurden. Dank seiner Geschichte und seiner Pracht steht **Christ Church** als typisches Oxforder College ganz oben auf der Liste der meisten Besucher:innen. Sein Kernstück, die Great Hall, diente

Links: Great Hall, Christ Church; oben: Magdalen College

als Vorbild für den Hogwarts-Speisesaal in den *Harry-Potter*-Filmen; außerdem hat es den größten Kolleghof in Oxford mit einem Turm von Christopher Wren, eine Galerie mit Meisterwerken der Renaissance und eine eigene Kathedrale aus dem 12. Jh. Wie die Oxforder Colleges im Mittelalter aussahen, zeigen die historischen Gemäuer des **New College**. Die Gebäude des **All Souls College** stammen zumeist aus der Zeit seiner Gründung 1438, außer einer Reihe pseudogotischer Türme von Nicholas Hawksmoor und einer schönen Sonnenuhr von Wren. Dies ist ein Graduierten-College – wer hier weiterstudieren will, muss eine Aufnahmeprüfung bestehen, die als schwerste überhaupt gilt. In der gotischen Kapelle des **Exeter College** hängt ein Wandteppich des ehemaligen Studenten William Morris, *Die Anbetung der Könige*.

Einen Einblick ins idyllischen Studentendasein ermöglicht das majestätische **Magdalen College** mit seinen architektonischen Schätzen und extravaganten Freiflächen – Wiesen voller seltener Wildblumen, bewaldeten Flussinseln und Parks, in denen das Wild des College äst. Das 1555 gegründete **Trinity College** beherbergt einen von Christopher Wren entworfenen Gartenhof aus dem 17. Jh. sowie eine exquisite Kapelle, ein Meisterwerk des englischen Barock. Die um 1317 gegründete **St Edmund Hall** ist die einzige Überlebende der mittelalterlichen Säle Oxfords, der Bildungseinrichtungen, die den Colleges vorausgingen; ihre Kapelle wurde von William Morris und Edward Burne-Jones ausgestaltet. Das 1341 gegründete **Queen's College** ist für seine Meisterschaft in Sachen Musik bekannt; architektonisch zeichnet es sich durch seinen wunderbaren Klassizismus aus dem 17. und 18. Jh. aus. Das 1509 gegründete kleine **Brasenose College** ist erlesen und elegant. Seine Hauptattraktion ist die Kapelle mit ihrem schönen bemalten Fächergewölbe.

TOP TIPPS

Die Oxford University ist eine ganz normale Uni, aber auch eine wichtige Touristenattraktion – ein schwieriger Balanceakt. Dazu kommt, dass jedes College über eine eigene Website mit Infos zu Eintrittsgeldern (falls erhoben), Öffnungszeiten (oft saisonal und mit Mittagspausen usw.) und Terminen für Führungen hat, sodass du für deinen Ausflug nach Oxford über die aktuellen Informationen zu den verschiedenen Colleges, Bibliotheken und Museen verfügen musst. Am besten informierst du dich zuerst über die Haupt-Website der Universität, dann über die Seiten der einzelnen Colleges.

HIGHLIGHT

Oxford University

OXFORD, HAUPTSTADT VON ENGLAND

Nach der Schlacht von Edgehill zwischen König Karl I. und seinen „Cavaliers“ und den Parlamentsanhängern, den „Roudheads“, stellte Karl fest, dass ihm der Weg nach London versperrt war. Also erkor er Oxford für vier Jahre zur Hauptstadt und residierte in Christ Church, während Königin Henrietta im Merton College lebte. In der Great Hall von Christ Church ließ er sogar zweimal das Parlament tagen.

Kunstmuseen

Die auf der Sammlung des früheren Studenten General John Guise basierende **Christ Church Picture Gallery** residiert in einem als Museum erbauten modernen Gebäude, mit über 2000 Zeichnungen und 300 Gemälden, darunter ein paar Meisterwerke der italienischen Renaissance von etwa Tintoretto, Filippino Lippi, Michelangelo und Leonardo. Zu den Highlights zählen Lippis *Der verwundete Zentaur* und Botticellis *Fünf Sibyllen in Nischen sitzend*. In einem industriellen Backsteingebäude zeigt das helle und geräumige **Modern Art Oxford** schöne Ausstellungen mit Werken zeitgenössischer Kunstschaffender aus aller Welt wie Marina Abramović und Ruth Asawa, jeweils begleitet von Vorträgen und Workshops.

Andere Museen

Das 1683 gegründete **Ashmolean Museum** ist das älteste öffentliche Museum Großbritanniens. Das heute moderne und gut ausgeleuchtete Haus zeigt Kunst, Artefakte und archäologische Funde aus aller Welt, darunter der exquisite angelsächsische „Alfred Jewel“, eine faszinierende Mogul-Galerie und sogar die echte Kleidung von Lawrence von Arabien. Außerdem verfügt das Museum über eine Sammlung von

Radcliffe Camera

Gemälden von Leuten wie Goya und van Gogh sowie Exponate zur Geschichte Oxfords. Das viktorianische „Gewächshaus" des **Oxford University Museum of Natural History** bildet die grandiose Kulisse für die Ausstellungen, die das Museum zu einem Renner bei Kindern machen, insbesondere die tollen Dinosaurierfossilien mit dem Oxford-Brontosaurier, einem Iguanodon und verschiedenen Plesiosauriern. Studierende der Naturwissenschaften lieben das **Museum of the History of Science** mit all seinen Astrolabien, Sonnensystemmodellen und frühen elektrischen Apparaten; es gibt auch Kameras von Lewis Carroll und Lawrence von Arabien.

Bibliotheken

Die über 600 Jahre alte **Bodleian Library** ist ein Muss für alle Büchernarren. Um mehr zu sehen als die Divinity School, mit der 1423 alles seinen Anfang nahm, muss man sich einer Führung anschließen: Sie führt auch hoch in die Duke Humfrey's Library – die Bibliothek von Hogwarts in den *Harry-Potter*-Filmen – und durch einen unterirdischen Tunnel vielleicht auch in den wohl schönsten Lesesaal der Welt, die **Radcliffe Camera** mit ihrer Kuppel. 1946 eröffnete König Georg VI. die **Weston Library** als New Bodleian Library. In ihren beiden Galerien sind oft (kostenlos) Schätze aus der Sammlung der Bodleian zu sehen wie die Sheldon Tapestry. Bei Ausstellungen waren hier schon Originalwerke von J. R. R. Tolkien und Jane Austen ausgestellt. In der **Oxford Union Old Library** traf sich der berühmte Debattierclub. Sie residiert in einem schönen viktorianischen Gebäude mit großartigen präraffaelitischen Wandgemälden von Dante Gabriel Rossetti, William Morris und Edward Burne-Jones mit Szenen aus der Artussage rund um die blumenförmigen Fenster. Die **Historic Upper Library** im Merton College ist die älteste noch genutzte mittelalterliche Bibliothek, komplett mit angeketteten Büchern. Sie ist nur im Sommer im Rahmen von Führungen zugänglich. Hier schrieb der Merton-Professor J. R. R. Tolkien einen Großteil des *Herrn der Ringe*. Die Bäume im Fellows' Garden sollen ihn zu den Ents in Mittelerde inspiriert haben.

University Church of St Mary the Virgin

Der Turm aus dem 14. Jh. der Oxforder Universitätskirche ist vielleicht der verträumteste der legendären „verträumten Türme" der Stadt. Die Kirche ist berühmt als Ort, an dem unter Königin Maria I. drei anglikanischen Bischöfe, darunter der erste protestantische Erzbischof von Canterbury, Thomas Cranmer, 1556 der Ketzerei angeklagt wurden. Später wurden alle drei in der Broad St auf dem Scheiterhaufen verbrannt. Besucher:innen können den Kirchturm von 1280 erklimmen, um von oben schöne Ausblicke auf die benachbarte Radcliffe Camera zu genießen. Weitere interessante Merkmale der Kirche sind das Eingangsportal aus dem 17. Jh. mit gezwirbelten Säulen, ein Buntglasfenster aus dem 19. Jh. mit dem Stammbaum Jesu und ein Denkmal für die protestantischen und katholischen Opfer der Reformation.

DIE DÜSTERE SEITE DES WUNDERLANDS

An einem sonnigen Sommertag des Jahres 1862 nahm der Christ-Church-Mathematikdozent Charles Lutwidge Dodgson die drei Töchter des College-Dekans, Edith, Alice und Ina Liddell, mit auf die Themse und erzählte ihnen Geschichten, die er später niederschrieb und unter seinem Pseudonym Lewis Carroll veröffentlichte. Sowohl *Alice im Wunderland* als auch der Nachfolger *Alice hinter den Spiegeln* wurden zu Kinderbuchklassikern. Nach einer weiteren Bootsfahrt 1863, auf der ein Vorfall Mrs Liddell empörte, verbot sie zusammen mit anderen Oxforder Müttern Dodgson, zu dessen Hobbys es gehörte, junge Mädchen nackt zu fotografieren, jeden weiteren Kontakt zu ihren Töchtern.

MUSLIM:INNEN & DER MODFATHER

Nicht vielen Leuten ist bekannt, dass das muslimische Erbe von Woking eng mit dem berühmtesten Sohn der Stadt verbunden ist, dem Modfather Paul Weller. Wellers Mutter Ann war in den 1960er-Jahren in der Shah Jahan Mosque als Putzkraft tätig, wo Sohn Paul dann herumrannte und spielte. Weller spielte auch auf Horsell Common auf dem damals vernachlässigten Woking Muslim War Cemetery und schnitzte seinen Namen in die Backsteinmauer. Weller mochte den Ort – er kommt im Musikvideo zu seinem Song „Uh-Huh Oh Yeh!" von 1992 vor und in „Amongst Butterflies" erzählt er vom Spielen im Wald und singt: „And in the woods was a soldier's tomb". Diese enge Verbindungen zum Peace Garden haben zu Spekulationen darüber geführt, dass sich Weller 2013 an der Finanzierung der Restaurierung beteiligte.

Shah Jahan Mosque

WOKING

Islamische Geschichte erkunden

Das „Mekka Europas"

Von London Waterloo sind es mit dem Zug nur 25 Minuten nach Woking. Kurz bevor der Zug in den Bahnhof einfährt, erscheint hinter Bäumen die grüne Kuppel der **Shah Jahan Mosque**, der ersten neu erbauten Moschee in Großbritannien und ganz Nordwesteuropa – ein herrlicher Bau im Pseudo-Mogulstil in Surrey. Die 1889 vom ungarisch-jüdischen Orientalisten Gottlieb Wilhelm Leitner als Teil des Oriental College erbaute Moschee ist nach Sultan Shah Jahan Begum benannt, im 19. Jh. Herrscherin des von den Briten kontrollierten indischen Fürstenstaats Bhopal – sie spendete 5000 £ für den Bau. Leitner starb 1899 und bald darauf wurde das College geschlossen und die Moschee verfiel. 1913 wurde sie vom indischen Rechtsanwalt Khwaja Kamal ud-Din wiedereröffnet. Mithilfe des britischen Konvertiten Lord Headley verschaffte er der Moschee einen solch weitreichenden Einfluss, dass sie bald das „Mekka Europas" genannt wurde. Drinnen in dem schneeweißen Gebäude sind z. B. der Mihrab mit der

HALAL ESSEN IN WOKING

Al Pasha
Köstlich saftige, leicht gewürzte türkische Grillgerichte in behaglichem anatolischem Ambiente beim Bahnhof. ££

Daarna Restaurant
Die bunten mediterranen Mezze in diesem marokkanischen Restaurant sind unübertrefflich. ££

Balaka
Klassische anglo-indische Gerichte wie *chicken tikka masala* und *lamb vindaloo* in modernem Ambiente. £££

ersten Sure des Korans und die Moscheefenster mit Davidsternmustern interessant. Das einzige andere Gebäude aus Leitners Zeit ist das **Sir Salar Jung Memorial House** neben der Moschee. Dem nach einem Premierminister von Hyderabad benannten Haus dienten britische Kolonialvillen als Vorbild; heute ist hier das Archiv der Moschee untergebracht, u. a. mit seltenen britisch-muslimischen Handschriften und Fotos von Konvertiten der Frühzeit.

Eine Viertelstunde zu Fuß nördlich der Moschee ist der frühere Woking Muslim War Cemetery, heute der **Peace Garden**, angelegt 1915 als Friedhof für muslimische Soldaten, die im Ersten (und später auch im Zweiten) Weltkrieg für Großbritannien und Frankreich kämpften. Leider wurde er in den 1960er-Jahren verwüstet und die menschlichen Überreste wurden auf den Armeefriedhof in Brookwood überführt. 2013 begann rechtzeitig zum 100. Jubiläum des Beginns des Ersten Weltkriegs die Verwandlung des Friedhofs in einen Friedensgarten. Der schöne indische *chattri* (Pavillon) am Eingang wurde renoviert, die Mauern und ihre Pseudo-Minarette wurden repariert und es entstand ein stiller Ort nach dem Vorbild klassischer islamischer Gärten mit Brunnen und symmetrisch angelegten Blumenbeeten. Hinten gibt's einen Gedenkstein mit den Namen von einst hier bestatteten Muslimen.

Ein Halt an der Bahnlinie ab Woking ist Brookwood mit dem **Brookwood Cemetery** und dem historischen Muhammadan Cemetery – diesen Namen gab Leitner dem ersten muslimischen Friedhof, den er als Teil seines Oriental College 1884 gründete. Heute ist er als **Muslim Burial Ground Plot M1** bekannt und liegt an der Pine Ave des Friedhofs, zu erkennen am historischen Qiblah Stone, den Leitner aufstellen ließ, um den Friedhof zu kennzeichnen und den Nutzern dabei zu helfen, Muslim:innen korrekt zu bestatten – seine verblassten Anweisungen sind hinten auf dem Stein zu finden. Daneben befindet sich eine blaue Tafel von 2019, die diese Stätte als ersten muslimischen Friedhof Großbritanniens ausweist. Zu den bekannten hier bestatteten Personen zählen Lord Headley und Muhammad Marmaduke Pickthall, der große englische Übersetzer des Korans.

MOSCHEEN ALT & NEU

Woking beheimatet die älteste als solche errichtete Moschee des Landes, eine der neusten und innovativsten ist dagegen die **Cambridge Central Mosque** (S. 352).

BRITISH MUSLIM HERITAGE TRAILS

2019 wurden zwei Geschichtswege ins Leben gerufen, die British Muslim Heritage Trails: Nr. 1 ist der Woking Trail, Nr. 2 der Muslim Cemetery Walk – es handelt sich um die ersten Geschichtswege zur britisch-muslimischen Geschichte. Der Woking Trail führt Besucher:innen zur Shah Jahan Mosque, zum Sir Salar Jung Memorial House, zum Peace Garden und zum Muslim Burial Ground Plot M1, mit Erläuterungen der Bedeutung der einzelnen Stätten für die britische Geschichte. Der Muslim Cemetery Walk führt über den Plot M1 des Brookwood Cemetery zu einigen der bekanntesten Gräber des Friedhofs, z. B. zu denen von Konvertiten unter britischen Adligen und Royals. An den Stätten sind kostenlose Broschüren erhältlich, die man sich auch als PDF herunterladen kann.

Jeitta
Das libanesische Lokal am Church Path serviert die leckersten Shawarma-Wraps in Woking. **££**

Roosters Piri Piri
Köstliches Grillhühnchen gibt's hier schnell und mit prickelnder Marinade. **£**

Yellow Stone Woking
Die Imbisswagen am Market Walk bieten die billigsten und besten Falafelwraps zum Mitnehmen. **£**

SEAFOOD ESSEN IN LEIGH

Melinda Moody, Lehrassistentin in der Chalkwell Hall Infants School, empfiehlt die besten Fischlokale in Leigh-on-Sea. @melmoody7

Ye Olde Smack
Freundliches, gemütliches Familienpub am Wasser mitten im alten Leigh mit köstlichem Kabeljau aus heimischen Quellen.

Osbourne Bros Cafe
Die Boote der Familie bringen frische Meeresfrüchte an Land, die dann in diesem reizenden Lokal mit Meerblick serviert werden.

The Estuary
Gehobeneres Lokal mit Köstlichkeiten wie Riesengarnelen-Linguine und Muscheln aus der Flussmündung.

Seacrest Fish and Chips
Ausgezeichneter *chip shop* im nahen Westcliff, der jeden Monat mit leckeren globalen Versionen experimentiert – wie wär's mit *tandoori-masala*-Kabeljau?

JUSTINCLARK82/SHUTTERSTOCK ©

Leigh-on-Sea

LEIGH-ON-SEA

Relaxen in urigem Dörfchen

Ein typisches Fischerdorf in Essex

Von London Fenchurch Street kommst du in etwa einer Stunde mit dem Zug zum urigen kleinen Leigh-on-Sea, einem traditionellen Fischerdorf in Essex. Hier führen an der alten **Leigh Marina** Kopfsteinpflastergassen hinunter zum Ufer mit seinen alten Pubs und Restaurants wie dem ausgezeichneten **Boatyard** mit einem Außenbereich mit direktem Blick aufs Mündungsgebiet der Themse. An warmen Sommertagen relaxen die Einheimischen gern am stillen kleinen **Bell Wharf Beach**, einige bewaffnet mit frisch gefangenem Fisch (und Chips) und anderen Meeresfrüchten, die die Fischer des Dorfs, deren Boote den ganzen Tag lang draußen auf dem Wasser zu sehen sind, an Land gebracht haben. Oben in den Hügeln befindet sich die schöne **Belton Hills Nature Reserve**, ein Paradies der Wildblumen und Schmetterlinge mit Wanderwegen, von denen sich atemberaubende Ausblicke auf die Themsemündung eröffnen. Im Ort befinden sich am **Leigh Broadway** einige großartige Restaurants, Cafés

AUSGEHEN IN LEIGH-ON-SEA

Mariners Court
Traditionelles Pub mit ein bisschen Hipsterglamour, serviert Craftbier kleiner Brauereien.

The Broadway
Freundliches altmodisches Pub mit guter Stimmung, vernünftigen Preisen und einem tollen Sonntagsbraten.

Crooked Billet
Das älteste Pub in Leigh, direkt am Bahnhof und mit den berühmten Muschelschuppen der Osbourne Bros.

und kleine Geschäfte sowie kleine Kunstgalerien, die heimische Künstler:innen ausstellen. Dazu zählen die **Two Tree Gallery** und die von der hiesigen Künstlerin Emma Bell geführte Galerie **70 The Broadway**. Ein Stückchen weiter gibt's ein paar tolle Antiquitätenläden – am beliebtesten sind **Highcliff Antiques** und **Time Capsule**. Von hier ist es nicht weit hinunter zum größeren **Chalkwell Beach** mit seichtem Seebad, in dem es auch noch bei Ebbe Wasser gibt – perfekt für den Nachwuchs zum Herumplanschen. Den ruhigen Strand säumt ein hübscher Wanderweg mit grünen Abschnitten und dem gelegentlichen Café.

CHRIS LAWRENCE TRAVEL/SHUTTERSTOCK ©

High Street, Leigh-on-Sea

BRITANNIENS ERSTER CHRISTLICHER MÄRTYRER

Alban lebte im römischen Britannien und wurde der Überlieferung zufolge verhaftet, da er einen verfolgten Priester namens Amphibalus versteckte, dessen Frömmigkeit ihn zum Übertritt zum Christentum animierte. Alban hatte die Wahl, seinem neuen Glauben abzuschwören oder hingerichtet zu werden. Er wählte Letzteres. Auf dem Weg zur Enthauptung vollbrachte er sein erstes Wunder, indem er einen Fluss trockenlegte, den das Hinrichtungskommando nicht überqueren konnte. Das führte dazu, dass einer der Henker konvertierte. Als sie später zum Hügel kamen, wo er hingerichtet werden sollte, vollbrachte Alban das zweite Wunder: Er ließ eine Quelle sprudeln, um seinen Durst zu stillen – an dieser Stelle wurden er und der konvertierte Henker enthauptet und hier steht heute die Kathedrale.

MATTHEW J THOMAS/SHUTTERSTOCK ©

Hypokaustum und römisches Mosaik, Verulamium Park

ST ALBANS

Eintauchen in die Geschichte

Eine antike römische Stadt

Die drittgrößte Stadt im römischen Britannien ist mit dem Zug vom Londoner Bahnhof St Pancras in 40 Minuten zu erreichen. Alban war ein christlicher römischer Soldat, der hier um 250 n. Chr. enthauptet und so zum ersten englischen Märtyrer wurde. Ihm ist die riesige **St Alban's Cathedral** geweiht, die 793 von König Offa von Mercien als Benediktinerkloster rund um den Schrein des hl. Alban gegründet wurde. Heute bietet sie eine herrliche Mischung aus normannischer, romanischer und gotischer Baukunst, mit Rundbögen aus Ziegelsteinen, die aus Verulamium (wie St Alban's zu römischer Zeit hieß) gerettet worden waren, und mit dem längsten mittelalterlichen Langschiff des Landes, geschmückt mit Wandbildern des 13. Jhs. Das Gebiet um die Hauptstraße und den Markt besteht aus urigen Gassen und Kopfsteinpflasterstraßen mit windschiefen Tudorhäusern und eleganten georgianischen Stadthäusern, in denen sich unten kleine Cafés, Antiquitätenläden, Restaurants und Buchhandlungen eingenistet haben.

ESSEN IN ST ALBANS

Little Marrakech
Kleines, buntes marokkanisches Restaurant mit reichhaltigen Tajines und Couscous-Gerichten. **£**

Lussmanns Sustainable Kitchen
Helles, modernes Restaurant mit saisonalen britischen Gerichten. **£££**

Thai Rack
Authentische Thai-Gerichte mit feinen Aromen in behaglichem Restaurant oder auf der einladenden Terrasse. **££**

Die römischen Ruinen befinden sich ein Stückchen westlich der Kathedrale im **Verulamium Park**. Neben den Überresten der **römischen Stadtmauer** und den Fundamenten eines Tors mitten im Park befindet sich an seinem ursprünglichen Ort auch das **Hypokaustum mit römischem Mosaik**. Fünf andere herrliche Mosaike, darunter ein schönes muschelförmiges von 130 n. Chr., sind im **Verulamium Museum** in der Nähe des Parkplatzes des Parks zu sehen. Das moderne Museum beleuchtet das römische Verulamium mit Themenausstellungen und Exponaten wie landwirtschaftlichen Werkzeugen, Rüstungen, Münzen und Keramik. Das 140 n. Chr. erbaute **römische Theater von Verulamium** zeichnet sich dadurch aus, dass die 2000 Zuschauer:innen vor einer Bühne statt rund um eine Arena saßen. Die grasbewachsenen Fundamente sind heute ein Stückchen westlich des Museums zu sehen, zusammen mit den halb ausgegrabenen Überresten von Geschäften, einer Villa und eines unterirdischen Tempels.

St Alban's Cathedral

KANALRADTOUR VON LONDON NACH HERTFORD

Die knapp 20 km lange Radtour führt von London ins ländliche Hertfordshire. Zuerst geht's mit dem Zug von London Liverpool St nach Cheshunt (40 Min.). Hier beginnt am **1 River Lee Country Park** die Tour über den Treidelweg. Vorbei an Cheshunt und den Aqueduct Locks radelst du eine Viertelstunde Richtung Norden, bis du große Häuser mit ebensogroßen Gärten siehst, die kurz vor dem Broxbourne Rowing Club bis ans Wasser reichen. Hier teilt sich der Treidelpfad; du hältst dich rechts und fährst hoch und über die Betonbrücke auf die **2 Old Nazeing Rd** und rechts über den Kanal. Dann schaust du links nach dem Treidelweg, der draußen am Zaun um den Biergarten von **3 The Crown** herumführt. Jetzt verläuft die Route zehn Minuten an Wäldchen vorbei zur Dobbs Weir Rd über das herrliche **4 Dobbs Weir**, ein Wunderwerk viktorianischer Ingenieurskunst. Über die schmale Eisenbrücke gegenüber vom Pub The Fish and Eels geht's dann rechts zurück auf den Treidelweg. Jetzt fährst du 25 Minuten durch eine schöne halburbane Gegend, vorbei an Bootshäfen und Naturschutzgebieten bis nach **5 Ware**, einem der ältesten durchgehend bewohnten Orte Europas. Hinter Ware wird die Strecke sehr ländlich; vorbei an Schafen und Kühen radelst du weiter am Kanal entlang zum **6 Ware Lock** und weitere fünf Minuten bis zum **7 Gauge House** mit mehreren Badespots in der Nähe. Der Treidelpfad biegt jetzt nach links zur letzten Schleuse, dem **Hertford Lock**. Letzter Halt ist der **9 Hartham Common Park** in der alten Stadt Hertford – hier enden Kanal und Treidelpfad. Am Bahnhof Hertford East kannst du in einen Zug zurück nach London Liverpool St steigen.

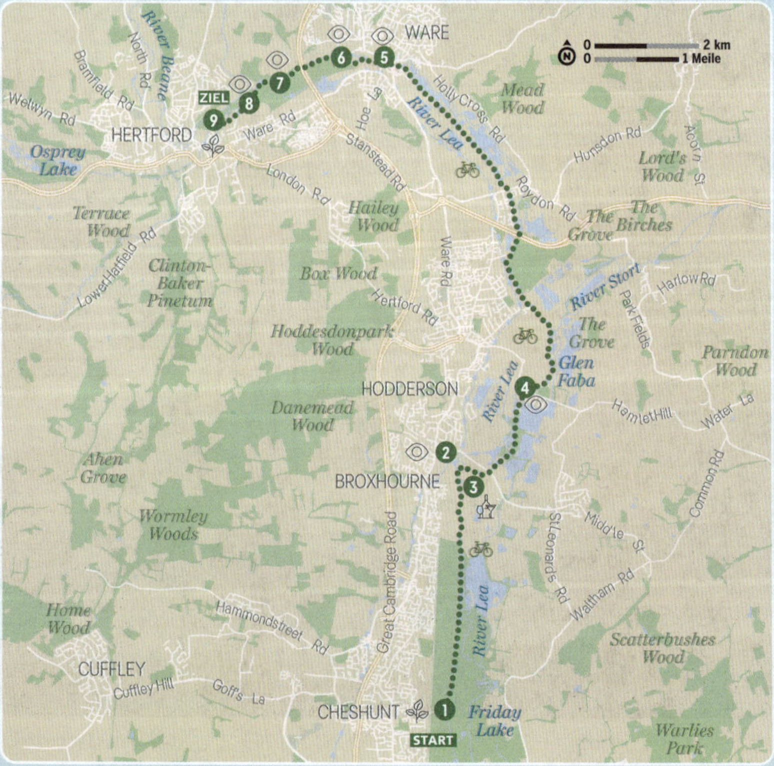

MR NAI/SHUTTERSTOCK ©

Stonehenge

WILTSHIRE

Die heidnische Vergangenheit entdecken

Großbritanniens größte neolithische Rätsel

Die einfachste Möglichkeit, von London aus die wichtigsten heidnischen Stätten in Wiltshire zu erkunden, ist mit dem Auto. Von der britischen Hauptstadt sind es gut zwei Stunden bis nach **Stonehenge**. Hier beherbergt ein modernes Besucherzentrum Ausstellungen zum Neolithikum, die Licht ins Dunkel des nach wie vor größten archäologischen Rätsels des Landes zu bringen versuchen – niemand weiß wirklich, was der Zweck der Anlage war. Hast du Tickets gekauft, geht's mit dem Bus oder zu Fuß über den 4 km langen Rundweg. Die ersten Bauten entstanden hier um 3000 v. Chr.: Damals wurden ein kreisförmiger Wall und ein Graben angelegt. Hier gab es 56 sogenannte Aubrey-Löcher für Brandbestattungen. 500 Jahre später wurden die Hauptsteine in einem Kreis aufgestellt und mit Decksteinen belegt – so entstanden die atemberaubenden Trilithen (Steintore), die heute zu sehen sind. Die Sarsensteine (Sandsteine) wurden aus extrem hartem Fels in den Marlborough Downs rund 32 km von der Stätte entfernt herausgeschnitten. Um 2300 v. Chr. wurden die Blausteine neu zu einem inneren Hufeisen mit einem Altarstein in der Mitte angeordnet. Danach kam der große Sarsenkreis aus 30 großen Menhiren, von denen heute noch 17 Steinpfeiler und sechs Decksteine existieren. Unmittelbar innerhalb dieses Kreises befinden sich der South und der North Barrow; jeder der beiden kleinen Grabhügel war ursprünglich mit einem Stein bedeckt. Wie bei vielen Steinkreisen in Großbritannien

MIT ODER OHNE EINTRITT?

Avebury Henge and Stone Circles, der Silbury Hill und der West Kennet Long Barrow sind gratis anzuschauen, die Silbury-Hill-Stätte ist allerdings nicht zugänglich, sodass man sie vom Zaun aus betrachten muss. Stonehenge-Tickets sollten weit im Voraus gebucht werden, besonders für die Hauptreisezeit im Sommer (Mitglieder von English Heritage und National Trust sowie ihre Kinder haben freien Eintritt). Zwar sind alle Stätten am einfachsten mit dem Auto zu erreichen, doch wer nur Stonehenge sehen möchte, kann jede halbe Stunde von London Waterloo nach Salisbury fahren (1½ Std.). Die restlichen knapp 15 km werden dann von Stonehenge-Bussen abgedeckt.

DEN ZAUBER AUSKOSTEN

Stonehenge ist nur ein Teil eines riesigen Komplexes neolithischer Monumente. Nördlich der Stätte erstreckt sich in grob ostwestlicher Richtung der Cursus (Großer Umlauf), ein längliches Oval mit umlaufendem Erdwall. In der Nähe ist der Lesser Cursus (Kleinerer Umlauf). Zum Zweck dieser Anlagen kursieren unterschiedlichste Theorien, von alten Sportarenen bis zu Prozessionswegen für die Verstorbenen. Zwei Gruppen von Grabhügeln, die Old und die New King Barrows, befinden sich neben der Avenue (Prozessionsallee), die Stonehenge ursprünglich mit dem 3 km entfernten Avon verband. Im Besucherzentrum von Stonehenge gibt's Faltblätter zu Wandermöglichkeiten. Zauberhaft ist die Stone Circle Experience, eine Führung ins Innere des Steinkreises zum Sonnenauf- oder Sonnenuntergang.

KEVIN STANDAGE/SHUTTERSTOCK ©

Avebury Henge and Stone Circles

sind die inneren Hufeisen mit Bezug zum Sonnenaufgang zur Sommersonnenwende ausgerichtet. Daraus schließen manche Forschende, dass die Stätte als astronomischer Kalender diente. Die prähistorischen Pilger betraten die Stätte über einen Prozessionsweg. An dessen Eingang zum Kreis befinden sich der Slaughter Stone und der Heel Stone.

Von Stonehenge sind es mit dem Auto 40 Minuten Richtung Norden zur Stätte **Avebury Henge and Stone Circles**, wo die Straße den größten Steinkreis der Welt (mit einem Durchmesser von 348 m) in vier Stücke teilt. In dem von 2500 bis 2200 v. Chr. stammenden Kreis stehen noch 30 Steine; Säulen deuten an, wo einst die fehlenden Steine standen. Im Südwestsektor gibt's elf, u. a. den Barber Surgeon Stone, benannt nach dem Skelett eines Mannes, das zusammen mit Gegenständen unter dem Stein gefunden wurde. Der Südostsektor beginnt mit den großen Portalsteinen, die den Eingang zum Kreis an der West Kennet Ave markieren. In diesem Sektor befand sich der südliche innere Kreis mit einem Obelisken und einer Steingruppe in Z-Form. Unmittelbar außerhalb dieses kleineren Kreises ist vom Ring Stone nur die Basis erhalten. Im nördlichen inneren Kreis im nordöstlichen Sektor sind von einer U-Form nur drei Sar-

MITTAGESSEN NAHE STONEHENGE

Dinky Diner
Winziges Café nicht weit weg in Cholderton mit tollen, günstigen Gerichten aus der Pfanne sowie Panini. **£**

A Date with Thyme
Für Freund:innen von Sauerteig-Toasts und pochierten statt Spiegeleiern. **££**

Maples Coffee Shop
Guter Tee und Scones, Sandwiches und Panini, mit dem Auto nicht weit von Stonehenge. **£**

sensteine übrig. Der Nordwestsektor wartet mit der vollständigsten Sammlung von Steinpfeilern auf, darunter der 65 t schwere Swindon Stone. Ein Fußweg führt nach West Kennet (5 km hin und zurück), vorbei am 40 m hohen **Silbury Hill**, der sich abrupt aus der Landschaft südlich von Avebury erhebt – er ist der größte von Menschenhand geschaffene Erdhügel in Europa. Er wurde schrittweise ab etwa 2500 v. Chr. angelegt, doch sein Zweck ist unklar. Der 15 Minuten entfernte, schönste neolithische Begräbnishügel Englands, der **West Kennet Long Barrow**, stammt von ungefähr 3650 v. Chr. Seinen Eingang bilden große Sarsensteine, sein Dach besteht aus gigantischen überlappenden Decksteinen. Hier wurden 46 Skelette samt Grabbeigaben gefunden.

KEVIN STANDAGE/SHUTTERSTOCK ©

Silbury Hill

Café Metro
Große Portionen herzhaftes Essen, meist mit Pommes, serviert von einem freundlichen Paar. **£**

Stonehenge Cafe
Sandwiches, Kuchen und annehmbarer Kaffee; hier landet nur, wer nicht besser plant. **££**

The Friar Tuck Cafe
Einfache, ehrliche Cafékost in US-Diner-Ambiente im nahen Amesbury. **££**

PRAKTISCHES

Die wichtigsten Informationen für die perfekte Reise nach London im Überblick. Nützliche Tipps, Tricks und Hintergründe zur Orientierung und Vorbereitung.

Tower Bridge (S. 102)

Ankunft

London ist einer der am besten angebundenen Orte der Welt und verfügt über das weltweit verkehrsreichste Flughafensystem: Rund 180 Mio. Passagiere nutzen jährlich die sechs kommerziellen Flughäfen der Stadt. Reisende aus anderen Landesteilen kommen mit dem Zug nach London, Gäste vom europäischen Festland auch mit dem Eurostar. Fähren legen an der Südküste an.

Einreise

Touristen aus der EU bzw. der Europäischen Freihandelszone und aus 40 weiteren Staaten dürfen sich ohne Visum bis zu 6 Monate in Großbritannien aufhalten. Zur Einreise ist ein Reisepass erforderlich, der Personalausweis genügt nicht.

SIM-Karten

SIM-Karten für entsperrte Mobiltelefone gibt's an allen Flughäfen sowie in St Pancras, wo der Eurostar ankommt. Sie kosten ab 1 £, sind jedoch von Anbietern wie EE, O2, Vodafone und Three auch bereits mit Prepaid-Guthaben erhältlich.

Anreise

Fahrzeuge vom europäischen Festland gelangen per Passagierfähre (auch zu Fuß möglich) oder mit LeShuttle über den 50 km langen Eurotunnel zwischen Folkestone und dem französischen Coquelles nach Großbritannien.

WLAN

Internetdienste sind in der Hauptstadt ausgezeichnet und die meisten Einkaufszentren, Cafés und Pubs bieten kostenfreies WLAN, wobei man in den beiden zuletzt Genannten möglicherweise erst etwas kaufen muss.

Von den Flughäfen in die Stadt

FLUGHAFEN	BESTES TRANSPORTMITTEL	DAUER/KOSTEN
HEATHROW	ELIZABETH LINE	30 MIN. / 12,80 £
GATWICK	THAMESLINK	30 MIN. / AB 11,30 £
STANSTEAD	AIRPORT BUS EXPRESS	1 STD. / AB 8 £
LUTON	THAMESLINK	30 MIN. / AB 3,10 £
CITY	DLR	20 MIN. / AB 3 £
SOUTHEND	GREATER ANGLIA	1 STD. / AB 20,10 £

REISESCHNÄPPCHEN

Die besten Angebote gibt's im Voraus. Bus-, Bahn- und Eurostartickets werden teurer, je kurzfristiger man sie kauft. Nationale Feiertage und die Schulferien sollte man meiden. Der öffentliche Nahverkehr ist in Großbritannien im Vergleich zu anderen Ländern recht teuer, was aber die vielen kostenfreien Attraktionen Londons wie Museen, Kunstgalerien und Parks wieder wettmachen. Preisvergleichswebsites für Züge und Fernbusse haben oft die besten Angebote, doch im Fall von Änderungen kann es bei Drittanbietern Probleme geben. Eine Reiseversicherung wird empfohlen.

Geld

WÄHRUNG: **BRITISCHES PFUND (£)**

Digital bezahlen & QR-Codes

Tickets für Großveranstaltungen wie Fußballspiele müssen online im Voraus bezahlt werden. Ein QR-Code ermöglicht den Zugang am Eventtag.

Steuern und Rückerstattungen

Die britische Mehrwertsteuer (VAT) beträgt 20 %, die sich internationale Gäste u. a. am Flughafen rückerstatten lassen können.

Kreditkarten

Werden mit Ausnahme von einigen Märkten, Fish'n'Chips-Läden, traditionellen Cafés und Minicabs (wo Bargeld bevorzugt wird) fast überall akzeptiert. Bei einigen Händlern, Foodtrucks und Marktständen sowie in kleineren Lokalen kann inzwischen auch kontaktlos bezahlt werden. Am besten vor der Bestellung nachfragen.

Trinkgeld

Hotels Portiers üblicherweise 1 £ pro Koffer; Trinkgeld für Reinigungskräfte nach Ermessen.

Restaurants Ein Bedienungszuschlag steht evtl. schon auf der Rechnung. Ansonsten sind 10–12 % üblich, mehr für besonders guten Service.

Taxis Bei Taxifahrten wird gewöhnlich bis zur nächsthöheren Banknote aufgerundet. Uber und Minicabs nach eigenem Ermessen.

WIE VIEL KOSTET ...

Museumseintritt
Meist gratis, Sonderausstellungen bis zu 15£

Tagesticket Nahverkehr
15 £

Kaffee
3–6 £

Sandwich
2–7 £

WIE ... ein paar Pfund sparen

Richtig toll sind die zahlreichen kostenfreien Attraktionen Londons, von Weltklassemuseen bis zu legendären Sehenswürdigkeiten wie dem Changing of the Guards, den großen Parks und den Straßenkünstlern am Covent Garden (Spenden empfohlen). Wer früh zu Abend isst und das *pre-theatre menu* (2–3 Gänge zum Festpreis) wählt oder sich für Streetfood entscheidet, kann auch schlemmend Geld sparen.

LOCAL TIPP

In der App Too Good To Go bieten Geschäfte und Restaurants kurz vor Ladenschluss Essen zu stark reduzierten Preisen an, was nicht nur den Geldbeutel, sondern auch die Umwelt schont.

KONZERTE & SHOWS ZUM NULLTARIF

Musikfans können in den Sommermonaten in den Musikpavillons der Londoner Parks (u. a. Hampstead Heath und Regent's Park) regelmäßig Konzerte genießen. Sportveranstaltungen von Cricket- bis zu Fußball-WM-Partien und den Olympischen Spielen werden (je nach Jahr) auf großen Leinwänden in der ganzen Stadt gezeigt. Wimbledon-Spiele werden jedes Jahr u. a. in Canary Wharf, St Katahrine's Wharf und Covent Garden übertragen. Kostenfreie Filmvorführungen finden auf dem Everyman Screen am Kanal gegenüber dem Granary Square und als Teil von Summer by the River an der Tower Bridge statt.

Unterwegs vor Ort

London ist riesig, aber sehr gut vernetzt. Viele Gäste sparen Geld, indem sie außerhalb der Innenstadt und nahe einer U-Bahn-Station übernachten – die Underground bringt Besucher in Nullkommanichts zu den Attraktionen.

Underground

Die älteste U-Bahn der Welt verfügt über 272 Stationen auf elf Linien und ist oft das verlässlichste Transportmittel im Großstadtverkehr. Freitag- und Samstagnacht verkehrt auf der Central, Jubilee, Northern, Piccadilly und Victoria Line die ganze Nacht über die Night Tube. Die anderen Linien sind meist von 5.30 bis 0.30 Uhr in Betrieb.

UNDERGROUND

TIPP

Transport for London (tfl.gov.uk) und Citymapper (citymapper.com) sind unglaublich hilfreich bei der Routenplanung und bieten aktuelle Informationen zu Abfahrtszeiten und Verspätungen. Beide haben Apps.

tfl.gov.uk

citymapper.com

Zug

Die fahrerlose Docklands Light Railway (DLR), London Overground und einige Zugverbindungen verlaufen über der Erde. Diese Züge sind (mit Ausnahme einiger älterer DLR-Modelle) klimatisiert und an heißen Sommertagen die beste Option.

Bus

Londons berühmte rote Busse verkehren in der ganzen Stadt und sind in Teilen der Innenstadt elektrisch. Für nur 1,75 £ kannst du einige der schönsten Routen abfahren (oder entlangkriechen). Manchmal geht's zu Fuß jedoch schneller.

Radfahren

Besonders günstig von A nach B kommt man in London mit den Santander Cycles, von denen über 10 000 an 800 Dockingstationen in den Zonen 1 und 2 bereitstehen. **Scanne den QR-Code, um Fahrräder in deiner Nähe zu finden.**

TRANSPORT TIPPS

Am günstigsten kommst du in London mit einer Oyster Card (oyster.tfl.gov.uk) oder indem du in den öffentlichen Verkehrsmitteln deine kontaktlose Kreditkarte benutzt (vorher bei der Bank nach Extrakosten erkundigen). Beide haben eine tägliche Preisobergrenze.

Plane deine Route im Voraus. Auf Londons U-Bahn-Linien kommt es regelmäßig zu Verspätungen und Schließungen, die aus kurzen Fahrten längere Reisen machen können. Live-Updates gibt's auf der TFL-Website und den Twitter-Accounts, die man vorher checken sollte.

Als Teil der Mayor's Transport Strategy des Bürgermeisteramts wird in den Ausbau des Radwegenetzes und die Straßensicherheit für Radfahrer investiert. Mit den Apps Citymapper, Komoot und Cycle-Streets lassen sich ruhige, radfreundliche Routen planen.

Mietwagen

Die großen Mietfirmen verfügen über Büros an den Flughäfen, doch Autos haben auch ihre Nachteile. Die Straßen sind in London eng und stark befahren, Parkplätze sind begrenzt und teuer. Wer in bestimmten Zonen Auto fährt – aktuell etwa zwischen Kings Cross und Vauxhall im Süden, Paddington im Westen und Whitechapel im Osten – muss die Congestion Charge (tgl. 15 £) bezahlen und für Fahrzeuge, die die Kriterien der Ultra Low Emission Zone nicht erfüllen, kommt eine Emissionsabgabe hinzu.

Zu Fuß

Bei gutem Wetter ist man vor allem in der kompakten Innenstadt mit ihren kleinen Gassen, die alte Viertel und zahlreiche Attraktionen miteinander verbinden, am besten zu Fuß unterwegs. Für längere Strecken bieten sich Bus oder U-Bahn an.

Taxis

Die berühmten schwarzen Taxis können in den Zonen 1 bis 3 angehalten werden. Sie sind eine tolle Erfahrung, aber nicht billig. Mitfahrdienste wie Uber, Bolt und Freenow sowie Minicabs können über die entsprechenden Apps gebucht werden.

E-Scooter

E-Scooter können in der Innenstadt über drei Anbieter gemietet werden: Dott, Lime und TIER. Die entsprechenden Apps solltest du dir im Voraus besorgen, denn die Kontoeinrichtung kann etwas dauern. **Scanne die QR-Codes, um die Apps herunterzuladen.**

Dott **Lime** **TIER**

REISEKOSTEN

U-Bahn/Zug
Einzelfahrten ab 1,80 £ mit einer Oyster Card/ kontaktlosen Kreditkarte

Fahrrad
Santander Cycles ab 1,65 £ für bis zu 30 Minuten

Scooter
1 £ für die Aktivierung, dann 15 p pro Minute

Londoner:innen haben es oft eilig, weshalb man sich an die U-Bahn-Etikette halten sollte: Auf den Rolltreppen wird rechts gestanden, vor dem Einsteigen lässt man zuerst die aussteigenden Passagiere aussteigen und Sitzplätze werden Bedürftigen überlassen.

Außerhalb der Stoßzeiten – Montag bis Freitag zwischen 6.30 und 9.30 Uhr sowie zwischen 16 und 19 Uhr – bist du preisgünstiger unterwegs und die Busse, Züge und U-Bahn-Waggons sind um einiges leerer.

Am besten trägst du in London bequeme Schuhe, denn auch wenn du mit der Tube oder dem Bus unterwegs bist, musst du höchstwahrscheinlich zu den Haltestellen bzw. Stationen und deinem Zielort laufen.

Je weniger Gepäck du mit in die U-Bahn oder den Bus nimmst, umso besser. Ein Koffer ist in Ordnung, doch mehrere Taschen erregen womöglich den Unmut anderer Passagiere (und können das Ein- und Aussteigen erschweren).

Übernachten

Den Großteil des Budgets wird wohl die Übernachtung verschlingen, denn Unterkünfte sind in London nicht billig. Wer jedoch im Voraus bucht, kann gute Angebote erhaschen. Hostels mögen in anderen Weltstädten günstig sein, doch in London sind sie nicht so preiswert, wie man vielleicht hofft. Viele Gäste scheint das nicht zu stören, sie geben gern ein kleines Vermögen für Übernachtungen in den schicksten Hotels der Welt aus, darunter das Ritz, das Claridges und The Goring (wo sich Prinzessin Diana vor ihrer Hochzeitsnacht aufhielt).

WIE VIEL KOSTET EINE NACHT ...

4-Sterne- oder Boutique-Hotel
ab 200 £ pro Nacht

Hostel
Schlafsäle ab 18–40 £ pro Nacht

Mittelklassehotel
ab 80–200 £

Campingplatz
Zeltstellplätze ab 18 £

Hotels

Es gibt wohl kaum elegantere Hotels als die in London. Sie haben all die Opulenz und Klasse, die man von einer Weltstadt erwartet. Doch auch Boutique- und Mittelklassehotels, moderne Unterkünfte sowie schlichte Hotelketten bieten verlässlich angenehme Übernachtungsmöglichkeiten. Die Preise schießen vor allem in den Sommerferien und an langen Wochenenden in die Höhe.

Bed and Breakfasts

Heutzutage sind B&Bs weniger üblich, doch es gibt sie noch. Sie bieten einen persönlicheren Service, zu denen auch Tipps der Betreiber gehören, die meist im selben Haus wohnen. B&Bs sind oft in Wohngebieten zu finden und geben einen Einblick in das Leben in einem typischen historischen Londoner Reihenhaus. Viele sind rund um Paddington, Kensington, Victoria, Pimlico und Bloomsbury zu finden.

Hostels

Die bei Weitem günstigste Option, aber nicht so preiswert wie in anderen Städten. Hostels sind tolle Treffpunkte und dank Kochmöglichkeiten und Exkursionsangeboten lässt sich hier einiges sparen. Sie liegen meist in der Innenstadt und sind fußläufig von Sehenswürdigkeiten und Transportmöglichkeiten entfernt. Wer einen leichten Schlaf hat, nimmt lieber ein Privatzimmer.

Ferienwohnungen

Eine gute Wahl für Gruppen und längere Aufenthalte (für die es üblicherweise Rabatt gibt) sind moderne Ferienwohnungen oder Serviced Apartments. Es gibt sie in der ganzen Stadt, von einfachen Vorstadtwohnungen bis zu supernoblen Apartments an der Themse, und sie verfügen über Koch- und Waschmöglichkeiten. Partys sind streng verboten, sofern sie nicht im Voraus mit dem Gastgeber abgesprochen werden.

Camping

Campen ist die wohl preiswerteste Übernachtungsmöglichkeit, doch die wenigen Zeltplätze (u. a. Abbey Wood Caravan Site oder Crystal Palace Caravan and Motorhome Club Campsite) liegen oft in Vororten. Camper müssen alles Nötige selbst mitbringen, doch wer etwas vergisst, findet in Campingläden Abhilfe.

PETER DAZELEY/GETTY IMAGES ©

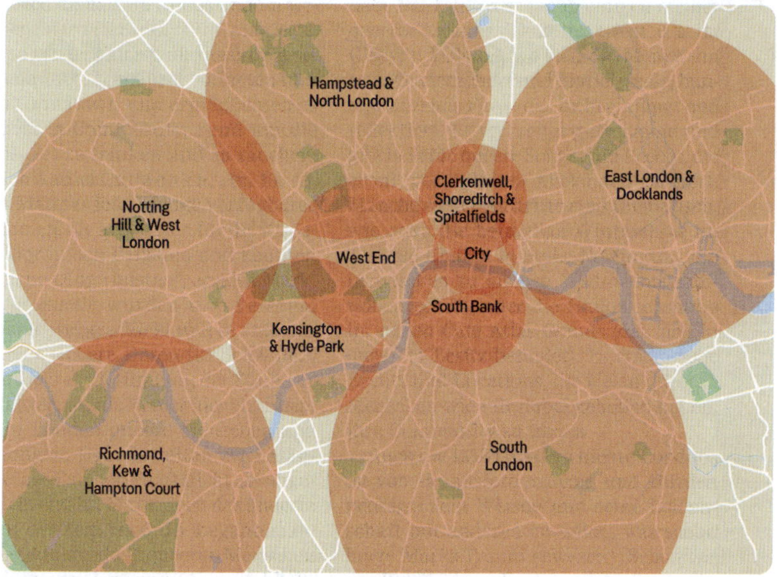

STADTVIERTEL	VOR-/NACHTEILE
West End	Nahe den großen Attraktionen, jede Menge U-Bahn-Stationen, große Auswahl an Übernachtungsmöglichkeiten für jedes Budget, leicht zu Fuß zu erlaufen, doch oft teuer und voll.
City	Die City of London nahe der St Paul's Cathedral und dem Tower hat eine gute Verkehrsanbindung, ist jedoch am Wochenende, wenn die Büros schließen, sehr ruhig.
East London & Docklands	Die Stadtviertel East London und Docklands etwas weiter östlich der City of London sind freitags und samstags rappelvoll.
South Bank	Günstiger als das West End und mit Attraktionen wie der Tate Modern und dem London Eye, gute Transportanbindung, Hotelketten und Boutique-Hotels.
Kensington & Hyde Park	Toll für Museen und gehobene Restaurants. Hotels sind oft teuer, aber der Luxus lohnt sich. Gut angebunden, wenn auch etwas weiter vom Zentrum entfernt.
Clerkenwell, Shoreditch & Spitalfields	Boutique-Hotels, verschiedene hippe Restaurants und ein pulsierendes Nachtleben. Nicht sehr viele große Attraktionen. Gute Verkehrsanbindung.
South London	Großartige Märkte und unabhängige Läden, nicht so gut angebunden wie andere Gegenden, längerer Anreiseweg in die Innenstadt.
Notting Hill & West London	Super zum Shoppen, geschäftig, teuer, aber gut angebunden.
Richmond, Kew & Hampton Court	Viele Grünflächen und historische Paläste, aber ruhiger und weiter entfernt von den Hauptattraktionen als andere Stadtviertel.

Reisen mit Kindern

London ist ein ideales Familienziel und eine sehr kinderfreundliche Stadt. Wer mit Kindern unterwegs ist, findet hier unzählige (meist kinderwagentaugliche) Attraktionen für Neugierige aller Altersgruppen, von interaktiven Museen bis zu Theatern und Parks, Abenteuerspielplätzen, Wanderungen und Badespaß. Und das Beste daran: Die meisten Angebote sind kostenlos

Vergünstigungen

Fast alle kinderfreundlichen Attraktionen bieten Rabatt für unter 16-Jährige. Kinder unter fünf Jahren nutzen U-Bahn und Busse kostenlos und 5- bis 10-Jährige sind mit einer Zip Oyster Card kostenfrei im gesamten TfL-Netz unterwegs. Der Fotoausweis kann über tfl.gov.uk beantragt werden (und kommt innerhalb einer Woche mit der Post).

Wickelmöglichkeiten

Im Großteil der Londoner Museen, Einkaufszentren und Cafés gibt's Wickelmöglichkeiten. Dabei handelt es sich üblicherweise um Klapptische in barrierefreien Toiletten. Das Personal weist gern den Weg.

Geld sparen

Im Sommer gibt's diverse Angebote wie etwa die Kids Week Ende Juli/Anfang August, bei der Kinder in Begleitung eines vollzahlenden Erwachsenen kostenfrei ins Theater gehen können (vorher buchen). National Rail verkauft für bestimmte Sehenswürdigkeiten zwei Eintrittskarten zum Preis von einer, wenn Familien mit dem Zug anreisen. Attraktionen wie etwa das Globe bieten zudem Familienrabatt sowie in den Sommerferien spezielle Shows für Kinder.

Kinderwagenfreundlich

U-Bahn-Stationen haben meist Aufzüge. Sind diese außer Betrieb, helfen mit Sicherheit Passanten beim Tragen des Kinderwagen auf der Treppe. Die meisten Busse verfügen über Kinderwagenstellplätze im unteren Stock.

TIPPS FÜR KIDS

Science Museum (S. 176) Alles über die Wissenschaft, von Technologie bis Raumfahrt. Gratis.

London Transport Museum (S. 65) Historische Fahrzeuge, in die hineingeklettert werden darf.

London Zoo (S. 247) 20 000 Tiere, von frechen Stummelaffen bis zu seltenen Sumatra-Tigern.

Natural History Museum (S. 170) Echte Dino-Skelette, Animatronik und Krabbeltiere. Gratis.

Young V&A (S. 227) Das V&A für Kinder mit Porträtecke und Geschichtenbühne. Gratis.

Victoria Park (S. 217) Lange Rutschen, Abenteuerspielplätze und ein Planschbecken im Sommer. Gratis.

MIT KIDS IN LONDON UNTERWEGS

London ist kinderfreundlich, kann aber die Sinne überwältigen. Mit kleineren Kindern sollte man sich nicht zu viel an einem Tag vornehmen, sondern z. B. ein oder zwei Stunden in einem Museum verbringen und dann in einen Park gehen – alle Spielplätze sind kostenfrei. In der Tube sollten Kinder nicht rennen und hinter der gelben Linie stehen. U-Bahn-Stationen sind oft richtige Tunnellabyrinthe, weshalb man kleine Kinder an die Hand nehmen sowie ihnen beibringen sollte, auf dem Bahnsteig stehen zu bleiben, falls man sich beim Ein- oder Aussteigen verliert.

Sicher reisen

TASCHENDIEBE

Zu Gelegenheitsdiebstählen kommt es in London selten, aber sie passieren. Mit den üblichen Vorkehrungen kann Taschendiebstahl vermieden werden. Lass Handys und andere Wertsachen nicht herumliegen (etwa in Lokalen) oder aus der Hosentasche schauen, Wertsachen verstaust du besser im Hauptteil des Rucksacks. Taschen in der Öffentlichkeit nie unbeaufsichtigt lassen.

Eis & Schnee

Im Winter schneit es in London gelegentlich. Die Stadt ist schlecht auf schwere Schneefälle vorbereitet, was zu Ausfällen im öffentlichen Nahverkehr und mitunter zu dessen Stillstand führt. Bei Eis und Schnee sollte man mit längeren Fahrzeiten rechnen und sich viel früher als geplant auf den Weg zum Bahnhof oder Flughafen machen.

Regen

Das Wetter ist in London extrem wechselhaft. Wer im Winter kommt, sollte warme Sachen und einen Mantel einpacken. Die meisten Londoner:innen haben das ganze Jahr über einen Schirm oder eine Regenjacke dabei. Regenschirme gibt's in den meisten Super- und Mini-Märkten, Drogerien und Souvenirläden.

SCHWIMMEN IN OFFENEN GEWÄSSERN

- **Kanäle** Nicht sicher
- **Flüsse** Nicht sicher
- **Seen** Nicht sicher
- **London Royal Docks** Sicher
- **Hampstead Heath Bathing Ponds** Sicher
- **Hyde Park Serpentine** Sicher
- **West Reservoir Centre** Sicher

Versicherung

Für britische Staatsangehörige ist auch in London die Gesundheitsversorgung kostenfrei. Gäste aus anderen Ländern sollten für den Notfall eine entsprechende Reiseversicherung abschließen.

LEITUNGSWASSER

Das Londoner Leitungswasser kann man bedenkenlos trinken. Um überteuertes Tafelwasser zu vermeiden, kannst du in Restaurants Leitungswasser bestellen. In Parks gibt's immer mehr Auffüllstationen für Wasserflaschen, in Einkaufszentren ist das jedoch weniger verbreitet. In Cafés füllt das Personal normalerweise gern Wasser nach, solange man etwas kauft.

Nachhaltig reisen

Reisen & Klimawandel

Die negativen Folgen des Reisens lassen sich nicht leugnen – daher sollte man, wo es möglich ist, sein Verhalten anpassen. Lonely Planet bittet alle Reisenden, sich ihren ökologischen Fußabdruck bewusst zu machen. Im Internet gibt's zahlreiche CO_2-Rechner wie z. B. auf resurgence.org/resources/carbon-calculator.html. Viele Fluglinien und Buchungsportale bieten die Möglichkeit, Klimagasemissionen auszugleichen, indem man einen Beitrag zu klimafreundlichen Initiativen weltweit leistet. Den CO_2-Fußabdruck aller Mitarbeitendenreisen gleicht Lonely Planet weiterhin aus, auch wenn uns bewusst ist, dass das nur eine Linderung und keine Lösung des Problems ist.

Lokal shoppen

Unternehmen in lokaler Hand kaufen gewöhnlich auch regionaler ein, was weniger Transport bedeutet. Viele Londoner Restaurants wie etwa das Eat17 in Walthamstow servieren nachhaltig erzeugte, britische Lebensmittel und saisonale Zutaten, um Transportwege zu verkürzen und CO_2-Emissionen zu reduzieren.

Soziales Bewusstsein

Bestimmte Unternehmen setzen sich für die Gemeinschaft ein. **Redemption Roasters** in Islington bringt so etwa Gefängnisinsass:innen das Kaffeerösten bei, die Einnahmen des Secondhandladens **Boutique by Shelter** in King's Cross kommen dem Kampf gegen die Obdachlosigkeit zugute und das Curry-Restaurant **Indian Veg** versorgt an jedem Abend der Woche Bedürftige mit warmen Mahlzeiten.

Laufe, wenn es nicht regnet. London lässt sich wunderbar zu Fuß erkunden und hält jede Menge Überraschungen bereit. Außerdem reduzierst du damit den CO_2-Ausstoß.

Zu viel Essen bestellt? In den meisten Restaurants kannst du Reste mitnehmen, damit diese nicht auf dem Müll landen. Pluspunkte gibt's fürs mitgebrachte Gefäß.

FLEISCHLOS GLÜCKLICH

In London gibt's immer mehr vegane und vegetarische Restaurants und fast alle Lokale bieten pflanzliche Optionen. Verzichte einen Tag auf Fleisch und wirke den Waldrodungen und Treibhausgasemissionen entgegen, die mit der Fleischproduktion einhergehen.

PLASTIKMÜLL VERMEIDEN

Den Kauf von Flaschenwasser vermeidest du, indem du deine eigene wiederverwendbare Flasche mitbringst und im Restaurant Leitungswasser bestellst. Für Einkäufe sind Mehrwegtaschen praktisch.

Mit dem Zug unterwegs

London hat ein ausgezeichnetes öffentliches Transportnetz. Je mehr Menschen U-Bahn und Co. nutzen, umso weniger verstopft ist die Stadt.

Kampf dem Stau

Die Congestion Charge ist eine Innenstadtmaut für alle Fahrzeuge während der Stoßzeiten. Die Ultra Low Emission Zone gilt nahezu im gesamten Stadtgebiet und belegt alle schadstoffintensiven Fahrzeuge mit einer Gebühr. Dank beider Initiativen konnte der Autoverkehr um 30 % reduziert werden.

Nachhaltige Hotels

Wähle Unterkünfte, die ihren Beitrag zum Umweltschutz leisten. **One Hundred Shoreditch** setzt zu 100 % auf erneuerbaren Strom und regionale Händler, während im **Hilton London Heathrow Airport** kein Abfall auf der Deponie landet und ein spezielles System Lebensmittelreste in Wasser umwandelt. **The Langham** im West End verfügt über umweltschonende Wasserspartoiletten sowie eine Energiesparheizung und nutzt ökologische Reinigungsmittel.

Jedes Jahr entstehen in London neue Radwege, um mehr Menschen zum Umstieg aufs Zweirad anzuregen. Mit dem Rad ist man schnell, günstig und effizient in der Innenstadt unterwegs.

Über 2500 Diesel-Elektro-Hybridbusse fahren auf Londons Straßen, hauptsächlich in der Innenstadt. Wer sie statt Privatfahrzeugen nutzt, wirkt Staus im Stadtzentrum entgegen.

Öko-Touren

Wähle elektrische Tourbusse oder geführte Rundgänge/Radtouren.

WEITERE INFOS

cyclestreets.net
Zur Planung fahrradfreundlicher Routen und Überwachungs des eigenen CO_2-Ausstoßes.

tfl.gov.uk
Unverzichtbarer Begleiter für die öffentlichen Verkehrsmittel.

toogoodtogo.com
App zur Verminderung von Lebensmittelabfällen durch preisreduzierte Mahlzeiten.

LGBTQIA+

London ist die LGBTIQ-Hauptstadt Europas. Gleichgeschlechtliche Paare sind selbstverständlich, Transgender ist keine Seltenheit. Es gibt viele LGBTIQ-Unternehmen und jede Woche finden zahlreiche Events statt, vor allem im Juni, dem Pride-Monat. Obwohl es überall Vorurteile geben kann, ist es eher unwahrscheinlich, dass LGBTIQ-Gäste in London auf Feindseligkeit stoßen.

Gaybourhoods

Soho ist schon lange das Epizentrum der LGBTIQ-Szene. Die meisten Clubs, Bars und Restaurants befinden sich rund um die Compton St, darunter die berühmte G-A-Y Bar und SHE Soho, die einzige allein von und für Lesben betriebene Bar Londons. Auch rund um Kennington, Deptford und Vauxhall im Süden der Stadt gibt's queere Kultur. Die Royal Vauxhall Tavern organisiert schon seit den 1980er-Jahren LGBTIQ-Events und -Varieté, während im künstlerisch-unkonventionellen East London die meisten Bars queerfreundlich sind. Der Dalston Superstore bietet legendäre Drag-Brunches und im The Glory finden regelmäßig Drag-Shows und Discos statt.

PRIDE

Die Londoner Pride ist eine der größten LGBTIQ-Paraden der Welt und beeindruckt jährlich mit über 300 Festwagen, 30 000 Teilnehmenden und 1,5 Mio. Feiernden, die die Stadt in Regenbogenfarben tauchen. Im Juni und Anfang Juli gibt's unzählige Partys und am Tag der Pride findet ein riesiges Musikfestival statt.

LGBTIQ-Medien

Zu den Londoner Magazinen und Websites, die queere Veranstaltungen ankündigen und Community-Themen behandeln, gehören Gay London (visitgay.london), Pink News (thepinknews.com), Diva Magazine (diva-magazine.com) und Gay London Life (gaylondonlife.co.uk). Deren Websites informieren über aktuelle LGBTIQ-News und Events.

QUEERE BUCHLÄDEN

Auf queere Literatur spezialisieren sich u. a. Gay's The Word (der älteste LGBTIQ-Buchladen Großbritanniens) und Judd Books, die beide gut sortiert sind. Housmans Bookshop bietet Bücher zu radikal progressiven, politischen Themen und The Common Press Bookshop in East London fördert queere Literatur und Bücher von Autoren aus marginalisierten Gruppen.

QUEER BRITAIN

Das erste Museum des Landes, das sich der LGBTIQ-Kultur widmet, öffnete 2022 kurz vor dem 50. Jahrestag der ersten London Pride in King's Cross seine Türen. Es organisiert regelmäßig kostenfreie Ausstellungen über queere Kultur und verfügt über ein umfangreiches Fotoarchiv.

Netzwerke

Zahlreiche Gruppen und Organisationen richten in London regelmäßig LGBTIQ-Treffen und -Events für alle aus, die Hilfe gebrauchen können, gleich ob sie hier leben oder nur auf der Durchreise sind. London Friend (londonfriend.org.uk) steht der LGBTIQ-Community mit Infos und Rat zur Seite, u. a. in Walk-in-Sessions für Menschen mit Drogen- und Alkoholproblemen. Unzählige LGBTIQ-Gruppen organisieren über meetup.com oder Facebook Aktivitäten in der ganzen Stadt.

Londons Pubkultur

In den 3500 Pubs der Hauptstadt kannst du das waschechte London und seine Einwohner kennenlernen – je weiter du dich dabei vom West End entfernst, umso besser. In jedem Viertel gibt's unzählige Kneipen, die über die Jahre zu richtigen Wahrzeichen, Orientierungspunkten und Tummelplätzen der Anwohner geworden sind und als Treffpunkte für Sportübertragungen, Hochzeiten und sogar Leichenschmäuse dienen. Manchmal nutzt man sie auch nur als Regenschutz oder um zur Toilette zu gehen (besser immer vorher fragen oder etwas bestellen). In traditionellen Pubs mit dunklem Holz und Messingbeschlägen fühlt man sich wie in einem altmodischen Wohnzimmer, in dem alle willkommen sind. Hier erfährst du alles über die Pubkultur.

Pubidentitäten

Pubs gibt's in London schon seit den Römern. In den romantischen Kneipen saßen bereits Literaturgiganten wie Dickens, der in vielen Stammgast war. Auch Seefahrer wie Captain Cook tranken sich vor ihren Reisen im Pub Mut an und Piraten wurden hier gehängt. Gastropubs servieren tolles Essen und Bier von unabhängigen Brauereien, weshalb sie meist teurer sind.

Eine Runde bestellen

Eine/r in der Gruppe fragt, was die anderen trinken möchten, und geht zur Bar. Dort wartet man, bis man bedient wird – ein guter Barkeeper weiß, wer an der Reihe ist. Trinkgeld ist optional. Mit den Getränken geht man zur Gruppe zurück und hat somit eine Runde ausgegeben. Üblich ist, dass jede/r einmal dran ist und sich der Kreis am Ende des Abends schließt. Die letzte Runde ruft das Personal selbst aus („Last orders!") oder es wird eine Glocke geläutet. Ab der Glocke hast du 20 Min. Zeit, um auszutrinken – Verhandlungen sind zwecklos.

Etikette

In Pubs geht es recht locker zu und Dresscode gibt es keinen, doch man sollte voll bekleidet sein. Es ist üblich, hier mit Fremden ins Gespräch zu kommen, und am Wochenende tummeln sich in den Lokalen tagsüber auch Familien.

Spiele

Von Bingo bis zu Quizabenden, Dart und Pool – in Londons Pubs ist immer was los. Kostenpunkt: rund 1 bis 2 £.

PUBNAMEN

Pubnamen wurden im 14. Jh. populär, als Richard II. anordnete, dass Gaststätten den Verkauf von Ale kenntlich machen mussten. Die Namen bezogen sich üblicherweise auf ein Merkmal in der Umgebung wie eine Kirche oder Jagdmotive, daher Bezeichnungen wie The Fox and Hounds oder The Angel. The Red Lion und The Crown gehören zu den häufigsten Pubnamen. Ersterer ist Jakob VI. zu verdanken, der das königliche schottische Wappen in allen Pubs zum Pflichtmotiv machte. Mit dem Kommen und Gehen der Monarchen entschieden sich viele Wirte für The Crown, um ihre Unterstützung für den jeweiligen Regenten auszudrücken, ohne den Namen ihres Pubs ändern zu müssen.

Barrierefrei reisen

Obwohl das Gleichberechtigungsgesetz von 2010 sinnvolle Anpassungen für Menschen mit besonderen Bedürfnissen vorschreibt, erfüllen diese oft kaum die Anforderungen der Betroffenen. Zwar hat sich seit den Olympischen Spielen in London 2012 einiges geändert, doch es gibt noch viel zu tun.

Kopfsteinpflaster

Londons viele gepflasterte Straßen und Plätze sind für Rollstühle problematisch. Generell ist die Qualität der Gehwege gut, doch man sollte auf Schlaglöcher und erhöhte Bordsteinkanten aufpassen.

Am Flughafen

Londons Flughäfen rühmen sich mit ihrem Service für Menschen mit Behinderung, doch Berichten zufolge lässt zumindest jener in Heathrow zu wünschen übrig. Hilfe bei sichtbaren und unsichtbaren Handicaps muss 48 Std. im Voraus beantragt werden.

Übernachten

London bietet jede Menge barrierefreie Unterkünfte. Moderne Hotels verfügen zum Teil über rollstuhlgerechte Betten und Bäder, niedrige Schränke und Nachttische sowie breite Eingänge. Am besten vor dem Buchen nachfragen.

U-BAHN

Über ein Viertel der U-Bahn-Stationen, etwa die Hälfte der Overground- und alle DLR-Stationen sind stufenfrei. Am besten informierst du dich im Voraus.

Bus

Die Einstiegsstufen können auf Straßenhöhe herabgefahren werden. Im unteren Stock gibt's Rollstuhlplätze, die jedoch auch für Kinderwagen vorgesehen und eventuell schon besetzt sind. Rollstühle haben dann Vorrang.

Taxis

Die schwarzen Taxis sind barrierefrei und haben Rampen und Drehsitze für Menschen mit eingeschränkter Mobilität. Barrierefreie Uber und Minicabs müssen jedoch extra bestellt werden und sind selten.

MUSEEN

Londons Museen sind zu Vorkehrungen für Menschen mit Behinderungen verpflichtet. Viele bieten Bücher und Ausstellungsführer in Blindenschrift und Großdruck. Alle sollten einen stufenfreien Zugang haben. Körperliche Unterstützung muss im Voraus beantragt werden.

WEITERE INFOS

Lonely Planet bietet über shop.lonelyplanet.com/collections/accessible-travel kostenfreie Guides für barrierefreies Reisen.

AccessAble London (accessable.co.uk) ist eine tolle Informationsquelle für Besucher:innen mit Behinderung.

Transport for London beantwortet Fragen zum Nahverkehr vor Ort (tfl.gov.uk/transport-accessibility).

Disability Rights UK Einige Toiletten können nur mit dem Radar Key geöffnet werden, den man für 6 £ online beantragen kann (disabilityrightsuk.org/shop/official-and-only-genuine-radar-key).

Führhunde

Dank dem Gleichberechtigungsgesetz müssen Museen, Hotels und Verkehrsmittel Führhunden und ihren Besitzern Zugang gewähren. Bei Verweigerung droht eine Anzeige. Ausgenommen sind ESA-Hunde, die jedoch in einigen Hotels erlaubt sind.

Kurz & knapp

ÖFFNUNGSZEITEN

Banken Montag bis Freitag 9–17 Uhr

Post Montag bis Freitag 9–17.30 Uhr, Samstag ca. 9–12 Uhr

Pubs & Bars üblicherweise 11–23 Uhr (einige länger)

Restaurants üblicherweise 11–23 Uhr

Sehenswürdigkeiten 10–18 Uhr

Geschäfte Montag bis Samstag 9–19 Uhr, Sonntag sechs aufeinanderfolgende Stunden (zwischen 10 und 18 Uhr)

Internetzugang

Flughäfen, Einkaufszentren, Cafés und viele Restaurants bieten kostenfreies WLAN.

Maße & Gewichte

In London gilt offiziell das metrische System (Gramm, Liter etc.), doch Märkte nutzen oft britische Maßeinheiten.

Rauchen

Das Rauchen ist in geschlossenen öffentlichen Räumen verboten. In bestimmten Raucherzonen draußen ist es erlaubt, drinnen jedoch untersagt. Fürs Vaping gibt es momentan keine landesweiten rechtlichen Einschränkungen.

GUT ZU WISSEN

Zeitzone
GMT/UTC (im Sommer GMT/UTC+1)

Ländervorwahl
+44

Notruf
999

Bevölkerung
9 Millionen

Strom

Typ G
230 V / 50 Hz

FEIERTAGE

Feiertage können in London von anderen Landesteilen abweichen. Dazu zählen möglicherweise die *bank holidays*, die vom Monarchen festgelegt werden und an denen Banken und staatliche Einrichtungen wie die Post geschlossen bleiben. Privatunternehmen, Touristenattraktionen, Bars, Restaurants und Läden dürfen öffnen und haben dann meist reduzierte Geschäftszeiten.

Neujahr 1. Januar

Karfreitag Ende März / April

Ostermontag Ende März / April

Maifeiertag Erster Montag im Mai

Spring Bank Holiday Letzter Montag im Mai

Summer Bank Holiday Letzter Montag im August

1. Weihnachtstag 25. Dezember

2. Weihnachtstag 26. Dezember

STORYBOOK

Mit fünf Reportagen tief in den Londoner Alltag eintauchen.

St Paul's Cathedral (S. 108)

DIE GESCHICHTE LONDONS IN 15 ORTEN

Londons bewegte Geschichte reicht über zwei Jahrtausende zurück, von den Römern – denen Wälle und Straßen, das Gesetz und Wein zu verdanken sind – bis zu tragischen Ereignissen wie Seuchen, Bränden und Bomben, die für immer die Landschaft veränderten. In jüngerer Zeit trieb die Coronapandemie viele Unternehmen in den Ruin. Doch die Londoner lassen sich nicht unterkriegen und die Stadt erfindet sich immer wieder neu. Von Jade Bremner

DIE BRITISCHE HAUPTSTADT blickt auf eine lange und wechselhafte Geschichte zurück, in der jedoch eins gleichgeblieben ist: Die Londoner:innen sind Stehaufmännchen, die sich immer wieder hochrappeln. Die Stadt musste riesige Herausforderungen bewältigen, von der Pest und dem Großen Brand bis zu Luftangriffen, und genau diese Unverwüstlichkeit ist auch heute noch spürbar. Nach dem Brexit wurde London der finanzielle Ruin vorausgesagt, doch unmittelbar nach dem Austritt des Vereinigten Königreichs aus der EU 2020 begann die Covid-19-Pandemie, die auch viele andere Weltstädte in eine finanzielle Krise stürzte und Brexit-Schäden kaschierte. London ist die zweitstärkste Finanzmetropole der Welt hinter New York geblieben und man könnte glatt meinen, die Pandemie hätte es nie gegeben. Obwohl finanziell noch nicht alles wieder im Lot ist, hat sich der Tourismus erholt, die Konzerthallen und Theater sind voll, die Festivals ausverkauft und Trinklustige bevölkern die Pubs – die Stadt lebt. Bei einem Besuch lässt sich leicht nachvollziehen, wie die kosmopolitische Metropole von heute entstanden ist, in der sich antike Bauten an glitzernde Wolkenkratzer schmiegen. Lies weiter und entdecke die Geschichte der Weltstadt anhand ihrer Attraktionen.

1. London Wall

RÖMISCHE RUINEN

Die Römer gründeten 43 n. Chr. den Handelsposten Londinium auf den Britischen Inseln, die Julius Cäsar erstmals 55/54 v. Chr. betreten hatte. Nach dem Durchbruch des Hadrianswalls im Norden bauten sie zur Verteidigung Londiniums die London Wall. Überreste der ursprünglichen Mauer sind u. a. in den Tower Hill Gardens und in Cooper's Row in der City zu sehen. Mehr über Großbritannien unter den Römern und wie diese London und das ganze Land geprägt haben, erfährst du in Zimmer 49 des British Museum. Dutzende Vitrinen zeigen in der Stadt gefundene Artefakte, darunter Töpfe, Statuen, Gemälde, Rüstungen und Werkzeug.

Mehr zur London Wall auf S. 110.

2. St Paul's Cathedral

1400 JAHRE ALTER ANDACHTSORT

Die erste Kathedrale auf dem Ludgate Hill entstand 604 n. Chr. Der prächtige Dom von heute mit seiner enormen, 85 m hohen Kuppel ist die fünfte Kirche an dieser Stelle. Sie wurde 1710 errichtet, nachdem ihre Vorgängerin von 1314 dem Großen Brand von 1666 zum Opfer gefallen war. Der heutige, über 300 Jahre alte Bau wurde im Zweiten Weltkrieg teilweise zerstört, blieb jedoch stehen und wurde zum Symbol des Widerstandes. Über 150 Stufen gelangst du zur Golden Gallery, die atemberaubende Aussichten auf die Hauptstadt bietet.

Mehr zur St Paul's Cathedral auf S. 108.

3. Westminster Abbey

KRÖNUNGSORT DER MONARCHEN

Die Wikinger brandschatzten London 842, woraufhin das Königreich Wessex und die Dänen um die Vorherrschaft über die Gegend kämpften. Der angelsächsische Alfred der Große wurde 886 zum ersten König Englands gekrönt und baute London innerhalb des römischen Schutzwalls wieder auf. Eduard der Bekenner begann 1050 mit dem Bau einer romanischen Kirche (heute die Westminster Abbey), in der Wilhelm, Herzog der Normandie, nach seinem Sieg von 1066 in Hastings gekrönt wurde. Heinrich III. baute die Kirche 1540 im gotischen Stil um und machte sie zur Kathedrale. Sie steht westlich des Parlamentsgebäudes.

Mehr zur Westminster Abbey auf S. 76.

4. Tower of London

SICHERSTE BURG DES LANDES

Wilhelm der Eroberer baute im Herzen der Siedlung eine Festung aus Erde und Holz, später aus Stein. Der imposante, 27 m hohe Tower steht als Symbol der Macht an der Themse und sollte Angreifer abschrecken. Mit einem 30 m breiten Graben und einer bebauten Fläche von fast 5 ha ist er schon seit Jahrhunderten die sicherste Burg Großbritanniens. Er bot der Königsfamilie Schutz in Kriegszeiten, hielt Feinde und berühmte Gefangene (darunter Anne Boleyn und Lady Jane Grey) unter Verschluss und ist auch heute noch sicherer Aufbewahrungsort für königliche Schätze wie die Kronjuwelen.

Mehr zum Tower of London auf S. 104.

Tower of London (S. 104)

5. British Library

EINE DER GRÖSSTEN BÜCHERSAMMLUNGEN DER WELT

König Johann unterzeichnete 1215 die Magna Carta, eine mit dem Adel getroffene Vereinbarung über die Menschenrechte, die auch den Monarchen unter das Gesetz stellte. Sie sollte tyrannische Staatsoberhäupter vom Missbrauch ihrer Macht abhalten und bildet die Basis des Verfassungsrechts und der Justiz in Großbritannien. Zudem verlieh sie allen Menschen das Recht auf ein faires Verfahren mit Geschworenen und verbot dem König die Erhebung von Steuern ohne die vorherige Zustimmung eines Rates. Vier Exemplare des berühmten Dokuments, das auch heute noch die britische Kultur und die Gesetze des Landes prägt, sind erhalten. Zwei werden in der British Library aufbewahrt.

Mehr zur British Library auf S. 244.

6. Hampton Court Palace

LIEBLINGSRESIDENZ VON HEINRICH VIII.

Die kurzlebigen Tudors (sie überdauerten nur drei Generationen, von 1485 bis 1603) waren eins der einflussreichsten Königshäuser und machten London in einer Zeit der Entdeckungen und des beginnenden Welthandels zu einem Machtzentrum Europas. Der extravaganteste, charismatischste und mörderischste Regent jener Zeit war Heinrich VIII., der 1529 in den Hampton Court Palace zog. Dieser war 1514 ursprünglich für seinen Berater Kardinal Wolsey gebaut worden, ging jedoch nach einem Streit an den König über und wurde zu einer seiner Lieblingsresidenzen. Um 1690 erweiterte ihn Wilhelm III., um Versailles Konkurrenz zu machen.

Mehr zum Hampton Court Palace auf S. 340.

7. Das Globe Theatre

HEIMAT VON SHAKESPEARES STÜCKEN

Das legendäre runde Theater nur mit Stehplätzen wurde 1599 am Südufer der Themse errichtet. Es befand sich im kollektiven Besitz der Lord Chamberlain's Men, einer Gruppe von Schauspielern und Dramatikern um William Shakespeare. Das Theater wurde aus Holz gebaut, brannte jedoch etwa zwölf Jahre später ab. Daraufhin entstand eine weitere Bühne, die geöffnet blieb, bis sie 1642 während des Ersten Englischen Bürgerkriegs zensiert wurde. Ein neues Theater wurde 1997 gebaut, nach dem Vorbild des ursprünglichen Globe mit Reetdach und sorgfältig recherchierten elisabethanischen Details. Es zeigt das ganze Jahr über Shakespeare-Stücke.

Mehr zum Globe auf S. 126.

8. Alexandra Palace

FEUERWERK AM PEOPLE'S PALACE

Eine Gruppe Katholiken um den Prototerroristen Guy Fawkes beabsichtigte, zur Parlamentseröffnung am 5. November 1605 das House of Lords in die Luft zu sprengen. Der Gunpowder Plot wurde vereitelt, die Ordnung wiederhergestellt und Fawkes hingerichtet. Jedes Jahr am 5. November feiert das ganze Land mit Feuerwerken die Bonfire Night, die daran erinnern soll, dass Menschenleben verschont blieben, u. a. das von Jakob I. Am Alexandra Palace von 1837 hoch oben auf einem Hügel im Norden Londons findet jedes Jahr eins der spektakulärsten Feuerwerke statt.

Mehr zum Alexandra Palace auf S. 270.

9. London Underground

DIE ÄLTESTE U-BAHN DER WELT

Die 18-jährige Victoria bestieg 1837 den Thron. In ihrer 63-jährigen Regierungszeit herrschte London über das größte und wohlhabendste Kolonialreich der Welt, das über 500 Mio. Menschen und ein Viertel des Planeten umfasste. Die Hauptstadt veränderte sich in der viktorianischen Zeit dramatisch: Um mit dem boomenden Welthandel mitzuhalten, wurden in East London Docks angelegt, am Regent's und dem Grand Union Canal Gleise verlegt und unter der Stadt die erste Untergrundbahn der Welt gebaut. Die Metropolitan Railway zwischen Paddington und Farringdon öffnete 1863. Im folgenden Jahrhundert kamen elf Linien mit gut 400 km Strecke und 270 Stationen hinzu, die noch heute die Hauptstadt bedienen.

Mehr zur Underground auf S. 382.

10. Greenwich Park

GEBURTSORT DER GREENWICH-ZEIT

Mit dem Aufstieg Großbritanniens zur Seemacht führte man 1884 als Navigationshilfe für die Seefahrer die Greenwich Mean Time ein. Das Greenwich Observatory wurde zum Mittelpunkt der Weltzeit, nach dem alle Uhren gestellt wurden. Der Nullmeridian (0°0'0") ist Bezugspunkt für die Lagebestimmung aller Orte der Erde. Die Linie ist im Hof des Observatory hoch oben auf dem Hügel im Greenwich Park markiert und teilt die Welt in Osten und Westen. Von hier hast du einen tollen Blick aufs Greenwich Maritime Museum im palladianischen Stil, in dem Ausstellungen über die europäische Seefahrtsgeschichte zu sehen sind.

11. Churchill War Rooms

GEHEIMER REGIERUNGSBUNKER UNTER TAGE

Ab 1939 regierte Premierminister Winston Churchill das Land. Seine Strategie zum Sieg über die Nazis im Zweiten Weltkrieg arbeitete er in einem höchst geheimen, bombensicheren Bunker 12 m unter dem Treasury in Westminster aus. Die unterirdischen Räume gehören heute zum Imperial War Museum und wurden seit Kriegsende 1945 nicht verändert. Zu sehen gibt's u. a. gruselige Gänge, Hi-Tech-Ausstattung, den Konferenzraum der Stabschefs und Churchills Schlafzimmer. In einer alten Telefonzentrale ist ein Café untergebracht, das passenderweise klassische britische Speisen und Getränke serviert.

Mehr zu den Churchill War Rooms auf S. 72.

12. Big Ben

LONDONS LEGENDÄRER UHRENTURM

Während des deutschen Blitzangriffs im Zweiten Weltkrieg prasselten über 700 t Sprengstoff auf die Stadt nieder. Knapp 1500 Menschen verloren ihr Leben und 11 000 Wohnhäuser wurden zerstört. Einige Wahrzeichen wie die St Paul's Cathedral und der Tower of London entgingen der Verwüstung, doch der 1834 errichtete Big Ben wurde 1941 beschädigt. Als 1945 nach Jahren

Notting Hill Carnival (S. 288)

des Blackouts die Straßenbeleuchtung wieder in Betrieb genommen wurde und der Big Ben erneut hell erstrahlte, symbolisierte er das Ende des Krieges. Dank einer fast vollendeten Sanierung für 80 Mio. £ glänzt die berühmteste Uhr der Welt bald wieder in ihrer alten viktorianischen Pracht.

Mehr zum Big Ben auf S. 71.

13. Notting Hill Carnival

EINE STRASSENPARTY WIE KEINE ANDERE

Der erste Notting Hill Carnival im Freien fand 1966 infolge von Anti-Rassismus-Protesten nach der Ermordung des Antiguaners Kelso Cochrane 1959 statt. In der Absicht, Spannungen zu lösen und Menschen verschiedener Herkunft zusammenführen, organisierte die trinidadische Journalistin Claudia Jones einen karibischen Karneval in der St Pancras Town Hall. Die BBC übertrug das Ereignis, das sich schließlich zum Notting Hill Carnival von heute mit karibischen Essensständen, einem Festzug und einer pulsierenden, zu ansteckenden Beats tanzenden Menschenmenge entwickelte. Das Fest zieht jedes Jahr über eine halbe Million Feiernde an.

Mehr über den Notting Hill Carnival auf S. 288.

14. Queen Elizabeth Olympic Park

VOM BRACHLAND ZUR SPORTMETROPOLE

Nach der Vergabe der Olympischen Spiele 2012 an London erkor man das sozial benachteiligte East End von Stratford zur Austragungsstätte. Dank einer Milliardeninvestition wurde aus dem einstigen Brachland der 227 ha große Queen Elizabeth Olympic Park mit Stadien und Arenen von Weltklasse wie dem London Aquatics Centre, dem Lee Valley VeloPark und der Copper Box Arena mit 7000 Sitzplätzen. Im London Stadium, in dem die Leichtathletikwettkämpfe ausgetragen wurden, ist heute der West Ham United FC zu Hause und es finden regelmäßig Konzerte großer Künstler:innen statt. Das eindrucksvolle ArcelorMittal Orbit ist das größte öffentliche Kunstwerk Großbritanniens und beherbergt die längste Tunnelrutsche der Welt.

Mehr zum Queen Elizabeth Olympic Park auf S. 213.

15. Buckingham Palace

KÜNFTIGES DOMIZIL DES KÖNIGS

Der 1703 errichtete Buckingham Palace war von 1837 bis zum Tod von Queen Elizabeth II. 2022 die offizielle Residenz des Monarchen. Während des Platin-Thronjubiläums der Queen, das ihre 70-jährige Herrschaftszeit feierte, fanden hier unzählige Festveranstaltungen statt. Nach ihrem Tod am 8. September 2022 erwiesen ihr am Buckingham Palace Tausende Menschen die letzte Ehre und legten unzählige Blumen nieder. Charles beabsichtigt, 2027 nach Umbauarbeiten in den Palast zu ziehen. Zeremonien wie die Wachablösung finden nach wie vor hier statt und Besucher:innen können bei einer Führung die State Rooms, die Queen's Gallery und die Royal Mews besichtigen.

Mehr zum Buckingham Palace auf S. 74.

IM UHRZEIGERSINN VON OBEN LINKS: PHOTOCRITICAL/SHUTTERSTOCK ©, JORGE ELIZAQUIBEL/SHUTTERSTOCK ©, ALEXEY FEDORENKO/SHUTTERSTOCK ©, JOHNNYGREIG/GETTY IMAGES ©

TRIFF DIE LONDONER:INNEN

Die Londoner:innen gelten oft als forsch und unfreundlich, sind jedoch in Wirklichkeit sehr herzlich und aufrichtig, ausgesprochen aufgeschlossen und gastfreundlich. Isabella Fernandes stellt ihren Menschenschlag vor.

DIE LONDONER:INNEN SIND immer auf dem Sprung und wirken oft stoisch oder gleichgültig, behandeln andere jedoch wie ihre eigene Familie. Ist jemand unfreundlich oder voreingenommen, ist er nicht von hier.

Bei so vielen Menschen kann man nicht auf jeden achten, doch wenn jemand Hilfe braucht oder etwas Wichtiges, besonders Lustiges oder Interessantes passiert, unterbrechen auch wir unseren Trott.

Jongliert jemand mit Taschen in der U-Bahn oder einem Kinderwagen auf der Treppe, helfen wir. Auch im Großstadtchaos sind wir füreinander da. Ein Klischee ist wahr: Wir sind höflich und sagen extrem oft „bitte“, „danke“ und „Entschuldigung“.

In der U-Bahn reden Fremde nicht miteinander, doch wenn etwas Seltsames, Witziges oder Verrücktes passiert, tauscht man schon mal Blicke aus, lächelt oder lacht und runzelt die Stirn – um sich dann wieder in sein Buch zu vertiefen.

Bei schlimmen Ereignissen sind die Londoner:innen solidarisch. Als ich in Finsbury Park wohnte, wurde eine örtliche Moschee angegriffen. Alle zeigten ihre Unterstützung für die muslimische Gemeinde. Wir können unglaublich ernst sein, sind jedoch auch gelassen, lustig und lockern die Stimmung gern mit einem frechen Witz auf.

London ist so groß, aber auch so klein. Schon unzählige Male bin ich zufällig alten Schulfreunden begegnet oder Leuten, die ich mal auf einer Party gesehen hatte. Es ist eine riesige Stadt, doch in ihren diversen Vierteln trifft man immer Bekannte.

Ich organisiere einen Supper Club namens The Bridge Club, mit dem ich Menschen aller Lebenslagen zusammenbringen und für britisches Essen begeistern möchte. Wir lassen uns riesige Portionen leckerer Gerichte schmecken und fühlen uns so behaglich wie zum Mittagessen bei Oma. Die Londoner:innen legen viel Wert aufs Essen und probieren gern Neues aus. Unser Supper Club ist wie London im Kleinen: eine Gruppe Fremder, die sich auf Neues einlassen. Die Hauptstädter:innen sind auch sehr geschäftstüchtig und Dinnerpartys ideal, um neue Kontakte zu knüpfen.

London ist eine der kulinarisch vielseitigsten Städte der Welt, in der du alles bekommt, wonach dir der Sinn steht. Ich liebe die Möglichkeit, die unzähligen Communitys der Stadt durch ihr Essen kennenzulernen. In Finsbury Park gibt's beispielsweise äthiopische und eritreische, auf der Kingston Rd vietnamesische und in Green Lanes türkische Restaurants.

Die Stadt heißt alle willkommen. Wenn du eine Zeit lang hier lebst, wirst du selbst zum Londoner. Die Menschen sind stolz auf ihre Stadtviertel. So existiert zum Beispiel eine freundliche Rivalität zwischen Nord- und Südlondon.

Ein diverser Haufen

London ist die europäische Stadt mit der größten ethnischen Diversität. Etwa 46,2 % der 9 Mio. Einwohner identifizieren sich als asiatisch, schwarz, ethnisch gemischt oder Angehörige einer anderen ethnischen Gruppe, 36,8 % stufen sich selbst als „weiß, britisch“ und 17 % als „weiß, andere Ethnie“ ein.

ICH BIN EINE TYPISCHE LONDONERIN

Ich wurde in Edmonton in Nordlondon geboren, lebe heute aber in Muswell Hill. Auch in Finsbury Park und anderen Gegenden habe ich schon gewohnt. Wie viele Londoner:innen sind meine Eltern hierher gezogen, als sie jung waren. Mein Vater wurde in Nairobi in Kenia geboren – seine Eltern waren wiederum von Indien nach Ostafrika migriert – und kam in den 1970er-Jahren nach London, als er 17 oder 18 Jahre alt war. Meine Mutter stammt aus Goa und zog als Dreijährige mit meinen Großeltern und ihren Geschwistern nach London. Beide lebten in Nordlondon, wo es eine große goanische Community gibt. Wir besuchten oft Freunde oder Verwandte in der Nachbarschaft und gelegentlich mietete jemand einen Saal, wo wir Sportfeste feierten, grillten oder tanzten. Meine Eltern lernten sich beim Fußball kennen: Mein Vater spielte für ein goanisches Team und meine Mutter schaute zu.

Arsenal Women's Football Club

FOTO MIT FREUNDLICHER GENEHMIGUNG DES ARSENAL FOOTBALL CLUB ©

DER AUFSTIEG DES FRAUEN-FUSSBALLS IN LONDON

Nirgends ist das „Beautiful Game" der Frauen mitreißender als hier.
Von Jade Bremner

EINE DER GRÖSSTEN Leidenschaften Londons, der Fußball, hat sich für immer verändert ... zum Besseren! Die Europameisterschaft der Frauen 2022 in Großbritannien hat den Frauenfußball ins Rampenlicht katapultiert und den Londoner Teams einen riesigen Fanzuwachs beschert. Die Spiele der Frauen sind nicht nur erschwinglicher, sondern bieten zudem die Chance, eine wachsende Sportbewegung hautnah zu erleben.

Sportlegenden

Auch an einem grauen Tag im Mai wimmelt es rund ums Stadion von Fans in den Teamfarben und passenden Schals. Die Tribüne füllt sich mit 60 000 Zuschauer:innen und die Menge schmettert die mitreißende Hymne „North London Forever", bevor sie tosend ihre Helden auf dem Spielfeld begrüßt. Die Vorfreude auf Arsenals großes Champions-League-Finale steigt ins Unermessliche. Es ist eine wohlbekannte Szene, doch etwas ist heute anders: Die Fans feuern nicht etwa die Männer an, sondern das Frauenteam.

Noch vor 20 Jahren konnten die Teams kaum kleine Tribünen füllen, doch heute platzt das größte Stadion des Landes aus allen Nähten: Der Appetit auf Frauenfußball ist in London so groß wie nie. Als England in einem ausverkauften Wembley-Finale Deutschland besiegte, ging in London die Post ab und 17,4 Mio. Zuschauer:innen fieberten bei der Liveübertragung mit. Es war das meistgesehene Frauenfußballspiel aller Zeiten in Großbritannien.

Die Atmosphäre war spannungsgeladen. Lautstarke Deutschland- und England-Fans saßen Schulter an Schulter und schwenkten neben ihren Länderflaggen auch Regenbogenfahnen (Frauenfußball ist die LGBTIQ-inklusivste aller Sportarten). Frauen und Familien füllten die Ränge – Mütter mit Babys in Tragen und Väter mit ihren Töchtern. Alle wussten, dass es bei diesem geschichtsträchtigen Spiel keine Krawalle geben würde, egal wie wichtig es war.

Die Nachwirkungen einer derart erfolgreichen und inklusiven Meisterschaft sind auch heute noch bei Punktspielen spürbar. Vier Teams der Women's Super League

adidas
Emirates
FLY BETTER
AFC
AFC

(WSL) stammen aus London: West Ham United, Tottenham Hotspur, Chelsea und Arsenal. In der Spielzeit 2022/23 stieg Arsenals Ticketverkauf um 314 %. Das ständig ausverkaufte Heimstadion der Gunners, Meadow Park (4500 Zuschauerplätze), wird immer öfter zu klein und die Frauen spielen inzwischen häufiger im vollen Emirates Stadium (60 000 Plätze).

„In den letzten Jahren haben wir in Meadow Park, im Emirates Stadium und bei Spielen in England und Europa eine unglaubliche Unterstützung erfahren", sagt Jonas Eidevall, Cheftrainer der Arsenal-Frauen. „Die Atmosphäre in Meadow Park ist unschlagbar und auch im Emirates Stadium fühlen wir uns wie zu Hause. Wir haben neue Zuschauerrekorde in der WSL und der Champions League aufgestellt und sind der beste Beweis dafür, dass das Interesse an Frauenfußball von Dauer sein wird."

Auch die Wandbilder an der Außenseite des Emirates Stadium wurden aktualisiert und zeigen inzwischen die Frauen. „Als Fußballerin ist es fantastisch zu wissen, dass Mädchen heute Frauensport in den größten Stadien schauen können", meint die Arsenal-Kapitänin Kim Little. „Ich bin stolz darauf, zu einem Club zu gehören, der diesen Fortschritt vorantreibt und die Geschichte der Arsenal-Frauen an der Außenwand des Stadions ehrt." Doch nicht nur Arsenal profitiert von der erfolgreichen Europameisterschaft: Die Einschaltquote für Frauensport ist um 113 % gestiegen.

Interessantere Spiele

Behauptet wieder mal jemand im Pub, dass Frauenfußball langweilig und technisch anspruchslos sei, gibt's hier ein paar knallharte Statistiken: Einer Analyse des schwedischen Unternehmens Spiideo zufolge bietet Frauenfußball eine fesselndere Zuschauererfahrung und ein frei fließenderes Spiel mit weniger Fouls. Während es in der Weltmeisterschaft der Männer 2022 durchschnittlich 27,7 Fouls pro Spiel gab, waren es in der Europameisterschaft der Frauen 2022 nur 20,1. Spielerinnen gehen mit ihren Pässen und Schüssen auch mehr Risiken ein als die Männer, was zu mehr Toren führt. In der Europameisterschaft der Frauen 2022 kamen die Spielerinnen durch ihre Pässe im Durchschnitt 3,7 m auf dem Spielfeld voran, die Männer in der Weltmeisterschaft nur 2,5 m. Frauenfußballspiele galten zudem als spannender, da die Wahrscheinlichkeit eines Gleichstands zu Spielende um 30 % geringer war. Auch Argumente rund um Schnelligkeit und Stärke verlieren ihre Schlagkraft: In der Weltmeisterschaft der Frauen 2023 kickte die „Lioness" Chloe Kelly den Ball mit 110 km/h ins Netz, schneller als jeder Torschuss eines männlichen Spielers in der Premier League der vorhergehenden Saison.

Die Geschichte des Frauenfußballs

Beim ersten öffentlichen Frauenfußballspiel in London 1895 zwischen Teams aus dem Norden und dem Süden der Stadt (die beide zum British Ladies' Football Club gehörten) waren 10 000 Zuschauer:innen dabei. Im Ersten Weltkrieg, als Frauen zunehmend „männliche" Jobs erledigten, wurde der Sport immer beliebter. Um die Moral zu heben und die Produktivität zu steigern, ermutigte man Fabrikarbeiterinnen zu sportlicher Betätigung. Es entstanden daraufhin in Großbritannien rund 150 Amateur-Frauenteams, deren Spiele gelegentlich über 50 000 Zuschauer:innen anzogen. Nach dem Krieg ging man davon aus, dass Frauen in die Häuslichkeit zurückkehren würden, und trotz der großen Beliebtheit des Sports verbot die Football Association (FA) 1921 den Frauenfußball in ihren Stadien. Ihre Begründung: „Das Fußballspiel ist für das weibliche Geschlecht gänzlich unpassend und sollte nicht gefördert werden." In den folgenden 50 Jahren wurde der Frauenfußball unterdrückt und der Fußball allgemein zur Männerdomäne. Mit Aufhebung des Spielverbots 1970 konnten Frauen erneut auf FA-Plätzen spielen, doch da der Frauenfußball mittlerweile nicht mehr zur britischen Kultur gehörte, war viel zu tun. Die großen Clubs übernahmen allmählich Frauenteams und die „Lionesses" (nicht das Nationalteam) wurden 1972 gegründet. Als sie der Millwall FC in den 1980er-Jahren übernahm, waren sie der erste einem professionellen Männerteam angeschlossene Frauenclub des Landes.

Das Premier-League-Team Arsenal rief 1987 ein Frauenteam ins Leben und trug zu einer Revolution im Frauenfußball bei.

Bekannte Spielerinnen wie Rachel Yankey, Faye White, Kelly Smith and Marieanne Spacey wurden in den 1990er-Jahren zu Pionierinnen des Sports. Andere große Londoner Clubs, darunter West Ham United, Chelsea und Tottenham Hotspur, folgten Arsenals Beispiel und gründeten im selben Jahrzehnt ebenfalls Frauenteams. Etwa zwei Jahrzehnte später gewannen Englands Lionesses vor über 90 000 Zuschauer:innen die Europameisterschaft im Wembley-Stadion und öffneten den Frauen im Sport weitere Türen. Individuelle Spielerinnen wurden über Nacht zu Legenden, darunter Beth Mead, die 2023 den Goldenen Schuh gewann und später zur prestigeträchtigen „Sports Personality of the Year" der BBC gewählt wurde. Die Lionesses setzten sich erfolgreich dafür ein, dass jedes Mädchen in Großbritannien in der Schule die Möglichkeit zum Fußballspielen bekommt. Obwohl es noch jede Menge Hürden zu überwinden gibt, von adäquaten Anlagen bis zur Finanzierung, steht eines fest: Die Leidenschaft für den Frauenfußball ist zurückgekehrt und Besucher:innen der Hauptstadt haben heute mehr Gelegenheit denn je, selbst beim „Beautiful Game" dabei zu sein.

DIE LIONESSES SETZTEN SICH ERFOLGREICH DAFÜR EIN, DASS JEDES MÄDCHEN IN DER SCHULE DIE MÖGLICHKEIT ZUM FUSSBALLSPIELEN BEKOMMT.

Beth Mead

PHOTOGRAPHYJP/SHUTTERSTOCK ©

So kannst du in London Frauenfußball schauen

Gäste können die weiblichen Fußballikonen (üblicherweise zwischen Oktober und Mai) zu einem Bruchteil des Preises ihrer männlichen Kollegen live erleben. Tickets für ein Spiel der Arsenal-Männer kosten durchschnittlich 85 £, für eine Partie der WSL hingegen nur 6 bis 15 £. Letztere sind zudem leichter zu haben und (über die Website der entsprechenden Clubs) bis zu wenigen Tagen vor dem Spiel erhältlich. „Die Atmosphäre ist surreal", sagt Fan Harriet Toner über die Spiele in Meadow Park und dem Emirates Stadium. „Der Arsenal Women's Supporters Club kommt zu jeder Partie, hat ein eigenes Liederbuch kreiert und singt nonstop durch das ganze Spiel hindurch. Außerdem gibt's eine ganz neue Fangeneration, die seit der Europameisterschaft mit dabei ist, darunter Mädchen und Jungen sowie lebenslange Fans der Arsenal-Männer, die vorher nie zu Frauenspielen gekommen sind."

Früher gab es außerhalb der Stadien nur wenige Orte, um Frauenfußballball zu sehen. Wer keine Tickets für große Spiele bekommt, kann sich jedoch inzwischen Gruppen wie dem Baller Friends Collective anschließen und in Bars und Pubs Liveübertragungen schauen. „Wir wollten eine Community ins Leben rufen", erklärt die Gründerin Rachel Gould, die während der Europameisterschaft 2022 einen ganzen Pub in East London in Beschlag nahm und an 20 Abenden 31 Spiele zeigte. Darauf folgten Freundschaftsspiele und die Weltmeisterschaft 2023 in Australien und Neuseeland. Trotz der frühen Kick-offs war es bei jedem England-Spiel voll. „Die Atmosphäre war spannungsgeladen", sagt Gould. „In London gibt's eine unglaublich große Fangemeinde. Alle wollen feiern, mitfiebern und bei etwas dabei sein, das über bloßen Fußball hinausgeht. Der soziale Aspekt ist genauso wichtig." Baller FC trifft sich bei Spielen der WSL auch in den Stadien, wo man sich der Gemeinschaft anschließen kann. Zukünftige Events werden in den sozialen Medien der Gruppe angekündigt. Gould beschreibt den Frauenfußball als unaufhaltsame Kraft: „Wir wollen einfach weiter auf dieser Welle reiten und möglichst viele Menschen dazu anregen, Frauenfußball selbst zu erleben."

LONDONS ANDERE SAKRALE WUNDERWERKE

Neben den Kirchen begeistern auch Londons spektakuläre Synagogen, Moscheen, Gurdwaras und Tempel. Von Tharik Hussain

TROTZ LONDONS IMAGE als nachchristliche und weltliche Stadt ist die Metropole tatsächlich eine der Hauptstädte mit der größten religiösen Vielfalt. Zu verdanken ist das vor allem einigen historischen Tatsachen: London war einst das Machtzentrum eines riesigen Weltreiches, das sich von Kanada bis nach Neuseeland erstreckte und Menschen zahlreicher Glaubensrichtungen umfasste. Infolge der Auflösung des Empire im 20. Jh. lud man ungeheuer viele Menschen aus den ehemaligen Kolonien dazu ein, sich in London niederzulassen und beim Wiederaufbau der vom Niedergang des Kolonialreichs und zwei Weltkriegen gebeutelten Stadt (und Nation) zu helfen. Zugleich zog es auch Personen nach London, für die es in ihren vom Empire

BAPS Sri Swaminarayan Temple (S. 408)

geschwächten Heimatländern keine Perspektive mehr gab und die in der britischen Hauptstadt auf eine bessere Zukunft hofften. Das Ergebnis: Die Heimat der anglikanischen Kirche beherbergt heute einige der spektakulärsten Moscheen, Tempel, Gurdwaras und Synagogen Europas.

Synagogen

Jüdische Gemeinden wurden von Englands Herrschern im Laufe der Geschichte immer wieder begrüßt oder vertrieben. Es überrascht also kaum, dass die Synagogen nach den Kirchen die auffälligsten historischen Andachtsstätten Londons sind. In der Bevis Marks Synagogue (S. 103) finden schon seit 300 Jahren durchgehend Gottesdienste statt – so lange wie nirgendwo sonst in Europa. Der von der sephardischen Synagoge in Amsterdam inspirierte Bau ist an die nonkonformistischen Kapellen des 17. Jhs. angelehnt und in seinem Dach war einst ein Balken aus einem Schiff der Royal Navy verbaut, ein Geschenk von Queen Anne. Das Gotteshaus überlebte zwei Weltkriege, wurde jedoch in den 1990er-Jahren von IRA-Bomben komplett zerstört und musste neu aufgebaut werden. Die „Kathedralsynagoge“ Londons steht heute unter Denkmalschutz.

Gleich um die Ecke, im Herzen der einstigen jüdischen Gemeinde des East End, befindet sich die hübsche und oft übersehene Sandys Row Synagogue. Sie wurde 1766 von geflüchteten Hugenotten als Gemeindekirche errichtet und 1867 von der niederländischen jüdisch-aschkenasischen Gemeinde gekauft. Der Innenraum ist georgianisch mit einer Kappendecke und einem neoklassizistischen Toraschrein in einer Apsis. Sie ist die älteste erhaltene aschkenasische Synagoge Londons und die einzige noch funktionierende Synagoge in Spitalfields.

Die spektakuläre West London Synagogue wurde von sephardischen und aschkenasischen Familien gegründet, was sich in ihrer einzigartigen Architektur mit neoklassizistischen Bögen und geometrischen andalusischen Mustern widerspiegelt. Ihre Nachbarin, die New West End Synagogue, wird von English Heritage als „architektonischer Höhepunkt der anglojüdischen Architektur“ bezeichnet. Es handelt sich um einen roten Bau im Basilika-Stil mit Zwillingstürmen, einer riesigen Fensterrose in einem Vielpass-Hufeisenbogen und einem kuppelförmigen Toraschrein im byzantinischen Stil mit hypnotisierenden Mustern. Eine lobende Erwähnung geht an die Westminster Synagogue, in der einige der 1564 jüdischen Schriftrollen aufbewahrt werden, die während des Holocausts aus Prag gerettet werden konnten. Eine Dauerausstellung erzählt die Geschichte der riskanten Rettungsaktion und zeigt mehrere Rollen sowie einige atemberaubende Torawimpel aus dem 18. Jh.

London Central Mosque (S. 408)

VON LINKS: ALEX ROBINSON PHOTOGRAPHY/GETTY IMAGES ©, LOIS GOBE/SHUTTERSTOCK ©

Moscheen

Die ältesten nichtchristlichen Andachtsorte Londons hinter den Synagogen sind die Moscheen. Die Geschichte der East London Mosque (S. 216) in Whitechapel reicht bis ins Jahr 1910 zurück, als sich der gefeierte englische Koranübesetzer Muhammad Marmaduke Pickthall unter ihren Treuhändern befand. Das aktuelle Gebäude, in dem die einzigen professionellen Moscheearchive Großbritanniens (mit einigen von Pickthalls Papieren) untergebracht sind, wurde 1985 errichtet. Es ist eine moderne Interpretation der islamischen Architektur des Subkontinents und eigenen Angaben zufolge die einzige Moschee mit einer „Synagoge“. Schon vor dem offiziellen Kauf 2015 hatte die Moschee die Fieldgate Street Great Synagogue, die letzte aktive Synagoge von Whitechapel, in ihre Anlagen integriert.

Über den Baumkronen des Regent's Park und unweit von Londons sogenanntem „arabischen Viertel“ an der Edgware Rd erhebt sich die glänzende Kupferkuppel der London Central Mosque. Sie wurde 1977 für 6,5 Mio. £ hauptsächlich aus Spenden der Golfnationen errichtet und ist ein wunderbares Beispiel moderner islamischer Architektur. Sie umfasst einen großen Innenhof sowie eine der ältesten arabischen und islamischen Bibliotheken des Landes.

Die Geschichte einer der wohl interessanten Bauten Londons, der Jamme Masjid' (S. 222) an der Brick Lane, erzählt auch die Geschichte des East End. Sie wurde zunächst 1743 (wie die originale Sonnenuhr an der Außenwand bestätigt) als protestantische Kapelle errichtet, 1891 an die örtliche jüdische Gemeinde verkauft, die sie in die Spitalfields Great Synagogue umwandelte, und schließlich 1976 von den neuesten Zuzügler:innen im East End, den Bangladeschern, übernommen. Neben der Originalgalerie der Synagoge sind auch einige hebräische Inschriften erhalten, auf die das Moschee-Personal gern hinweist.

Farbenfroh und fotogen kommt die Aziziye Mosque in Dalston daher, die einen kleinen Einblick in die türkisch-osmanische Kultur Londons gibt. Die schönen blauen Fliesen an der Fassade des Gebäudes, in dem einst ein Pornokino untergebracht war, wurden aus Iznik in der Türkei importiert, dem Zentrum der osmanischen Blaufliesenproduktion. Osmanische Kunstrichtungen inspirierten die riesige innere Kuppel der Moschee und ihre Zierelemente. Auch ein ausgezeichnetes türkisches Restaurant ist hier zu Hause.

Gurdwara Sri Guru Singh Sabha

Hindutempel

Trotz einer Geschichte, die 400 Jahre zurückreicht, wurde Großbritanniens erster als solcher gebauter Hindutempel erst 1995 fertiggestellt. Doch das Warten hat sich gelohnt. Bei seiner Eröffnung war der spektakuläre BAPS Sri Swaminarayan Temple der größte Hindutempel außerhalb Indiens und bot 5000 Besucher:innen Platz. Die Architektur des allgemeinhin als Neasden Temple bekannten Mandirs basiert auf einem fast 5000 Jahre alten vedischen Text. Über 169 Handwerker aus mehreren indischen Bundesstaaten, darunter Westbengalen, Gujarat und Rajasthan, schnitzten jedes Stück Holz und Marmor mit großer Kunstfertigkeit, bevor die einzelnen Teile nach England transportiert und wie ein Puzzlespiel zu dem monumentalen Tempel zusammengefügt wurden.

Der 15 m hohe Rajagopuram Tower des Sri Murugan Temple sieht aus, als wäre er direkt aus Südindien auf die Straßen von East Londons Manor Park gebeamt worden. Herzstück des Mandirs – der Murugan, einer Gottheit der Tamilen Südindiens und Sri Lankas, gewidmet ist – ist ein prächtiger Turm mit kunstvollen Schnitzereien, die Figuren aus der hinduistischen Kosmologie darstellen. Er krönt den ebenso formvollendeten und herrlich verzierten Granittempel, der bei den Anwohner:innen vor allem wegen der farbenfrohen Wagenprozession beliebt ist, die jedes Jahr in den umliegenden Straßen stattfindet.

Die Architektur des oft vom nahen Neasden Temple überschatteten, jedoch ebenso schönen Shri Sanatan Hindu Mandir basiert auf denselben antiken vedischen Texten. Viele seiner Muster wurden von Hindulegenden wie etwa den Epen Mahabharata und Ramayana inspiriert. Jede der 210 Säulen des Tempels zeigt ein bekanntes Ereignis aus der Hindumythologie. Einige davon wurden zusammen mit anderen Zierelementen im winzigen Ort Sola in Gujarat geschnitzt, bevor man sie nach Wembley brachte.

Gurdwaras

Das auffälligste Merkmal des Gurdwara Karamsa ist seine atemberaubende rosarote Fassade aus Sandstein, der direkt aus dem indischen Rajasthan importiert wurde. Ebenso von dort stammen die Techniken, mit denen man den Sandstein in den wunderbar verschnörkelten und fotogenen Tempel verwandelte, der heute ein fester Bestandteil von Ilfords architektonischer Landschaft ist. Feine geometrische Muster flankieren zwei hübsche Erkerfenster beiderseits des Eingangs des Gurdwara, den eine zentrale Zwiebelkuppel mit einer goldenen Kreuzblume sowie zwei falsche Türme mit Minikuppeln krönen.

Als der für 17 Mio. £ errichtete Gurdwara Sri Guru Singh Sabha im März 2003 auf der Guru Nanak Rd seine Türen öffnete, war er der größte Sikh-Gurdwara außerhalb Indiens. Heute ist die sich über 6000 m² erstreckende Anlage mit der goldenen Kuppel ein spirituelles Zentrum britischer und europäischer Sikhs. Die riesige Gebetshalle hat ein prächtiges Buntglasfenster, unter dem sich der glänzende goldene Takhat mit der Guru Granth Sahib befindet, der heiligen Schrift der Sikhs.

LONDON BEHERBERGT EINIGE DER SPEKTAKULÄRSTEN MOSCHEEN, TEMPEL, GURDWARAS UND SYNAGOGEN EUROPAS.

Buddhapadipa Temple

PINGKUNG753/SHUTTERSTOCK ©

Buddhistische Tempel

Der prächtige Buddhapadipa Temple in Wimbledon ist der Theravada-Tradition des Buddhismus gewidmet und könnte auch in Thailand stehen. Gegründet wurde er 1966 in einem zweckenentfremdeten Gebäude nahe dem Richmond Park, bevor man später den Tempel von heute errichtete. Er ist ein eindrucksvolles Beispiel der traditionellen Architektur des Thai-Buddhismus und weist u. a. drei goldene Buddhastatuen im Hauptschreinraum sowie eine farbenfrohe Wandmalerei mit Szenen aus dem Leben des Buddha auf. Hübsche goldene Fialen krönen das Stufendach und erinnern sowohl an die Schlange Naga als auch an die Gottheit Garuda. Zwei grimmige goldfarbene Löwenhunde bewachen den Eingang. Die über anderthalb Hektar große Anlage sorgt mit einem Teich, mehreren Brücken, einem kleinen Blumengarten und einer Obstwiese für Entspannung. Im London Buddhist Centre (S. 219) in einer herrlichen viktorianischen Feuerwache aus Backstein im Herzen des dynamischen East London ist die Triratna Buddhist Community zu Hause. Das Gemeindezentrum ist einer der offensten und inklusivsten religiösen Orte auf dieser Liste. Es bietet Walk-in-Sessions auf Spendenbasis an und heißt Buddhist:innen und Nichtbuddhist:innen willkommen. In zwei kunstvoll verzierten Schreinräumen mit Buddhastatuen wird Meditation unterrichtet. Außerdem gibt's eine Bibliothek, einen Buchladen und einen Garten. Die oberen Stockwerke beherbergen eine buddhistische Gemeinschaft.

* *Alle genannten Orte sind aktive Gebetsstätten, weshalb Besuche vorher telefonisch abgesprochen werden sollten.*

EIN SPAZIERGANG DURCH LONDONS QUEERE GESCHICHTE

Varietésänger Mark T Cox führt Tamsin Wressell durch 2000 Jahre queere Geschichte in London.

„DAS TOLLE AN London ist, dass du um eine Ecke biegen und dich in einer ganz anderen Gegend wiederfinden kannst. Doch egal, welches Viertel du wählst – queere Geschichte gibt's überall", sagt Mark T Cox. Wir befinden uns auf einer seiner Queer Walking Tours of London und biegen gerade vom glanzvollen Piccadilly Circus nach Chinatown ein. Der Piccadilly Circus mit seinen Prachtbauten gehört heute zu den beliebtesten Touristenzielen und taucht die ganze Straßenkreuzung in buntes Neonlicht. Im 18. Jh. schlug hier jedoch das queere Herz der Stadt. Der Großteil Londons befand sich damals im Abriss und im weniger begehrten Piccadilly Circus florierte, wie es so oft der Fall ist, die queere Szene.

Sogenannte „Teehäuser" öffneten hier und in Chinatown und ermöglichten es der queeren Community, rund um die Uhr diskret zu trinken und zu rauchen, ohne schikaniert zu werden. „Im 18. Jh. hatten Männer jede Menge verfügbares Einkommen. Sie arbeiteten für die Regierung oder in den Palästen und konnten sich solche Dinge leisten", erzählt Mark. „Heterosexuelle wurden vom Personal der Lokale weggeschickt und es entstanden kleine sichere Häfen für Schwule."

Schon seit der Gründung der Stadt vor 2000 Jahren, als die Römer hier eintrafen, gibt's in London queere Menschen und Beziehungen. Damals galten zwei Männer in einer Partnerschaft nicht als ungewöhnlich, erzählt Mark, doch das änderte sich mit der Zeit. Im 6. Jh. begann man, die Tugendhaftigkeit queerer Menschen in Frage zu stellen, und führte schließlich 1533 das Sodomiegesetz ein. Durch die Kolonisierung wurden diese Ansichten verbreitet. Alle Orte, an denen wir Halt machen, haben die queere Community von heute mitgeprägt.

„Diese Tour könnten wir in jedem beliebigen Viertel Londons machen ... in Vauxhall, Earl's Court, Dalston", meint Mark. Heute hat er jedoch das West End für unsere Führung durch 2000 Jahre queere Geschichte auserkoren und uns vom Clermont Hotel in Charing Cross über den Trafalgar Square, Piccadilly Circus und Chinatown nach Soho gelotst. Mit seinen Touren auf Trinkgeldbasis macht er die queere Geschichte allen zugänglich.

Queere Kultur

Die queere Kultur ist Marks Spezialgebiet. Mit einem Background in Architektur zog er vor zehn Jahren von Irland nach London. In seiner Jugend in County Clare hatte er in der Kirche Orgel gespielt und war mit 17 Jahren nach Dublin gezogen, wo er sich im George, dem ältesten queeren Pub Irlands, als Varietékünstler etablierte. Seitdem hat er sich zu einem Stammgast in Londons queerer Szene gemausert und tritt als Geschichtenerzähler, Pianist, Entertainer und Comedian auf. Ich selbst habe Mark T Cox schon in einigen meiner queeren Lieblingslokale live erlebt, u. a. im Glory in Dalston, wo sich die Menge um sein Klavier schart und Marks große, bunte, glänzende Fliege das Licht einfängt und reflektiert. Er verbreitet gute Laune und gibt beliebte queere Songs zum Besten, die er mit persönlichen Anekdoten garniert. Manche seiner Auftritte sind thematisch, wie etwa die heimelige Wintershow im The Old Church in Stoke Newington, die inzwischen zu meinen Weihnachtstraditionen gehört, oder die Halloweenshows im nahen Café Atlas Grinds (das sich in queerem Besitz befindet). Es sind solche Events und Locations, die vielen queeren Menschen wie mir dabei geholfen haben, ihre Community zu finden.

Auch die LGBTIQ-Geschichte Londons ist von Herausforderungen und Hürden geprägt. Sein Wissen und seine Leidenschaft mit anderen zu teilen, war schon lange Marks Traum gewesen. „Schon vor der Pandemie wollte ich solche Stadtführungen anbieten und inzwischen organisiere ich sie seit zwei oder drei Jahren", erzählt er. „Ich mache sie sehr gern und obwohl ich auch andere Führungen leite, bedeuten mir die queeren Touren mehr."

Pride

Auf dem Weg zum Piccadilly Circus haben wir den Trafalgar Square überquert, wo jedes Jahr im Juni die Hauptbühne der Pride in London steht. Die Pride stellte 2022 mit 1,5 Mio. feierlustigen Zuschauenden einen neuen Rekord auf, doch größere Menschenmengen bergen auch größere Kontroversen. In der queeren Community wird die Pride wegen der vielen von Konzernen besetzten Plätze in der Parade auch als „Corporate Pride" bezeichnet. Historisch gesehen bewegt sie sich auf einer Gleitskala zwischen Party und Protest. Zu ihrem Beginn im Jahr 1972 war die Pride größtenteils eine Protestveranstaltung, hat sich über die Jahre aber überwiegend in Richtung Party entwickelt. In jüngster Zeit ist jedoch das Bedürfnis nach Widerstand zurückgekehrt. „Die Lage in Sachen Transrechte und Transthemen ist momentan nicht gerade rosig", meint Mark. „Viele fragen sich, warum es die Pride überhaupt noch gibt. Doch sie ist erst 50 Jahre

453

alt, während die Todesstrafe und die Kriminalisierung [von Homosexuellen] 2000 Jahre zurückreicht. Allerdings gibt's auch andere Prides, auf die wir uns heute konzentrieren sollten, wie etwa die Black Pride und die Trans Pride."

Mark behandelt jedes Thema und Ereignis mit Wohlwollen und Mitgefühl, und das bis in die kleinsten Details, die von kontrovers bis feierlich reichen. Informationen spickt er mit geistreichen Bemerkungen und schnellem, sanftmütigem Humor.

In Chinatown machen wir in der Wardour St Halt, wo in den 1930er-Jahren der Shim Sham Club stand, ein beliebtes Jazzlokal. Orte wie diese wurden zu Treffpunkten der Minderheiten. Hier etwa kamen die queere und die Schwarze Community zusammen, um gemeinsam Livejazz zu hören. „Die Minderheiten unterstützten sich gegenseitig", erklärt Mark. „Polizisten mischten sich oft unter die Menge und flirteten mit Gästen, um sie anschließend festzunehmen." Viele dieser Lokale waren jedoch schwulen Männern vorbehalten. Frauen und andere in der LGBTIQ-Community kamen meist zu kurz. Männer hatten üblicherweise ein höheres Einkommen und viele dieser Orte wurden von Schwulen betrieben, die es sich leisten konnten, für ihre eigenen Bedürfnisse zu arbeiten. „Auch heute noch haben wir da eine gewisse Ungleichheit – in dieser riesigen Stadt gibt's nur eine einzige Bar für Lesben", sagt Mark. Wir machen uns auf nach Soho, dem Domizil der Bar She (S. 81) zwischen Regenbogenfahnen, Sexshops und Schwulenbars. Soho ist eins der größten queeren Viertel Londons. Hier öffnete 1990 das Village Soho (S. 82) und krempelte die Szene komplett um. Die Bar, Cocktaillounge und Disco befand sich im Erdgeschoss und führte dank großer Fenster die queere Kultur aus der Dunkelheit und auf die Straße. Aus versteckten Lokalen wurden offenere und öffentlichere Räume. „Zum ersten Mal sah man queere Menschen wie alle anderen auch in Cafés und Restaurants", erzählt Mark.

SEIT GUT ZEHN JAHREN ENTSTEHEN AUCH IN ANDEREN GEGENDEN IMMER MEHR QUEERE RÄUME FÜR LGBTIQ-COMMUNITYS JENSEITS DES „G".

Queere Räume für alle

Obwohl sich die Bars in Soho nach wie vor großer Beliebtheit erfreuen, sind sie über die Jahre immer touristischer geworden und gelten vor allem als Domäne schwuler Männer. Seit gut zehn Jahren entstehen jedoch auch in anderen Gegenden immer mehr queere Räume für LGBTIQ-Communitys jenseits des „G".

In Dalston, East London, ist der queere Pub und Club The Glory zu Hause, in dem regelmäßig Events wie Drag-King-Wettbewerbe und queere Handarbeitskurse stattfinden. Der Dalston Superstore (S. 231) ist ähnlich, umfasst aber zudem Ausstellungsräume und dient an ruhigeren Tagen und Abenden eher als Communitytreff. Ein paar Türen weiter befindet sich sein Schwesterlokal, The Karaoke Hole. Abgesehen vom Nachtleben gibt's auch Räume wie das Bishopsgate Institute mit LGBTIQ-Archiven, Cafés in queerem Besitz (u. a. Atlas Grinds) und das erste LGBTIQ-Museum des Landes, Queer Britain (S. 259).

Als wir den Soho Square und das Ende unserer Tour erreichen, bittet uns Mark, etwas näher zu kommen. „Ich würde die Tour gerne in einem positiveren Ton beenden", sagt er. „Wir haben diese enorme Geschichte und ich sollte eigentlich sagen, dass wir ausschließlich Fortschritte machen. Aber das Gegenteil ist der Fall. Wir befinden uns in einem besorgniserregenden Abwärtstrend. In den letzten sechs Monaten hat es sich für die Transrechte zum Schlechteren gewendet. Es gibt furchtbaren Hass und Angriffe, auch hier in Soho, die von den Medien geschürt werden. Die Energie und der Fokus, die bislang auf den Schwulenrechten lagen, müssen jetzt auf die Transrechte gerichtet werden. Wir alle, nicht nur die queere Community, müssen weiter für die gleichen Rechte aller queeren Menschen kämpfen."

Als Teil der queeren Community fühle ich mich manchmal wie in einer inklusiven Blase. Ich hoffe, dass diese in unserer wunderschönen Stadt weiter wächst und bald alle umschließt.

Regent Street (S. 67)

REGISTER

Karten **000**

L

Karten **000**

M

N

O

Karten **000**

HINTER DEN KULISSEN

Titelredaktion
Amy Lynch

Produktions-redaktion
Amy Lysen

Layout
Eoin T Loughney

Layoutassistenz
Fabrice Robin

Kartografie
Mark Griffiths

Kartografieassistenz
Dorothy Davidson, Katerina Pavkova

Redaktionsassistenz
Andrew Bain, Soo Hamilton, Esther Luettgen, Claire Naylor, Charlotte Orr

Titelbildrecherche
Marc Backwell

Dank an
Sofie Andersen, Dermot Hegarty, Karen Henderson, Alison Killilea, Graham O'Neill

„Mein Lieblingszeitvertreib in East London ist, mit einem Chai in einem bangladeschischen Café in der Brick Lane zu sitzen und dem geschäftigen Treiben zuzusehen.“

THARIK HUSSAIN

„Eins meiner denkwürdigsten Londonerlebnisse war, die schwindelerregende Takelage der Cutty Sark hinaufzuklettern – einer der schnellsten Klipper seiner Zeit.“

JADE BREMNER

LINKS: EDDY GALEOTTI/SHUTTERSTOCK ©, RECHTS: IOANNIS LIASIDIS/SHUTTERSTOCK ©

ÜBER DIESES BUCH

Lonely Planet Global Limited
Digital Depot, Roe Lane (off Thomas Street)
Digital Hub
Dublin 8
D08 TCV4
Ireland

Verlag der deutschen Ausgabe:
MAIRDUMONT
Marco-Polo-Str. 1
73760 Ostfildern
www.lonelyplanet.de, www.mairdumont.com, lonelyplanet-online@mairdumont.com

London
8. deutsche Auflage August 2024 übersetzt von *London*, 13th Edition, März 2024, Lonely Planet Global Limited

Deutsche Ausgabe © Lonely Planet Global Limited, August 2024

Fotos © wie angegeben 2024

Printed in China

Redaktion und technischer Support: Bintang Buchservice GmbH (Katharina Grimm, Jan Haas)

Übersetzung: Gunter Mühl, Teresa Zuhl

MIX
Paper from responsible sources
FSC® C124385
www.fsc.org

Dieses Buch wurde auf FSC® zertifiziertem Papier gedruckt. FSC® ist ein internationales Zertifizierungssystem für nachhaltigere Waldwirtschaft. Das Holz für diese Papier kommt aus Wäldern, die verantwortungsvoller bewirtschaftet werden.